Die strafrechtliche Verantwortlichkeit der Betreiber von Internet-Apotheken

Europäische Hochschulschriften

Publications Universitaires Européennes
European University Studies

Reihe II
Rechtswissenschaft

Série II Series II
Droit
Law

Bd./Vol. 4622

PETER LANG
Frankfurt am Main · Berlin · Bern · Bruxelles · New York · Oxford · Wien

Daniela Lieschke

Die strafrechtliche Verantwortlichkeit der Betreiber von Internet-Apotheken

Eine Untersuchung im nationalen, EU-europäischen und internationalen Kontext

PETER LANG
Internationaler Verlag der Wissenschaften

Bibliografische Information der Deutschen Nationalbibliothek
Die Deutsche Nationalbibliothek verzeichnet diese Publikation in der Deutschen Nationalbibliografie; detaillierte bibliografische Daten sind im Internet über <http://www.d-nb.de> abrufbar.

Zugl.: Frankfurt (Oder), Viadrina Univ., Diss., 2007

521
ISSN 0531-7312
ISBN 978-3-631-57366-2

www.peterlang.de

Meiner Mutter

Vorwort

Die vorliegende Arbeit wurde im Sommersemester 2007 von der Juristischen Fakultät der Europa-Universität Viadrina in Frankfurt (Oder) als Dissertation angenommen. Rechtsprechung und Literatur konnten bis einschließlich Januar 2007 berücksichtigt werden.

Mein besonderer Dank gilt an dieser Stelle meinem Doktorvater, Herrn Prof. Dr. Jan C. Joerden, für die hervorragende Betreuung der Arbeit und das mir entgegengebrachte Vertrauen. Er war jederzeit bereit, sich mit meinen Überlegungen auseinanderzusetzen, in kürzester Zeit meine Entwürfe zu lesen und zu besprechen. Durch seine wertvollen Hinweise sowie kritische Anregungen hat er das Gelingen der Arbeit unschätzbar befördert.

Zu Dank verpflichtet bin ich auch Herrn Prof. Dr. Gerhard Wolf für die schnelle Erstellung des Zweitgutachtens.

Danken möchte ich auch all jenen, die mich bei der Erstellung der Arbeit vor allem beim Korrekturlesen unterstützt und mir durch ihre kritische Leseart wichtige Hinweise und Ideen geliefert und sprachliche Ungenauigkeiten benannt haben. Darüber hinaus möchte ich mich auch bei meiner Familie und meinen Freunden bedanken. Ihre Geduld und ihr Zuspruch waren für die Entstehung der Arbeit unendlich wichtig.

Die vorliegende Arbeit ist dem Andenken meiner Mutter gewidmet, die mich in besonderer Weise geprägt hat.

Frankfurt (Oder), im Juli 2007 *Daniela Lieschke*

Inhaltsverzeichnis

Abkürzungsverzeichnis

a.A.	andere Ansicht
a.a.O.	am angegebenen Ort
ABDA	Bundesvereinigung deutscher Apothekerverbände
ABl.	Amtsblatt der Europäischen Gemeinschaft; Ausgabe C: Mitteilungen und Bekanntmachungen, Ausgabe L: Rechtsvorschriften
Abs.	Absatz
a.F.	alte Fassung
AMG	Gesetz über den Verkehr mit Arzneimitteln
AmPreisV	Arzneimittelpreisverordnung vom 14.11.1980 (BGBl. I 1980 S. 2147)
AMVV	Verordnung über die Verschreibungspflicht von Arzneimitteln (Arzneimittelverschreibungsverordnung) vom 21.12.2005 (BGBl. I 2005 S. 3632)
AMWarnV	Arzneimittel-Warnhinweisverordnung vom 21.12.1984 (BGBl. I 1985 S. 22)
Anm.	Anmerkung
AO	Abgabenordnung
ApoBerufsO BB	Berufsordnung der Landesapothekenkammer Brandenburg vom 12.12.2001
ApoBetrO	Verordnung über den Betrieb von Apotheken (Apothekenbetriebsordnung) in der Fassung vom 26.9.1995 (BGBl. I 1995 S. 1195)
ApoG	Gesetz über das Apothekenwesen (Apothekengesetz) in der Fassung vom 15.10.1980 (BGBl. I 1980 S. 1993)
Art.	Artikel
AVL	Arzneilieferungsvertrag
AWG	Außenwirtschaftsgesetz
Az.	Aktenzeichen
BApO	Bundesapothekerordnung in der Fassung vom 19.7.1989 (BGBl. I 1989 S. 1478; 1842)
BayObLG	Bayerisches Oberste Landgericht
BB	Betriebs-Berater
Bd.	Band

BDSG	Bundesdatenschutzgesetz in der Fassung vom 14.1.2003 (BGBl. I 2003 S. 66)
Beschl.	Beschluss
BfArM	Bundesministerium für Arzneimittel und Medizinprodukte
BGB	Bürgerliches Gesetzbuch in der Fassung vom 2.1.2002 (BGBl. I 2002 S. 42, 2909; BGBl. 2003 I S. 738)
BGBl.	Bundesgesetzblatt
BGH	Bundesgerichtshof
BGHSt	Entscheidungen des Bundesgerichtshofs in Strafsachen
BKK	Betriebskrankenkasse
BSG	Bundessozialgericht
BT-Drucksache	Drucksache des Deutschen Bundestages
BtMG	Gesetz über den Verkehr mit Betäubungsmitteln in der Fassung vom 1.3.1994 (BGBl. I 1994 S. 358)
BtMVV	Verordnung über das Verschreiben, die Abgabe und den Nachweis des Verbleibs von Betäubungsmitteln (Betäubungsmittel-Verschreibungsverordnung) vom 20.1.1988 (BGBl. I 1988 S. 74, 80)
BVerfG	Bundesverfassungsgericht
BVerfGE	Entscheidungen des Bundesverfassungsgerichts
BVerwG	Bundesverwaltungsgericht
BVerwGE	Entscheidungen des Bundesverwaltungsgerichts
bzw.	beziehungsweise
ca.	circa
CR	Computer und Recht
ders.	derselbe
d.h.	das heißt
DHS	Deutsche Hauptsstelle für Suchtfragen
dies.	dieselbe
EG	Europäische Gemeinschaft
Erl.	Erläuterung
EU	Europäische Union
EuGH	Gerichtshof der Europäischen Gemeinschaft
EuGVÜ	Übereinkommen über die gerichtliche Zuständigkeit und die Vollstreckung gerichtlicher Entscheidungen in Zivil- und Handelssachen vom 27.9.1968
EuZW	Europäische Zeitschrift für Wirtschaftsrecht
e.V.	eingetragener Verein
EWG	Europäischen Wirtschaftsgemeinschaft
EWS	Europäisches Wirtschafts- und Steuerrecht
f.	und die folgende
F.A.Z.	Frankfurter Allgemeine Zeitung

FDA	Food and Drug Administration
ff.	und die folgenden
Fn.	Fußnote
FS	Festschrift
GA	Goltdammer's Archiv für Strafrecht
GesR	Zeitschrift für Gesundheitsrecht
GG	Grundgesetz
ggf.	gegebenenfalls
GKV	die gesetzliche Krankenkassen/Krankenversicherungen
GMG	Gesetz zur Modernisierung der gesetzlichen Krankenvercherung (GKV-Modernisierungsgesetz) vom 14.11.2003 (BGBl. I 2003 S. 2190)
GMV	Verordnung (EG) Nr. 40/94 des Rates über die Gemeinschaftsmarke vom 20.12.1993 (ABl. der EG Nr. L 11 vom 14.1.1994, S. 1 ff.)
GRUR	Gewerblicher Rechtsschutz und Urheberrecht
GRURInt.	Gewerblicher Rechtsschutz und Urheberrecht, Internationaler Teil
GVBl.	Gesetz- und Verordnungsblatt
GWB	Wettbewerbsbeschränkungen
HeilBerG	Heilberufsgesetz vom 28.4.2003 (GVBl. I 2003 S. 126)
Hrsg.	Herausgeber
hrsg.	herausgegeben
http	hypertext transport protocol
ICH	International Conference on Harmonisation
i.H.v.	in Höhe von
INNs	International Nonproprietary Names
i.S.	im Sinne
i.S.v.	im Sinne von
i.S.d.	im Sinne des
i.V.m.	in Verbindung mit
JR	Juristische Rundschau
Jura	Juristische Ausbildung
JuS	Juristische Schulung
JW	Juristische Wochenschrift
JZ	Juristische Zeitung
KG	Kammergericht
K&R	Kommunikation und Recht
LG	Landgericht
MarkenG	Markengesetz vom 25.10.1994 (BGBl. I 1994 S. 3082; 1995 I S. 156)
MBO	Musterberufsordnung

MDStV	Staatsvertrag über Mediendienste vom 20.1. bis 12.2.1997
MedR	Medizinrecht
MMR	Multimedia und Recht
m.w.N.	mit weiteren Nachweisen
NJOZ	Neue Juristische Online-Zeitschrift
NJW	Neue Juristische Wochenschrift
NJW-RR	Neue Juristische Wochenschrift - Rechtsprechungsreport
Nr.	Nummer
Nrn.	Nummern
NStZ	Neue Zeitschrift für Strafrecht
NSZ	Neue Zeitschrift für Sozialrecht
o.g.	oben genannt
OLG	Oberlandesgericht
OVG	Oberverwaltungsgericht
OWiG	Gesetz über Ordnungswidrigkeiten
PharmBetrV	Betriebsordnung für pharmazeutische Unternehmen
PharmR	Pharma Recht
Rdn.	Randnummer(n)
RG	Reichsgericht
RGBl.	Reichsgesetzblatt
RL	Richtlinie
Rs.	Rechtssache
S.	Seite(n)
SGB V	Sozialgesetzbuch (Fünftes Buch) vom 20.12.1988 (BGBl. I 1988 S. 2477, 2482)
Slg.	Sammlung der Rechtsprechung des Gerichtshofes
sog.	sogenannte
StGB	Strafgesetzbuch in der Fassung vom 13.11.1998 (BGBl. I 1998 S. 3322)
StV	Strafverteidiger
TDSG	Gesetz über den Datenschutz bei Telediensten (Teledienstdatenschutzgesetz)
u.a.	unter anderem
Urt.	Urteil
UStG	Umsatzsteuergesetz in der Fassung vom 21.2.2005 (BGBl. I 2005 S. 386)
u.U.	unter Umständen
UWG	Gesetz gegen den unlauteren Wettbewerb vom 3.7.2004 (BGBl. I 2004 S. 1414)
v.	vom
Var.	Variante
VG	Verwaltungsgericht

vgl.	vergleiche
Vorbem.	Vorbemerkung(en)
VwVfG	Verwaltungsverfahrensgesetz in der Fassung vom 23.1.2003 (BGBl. I 2003 S. 102)
WHO	World Health Organisation
wistra	Zeitschrift für Wirtschaft. Steuer. Strafrecht
WRP	Wettbewerb in Recht und Praxis
www	world wide web
z.B.	zum Beispiel
Ziff.	Ziffer(n)
ZStW	Zeitschrift für die gesamte Strafrechtswissenschaft

1. Kapitel: Einleitung

Innerhalb weniger Jahre entwickelte sich das Internet zu einem internationalen Medium mit ungeahnten Vertriebs- und Marketingmöglichkeiten. Gegenwärtig gibt es kaum einen Wirtschaftsbereich, der die Vorteile dieses virtuellen, geografisch grenzenlosen Marktes nicht zu nutzen sucht. Einer der wachstumsstärksten Bereiche des E-Commerce ist die Pharmaindustrie.[1] Auf mehreren tausend pharmazeutischen Webseiten kann man sich über Krankheiten, Behandlungsmethoden und Medikamente informieren. Mehr als ein Drittel der Internetnutzer tätigt gegenwärtig Suchanfragen hinsichtlich der Gesundheitsfürsorge bzw. der medizinischen Versorgung.[2] Marktforscher gehen sogar davon aus, dass das Internet innerhalb der nächsten Jahre zu einer der größten Informationsquellen hinsichtlich medizinischer und pharmazeutischer Fragen wird.[3]

A. Problemstellung

Die Nutzung des Internets im Bereich des Gesundheitswesens gewann jedoch vor allem durch die Internet-Apotheken zunehmend an Bedeutung. Die Arzneimittelabgabe erfolgt nicht mehr ausschließlich in der Präsenzapotheke, sondern im Wege des (grenzüberschreitenden) Versandes. Wer will, kann Arzneimittel

---

[1] Der Arzneimittelversand weist ein Gesamtvolumen von 266 Millionen Euro auf. Der (gesamte) Versandhandelsmarkt in Deutschland weist im Vergleich dazu ein Absolutvolumen in Höhe von 26,3 Milliarden Euro auf. Dies macht ca. 6,8% bei einem gesamten Einzelumsatz von derzeit etwa 389 Milliarden Euro aus (Hauptverband des Deutschen Einzelhandels, 2005). Vgl. *Rolf Schäfer*, Rede v. 10.07.2006, Bundesverband des Deutschen Versandhandels e.V., [online]<http://www.versandhandel.org/Pressemitteilung/> (letzter Zugriff: 09.10.2006). In den Niederlanden wird der Umsatz der Internet-Apotheken auf ca. 8% des Gesamtapothekenmarktes geschätzt, der derzeit ein Volumen von 32,5 Milliarden Euro hat. Der Umsatz von z.B. *DocMorris* betrug im Jahr 2005 150 Millionen Euro. Vgl. *F.A.Z.* v. 30.12.2005, Nr. 304, S. 15. Im Vergleich dazu wurden bis zum Jahr 2003 weltweit etwa 1,3 Milliarden US Dollar umgesetzt; im Jahr 2004 lagen die Umsätze bei ca. 15 Milliarden US Dollar. Vgl. *Koenig/Müller/Trafkowski*, EWS 2000, S. 97; *Porter*, (May 2000) Trial [online] <http://international.westlaw.com/> (letzter Zugriff: 20.09.2002).
Die Umsätze der deutschen Apotheken betragen im Vergleich dazu jährlich ca. 23 Milliarden Euro. Vgl. *Ernst*, WRP 2001, S. 893.

[2] *Toth Rost*, (2000) Food and Drug Law Journal [online] <http://international.westlaw.com/> (letzter Zugriff: 07.02.2002).

[3] *Wood/Dorfman*, (2001) Food and Drug Law Journal [online] <http://international.westlaw.com/> (letzter Zugriff: 07.02.2002).

aus dem Ausland beziehen. Das Internet macht es möglich. Deshalb verwundert es nicht, dass auch dubiose Anbieter den Markt entdeckt haben, die Arzneimittel nach dem Prinzip „anything goes“ anbieten. Aber was geht wirklich? In einigen Staaten ist der Arzneimittelversandhandel erlaubt, während er in anderen Staaten – zum Teil ausdrücklich – verboten ist. Seit langem versucht man durch politische und juristische Diskussionen zu klären, wie sich der Arzneimittelversandhandel im Interesse der Gewährleistung der Arzneimittelsicherheit und des Schutzes der öffentlichen Gesundheit sowie der Rechtssicherheit für Apotheker und Verbraucher am besten regulieren lässt. Für den deutschen Gesetzgeber stellte sich die Frage erstmals im Jahr 2000, ausgelöst durch die niederländische Internet-Apotheke *DocMorris*, die Arzneimittel an Verbraucher in Deutschland über das Internet anbot. Mangels ausdrücklicher gesetzlicher Regelungen wurde die Zulässigkeit des Arzneimittelversandhandels nach deutschem Recht Gegenstand zahlreicher gerichtlicher Auseinandersetzungen mit einander widersprechenden Urteilen.[4] Erst 2004 entschied sich der Gesetzgeber, das in § 43 AMG normierte Versandhandelsverbot – zumindest teilweise – aufzuheben. Die Neuregelung ist jedoch in erster Linie eine Anpassung des nationalen Rechts an das europäische Recht. Dies ist vor allem darauf zurückzuführen, dass der Streit um die Zulässigkeit des Arzneimittelversandhandels hauptsächlich europarechtlich orientiert war. Der Arzneimittelversandhandel von außerhalb der Europäischen Union (EU) soll weiterhin verboten sein. Die Tätigkeit einer Internet-Apotheke, die ihren Sitz außerhalb der Bundesrepublik oder außerhalb der EU hat, verletzt die §§ 43 Abs. 1, 73 Abs. 1 AMG.

Da es praktisch unmöglich ist, den internationalen Arzneimittelversandhandel unter Einschaltung des Internets zu unterbinden oder über die Staatsgrenzen hinaus zu kontrollieren, stellt sich die Frage nach den anwendbaren rechtlichen Vorschriften. In der virtuellen Welt scheint vieles möglich und erlaubt, insbesondere weil auf internationaler Ebene – nicht zuletzt aufgrund des wissenschaftlichen Fortschritts und der technischen Entwicklung – häufig die Rechtslage unklar ist oder Regelungslücken bestehen. Zwar hat jeder Staat Vorschriften, die die Arzneimittelabgabe an den Verbraucher regeln, jedoch sind diese Vorschriften oft nicht oder nur teilweise auf Internet-Apotheken anwendbar. Die Rechtsunsicherheit nutzen einige Betreiber von Internet-Apotheken bewusst aus und versuchen, sich einer Verantwortung zu entziehen, die sie im Hinblick auf die Arzneimittelversorgung eigentlich übernehmen sollten. In diesen Fällen droht der präventive Schutz der nationalen Gesetze zu versagen. Damit das In-

---

[4] Der Arzneimittelversandhandel durch die Internet-Apotheke *DocMorris* war allein Gegenstand von 13 gerichtlichen Verfahren. Vgl. *Malz*, S. 2. Vgl. u.a. *LG Frankfurt am Main*, Urt. v. 09.11.2000, Az.: 2-03 O 365/00 = K&R 2001, S. 153 ff.; *LG Berlin*, Urt. v. 07.11.2000, Az.: 103 O 192/00 = MMR 2001, S. 249 ff.; *OLG Frankfurt am Main*, Urt. v. 31.05.2000, Az.: 6 U 240/00 = NJW-RR 2001, S. 1408 ff. (= MMR 2001, S. 751 ff.; K&R 2001, S. 646 ff.).

ternet nicht zum Schutzschild für illegale Geschäftpraktiken wird, kommt es auf die strafrechtliche Beurteilung des online Arzneimittelversandhandels an. Die unterschiedlichen Rechtsauffassungen der einzelnen Staaten erschweren dabei die Strafverfolgung und lassen Zweifel daran aufkommen, ob die nationalen (Straf-)Vorschriften tatsächlich zur Anwendung gelangen können. Das Thema dieser Arbeit, die strafrechtliche Verantwortlichkeit der Betreiber von Internet-Apotheken, knüpft an die juristische Diskussion um die Zulässigkeit des Arzneimittelversandhandels an und setzt die Debatte unter strafrechtlichen Gesichtspunkten fort.

B. Abgrenzung des Themas und Zielsetzung der Untersuchung

Die Zulässigkeit des Arzneimittelversandhandels unter Einschaltung des Internets wurde in der Vergangenheit in Literatur und Rechtsprechung fast ausschließlich allgemein und aus europarechtlicher Sicht thematisiert; strafrechtliche Aspekte wurden bei der Betrachtung außer Acht gelassen. Da man die Bedeutung des grenzüberschreitenden Arzneimittelversandhandels nicht beschränkt auf ein Rechtsgebiet erfassen und untersuchen kann, erscheinen auch andere Rechtsfragen diskussionswürdig. Gegenstand dieser Arbeit ist die Beurteilung der Tätigkeit der Betreiber von Internet-Apotheken aus strafrechtlicher Sicht. Die Untersuchung beschäftigt sich mit strafrechtlichen Problemen auf nationaler, europäischer und internationaler Ebene. Der Schwerpunkt der Arbeit liegt in der Darstellung der strafrechtlichen Verantwortlichkeit inländischer und ausländischer Betreiber anhand der verschiedenen Konstellationen des online Arzneimittelversandhandels. Um der Globalität des Internets Rechnung zu tragen, wird insbesondere die Anwendbarkeit und Reichweite der nationalen (Straf-)Vorschriften im Hinblick auf die Verantwortlichkeit ausländischer Betreiber erörtert. Um den Rahmen der Arbeit nicht zu sprengen, werden im Zusammenhang mit der Strafbarkeit der Betreiber nur ausgewählte, unmittelbar damit zusammenhängende rechtliche Problembereiche behandelt. Aus dem gleichen Grund wird auch auf eine Darstellung und Untersuchung anderer Rechtsordnungen verzichtet. Zudem stehen europarechtliche Fragen nicht im Mittelpunkt der Arbeit und werden deshalb nur ergänzend zum deutschen Recht betrachtet.

Ziel der Untersuchung ist es, den Umfang sowie die Anwendbarkeit der strafrechtlichen Vorschriften im Hinblick auf den grenzüberschreitenden Arzneimittelversandhandel unter Einschaltung des Internets darzulegen sowie Lösungsansätze für die rechtlichen Probleme der strafrechtlichen Verantwortlichkeit ausländischer Betreiber von Internet-Apotheken nach deutschem Recht vorzuschlagen. Dazu werden im besonderen Maße die arzneimittel- und apothekenrechtlichen Vorschriften angesprochen.

C. Gang der Arbeit

Die Arbeit gliedert sich nach einer allgemeinen Darstellung der Kategorien der Internet-Apotheken sowie der Vorteile und der Gefahren des online Arzneimittelversandhandels im zweiten Kapitel in zwei Schwerpunkte. Zunächst steht im dritten Kapitel die Darstellung der rechtlichen Grundlagen für den Arzneimittelversandhandel nach deutschem Recht im Blickpunkt. In diesem Zusammenhang wird auf die Entwicklung der Arzneimittelversorgung der Bevölkerung durch die Apotheken, einschließlich der Entwicklung im Bereich des E-Commerce eingegangen. Im Vordergrund steht dabei vor allem die Frage des Versandhandels verschreibungspflichtiger Arzneimittel durch Internet-Apotheken nach dem deutschen Arzneimittel- und Apothekenrecht. Vor diesem Hintergrund soll dann die strafrechtliche Verantwortlichkeit der Betreiber von Internet-Apotheken untersucht werden. Behandelt werden zentrale Fragen der Strafbarkeit anhand von Fallkonstellationen. Bei der Betrachtung wird gesondert auf die Strafbarkeit der inländischen und der ausländischen Betreiber eingegangen. Dies geschieht zunächst anhand eines Überblicks über die (Grund- und Sub-) Konstellationen des Arzneimittelversandhandels, um die grundlegende Bedeutung des Verhaltens des Betreibers verstehen zu können. Daran anschließend wird die Reichweite und die Bedeutung der straf- und nebenstrafrechtlichen Vorschriften für den Vertrieb von verschreibungspflichtigen Arzneimitteln über das Internet untersucht. Dabei wird auf die Problematik der Anwendbarkeit der deutschen Vorschriften auf das strafbare Verhalten der Betreiber von Internet-Apotheken im Hinblick auf den Arzneimittelversandhandel an Verbraucher in Deutschland sowie an Verbraucher im (EU-europäischen und Nicht-EU-europäischen) Ausland eingegangen. In diesem Zusammenhang ist die Frage zu beantworten, ob die deutsche Strafgewalt ohne weiteres auf das Verhalten der ausländischen Betreiber erstreckt werden kann. Das vierte Kapitel der Untersuchung widmet sich dann im besonderen Maße Problemstellungen, die sich im Rahmen des grenzüberschreitenden Arzneimittelversandhandels ergeben. Mit einem Blick auf die neuere Rechtsprechung in der Rechtssache *DocMorris* soll die Rechtslage des innerhalb der EU grenzüberschreitenden Arzneimittelversandhandels exemplarisch dargestellt werden. Diesbezüglich ergibt sich ein neues Problemfeld, und zwar, ob das Fremdbesitzverbot des Apothekenrechts gegen das Gemeinschaftsrecht verstößt. Dabei bilden auf nationaler Ebene die §§ 1, 2, 7 und 8 ApoG sowie das Verständnis vom Leitbild des „Apothekers in seiner Apotheke" den Schwerpunkt der Erörterung; auf gemeinschaftsrechtlicher Ebene stehen die Art. 43 ff. EG-Vertrag im Blickpunkt. Schließlich wird an gegebener Stelle auch ein Blick auf die Beziehung Arzt – Apotheker – Verbraucher geworfen, wobei sich diese Betrachtung auf eine eventuelle strafrechtliche Verantwortung (hinsichtlich Täterschaft und Teilnahme) wegen Abgabe eines verschreibungspflichtigen Arzneimittels an den Verbraucher aufgrund einer nicht erforderlichen, falschen oder nicht auf einer körperlichen Untersuchung beruhenden ärztlichen Verschreibung beschränken soll. Im abschließenden fünften Kapitel erfolgt zunächst eine Zusammenfassung der Ergebnisse der Untersuchung. Daran anschließend werden Gesetzgebungsvorschläge unterbreitet.

2. Kapitel: Internet-Apotheken

Während Internet-Apotheken[5] vor wenigen Jahren noch undenkbar waren, kann man heute, dank der fortgeschrittenen Technik, innerhalb weniger Minuten das gesuchte Arzneimittel[6] bestellen und direkt vor die Haustür liefern lassen. Man ruft zunächst die Webseite der Internet-Apotheke auf und gibt dann die notwendigen Angaben, wie Name, Adresse, medizinische Vorgeschichte, Kreditkartennummer und den Lieferwunsch, in das dafür vorgesehene elektronische Formular ein. Online shopping ist einfach und bequem. Es gibt keine Wartezeiten oder unangenehme Fragen des Apothekers. Zudem versprechen die Internet-Apotheken oft einen schnelleren, besseren und billigeren Service.

Der Verkauf von Arzneimitteln unter Einschaltung des Internets ist jedoch nicht unumstritten. Obwohl es bei allen Webseiten erforderlich ist, dass der Kunde einen persönlichen Account mit Benutzernamen und Passwort einrichtet, ist der Service, den Internet-Apotheken anbieten, unterschiedlich. Häufig werden Internet-Apotheken als solche kritisiert, ohne auf die Art und Weise des online Arzneimittelhandels oder die damit verbundenen Vorteile und Gefahren einzugehen. Internet-Apotheken können durchaus von großem Vorteil und Nutzen für die medizinische Versorgung und das Gesundheitswesen sein, solange diese mit einer gewissen Verantwortung hinsichtlich des Verbraucherschutzes handeln und die Arzneimittelsicherheit gewährleisten. Der online Versandhandel ist jedoch auch durch betrügerische, illegale Geschäftspraktiken gefährdet. Nur wenige Internet-Apotheken bieten ihre Produkte mit dem notwendigen Verständnis und der Verantwortung hinsichtlich möglicher Gesundheitsrisiken an. In vielen Fällen werden illegale, (noch) nicht zugelassene Arzneimittel oder Medikamente ohne gültige Rezepte bzw. ohne vorherige Konsultation eines Arztes verkauft. Für den Verbraucher ist es so gut wie unmöglich festzustellen, ob der online agierende Apotheker staatlich zugelassen ist oder die von ihm gelieferten Medikamente für den Verkauf freigegeben, kontrolliert, von guter Qualität oder in der vorgeschriebenen Art und Weise abgepackt und gelagert wurden.

Grundsätzlich kann jeder eine Webseite erstellen und Arzneimittel verkaufen, denn Zulassungsvoraussetzungen speziell für den Betrieb einer Internet-Apo-

---

[5] Die genaue Anzahl der Unternehmen, die mit Arzneimitteln unter Einschaltung des Internets handeln, lässt sich nicht feststellen. In Deutschland sind weit mehr als 1000 Internet-Apotheken zugelassen. Vgl. *F.A.Z.* v. 30.12.2005, Nr. 304, S. 15.

[6] In der vorliegenden Arbeit wird für den Begriff „Arzneimittel" auch teilweise der Begriff „Medikament" oder „Heilmittel" verwendet.

theke gibt es nicht.[7] Zwar hat jeder Staat Vorschriften, die den Verkauf von Arzneimitteln regeln, jedoch sind diese Vorschriften oft nicht oder allenfalls teilweise auf Internet-Apotheken anwendbar. Während der Versandhandel von Arzneimitteln in den meisten Staaten verboten ist,[8] haben einige Staaten Internet-Apotheken bereits legalisiert bzw. Versuche unternommen, den Verkauf von Medikamenten unter Einschaltung des Internets zumindest auf nationaler Ebene neu zu regeln.[9] Die schnelle, unaufhaltsame Entwicklung des Internets und die zunehmende Anzahl von Internet-Apotheken stellen für die Gesetzgeber eine neue Herausforderung dar. Viele Unternehmen nutzen die bestehenden Regelungslücken und die Rechtsunsicherheit bewusst aus. Die größten Bedenken werden gegenwärtig im Hinblick auf grenzüberschreitende Arzneimittelgeschäfte geäußert. Die unterschiedlichen Rechtsauffassungen erschweren dabei vor allem die Ermittlungsarbeit und die Strafverfolgung im internationalen Bereich und tragen wesentlich dazu bei, dass das Internet zum Schutzschild für illegale Geschäftspraktiken wird. Es ist offensichtlich, dass das Recht hinter den Neuerungen des Arzneimittelverkaufs und damit hinter der möglichen Entwicklung in diesem Bereich des Gesundheitswesens zurückbleibt. Die Zukunft der Internet-Apotheken hängt deshalb in erster Linie davon ab, wie die Gesetzgeber die Vorteile des online Arzneimittelversandhandels beurteilen werden und wie sich die Risiken vermeiden lassen. Eine umfassende rechtliche Beurteilung der Zulässigkeit von Internet-Apotheken kann nur vorgenommen werden, wenn man sich die Unterschiede hinsichtlich des Arzneimittelverkaufs verdeutlicht. Daher werden in diesem Kapitel die verschiedenen Gruppen von Internet-Apotheken dargestellt sowie die Vorteile und die Gefahren des online Arzneimittelversandhandels einander gegenübergestellt.

A. Kategorien der Internet-Apotheken

Der Handel mit verschreibungspflichtigen Arzneimitteln unter Einschaltung des Internets ist komplex und sehr unterschiedlich. Internet-Apotheken können grundsätzlich in drei Gruppen unterteilt werden:

- staatlich zugelassene Apotheken, die ihre eigene Webseite eingerichtet haben;

---

[7] Die Voraussetzungen für den Arzneimittelversandhandel unter Einschaltung des Internets richten sich – sofern gesetzlich vorgesehen – nach den Vorschriften zum Betrieb einer Apotheke.

[8] Der Arzneimittelversandhandel unter Einschaltung des Internets ist u.a. in Frankreich, Irland, Spanien, Finnland, Portugal und Österreich verboten.

[9] Den Arzneimittelversand erlauben u.a. die Niederlande, Großbritannien, Dänemark, Neuseeland, die USA sowie Australien.

- Internet-Apotheken, die Medikamente nur verkaufen, sofern der Käufer[10] zuvor einen (oft bei der Apotheke angestellten oder mit dieser zusammen arbeitenden) Arzt unter Einschaltung des Internets konsultiert hat;

- Internet-Apotheken, die für den Verkauf von verschreibungspflichtigen Arzneimitteln weder die Vorlage eines gültigen Rezepts noch die vorheri ge Konsultation eines Arztes verlangen.

Bei der ersten Gruppe der Internet-Apotheken ist der Verkauf von verschreibungspflichtigen Arzneimitteln an den gleichen Ablauf geknüpft, wie der Erwerb eines Medikaments in einem Apothekengeschäft. Der Versand erfolgt erst nachdem der Internet-Apotheke ein gültiges, auf den Käufer ausgestelltes Rezept vorliegt. Das Rezept muss entweder vom Käufer an die auf der Webseite angegebene Adresse eingesandt oder vom ausstellenden Arzt direkt an die Internet-Apotheke übersandt bzw. gefaxt werden. In einigen Fällen lassen die Internet-Apotheken auch die telefonische Übermittlung des Rezeptes durch den behandelnden Arzt genügen. Diese Internet-Apotheken scheinen am wenigsten bedenklich, zumal die Abgabe von Arzneimitteln mit der in staatlich kontrollierten Apotheken garantierten Sicherheit erfolgt. Da das Internet einen weltweiten Arzneimittelverkauf ermöglicht, ist der online Versandhandel dennoch problematisch. Die die Internet-Apotheken betreibenden Apotheker sind nur für den jeweiligen Staat[11] zugelassen, in dem sie ihr Geschäft betreiben. Aufgrund der unterschiedlichen Anforderungen, die die einzelnen Staaten an den Verkauf von

[10] In der vorliegenden Arbeit wird für den Begriff „Käufer" auch teilweise der Begriff „Verbraucher" oder „Patient" verwendet.

[11] In Deutschland bestimmt sich die Zulassung der Apotheker nach § 1 Abs. 2 des *Gesetzes über das Apothekenwesen* (ApoG) v. 20.08.1960, zuletzt geändert durch Art. 34 der Verordnung v. 31.10.2006, BGBl. I 2006, S. 2407. Danach bedarf derjenige, der eine Apotheke betreiben will, einer Erlaubnis der zuständigen Behörde. Die Zuständigkeit der Behörden ist durch Landesrecht konkretisiert, § 12 *Bundes-Apothekerordnung* (BApO) v. 19.07.1989 (BGBl. 1989 I, S. 1478 (1842)), zuletzt geändert durch Art. 33 der Verordnung v. 31.10.2006, BGBl. I 2006, S. 2407. Für das Land Brandenburg z.B. bestimmt sich die Zuständigkeit nach der *Verordnung zur Bestimmung der Zuständigkeiten nach Rechtsvorschriften für Ärzte, Zahnärzte und Apotheker* v. 10.10.1995, GVBl. II/95, [Nr. 67], S. 630. Danach ist das Landesamt für Soziales und Versorgung zuständige Behörde für die Durchführung der Bundes-Apothekerordnung. In den USA dagegen erfolgt die Zulassung der Apotheker für den einzelnen Bundesstaat, da sich die Zulassungsvoraussetzungen nach den Gesetzesvorschriften der Bundesstaaten richten. Vgl. u.a. *California Pharmacy Law*, Art. 7 [Pharmacies], s. 4110 [online] <http://www.pharmacy.ca.gov/laws_regs/lawbook.pdf> (letzter Zugriff: 18.01.2007); *Washington State Department of Health*, Board of Pharmacy, RCW, Chapter 18.64. [online] <https://fortress.wa.gov/doh/hpqa1/HPS4/Pharmacy/laws.htm> (letzter Zugriff: 18.01.2007) oder *New York State Education Department*, Office of the Professions, Art. 137 [Pharmacy] [online] <http://www.op.nysed.gov/pharm.htm> (letzter Zugriff: 18.01.2007).

Arzneimitteln stellen, kann zumindest ein Verstoß gegen ausländische Rechtsvorschriften nicht von vornherein ausgeschlossen werden.[12]

Die zweite Gruppe der Internet-Apotheken wirft weitere Rechtsfragen auf. So behaupten Inhaber von Internet-Apotheken, dass es keine Risiken bei der online Arzneimittelbestellung gebe und unterstreichen dies, indem sie zusätzlich zu ihrem Service dem Verbraucher die Möglichkeit einer ärztlichen online Konsultation bieten. Der Kunde muss zunächst in einem online Fragebogen Angaben zum Gesundheitsprofil, zur medizinischen Vorgeschichte und zu den gegenwärtig eingenommenen Medikamenten machen. Ein Arzt wertet dann den Fragebogen aus und stellt aufgrund seiner Diagnose ein Rezept aus. Auf den ersten Blick scheint dies nicht gefährlich zu sein. In vielen Fällen werben die Internet-Apotheken lediglich damit, dass der Fragebogen von einem Arzt geprüft wird. Informationen über den Arzt werden dagegen kaum auf der Webseite bereitgestellt.[13] Woher weiß der Patient/Verbraucher aber, ob der Arzt fachlich kompetent ist, über genügend Erfahrungen verfügt, oder auf welches Gebiet er spezialisiert ist? Zwar besteht in einigen Fällen die Möglichkeit, sich bei der Internet-Apotheke eingehend über den online tätigen Arzt zu informieren, jedoch nur dann, wenn der Kunde der Internet-Apotheke den Namen des Arztes mitteilt, der den Fragebogen ausgewertet und das Rezept ausgestellt hat.[14] Häufig kennen die Betreiber der Internet-Apotheken den Arzt gar nicht persönlich, sondern verweisen den Verbraucher nur über einen Link auf die Webseite des Arztes. In den meisten Fällen sind diese Ärzte nicht einmal ausreichend qualifiziert bzw. haben ein anderes Fachgebiet[15] oder verfügen über keine Zulassung in dem jeweiligen Bun-

---

[12] Zu den Gefahren des grenzüberschreitenden Arzneimittelverkaufs unter *B.*; zur rechtlichen Situation im *3.* und *4. Kapitel.*

[13] Vgl. *Svitak/Goss*, (2000) William Mitchell Law Review [online] <http://international.westlaw.com/> (letzter Zugriff: 13.03.2003).

[14] Auf der Webseite der amerikanischen Firma *Script-RX.com* heißt es ausdrücklich: „The prescribing physicians are licensed in the United States. If you wish to verify the licensed physician(s) that has/have reviewed your medical history and issued your prescription(s), you may obtain this information by giving us the name of the physician on your prescription label and by calling us at 1-866-372-7478." [online] <http://www.script-rx.com/about.htm> (letzter Zugriff: 17.03.2003).

[15] Da es den Internet-Apotheken nicht auf die fachliche Qualifikation des Arztes ankommt, kann es vorkommen, dass man im Hinblick auf die Behandlung einer Allergie einen ärztlichen Rat z.B. von einem Pathologen erhält. 1999 hat Dr. Leandro Pasos, ein orthopädischer Chirurg, für ein monatliches Gehalt von US$ 5.000 für Performance Drugs Inc., ein Unternehmen, das Viagra online vermarktete, Fragebögen ausgewertet und Rezepte ausgestellt. Für diese Tätigkeit wurde er von der Washington Medical Quality Assurance Commission wegen unangemessenen Verhaltens mit einer Geldbuße i.H.v. US$ 500 bestraft. Vgl. *Gelein*, (Spring 2000) Brooklyn Law Review [online] <http://international.westlaw.com/> (letzter Zugriff: 07.02.2002).

desstaat/-land[16] bzw. Staat.[17] Wie vertrauenswürdig ist die Person am anderen Ende der Internet-Verbindung wirklich? Es besteht sogar die Möglichkeit, dass der online praktizierende Arzt überhaupt kein Arzt ist. Jeder kann eine Webseite einrichten und sich als Arzt ausgeben. Das Internet bietet dazu ideale Voraussetzungen. Zulassungsvoraussetzungen für eine „Internet-Arztpraxis" gibt es nicht.

Viele Verbraucher sind sich der Gefahren nicht bewusst, die eine Zusammenarbeit zwischen den Internet-Apotheken und den online tätigen Ärzten mit sich bringen kann. Obwohl dem Verbraucher die online Konsultation meist zusätzlich berechnet wird, wird dem medizinischen Fragebogen in vielen Fällen keine oder nur geringe Aufmerksamkeit beigemessen.[18] Rezepte werden zu schnell ausgestellt, ohne dass dies aus medizinischer Sicht notwendig wäre. Es erfolgt weder eine körperliche Untersuchung, so dass Anzeichen, die auf ein bestimmtes Krankheitsbild hindeuten, übersehen werden können, noch wird dem Patienten geraten, einen weiteren Arzt zu konsultieren, um die Diagnose zu bestätigen oder über alternative Behandlungsmethoden zu sprechen. Unabhängig davon, wie detailliert der online Fragebogen auch sein mag, ist es dem Arzt gar nicht möglich, den Patienten zu sehen, zu berühren, ihm zuzuhören oder Fragen zu dem Ausmaß der Beschwerden zu stellen. Folglich wird es dem Arzt auch nicht möglich sein festzustellen, ob der Patient wirklich krank ist oder eine gesundheitliche Beeinträchtigung nur vortäuscht. Den Ärzten wird deshalb zu Recht ein Fehlverhalten vorgeworfen, zumal ihnen die Pflicht obliegt, den Patienten mit angemessener Kunstfertigkeit und Sorgfalt zu behandeln.[19] Inwieweit die Ärzte

---

[16] In den USA z.B. dürfen Ärzte nur in dem Bundesstaat praktizieren, in dem sie zugelassen wurden. Vgl. *Williams*, (2001) Houston Journal of Health Law and Policy [online] <http://international.westlaw.com/> (letzter Zugriff: 20.09.2002). Vgl. ferner *Texas State Boards of Medical Examiners*, Texas Statutes, Medical Practice Act [online] <http://www.tsbme.state.tx.us/rules/mpa/mpa1999.pdf> (letzter Zugriff: 19.03.2003) sowie *Kansas State Boards of Healing Arts*, Kansas Statutes, Healing Arts Act, Licenses, Art. 6 [online] <http://www.ksbha.org/regulations/article06.html> (letzter Zugriff: 19.03.2003).

[17] Einige Internet-Apotheken verkaufen verschreibungspflichtige Medikamente, nachdem ein ausländischer Arzt den online Fragebogen ausgewertet und das Rezept ausgestellt hat. Attorney General Darrell V. McGraw, Jr. erhob Anklage gegen die Norfolk Pharmacy, die entgegen den gesetzlichen Vorschriften verschreibungspflichtige Medikamente unter Einschaltung des Internets vertrieb, wobei die online Fragebögen von einem Arzt in Rumänien ausgewertet und von ihm Rezepte ausgestellt wurden. Vgl. Pressemitteilung vom 27.09.2000, [online] <http://www.state.wv.us/wvag/press/2000/sept/27.htm> (letzter Zugriff: 19.03.2003).

[18] *Carlini*, (2000) Whittier Law Review [online] <http://www.lexis.com/> (letzter Zugriff: 07.02.2002).

[19] Siehe Genfer (Ärzte-)Gelöbnis vom Weltärztebund 1948 in Genf beschlossene Neufassung der ärztlichen Berufspflichten (in Anlehnung an den Hippokratischen Eid, vom Deutschen Ärztetag modifiziert), wo es u.a. heißt: „Ich werde meinen Beruf mit Gewissenhaftigkeit und Würde ausüben. Die Erhaltung und Wiederherstellung der Gesundheit meiner Patienten soll oberstes Gebot meines Handelns sein." [online] <http://www.bundesaerztekammer.de/downloads/Genf.pdf> (letzter Zugriff: 18.01.2007).

ihrer Sorgfaltspflicht gegenüber den Patienten durch die bloße Auswertung der online Fragebögen und der Ausstellung der Rezepte nachkommen können, scheint schon aufgrund des mitunter gar nicht bestehenden Arzt-Patienten-Verhältnisses fraglich.[20] Die ärztliche Behandlung über das Internet wirft mithin zahlreiche Fragen auf, die im nachfolgenden jedoch nicht näher betrachtet werden.[21] Da für den Verbraucher durch die Auswertung des online Fragebogens und der Ausstellung des Rezeptes stets eine (zumindest abstrakte) Gefahr der Gesundheitsschädigung besteht, ist in diesem Zusammenhang jedoch zu klären, bei wem die strafrechtliche Verantwortung liegt – bei dem Arzt, der das Rezept online ausgestellt hat, oder bei dem Betreiber der Internet-Apotheke, der daraufhin das Medikament versandt hat.[22]

Die dritte Gruppe der Internet-Apotheken ist die umstrittenste. Verschreibungspflichtige Medikamente, wie Viagra, Propecia (gegen Haarausfall), Xenical (für Gewichtsverlust), Celebrex (Arthritismittel) oder Preven (hormonales Empfängnisverhütungsmittel[23])[24] sind für jeden erhältlich, der ein online Formular ausfüllt, seine Kreditkartennummer eingibt und sich mit dem Haftungsausschluss einverstanden erklärt. Damit wollen die Internet-Apotheken dem Verbraucher die Möglichkeit einräumen, verschreibungspflichtige Medikamente auch ohne ein gültiges Rezept zu erwerben. Zwar muss auch hier ein medizinischer Fragebogen ausgefüllt werden, jedoch wird dieser nicht immer von einem Arzt ausgewertet. Zudem sind in den meisten Fällen die Antwortmöglichkeiten durch „Ja/Nein" Ankreuzfelder oder Felder, die bereits vorformulierte Aussagen enthalten, eingeschränkt.[25] Häufig müssen sich die Verbraucher mit

[20] Das Vorliegen eines Arzt-Patienten-Verhältnisses bei der ärztlichen Konsultation über das Internet wird vor allem in der englischsprachigen Literatur im Zusammenhang mit der Möglichkeit der Arzthaftung für Kunstfehler diskutiert. Vgl. dazu u.a. *Tyler*, (1998) Indiana Law Review; *Terry*, (1999) American Journal of Law and Medicine; *Smalley*, (Winter 2001) Richmond Journal of Law and Technology; vorgenannte Artikel unter: [online] <http://international.westlaw.com/> (letzter Zugriff: 19.03.2003). *Gelein*, [online], a.a.O.

[21] Gegenstand der Arbeit ist der Handel mit verschreibungspflichtigen Arzneimitteln unter Einschaltung des Internets. Auf die ärztliche Behandlung über das Internet wird nur insoweit eingegangen, als es für die rechtliche Beurteilung des online Arzneimittelverkaufs bzw. der Internet-Apotheken relevant ist.

[22] Die Darstellung der rechtlichen Problematik erfolgt im *4. Kapitel „Strafbare Handlungen im Hinblick auf den Vertrieb von verschreibungspflichtigen Arzneimitteln unter Einschaltung des Internets"*.

[23] Generischer Name: Ethinyl estradiol and levonorgestrel. Ethinyl estradiol and levonorgestrel sind Formen von Östrogen und Progesteron (weibliche Hormone). Preven ist ein Notempfängnisverhütungsmittel (emergency contraception), das nach der Einnahme den Eisprung verhindert, die Befruchtung der Eizelle unterbricht und das Einnisten der befruchteten Eizelle im Uterus verhindert (die sog. „Pille danach").

[24] *Carlini*, [online], a.a.O.

[25] *Silverman*, (2000) American Journal of Law and Medicine [online]

den auf der Webseite der Internet-Apotheken wiedergegebenen Klauseln oder sog. click-wrap agreements einverstanden erklären. Bei jenen Klauseln handelt es sich um von der Internet-Apotheke aufgestellte Bedingungen, die unter anderem die Haftung ausschließen. Formuliert werden diese oft wie folgt:

> „The buyer accepts full liability for the use of all products and services by [name of the online pharmacy].“[26]

Bei den click-wrap agreements handelt es sich dagegen um Vereinbarungen, die der Kunde per Mausklick[27] akzeptiert. Click-wrap agreements können verschiedene Vereinbarungen, wie Nebenabreden, Gerichtsstandsklauseln oder Haftungsausschlüsse beinhalten. Bei den Internet-Apotheken sehen die click-wrap agreements in der Regel wie folgt aus:

> „I understand and agree that I am accepting or rejecting the terms of this ‚consent to medical care' by electronically making my choice below. If I select ‚I agree,' I acknowledge that such choice will constitute the equivalent of my signature upon a binding agreement between [name of the online pharmacy] and myself.“[28]

Ob und inwieweit Internet-Apotheken angesichts dieser Klauseln oder click-wrap agreements strafrechtlich zur Verantwortung gezogen werden können, ist fraglich und wird eingehend im 3. Kapitel behandelt.

Es scheint zudem, dass viele Internet-Apotheken im Hinblick auf das gesundheitliche Wohlbefinden der Verbraucher kaum mit angemessener Sorgfalt handeln. Oft werden potentiell gefährliche, (noch) nicht zugelassene Medikamente zu sehr hohen Preisen verkauft, z.B. Medikamente zur Heilung von Krebs oder zur Linderung von AIDS. Viele dieser Medikamente versprechen jedoch weder Heilung noch Linderung der Krankheitssymptome. Der Kunde riskiert nicht nur

---

<http://www.international.westlaw.com/> (letzter Zugriff: 07.02.2002).

26 Übersetzung der Klausel durch die Verfasserin: „Der Käufer erkennt an, für den Gebrauch aller Produkte und Serviceangebote der [Name der Internet-Apotheke] selbst voll verantwortlich zu sein.“ Vgl. u.a. *Pharmacy International, Inc.*, Terms/Condition, Punkt 2 [online] <http://www.pharm-international.com/terms.html> (letzter Zugriff: 19.03.2003) sowie *24/7 Pharmacy*, Terms and Condition for 24/7 Pharmacy, Punkte 1 [online] <http://247-pharmacy.com/Disclaimer/disclaimer.html> (letzter Zugriff: 19.03.2003).

27 Anklicken im Sinne von „I agree“ (engl. „Ich stimme zu“).

28 Vgl. *Carlini* [online], a.a.O.; zu übersetzen ist die Klausel mit: „Ich verstehe und stimme zu, dass ich die Bedingungen dieser ‚Einwilligung zur medizinischen Versorgung' durch elektronische Auswahl, wie unten angegeben, akzeptiere oder zurückweise. Mit der Auswahl, ‚Ich stimme zu', bestätige ich, dass durch die Auswahl das Gleiche begründet wird, als hätte ich eine bindende Vereinbarung zwischen der [Name der Internet-Apotheke] und mir unterschrieben.“

seine Gesundheit, sondern muss unter Umständen auch mit Vermögenseinbußen rechnen. Allein der Verkauf von verschreibungspflichtigen Arzneimitteln unter Einschaltung des Internets ohne ein gültiges Rezept erregt Besorgnis im Hinblick auf die Effektivität und Qualität des online Arzneimittelhandels, aber auch hinsichtlich des gesundheitlichen Allgemeinwohls. Vor allem die Haftungsausschlussklauseln verdeutlichen, dass es häufig der Verantwortung des Verbrauchers obliegt, Komplikationen oder Gefahren, die bei der Einnahme der online bestellten Arzneimittel auftreten können, zu verhindern.

B. Vorteile und Gefahren des Arzneimittelhandels unter Einschaltung des Internets

Der Handel mit verschreibungspflichtigen Arzneimitteln unter Einschaltung des Internets verspricht viele Vorteile für die medizinische Versorgung im 21. Jahrhundert. Er birgt aber auch zahlreiche Gefahren, vor allem für die Gesundheit der Verbraucher. Viele Menschen, nicht nur ältere, körperlich behinderte oder in ländlichen Gegenden lebende Menschen, begrüßen die neue, einzigartige Möglichkeit, Arzneimittel online zu bestellen. Während der Weg zur Apotheke oft beschwerlich oder mit großem Aufwand verbunden ist, kann die Bestellung bei der Internet-Apotheke von zu Hause innerhalb weniger Minuten erledigt werden. Die online Arzneimittelbestellung spart vor allem Zeit, denn die Internet-Apotheken operieren 24 Stunden am Tag. Man muss sich nicht anstellen oder auf die Zusammenstellung der Medikamente durch den Apotheker warten.[29] Internet-Apotheken versprechen zudem einen diskreten und unkomplizierten Service. Im traditionellen Apothekengeschäft ist demgegenüber häufig die Privatsphäre des Verbrauchers beeinträchtigt.[30] Vielen ist es peinlich, dem Apotheker Fragen zu der Krankheit, an der sie leiden, zu stellen, sei es, weil andere Verbraucher im Geschäft anwesend sind oder weil sie es als unangenehm empfinden, mit einem Fremden über gesundheitliche Probleme zu sprechen.[31] Da das Internet für viele ein gewisses Maß an Anonymität verkörpert, werden online eher Fragen gestellt. Daneben bieten viele Internet-Apotheken auch die Möglichkeit der telefonischen Beratung an, so dass der Kunde häufig eine 24-Stunden-Beratung durch einen Apotheker in Anspruch nehmen kann. Zusätzlich kann auf den meisten Webseiten eine Vielzahl von medizinischen und pharmazeutischen Berichten abgerufen werden. Dem Verbraucher wird dadurch die Möglichkeit eingeräumt, sich über Krankheiten, neue Behandlungsmethoden und Medikamente zu informieren. Zudem ermöglichen die Internet-Apotheken

---

[29] *Williams*, [online], a.a.O.

[30] *Toth Rost*, [online], a.a.O.

[31] Häufig schämen sich die Verbraucher, z.B. bei Geschlechtskrankheiten.

einen leichteren Zugang zu geschriebenen Produktinformationen als die Apothekengeschäfte[32] oder verweisen per Link auf andere Informationsquellen.[33]

Die Wissensvermittlung durch Internet-Apotheken ist durchaus geeignet, das Gesundheitsbewusstsein der Menschen zu verbessern. Selbst diejenigen, die einen online Versandhandel von Arzneimitteln ablehnen, sehen im Internet ein exzellentes Informations- und Beratungsmedium, um die Funktion des Apothekers als Arzneimittelinformant und Berater weiter auszubauen.[34] Da das Internet geografische Grenzen und Zeitzonen überwindet, können das Wissen und die Informationen über Arzneimittel schneller verbreitet werden.[35] Der Verbraucher ist auch nicht auf eine Apotheke festgelegt, sondern hat die Möglichkeit, auf das Angebot der zahlreichen inländischen und ausländischen Internet-Apotheken zurückzugreifen und den unterschiedlichen Service in Anspruch zu nehmen. Dadurch vergrößert sich vor allem die Auswahl an Arzneimitteln. Das vereinfacht den Erwerb, denn nun ist nicht nur beinahe jedes Medikament erhältlich, die Vielzahl der Internet-Apotheken ermöglicht es dem Verbraucher zudem, innerhalb weniger Minuten die Produkte zu vergleichen und das für ihn günstigste Angebot zu erfahren. Häufig bieten die Internet-Apotheken einen zusätzlichen Informationsservice an, bei dem die Verbraucher per E-Mail daran erinnert werden, dass das bezogene Medikament nachgefüllt bzw. neu verschrieben werden muss. Solche Erinnerungen können den Verbraucher zum besseren Umgang mit Arzneimitteln anhalten und zur Einhaltung der Therapie beitragen.[36]

Für den Verbraucher ist es mitunter auch effizienter und ökonomischer, den Service der Internet-Apotheken in Anspruch zu nehmen.[37] Die Nachfrage nach verschreibungspflichtigen Arzneimitteln[38] verstärkt vor allem den Konkurrenz-

---

[32] *Scott*, (Summer 2001) West Virginia Law Review [online] <http://international.westlaw.com/> (letzter Zugriff: 20.09.2002).

[33] *Yoo*, (Fall 2001) John Marshall Journal of Computer and Information Law [online] <http://international.westlaw.com/> (letzter Zugriff: 20.09.2002).

[34] *Bundesvereinigung Deutscher Apothekenverbände* (ABDA), E-Commerce und Versandhandel mit Arzneimitteln aus der Sicht der Apotheker, [online] <http://www.abda.de/ABDA/artikel.html?ID=132> (Stand: 16.01.2000; letzter Zugriff: 08.02. 2002).

[35] *Loza*, (2000) Food and Drug Law Journal [online] <http://www.international.westlaw.com/> (letzter Zugriff: 07.02.2002).

[36] *Toth Rost*, [online], a.a.O.

[37] *Zeman*, (2001) Annals of Health Law [online] <http://international.westlaw.com/> (letzter Zugriff: 07.02.2002).

[38] Internet-Umfragen der *Health on the Net Foundation*, einer Non-Government Organisation in speziell beratender Stellung mit dem Wirtschafts- und Sozialrat der Vereinten Nationen, haben ergeben, dass im Jahr 2001 von 3030 Internet-Nutzern 82 % Informationen über Arzneimittel im Internet gesucht und 14 % Arzneimittel unter Einschaltung des Internets erworben haben. Im Jahr 2002 haben sich 76,71 % online über Arzneimittel informiert und 12,52 % online Arzneimittel erworben. (Hier ist allerdings anzumerken, dass auf die Umfrage nur 1318 Teilnehmer reagiert und den Fragebogen ausgefüllt haben.) Vgl. *Health on the Net*

kampf zwischen den Internet-Apotheken, so dass die Medikamente meist zu niedrigeren Preisen als im Apothekengeschäft angeboten werden. Bei einigen Arzneimitteln beträgt der Preisunterschied bis zu 29 %.[39] Vor allem ausländische Internet-Apotheken bieten verschreibungspflichtige Medikamente billiger an. In den USA zum Beispiel sind Arzneimittel viermal so teuer wie in Mexiko und doppelt so teuer wie in Kanada oder in den Ländern der Europäischen Union.[40] Mit den niedrigeren Preisen schaffen die Internet-Apotheken einen zusätzlichen Anreiz, Arzneimittel über das Internet zu bestellen. Häufig ist der Erwerb von verschreibungspflichtigen Arzneimitteln mit sehr hohen Kosten verbunden, beispielsweise, wenn die Krankenkassen nur einen Teil der Ausgaben erstatten oder eine Kostenübernahme ablehnen, falls kein entsprechender zusätzlicher therapeutischer Nutzen für den Patienten gegeben ist. Die Krankenversicherungen können aber auch die Erstattung der Arzneimittelkosten verweigern, wenn der Verbraucher Arzneimittel online bestellt. Dem Verbraucher entstehen dann zusätzliche, mitunter sehr hohe Ausgaben, für die in der Regel die Krankenversicherungen aufkommen würden, hätte der Kunde sie im Apothekengeschäft erworben.[41]

Mit dem Arzneimittelverkauf unter Einschaltung des Internets könnte aber auch eine finanzielle Entlastung der Krankenkassen erreicht und die Kosten im deutschen Gesundheitswesen gesenkt werden.[42] Bereits 2001 haben einige gesetzliche Krankenkassen Abrechnungen der niederländischen Internet-Apotheke

Foundation, HON Surveys, Evolution of Internet Use for Health Purposes-Feb/Mar 2001, [online] <http://www.hon.ch/Survey/FebMar2001/survey.html> sowie HON Surveys, Raw Data for the Survey May/June 2002, [online] <http://www.hon.ch/Survey/Spring2002/res.html> (letzter Zugriff: 18.01.2007).

[39] *Henkel*, Food and Drug Administration (FDA), Publication No. 01-3235, [online] <http://www.fda.gov/fdac/features/2000/100_online.html> (letzter Zugriff: 18.01.2007).

[40] *Gomez*, (2002) Rutgers Computer and Technology Law Journal [online] <http://international.westlaw.com/> (letzter Zugriff: 13.03.2003).

[41] Es sei darauf hingewiesen, dass eine Kostenübernahme durch die Krankenkassen beim Arzneimittelversandhandel innerhalb Deutschlands nur in Betracht kommt, wenn die Krankenkassenverbände mit den Apothekerverbänden Rahmenverträge über die Arzneimittelversorgung gemäß § 129 Abs. 2 SGB V abgeschlossen haben. Sofern der Arzneimittelbezug aus einer Internet-Apotheke aus dem EU-Ausland erfolgt, können die Kosten im Wege der Kostenerstattung gemäß § 13 Abs. 4 SGB V von der Krankenkasse übernommen werden. Dies setzt aber einen Vertrag zwischen den Krankenkassen und den Leistungserbringern voraus (§ 140a SGB V). Dazu ausführlich im *4. Kapitel, B., II., 3., 3.2., „Betrugs- und Untreuedelikte"*.

[42] *Ernst*, WRP 2001, S. 893. Im Jahr 2005 belief sich der Umsatz der deutschen Apotheken auf 35 Milliarden Euro. Der Umsatz für verschreibungspflichtige Arzneimittel lag bei 32,4 Milliarden Euro. Die GKV-Ausgaben für Arzneimittel betrugen 23,652 Milliarden Euro. Vgl. *Bundesvereinigung Deutscher Apothekenverbände* (ABDA), Zahlen, Daten, Fakten 2005, [online] <http://www.abda.de/> (letzter Zugriff: 09.10.2006).

DocMorris akzeptiert.[43] Der Vorteil für die Krankenkassen besteht neben der Kostenersparnis für einige pharmazeutische Produkte vor allem darin, dass bei der online Bestellung keine Rezeptgebühren anfallen.[44] Man kann davon ausgehen, dass durch den online Arzneimittelhandel bis zu 250 Millionen Euro eingespart werden können.[45]

Die Ausnutzung des grenzüberschreitenden Preisgefälles kommt aber nicht nur den Patienten zu Gute, deren Krankenversicherung die Arzneimittelkosten nicht oder nur zum Teil übernimmt, sondern vor allem denjenigen, die nicht krankenversichert sind. Im Gegensatz zu Deutschland besteht in einigen Staaten, wie z.B. in den USA, keine Krankenversicherungspflicht. Für die Kosten der Arzneimittel muss der Patient dann selbst aufkommen, wobei diese je nach Krankheit und verschriebenem Medikament mehrere hundert Euro betragen können. Aufgrund des Preiskampfs auf dem online Arzneimittelmarkt kann der Nicht-Versicherte jedoch auf das billigste Produkt zurückgreifen und somit Geld sparen.

Internet-Apotheken können auch durchaus zur Verbesserung der Qualität der Krankenpflege sowie des Gesundheitswesens beitragen.[46] Verbraucherfreundlichkeit, ein schneller Service, kostengünstigere Medikamente, Lieferung der Arzneimittel bis vor die Haustür und die steigende Anzahl an medizinischen und pharmazeutischen Berichten und Informationen auf den Webseiten der Internet-Apotheken sind viele Vorteile, die vor allem zu einer größeren Zufriedenheit der Verbraucher führen, aber auch die medizinische Versorgung weiterentwickeln und fördern können.

Allerdings ist der online Arzneimittelversandhandel durch betrügerische, illegale Geschäftspraktiken gefährdet. Die größten Bedenken werden hinsichtlich der potentiellen Gesundheitsgefahren für die Verbraucher geäußert. Viele Inter-

---

[43] Zu den Krankenkassen gehörten die BKK Niedersachsen, die Gmünder Ersatzkasse und die BKK Bayern. Gegen die beiden letztgenannten erhob der ABDA Klage wegen Unterstützung des unerlaubten Versandhandels durch massenhafte Bestellungen. Vgl. *Berliner Zeitung*, DocMorris – Verband verklagt Internet-Apotheke, Nummer 201, Ausgabe vom 29.08.2002 sowie *Bundesvereinigung Deutscher Apothekenverbände*, Krankenkassen verstoßen gegen das Gesetz, [online] <http://www.abda.de/ABDA/artikel.html?ID=749>(letzter Zugriff: 31.03.2003). Gegenwärtig haben mehrere deutsche Krankenkassen Verträge zur Versorgung ihrer Versicherten gemäß § 140e SGB V mit niederländischen Internet-Apotheken (u.a. DocMorris) abgeschlossen.

[44] Die Bundesvereinigung Deutscher Apothekenverbände (ABDA) befürchtete dagegen einen Schaden für die Apotheken von jährlich 2,6 bis 2,8 Millionen Euro. Vgl. dazu: *Yahoo News* vom 28.08.2002, Apothekerverband verklagt Internetapotheke und Krankenkassen, [online] <http://www.de.news.yahoo.com/020828/286/2xjah.html> (letzter Zugriff: 28.08.2002).

[45] *Ernst*, a.a.O. Andere gehen sogar von Einsparungen in Höhe von 400 Millionen Euro aus. Vgl. *Kotlorz*, Kassen planen Geschäft mit Internet-Apotheken, in: *Die Welt* [online] <http://www.welt.de/daten/2001/04/19/0419mu248232.htx> (letzter Zugriff: 31.03.2003).

[46] *Zeman*, [online], a.a.O.

net-Apotheken nutzen die unklare gesetzliche Lage, vor allem auf internationaler Ebene, sowie das fehlende Wissen und Verständnis der Verbraucher bewusst aus. Kritiker behaupten, dass einige Internet-Apotheken nur darauf bedacht seien, Kreditkartenüberweisungen und Bargeld einzustreichen, ohne jedoch das Produkt zu liefern.[47] In vielen Fällen sind die Arzneimittel zudem falsch etikettiert oder gefälscht,[48] unsachgemäß zusammengestellt, nicht für das Gesundheitsbild des Verbrauchers geeignet[49] oder sogar kontaminiert. Häufig kommt es auch vor, dass Arzneimittel nicht nachvollziehbare oder nicht mehr aktuelle Beipackzettel und Dosierungsanweisungen enthalten, oft sogar in einer Fremdsprache.[50] Dass manche Internet-Apotheken mit solchen Geschäftspraktiken das Leben und die Gesundheit der Verbraucher riskieren, scheinen sie in Kauf zu nehmen.

Die Gefahren des Arzneimittelverkaufs unter Einschaltung des Internets sollten nicht unterschätzt werden. Für den Verbraucher ist es nicht nachvollziehbar, ob das Medikament unwirksame Inhaltsstoffe enthält, unsachgemäß hergestellt oder hygienisch abgepackt und gelagert wurde. Zwar warnen Behörden, öffentliche Einrichtungen und Verbraucherschutzverbände ständig vor illegalen Geschäftspraktiken,[51] allerdings bleiben die Warnungen oft unbeachtet. Die Verbraucher vertrauen grundsätzlich dem Rat des Apothekers und stellen dessen Handlungen nicht in Frage. Hinzu kommt, dass das Wissen des Verbrauchers hinsichtlich der Wirksamkeit eines Medikaments auf die Informationen der Verpackungsbeilage oder auf die Hinweise auf der Webseite der Internet-Apotheke beschränkt ist. In vielen Fällen sind die Angaben jenseits der technischen Verständniskompetenz des Verbrauchers.[52] Die Arzneimittelinformationen können

---

[47] *Fong*, Statement for the Deputy Associate Attorney General Department of Justice Before the Subcommittee on Oversight and Investigations Committee on Commerce United States House of Representatives Concerning the Sale of Prescription Drugs over the Internet on 30 July 1999, [online]<http://www.usdoj.gov/criminal/cybercrime/fong9907.htm> (letzter Zugriff: 18.01.2007).

[48] *Fong*, [online], a.a.O.

[49] *Zeman*, [online], a.a.O.

[50] *Toth Rost*, [online], a.a.O.

[51] So findet man z.B. auf der Homepage der Food and Drug Administration (FDA) Tipps und Warnungen im Hinblick auf den Arzneimittelkauf unter Einschaltung des Internets. Vgl. *FDA*, Buying Medicines and Medical Products Online, Tips and Warning for Consumers, [online] <http://www.fda.gov/oc/buyonline/default.htm> (letzter Zugriff: 18.01.2007). Darüber hinaus veröffentlicht die FDA auf der Webseite sog. „Warning Letters to Online Sellers", die die Behörde an Personen oder Unternehmen versandt hat, um auf Rechtsverstöße im Zusammenhang mit dem Arzneimittelversandhandel unter Einschaltung hinzuweisen. Vgl. auch: *Kansas Attorney General*, Consumer Protection Tips, Buying Drugs Online-A prescription for Disaster?, [online]
<http://www.accesskansas.org/hsag/contents/consumer/drugsonline.htm>
(letzter Zugriff: 31.03.2003).

[52] *Toth Rost*, [online], a.a.O.

zudem irreführend oder falsch sein und zu schweren Gesundheitsbeeinträchtigungen, einschließlich unerwünschter Nebenwirkungen, allergischer Reaktionen oder einer Resistenz gegen Antibiotika führen.[53] Mit der Arzneimittelbestellung bei illegalen, betrügerischen Internet-Apotheken riskiert der Verbraucher aber nicht nur bleibende Gesundheitsschäden, es besteht auch die Gefahr, dass die Einnahme des jeweiligen Medikaments tödlich ausgehen kann.[54] Häufig unterschätzen die Verbraucher die mit dem online Verkauf von Arzneimitteln verbundenen Risiken nicht nur im Hinblick auf die eigene Gesundheit, sondern auch hinsichtlich der Gesundheit anderer. So kann es vorkommen, dass sie die Medikamente ihren Kindern verabreichen, ohne zuvor einen Arzt zu konsultieren. Obwohl das medizinische Wissen der meisten Menschen beschränkt ist, werden einige versuchen, selbstständig Diagnosen zu erstellen, und die ihrer Meinung nach notwendigen Medikamente zur Linderung der Beschwerden bestellen und einnehmen.[55] Es ist schließlich einfacher, einen online Fragebogen auszufüllen, als sich einen Termin bei einem Arzt geben zu lassen und sich ins häufig überfüllte Wartezimmer zu setzen.

Zwar gibt es Internet-Apotheken, die sich im Service nicht von den traditionellen Apotheken unterscheiden und gewährleisten, dass die verschriebenen Medikamente für den Verbraucher geeignet und für den Verkauf zugelassen sind sowie unter den gesetzlich vorgeschriebenen Bedingungen hergestellt, verpackt, transportiert und gelagert wurden,[56] jedoch ist die Anzahl dieser Unternehmen im Vergleich zu den illegalen Internet-Apotheken gering.[57] Obwohl versucht wurde, die Webseiten illegaler Internet-Apotheken zu schließen, kann nicht verhindert werden, dass die Inhaber eine neue Internet-Apotheke unter einer anderen URL-Adresse eröffnen.[58] Da kaum Möglichkeiten bestehen, die Zulassung der online agierenden Apotheker, die für den Verbraucher anonym bleiben, zu überprüfen, wird der Verbraucher in der Regel auf die Angaben der Internet-Apotheken vertrauen müssen. Die meisten Internet-Apotheken versichern auf ihren Webseiten, dass es keine Risiken bei einer online Arzneimittelbestellung gibt. Häufig unterschätzen die Verbraucher jedoch die Auswirkungen der Arz-

---

[53] *Chin*, When Physicians Say No to Chipro, Some People Turn to the Internet, Online Pharmacies Under the Fire for Prescribing Antibiotics for Worried Stockpillers, AMNews staff. (05.11.2002) [online] <http://www.ama-assn.org/sci-pubs/amanews/pick_01/prca0806.htm> (letzter Zugriff: 07.02.2002).

[54] *Cantrell*, (2001) West Virginia Law Review [online] <http://international.westlaw.com/> (letzter Zugriff: 07.02.2002).

[55] *Toth Rost*, [online], a.a.O.

[56] *Toth Rost*, [online], a.a.O.

[57] *Gomez*, [online], a.a.O. Gomez, die sich in ihrem Artikel auf Schätzungen der American Health Line aus dem Jahr 2000 beruft, nennt (für den amerikanischen Markt) eine Quote von 400 illegalen Internet-Apotheken zu 6 legalen Internet-Apotheken.

[58] *Yoo*, [online], a.a.O.

neimittelversorgung unter Einschaltung des Internets oder die Bedeutung der ärztlichen Untersuchung und sehen die online Fragebögen als adäquaten Ersatz. Die meisten online Fragebögen weisen aber nicht einmal die Mindestanforderungen einer medizinischen Befragung auf.[59] Es werden medizinische Fachbegriffe verwendet, die für den Laien unverständlich sind, mit der Folge, dass Fragen falsch verstanden und beantwortet werden. Zudem besteht die Gefahr, dass die medizinische Vorgeschichte nicht vollständig vorgetragen wird oder der Verbraucher wissentlich falsche Angaben macht. Der wahre Gesundheitszustand kann online nicht überprüft werden. Seitens des Apothekers besteht keine Möglichkeit nachzufragen, ob die Angaben vollständig und wahrheitsgemäß erfolgten.

Die Internet-Apotheken sind deshalb häufig wegen der (zumindest abstrakten) Gefahr des Arzneimittelmissbrauchs in Kritik geraten. In vielen Fällen verlangen die Internet-Apotheken für die Bestellung eines verschreibungspflichtigen Medikaments weder die Vorlage eines gültigen Rezepts, noch ist es notwendig, einen online tätigen Arzt zu konsultieren. Darüber hinaus gibt es keine mengenmäßige Beschränkung. Sofern man eine Kreditkarte vorweisen kann, kann man so viele Medikamente bestellen, wie man möchte. Der mengenmäßig unbeschränkte Versand kann zum unsachgemäßen und zweckentfremdeten Gebrauch von Arzneimitteln führen. So werden verschreibungspflichtige Medikamente in überhöhter Dosis ohne medizinische Notwendigkeit eingenommen. Eine Missbrauchsgefahr besteht insbesondere bei stark wirkenden Schmerzmitteln wie Morphium oder Codein, Schlafmitteln wie Barbituraten, Psychopharmaka wie Antidepressiva oder Neuroleptika sowie bei Psychostimulanzen wie Amphetaminen.[60] Während vor einigen Jahren Medikamentenabhängige nur durch Diebstahl oder Rezeptbetrug Medikamente erlangen konnte, eröffnet der Arzneimittelverkauf unter Einschaltung des Internets nunmehr neue Dimensionen der Beschaffung mit der Folge, dass die Zahl der Arzneimittelabhängigen steigt. Der Missbrauch durch den online Verkauf lässt sich nur schwer, in den meisten Fällen jedoch überhaupt nicht kontrollieren. Maßnahmen, um Abhängige vor einem möglichen Arzneimittelmissbrauch zu schützen, sind ineffektiv oder scheitern aufgrund der Möglichkeiten, die das Internet bietet. Viele Abhängige sind sich der Gefahren eines exzessiven Arzneimittelgebrauchs über lange Zeit nicht bewusst. Häufig kommt es durch Überdosierung, falsche Anwendung oder Verwechslung von Arzneimitteln zu Vergiftungen oder anderen ernsthaften Komplikationen, die bis hin zum Tod führen können. Durch den Arzneimittelverkauf unter Einschaltung des Internets erhöht sich die Gefahr ernsthafter ge-

---

59 *Yoo*, [online], a.a.O.

60 Vgl. *Pharmig: Vereinigung Pharmazeutischer Unternehmen*, Arzneimittelmissbrauch, [online]<http://www.pharmig.or.at/pharmig/2001/CD-Rom/data/kapitel_2/umgang_mit_arzneimitteln.htm#missbrauch> (letzter Zugriff: 03.04.2003).

sundheitlicher Schäden durch die Möglichkeit, dass der Abhängige nicht zugelassene oder verunreinigte Medikamente erhält. Schätzungen zufolge sind ca. zwei Drittel aller mit Arzneimittelmissbrauch zusammenhängenden Verletzungen und Todesfälle in den USA auf den Missbrauch verschreibungspflichtiger Medikamente zurückzuführen,[61] und es ist wahrscheinlich, dass diese Zahl weiter steigt.

Das Internet vereinfacht es, die Verkaufs- und Sicherheitsbestimmungen für Arzneimittel zu umgehen. Vor allem Minderjährige nutzen das Angebot der Internet-Apotheken, um Arzneimittel, deren Ausgabe ihnen im Apothekengeschäft verwehrt werden würde, zu erhalten. In den USA wurden mehrere Fälle bekannt, in denen Internet-Apotheken verschreibungspflichtige Medikamente ohne die vorherige Zustimmung der Erziehungsberechtigten an Minderjährige versandten, obwohl diese bei der Bestellung ihr wahres Alter angaben.[62]

Der illegale Arzneimittelverkauf ist eines der größten Probleme im Kontext des Internethandels mit Arzneimitteln. Trotz der Bemühungen der Behörden bleiben viele Verstöße unentdeckt oder können aufgrund der begrenzten Verfolgungsmöglichkeiten[63] nicht geahndet werden. Die Anforderungen, die an die Zulassung und den Verkauf von Arzneimitteln gestellt werden, sind in jedem Staat unterschiedlich. Während man für Medikamente wie z.B. die Antibabypille in Deutschland und den USA ein Rezept benötigt, sind diese etwa in Mexiko frei verkäuflich.[64]

---

[61] *Peterson*, (2000) Washington Law Review [online] <http://international.westlaw.com/> (letzter Zugriff: 07.02.2002). Die Zahl der Medikamentenabhängigen wird in Deutschland auf 1,3-1,4 Millionen geschätzt. Zweidrittel der Abhängigen sind Frauen. Vgl. *Deutsche Hauptstelle für Suchtfragen e.V.* (DHS) [online] <http://www.optiserver.de/dhs/daten_ zahlen_ medikamente.html> (letzter Zugriff:18.01.2007).

[62] In Kansas bestellte ein 16 Jähriger Viagra, Meridia und Phentermine unter Einschaltung des Internets. Vgl. *Stovall*, Kansas Attorney General, Testimony Before the Health, Education, Labor & Pensions Committee, EDrugs: Who Regulates Internet Pharmacies, (21.03.2000) [online] <http://www.senate.gov/~labor/hearings/mar00hrg/032100wt/stovall.htm> (letzter Zugriff: 08.02.2002). In Philadelphia mussten mehrere High School Schüler in ein Krankenhaus eingeliefert werden, nachdem sie Dextro-meth-orphan (ein Wirkstoff eines Hustenmittels) unter Einschaltung des Internets erworben und zu sich genommen hatten. Vgl. *Williams*, [online] a.a.O.

[63] Zu den Verfolgungsmöglichkeiten auf nationaler und internationaler Ebene ausführlich im *4. Kapitel„Strafbarke Handlungen im Hinblick auf den Vertrieb von verschreibungspflichtigen Arzneimitteln unter Einschaltung des Internets*".

[64] Vgl. *Meadows*, Imported Drugs Raise Safety Concerns, FDA Food and Drug Administration, FDA Consumer Magazine, September-October 2002 [online] <http://www.fda.gov/fdac/features/2002/502_import.html> (letzter Zugriff: 18.01.2007). Zu den verschreibungspflichtigen Arzneimitteln in Deutschland siehe: *Verordnung über die Verschreibungspflicht von Arzneimitteln* (Arzneimittelverschreibungsverordnung - AMVV) vom 21.12.2005 (BGBl. 2005 I S. 3632), zuletzt geändert durch die Verordnung vom 27.06.2006 (BGBl. 2006 I, S. 1414).

Ob und wie sicher der online Arzneimittelhandel ist, lässt sich nicht ohne weiteres beurteilen. Missbrauchsmöglichkeiten sind sowohl für die Internet-Apotheken als auch für die Verbraucher gegeben. Während Internet-Apotheken primär wegen der Möglichkeit des Verkaufs gefälschter, kontaminierter, nicht zugelassener, nicht richtig gelagerter oder bereits abgelaufener Medikamente in die Kritik geraten, werden im Hinblick auf den Verbraucher dahingehend Bedenken geäußert, dass der online Verkauf ein Potential für den Arzneimittelschwarzmarkt eröffnet.[65] Nicht aufgebrauchte Medikamente werden weiter verkauft, ungeachtet der Tatsache, dass sie damit nicht nur die Gesundheit anderer gefährden, sondern auch Abhängigen eine weitere Möglichkeit des illegalen Arzneimittelerwerbs bieten.

Zu den Kaufinteressenten gehören häufig auch schwer oder unheilbar kranke Personen, die sich vor allem von noch nicht zugelassenen Medikamenten Heilung oder zumindest Linderung ihrer Leiden versprechen. Oft müssen sie jedoch erkennen, dass die Internet-Apotheken ihre Lage nur ausnutzen, um den Umsatz zu steigern. Internet-Apotheken verwenden das Internet als Medium für ihre Zwecke und wissen, wie sich potentielle Verbraucher gewinnen lassen. Mit Behauptungen, wie z.B. „wissenschaftlicher Durchbruch“, „Wunderkur“, „ohne Risiko“ sowie „nur für kurze Zeit erhältlich“ oder mit Berichten über Behandlungsmethoden mit erstaunlichem Erfolg werben sie für ihre Produkte. Die World Health Organisation (WHO) warnt davor, dass medizinische und pharmazeutische Produktinformationen, die solche Phrasen enthalten, nicht zutreffend sind bzw. nicht der Wahrheit entsprechen können.[66] Zuverlässige Internet-Apotheken würden dagegen nicht nur für das jeweilige Arzneimittel werben, sondern würden zudem Auskunft über den Produktnamen, die Wirkstoffe, einschließlich der bekannten Nebenwirkungen, und den Verwendungsbereich geben. Ferner würden diese Internet-Apotheken Angaben dazu machen, wann das Produkt nicht verwendet werden sollte (z.B. bei Schwangerschaft oder Allergien), und auf Wechselwirkungen mit anderen Medikamenten, die Bedingungen der Aufbewahrung bzw. der Lagerung des Produkts, den Namen und die Kontaktadresse des Herstellers hinweisen. Darüber hinaus wäre für den Verbraucher ersichtlich, wann diese Informationen zuletzt aktualisiert wurden.[67]

Für den Internet-Nutzer ist es schwierig zu unterscheiden, ob die Geschäftspraktiken der Internet-Apotheken legal oder illegal sind. Mit der Arzneimittelbestellung über das Internet geben die Verbraucher nicht nur die Möglichkeit einer

---

[65] *Sweet*, (2001) Duke Law & Technology Review [online] <http://international.westlaw.com/> (letzter Zugriff: 13.03.2003).

[66] Vgl. *World Health Organisation* (WHO), Essential Drugs and Medicines Policy, (Genf 1999) [online] <http://www.who.int/medicines/library/qsm/who-edm-qsm-99-4/medicines-on-internet-guide.html> (letzter Zugriff: 03.04.2003).

[67] Vgl. *World Health Organisation*, Essential Drugs and Medicines Policy, (Genf 1999) [online], a.a.O.

korrekten ärztlichen Diagnose und Behandlung oder die rechtzeitige Feststellung von durch Medikamente hervorgerufenen Kontraindikationen auf, sondern nehmen auch, aufgrund des fehlenden persönlichen Kontakts zum Apotheker, eine oftmals ungenügende pharmazeutische Beratung in Kauf. Der gleichzeitige Verzicht auf die durch die autorisierten Behörden durchgeführten Qualitäts- und Sicherheitskontrollen von Arzneimitteln kann zwar im günstigsten Fall ohne ernsthafte Folgen für den Verbraucher bleiben, jedoch kann man Gesundheitsschäden oder Vermögenseinbußen nicht ausschließen. Je mehr Zeit man mit der Suche nach neuen Behandlungsmethoden und geeigneten Arzneimitteln im Internet verbringt oder durch Selbstbehandlung mit wirkungslosen pharmazeutischen Produkten verschwendet, desto wahrscheinlicher ist es, dass sich die Heilungschancen verringern.

Hinzu kommt, dass bei Arzneimittelbestellungen bei ausländischen Internet-Apotheken aufgrund der unterschiedlichen gesetzlichen Regelungen ein Einfuhrverbot für alle nicht im Heimatstaat des Verbrauchers zugelassenen Medikamente bestehen kann. Viele Verbraucher sind sich dessen nicht bewusst. Zwar bleibt der Import von Arzneimittel häufig unentdeckt, jedoch kann der Verstoß gegen die einschlägigen Rechtsvorschriften unter Umständen strafrechtlich verfolgt werden.[68] Wenn die Arzneimittel von den zuständigen Behörden beschlagnahmt werden, erhält der Kunde weder das in der Regel bereits bezahlte Produkt, noch kann er Erstattung der Kosten für den Verlust verlangen.[69]

Da viele Internet-Apotheken vor der Bestellung die Ausfüllung von online Fragebögen verlangen, werden häufig Bedenken hinsichtlich des Datenschutzes und der sicheren Übermittlung von medizinisch vertraulichen und persönlichen Daten über das Internet geäußert. Wie sicher sind Internet-Apotheken, wenn es um den Datenschutz geht? Was geschieht mit den Informationen während und nachdem die Bestellung erfolgte? Können die Daten möglicherweise von Dritten aufgerufen werden? Obwohl das Internet für viele Menschen Anonymität verspricht, scheinen die Bedenken bezüglich des Datenschutzes gerechtfertigt. Medizinisch vertrauliche Daten werden häufig unsachgemäß genutzt ohne das Wissen oder die vorherige Einwilligung des Verbrauchers. Viele Internet-Apotheken benutzen weder sichere Server noch verschlüsseln sie die Daten ihrer Verbraucher, so dass Dritte auf diese Zugriff haben. Besonders besorgniserregend im Hinblick auf den online Arzneimittelkauf sind die sog. Cookies. Darunter sind kleine Textdateien zu verstehen, die vom Webserver auf der Festplatte des vom

---

[68] Zu den strafrechtlichen Aspekten des Arzneimittelhandels unter Einschaltung des Internets ausführlich im *4.Kapitel „Strafbarke Handlungen im Hinblick auf den Vertrieb von verschreibungspflichtigen Arzneimitteln unter Einschaltung des Internets"*. An dieser Stelle sei bereits vorweggenommen, dass dort ausschließlich auf die Strafbarkeit der Apotheker eingegangen wird.

[69] *World Health Organisation*, Essential Drugs and Medicines Policy, (Genf 1999) [online], a.a.O.

Nutzer eingesetzten Computers abgespeichert werden, um Informationen zu hinterlegen und diese zu einem späteren Zeitpunkt wieder abfragen zu können.[70] Mit dieser Technik kann der Betreiber des Webservers, vom Internet-Nutzer unbemerkt, ein Protokoll über dessen Interessen und Surfgewohnheiten erstellen.[71] Die so erstellten Nutzerprofile lassen sich gezielt für Marketing-Maßnahmen, insbesondere für individuelle, speziell auf den Verbraucher zugeschnittene Werbung einsetzen.[72] Zudem kann aus den Kauf- und Surfgewohnheiten des Verbrauchers auch auf dessen Krankheit geschlossen werden. Ruft der Kunde z.B. häufig Webseiten über die Behandlung von AIDS oder Krebs auf oder bestellt er bei einer Internet-Apotheke Viagra oder Antidepressiva, kann angenommen werden, dass er HIV-positiv oder an Krebs erkrankt ist bzw. Potenzprobleme oder Depressionen hat. Zwar kann man sich vor Cookies schützen, indem man entweder den eigenen Browser so einstellt, dass er das Abspeichern der Cookies auf der Festplatte nicht zulässt, oder indem man die Cookie-Dateien mit dem Merkmal „schreibgeschützt" versieht.[73] Dies setzt natürlich voraus, dass der Nutzer überhaupt Kenntnis davon hat, dass auf seiner Festplatte Cookies abgelegt wurden.

Auf medizinische oder personenbezogene Informationen können Dritte aber auch durch Banner-Werbung oder Web-Bugs zugreifen. Die Banner-Werbung ist eine Werbeform, mit der Werbung auf Webseiten der Anbieter integriert wird, die mit einer Interaktionsmöglichkeit durch den Betrachter ausgestattet ist.[74] Grundsätzlich wurde die Banner-Werbung entwickelt, um die Aufmerksamkeit des Nutzers vom eigentlichen Inhalt der Webseite abzulenken und ihn zu anderen Aktionen zu animieren.[75] Allerdings nutzen viele Unternehmen die Banner-Werbung, um Cookies auf der Festplatte des Nutzers abzulegen,[76] mit der Folge, dass die Unternehmen Nutzerprofile erstellen können. Die Web-Bugs funktionieren nach einem ähnlichen Prinzip. Dabei handelt es sich um winzige,

---

[70] Vgl. *CompuServe*, Häufig gestellte Fragen und die Antworten zum Thema „Cookies" [online] <http://www.uni-muenster.de/WWW/SicherheitCookies.html> (Stand: 12.03.1997; letzter Zugriff: 18.01.2007). Bei Netscape heißen die Textdateien „cookies.txt"; bei Mircosoft Internet Explorer „emcookie.dat". Vgl. *Strömer*, S. 283.

[71] Abgespeichert werden z. B. Datum, Zugangswörter, Layouteinstellungen oder auch Inhalte eines beim Internet-Shopping eingesetzten elektronischen Warenkorbs. Vgl. *Moos*, Datenschutz im Internet, in: *Kröger/Gimmy*, S. 411 (430).

[72] *Kloepfer*, § 13, Rdn. 65.

[73] *Strömer*, S. 284.

[74] Da die Banner-Werbung die wichtigste online Werbung ist, haben sich verschiedene Bannerwerbearten entwickelt, z.B. animierte Banner, HTML-Banner, Mouse-Move-Banner, Transactive Banner, Rich Media Banner u.v.m. Vgl. *Heyms/Preiß*, S.234.

[75] Vgl. <http://www.bannerwerbung.net/german/werbemittel/banner/index.html> (letzter Zugriff: 10.04.2003).

[76] *Goldman/Hudson*, (2000) The People-to-People Health Foundation, Inc., Health Affairs [online] <http://www.lexis.com/> (letzter Zugriff: 07.02.2002).

unsichtbare Bilddateien, die auf Webseiten oder in E-Mails verwendet werden.[77] Mittels der Web-Bugs können alle über HTTP-versendeten Informationen, wie IP-Adressen oder Angaben über den verwendeten Browser an den Server übertragen werden.[78] Auf diese Weise erhält der Webseiten-Betreiber Informationen über das Surfverhalten der Nutzer. Es können aber auch personenbezogene Daten gesammelt werden, was vor allem dann möglich ist, wenn auf der aufgerufenen Webseite auch Cookies abgespeichert sind und der Nutzer bereits Namen und E-Mail-Adresse angegeben hat.[79]

In einigen Fällen geben Internet-Apotheken die personenbezogenen Daten auch an Geschäftspartner weiter oder beauftragen Unternehmen, die Webseite zu überwachen, um festzustellen, welche Informationen die Verbraucher herunterladen.[80] Zudem gibt es keine Garantie, dass persönliche Daten bei Insolvenz, Verkauf oder Fusion des Internet-Unternehmens vertraulich behandelt werden.[81] Die Struktur des Internets als Netzwerk von verschiedenen Netzwerken[82] ermöglicht es auch Hackern[83] auf die Daten der Verbraucher Zugriff zu nehmen, zumal digitale Informationen oftmals mehrere Computersysteme durchlaufen, bevor sie den Bestimmungsort erreichen.[84] Mitunter kann es geschehen, dass personenbezogene Daten von der Internet-Apotheke unbeabsichtigt durch Störungen im Computersystem für jedermann zugänglich werden. Global Health Trax, ein Unternehmen, das pharmazeutische Produkte unter Einschaltung des Internets verkauft, gab vor einiger Zeit auf seiner Webseite unabsichtlich die Namen, Telefonnummern, Bankverbindungen und Kreditkarteninformationen von tausenden Verbrauchern bekannt.[85]

---

[77] *Kloepfer*, § 13, Rdn. 67.

[78] Vgl. *Landesbeauftragter für den Datenschutz Bremen*, Tipps für Bürger-Was sind Web-Bugs?, [online] <http://www.datenschutz-bremen.de/tipps/verteidigung/spuren/cookies.html> (letzter Zugriff: 10.04.2003).

[79] Internet und Recht, Begriffe rund um Internet und E-Commerce, Datenschutz im Internet – Web-Bugs, [online] <http://www.internet4jurists.at/glossar/wl.htm> (letzter Zugriff: 10.04. 2003).

[80] *Rothstein*, (2001) Federal Communications Law Journal [online] <http://international.westlaw.com/> (letzter Zugriff: 07.02.2002).

[81] *Goldman/Hudson*, [online], a.a.O.

[82] Die Entwicklung und Struktur des Internets soll hier nicht im Einzelnen dargestellt werden, da dies den Rahmen der Arbeit sprengen würde und zum anderen auf zahlreiche Veröffentlichungen verwiesen werden kann.

[83] Hacker sind Personen, die unbefugt in Computernetze eindringen. Vgl. Das Internet-Lexikon [online] <http://www.e-lexikon.at/elexikon/default.asp?qalphabet=H> (letzter Zugriff: 10.04.2003).

[84] *Rothstein*, [online], a.a.O.

[85] *Stepanek*, Business Week E.BIZ-Special Report, [online] <http://www.businessweek.com/2000/00_50b3711084.htm> (letzter Zugriff: 10.04.2003).

Zwar wird man auch bei herkömmlichen Apothekengeschäften nicht von einem uneingeschränkten Datenschutz ausgehen können, jedoch ist es hier um vieles schwerer, unberechtigt auf medizinische und personenbezogene Daten zuzugreifen. Der Missbrauchsgefahr bei Internet-Apotheken kann dagegen kaum wirksam vorgebeugt werden. Obwohl das Sammeln personenbezogener Daten nur im Einklang mit den gesetzlichen Vorschriften[86] erfolgen darf und der Nutzer in jedem Fall darüber aufgeklärt werden muss, was mit diesen Daten geschieht, sollte jedem bewusst sein, dass man keine wirkliche Kontrolle hat, inwiefern und zu welchem Zweck digitale medizinische und persönliche Daten genutzt werden. Unabhängig vom Vertrauensbruch oder der Verletzung von Privatgeheimnissen besteht dabei auch die Gefahr einer Diskriminierung. So kann nicht ausgeschlossen werden, dass z.B. (Kranken-)Versicherungsunternehmen, Arbeitgeber oder andere Einrichtungen pharmazeutische Webseiten aufrufen, bei denen Verbraucher gerade einen online Fragebogen ausgefüllt haben. Was geschieht, wenn die Versicherung den Abschluss eines Krankenversicherungsvertrages ablehnt, einen bestehenden Vertrag kündigt oder eine höhere Einstufung vornimmt, aufgrund des ihr auf diese Art und Weise bekannt gewordenen Gesundheitszustandes des Versicherungsnehmers? Was, wenn ein Arbeitgeber die Einstellung aufgrund des Gesundheitszustandes des Arbeitnehmers und wegen der Möglichkeit seines häufigen krankheitsbedingten Ausfalls verweigert? Die Nachteile, die der Verbraucher aufgrund des Missbrauchs von medizinischen und persönlichen Daten erleiden kann, sind kaum abzusehen. Die gegenwärtige Missbrauchsgefahr im Hinblick auf den Datenschutz im Internet könnte zumindest verringert werden, wenn Internet-Apotheken sichere Servertechnologien benutzten, sich gegen das Austauschen oder Verkaufen von personenbezogenen Daten aussprächen und Informationen während der Datenübertragung verschlüsselten.[87] Einige Internet-Apotheken versichern auf ihren Webseiten, Vorkehrungen zum Schutz der personenbezogenen Daten getroffen zu haben. Die Einhaltung dieser Sicherheitsstandards kann dazu beitragen, das Vertrauen der Verbraucher in den Service der Internet-Apotheken, vor allem im Umgang mit ihren personenbezogenen Daten, zu stärken.

Internet-Apotheken bieten demnach durchaus viele Vorteile für beinahe jeden in der heutigen, schnelllebigen Welt. Innerhalb weniger Minuten, sei es in der Mittagspause oder zwischen zwei wichtigen Terminen können Arzneimittel bequem, kostengünstig und schnell bestellt und geliefert werden. Diese Vorteile sind jedoch von erheblichen Risiken überschattet. Der Arzneimittelkauf bei einigen Internet-Apotheken kann mehr Nach- als Vorteile mit sich bringen. Wie in jedem anderen Geschäftsbereich, sind Internet-Apotheken nicht sicher vor ille-

---

[86] Gemäß § 3 Abs. 5 TDSG, § 12 Abs. 6 MDStV ist es verboten, Cookies einzusetzen, um unbefugt auch personenbezogene Daten zu sammeln. Vgl. auch *Strömer*, S. 284.

[87] *Toth Rost*, [online], a.a.O.

galen, betrügerischen Geschäftspraktiken. Gegenwärtig kann nicht mit Bestimmtheit gesagt werden, welche Internet-Apotheken den Anforderungen zum Schutz der Verbraucher und zur Gewährleistung der Arzneimittelsicherheit gerecht werden. Es ist jedoch offensichtlich, dass viele Internet-Apotheken gegen bestehende Rechtsvorschriften im Hinblick auf den Verkauf von verschreibungspflichtigen Arzneimitteln oder den Verkauf von nicht zugelassenen Arzneimitteln verstoßen und dadurch die Gesundheit der Verbraucher gefährden. Die Zukunft des Arzneimittelhandels unter Einschaltung des Internets hängt deshalb in erster Linie davon ab, wie die Vorteile beurteilt werden und wie sich die Gefahren vermeiden lassen. Fest steht jedoch, dass die unaufhaltsame Entwicklung der Internet-Apotheken eine neue Herausforderung an die Gesetzgeber, die Unternehmen aber auch an die Verbraucher darstellt. Um den Verbraucherschutz und die Volksgesundheit[88] effektiv zu garantieren, ist es nicht nur notwendig, illegale Internet-Apotheken zu schließen, sondern gleichzeitig das Wachstum des E-Commerce im pharmazeutischen Bereich zu ermöglichen. Inwiefern dies erreicht werden kann, welche Schwierigkeiten die Regelung des online Arzneimittelhandels für den Gesetzgeber mit sich bringt und wie die gegenwärtige rechtliche Situation in Deutschland ist, soll in den nachfolgenden Kapiteln näher untersucht werden.

[88] Man mag darüber diskutieren, ob es so etwas wie „Volksgesundheit" überhaupt geben kann. Der Begriff „Volksgesundheit" wird indes häufig in Rechtsprechung und Literatur verwendet, ohne jedoch eine genaue Definition zu geben, was genau „Volksgesundheit" bedeutet. Vgl. *BVerwG*, Urt. v. 19.10.1989, Az.: 3 C 35/87 = NJW 1990, S. 2948 ff.; *BVerfG*, Beschl. v. 14.04.1987, Az.: 1 BvL 25/84 = BVerfGE 75, S. 166 ff.; *BVerwG*, Beschl. v. 05.09. 1991, Az.: 3 N 1/89 = BVerwGE 89, S. 30 ff.; *LG Frankfurt am Main*, Urt. v. 09.11.2000, Az.: 2-03 O 365/00 = K&R 2001, S. 153 ff.; *Kampf* in: *Henke*, S. 204. Das *BVerfG* geht im sog. *Apothekenurteil* sogar davon aus, dass „die Volksgesundheit unbestritten ein wichtiges Gemeinschaftsgut ist ... und daß unbestritten eine geordnete Arzneimittelversorgung zum Schutz der Volksgesundheit unumgänglich ist.", *BVerfG*, Urt. v. 11.06.1958, Az.: 1 BvR 596/ 56 = BVerfGE 7, S. 377 (414). Hierzu ist anzumerken, dass ich hier den Be-griff „Volksgesundheit" so verwende, dass ich mich dabei auf die Gesundheit der Bevölkerung als solche beziehe. Von einer kritischen Betrachtung des Begriffs sehe ich ab, zumal es auf den Begriff „Volksgesundheit" in den weiteren Ausführungen der folgenden Kapitel nicht wesentlich ankommt.

3. Kapitel: Der Handel mit verschreibungspflichtigen Arzneimitteln – Zur gegenwärtigen arzneimittel- und apothekenrechtlichen Situation

Traditionell wurde die Arzneimittelversorgung der Bevölkerung über die Apothekengeschäfte nach den von den Gesetzgebern erlassenen Rechtsvorschriften gewährleistet. In den Arzneimittel- und Apothekenvorschriften finden sich ausdrückliche Regelungen zu den Zulassungsvoraussetzungen und Aufgaben der Apotheken, einschließlich der Anforderungen an die Abgabe von verschreibungspflichtigen Arzneimitteln. Zwar sind die gesetzlichen Vorgaben bezüglich des Arzneimittelzugangs aufgrund der unterschiedlichen Gesundheitssysteme von Staat zu Staat verschieden, jedoch bezwecken die Gesetzgeber das Gleiche: Mit der Arzneimittelausgabe über die Apotheken soll garantiert werden, dass dem Verbraucher das richtige Medikament übergeben und er im Hinblick auf die Handhabung und Anwendung der Medikamente richtig aufgeklärt und beraten wird.[89] Die Vorschriften dienen vor allem der Überwachung des Arzneimittelverkehrs zum Schutz der Bevölkerung vor Arzneimittelrisiken.[90]

Der Arzneimittelhandel unter Einschaltung des Internets ließ sich bis zu den darauf bezogenen Gesetzesänderungen nicht ohne weiteres unter die gesetzlichen Regelungen subsumieren. Denn die Möglichkeit, Arzneimittel über Internet-Apotheken zu verkaufen, wurde von den Gesetzgebern (zunächst) nicht bedacht. Aufgrund mangelnder Rechtsvorschriften wurden (und werden, vor allem auf internationaler Ebene,) bestehende Versandhandelsverbote missachtet. Das Internet kennt weder rechtliche noch geografische Grenzen, so dass selbst strenge nationale Regeln einfach zu umgehen sind.[91] Die meisten Internet-Apotheken nutzen die Regelungslücken, vor allem im Hinblick auf den grenzüberschreitenden Arzneimittelversand, bewusst aus, wobei sie sich im gesetzlichen „Graubereich" oder sogar außerhalb der gesetzlichen Regelungen bewegen.

---

[89] *Lehner*, Medikamente aus dem Netz, Der schutzlose Konsument, Arbeiterkammer Wien, Abteilung Konsumentenpolitik 18/1999 [online] <http://www.apotheker.or.at/internet/oeak/NewsPresse_1_0_0a.nsf/ca4d14672a08756bc125697d004f8841/79ca1ba1d71d2d82c1256ad90056b1f8/$FILE/AK%20Internetversand.pdf> (letzter Zugriff: 28.06.2007).

[90] Vgl. zur Entwicklung des Arzneimittelrechts in Deutschland und der EG: *Blasius/Müller-Römer/Fischer*, S. 21-49.

[91] *The White House*, Office of the Press Secretary, The Clinton Administration Unveils New Initiative to Protect Consumers Buying Prescription Drug Products Over the Internet (28.12.1999) [online] <http://clinton4.nara.gov/textonly/WH/New/html/19991229.html> (letzter Zugriff: 18.01.2007).

Nationale und internationale Behörden sowie Organisationen haben allerdings unlängst die Probleme des online Arzneimittelhandels erkannt. Sie räumen ein, dass es im Hinblick auf den Verbraucherschutz nicht mehr ausreicht, die Verbraucher vor Risiken zu warnen. Sie fordern vielmehr explizite Gesetzesvorschriften, die sowohl mit den gesundheitspolitischen Zielen der Gesetzgeber als auch mit den Bedürfnissen der Verbraucher in Einklang zu bringen sind und zugleich die Vorteile der Internet-Apotheken zu würdigen wissen. Unabhängig von der Frage, was im Hinblick auf den online Arzneimittelhandel getan werden kann und sollte, erscheint es jedenfalls notwendig, dass die Internet-Apotheken alle nationalen Zulassungsvoraussetzungen erfüllen sowie die Arzneimittel- und Apothekenvorschriften einhalten[92]. Obwohl in einigen Staaten[93] bereits erfolgreiche Verfahren gegen illegale Internet-Apotheken durchgeführt und neue gesetzliche Regelungen erlassen wurden, sind Gesetzesänderungen weiterhin (zwingend) erforderlich, um die gegenwärtige Situation zu verbessern[94]. Nur einige Staaten haben bisher den Versuch unternommen, den Verkauf von Arzneimitteln unter Einschaltung des Internets zu regulieren. Dazu zählen u.a. Deutschland, Neuseeland[95] und die Niederlande.

---

[92] *Silverman*, [online] a.a.O.

[93] So z.B. in den USA: In Kansas klagte die Generalstaatsanwältin *Carla J. Stovall* und das *State Board of Pharmacy* sieben Firmen an, u.a. die Lifestyle USA, Inc., wegen irreführender Werbung und Verkauf von verschreibungspflichtigen Arzneimitteln unter Einschaltung des Internets. In Missouri hat der Generalstaatsanwalt *Jay Nixon* eine einstweilige Verfügung gegen Firmen erlangt, die illegal verschreibungspflichtige Arzneimittel unter Einschaltung des Internets vertrieben. In Illinois reichte der Generalstaatsanwalt *Jim Ryan* Anklage gegen Internet-Firmen ein, die illegal mit Arzneimitteln handelten; vgl. *Rothouse*, Online Pharmacies, A Summary on Activity Surrounding, National Confernce of State Legislatures [online] <http://www.ncsl.org/statefed/health/olpharm.htm> (letzter Zugriff: 18.01.2007). In Neuseeland klagte der Apotheker *Bell* gegen *Medsafe*, eine Abteilung des Gesundheitsministeriums, auf Herausgabe der beschlagnahmten (verschreibungspflichtigen) Arzneimittel, die *Bell* unter Einschaltung des Internets an ausländische Verbraucher verkaufte; vgl. *District Court of Auckland*, „Bell v Medsafe New Zealand Medicines and Medical Devices Safety Authority“, Urteil v. 23.12.1999, File No. NP 4372/99 [online] <http://www.lexis.com/> (letzter Zugriff: 10.02.2002).

[94] *Henkel*, [online], a.a.O.

[95] Anders als der deutsche Gesetzgeber, der mit der Änderung der Gesetzeslage bis 2004 gewartet hat, obwohl die ersten Urteile im Hinblick auf den Vertrieb von Arzneimitteln unter Einschaltung des Internets bereits 2000 erlassen wurden (vgl. *LG Frankfurt am Main*, Urt. v. 09.11.2000, Az.: 2-03 O 365/00 = K&R 2001, S. 153 ff.; *LG Berlin*, Urt. v. 07.11.2000, Az.: 103 O 192/00 = MMR 2001, S. 249 ff.), reagierte der neuseeländische Gesetzgeber nach dem Urteil im Rechtsstreit *Bell v Medsafe New Zealand Medicines and Devices Safety Authority* (vgl. *District Court of Auckland*, „Bell v Medsafe New Zealand Medicines and Devices Safety Authority“, Urteil v. 23.12.1999, File No. NP 4372/99 [online], a.a.O.) prompt und sprach sich für ein ausdrückliches Versandhandelsverbot für verschreibungspflichtige Arzneimittel an alle im Ausland lebende Personen aus, sofern diese kein von einem in Neuseeland prakti-

Um die Grenzen des online Arzneimittelhandels besser definieren zu können, sind zunächst folgende Fragen zu klären: Was genau regulieren die bestehenden (arzneimittel- und apothekenrechtlichen) Gesetzesvorschriften? In welchem Umfang regeln die Vorschriften den Arzneimittelversandhandel? Gibt es explizit Vorschriften zum Betrieb einer Internet-Apotheke oder können die bestehenden Vorschriften auf die Internet-Apotheken übertragen werden? Sind diese Vorschriften auch auf ausländische Internet-Apotheken anwendbar?

Der Handel mit verschreibungspflichtigen Arzneimitteln unterliegt grundsätzlich der nationalen Gesetzgebungskompetenz. Zwar wird das Ziel der Gesetzgeber weitestgehend das gleiche sein — nämlich die Gewährleistung eines effektiven Verbraucherschutzes und der Volksgesundheit[96] —, jedoch kann die Ausgestaltung der gesetzlichen Bestimmungen variieren. Folglich wird man die Internet-Apotheken nur im Kontext mit den nationalen Vorschriften zum Arzneimittelvertrieb betrachten können. Deshalb werden in diesem Kapitel die gegenwärtigen deutschen Rechtsnormen hinsichtlich des Arzneimittelversandhandels dargestellt.

Der Überblick über die gesetzlichen Regelungen soll vor allem der Verdeutlichung der strafrechtlichen (und strafverfolgungsrechtlichen)[97] Probleme dienen, die in dem nachfolgenden 4. Kapitel noch ausführlich erörtert werden. Die Ausführungen werden zeigen, dass sich die Frage nach den anwendbaren Rechtsnormen, vor allem beim grenzüberschreitenden Arzneimittelhandel, nicht ohne weiteres beantworten lässt. Zwar könnte man argumentieren, „was offline verboten ist, ist auch online nicht erlaubt“[98], jedoch wird man anerkennen müssen, dass dieser Grundsatz, wenn überhaupt, dann nur im Hinblick auf das nationale Recht gelten kann — und auch nur dann, wenn für alle am „Rechtsgeschäft“ beteiligten Personen das Recht des betreffenden Staates uneingeschränkt gilt. Soweit eine dieser Personen dem nationalen Recht nicht unterliegt, mag der Grundsatz nicht mehr ohne weiteres anwendbar sein — entweder weil der Arzneimittelhandel unter Einschaltung des Internets in dem anderen Staat erlaubt oder zumindest nicht so streng reguliert ist.[99]

---

zierenden und registrierten Mediziner ausgestelltes Rezept vorlegen können (vgl. § 44C Medicines Regulation 1984).

[96] Vgl. *2. Kapitel* [Fn. 88].

[97] Die strafverfolgungsrechtlichen Probleme werden nur am Rande behandelt. Im Mittelpunkt der weiteren Überlegungen, vor allem im *4. Kapitel* soll vielmehr die Frage der Strafbarkeit der (inländischen und ausländischen) Apotheker beim innerstaatlichen und grenzüberschreitenden Arzneimittelversandhandel stehen.

[98] *Lehner*, [online], a.a.O. [Fn. 89].

[99] Dies kann man jedoch nur dann annehmen, wenn zwischen den (beiden) Staaten keine die Zuständigkeit regelnden Abkommen oder sonstigen Verträge bestehen. So z.B. Art. 5 Nr. 3 EuGVÜ, der die internationale Zuständigkeit deutscher Gerichte aufgrund des deliktischen Erfolgsortes ableitet. Danach kann eine Person, die ihren Wohnsitz in dem Hoheitsgebiet eines Vertragsstaates hat, in einem anderen Vertragsstaat verklagt werden, wenn eine uner-

Bei der Betrachtung der gegenwärtigen Rechtslage in Deutschland sind zunächst allgemeine Erläuterungen zum Arzneimittel- und Apothekenrecht erforderlich, bevor eine Bestimmung des Begriffs „verschreibungspflichtiges Arzneimittel“ erfolgen kann. Daran anschließend wird auf die Vorschriften eingegangen, die den Vertrieb von verschreibungspflichtigen Arzneimitteln regeln, einschließlich eventuell bestehender Ausnahmeregelungen.

A. Allgemeine Regelungen des Apotheken- und Arzneimittelrechts

Das Apotheken- und Arzneimittelrecht ist in Deutschland für alle Bundesländer einheitlich geregelt. Dem Bund steht gemäß Art. 72 GG i.V.m. Art. 74 Abs. 1 Nr. 19 GG die konkurrierende Gesetzgebungsbefugnis für die Zulassung zu ärztlichen und anderen Heilberufen und zum Heilgewerbe sowie für das Recht des Apothekenwesens und der Arzneien[100] zu. Durch diese Rechtsgrundlage ermächtigt, wurden 1960 das Gesetz über das Apothekenwesen[101] und 1961 das Gesetz über den Verkehr mit Arzneimitteln[102] verabschiedet. Damit kam der Bundesgesetzgeber dem Bedürfnis nach einer einheitlichen gesetzlichen Regelung im Apotheken- und Arzneimittelbereich nach. Bis dahin wurde das Apo-

---

laubte Handlung oder eine Handlung, die einer unerlaubten Handlung gleichgestellt ist, oder wenn Ansprüche aus einer solchen Handlung den Gegenstand des Verfahrens bilden, und zwar vor dem Gericht des Ortes, an dem das schädigende Ereignis eingetreten ist. In dem Rechtsstreit des Deutschen Apothekenverbandes und der deutschen Pharmaunternehmen gegen die niederländische Internet-Apotheke *DocMorris* haben die deutschen Gerichte ihre Zuständigkeit gem. Art. 5 Nr. 3 EuGVÜ begründet; vgl. *LG Frankfurt am Main*, Urt. v. 09.11.2000, Az.: 2-03 O 365/00 = K&R 2001, S. 153 ff.; *LG Berlin*, Urt. v. 07.11.2000, Az.: 103 O 192/00 = MMR 2001, S. 249 ff. sowie *LG Stuttgart*, Urt. v. 04.01.2001, Az.: 17 O 548/00.

[100] Die konkurrierende Gesetzgebung erstreckt sich ferner auf Maßnahmen gegen gemeingefährliche übertragbare Krankheiten bei Menschen und Tieren, auf das Recht der Arzneien, der Medizinprodukte, der Heilmittel, der Betäubungsmittel und der Gifte (Art. 74 Abs. 1 Nr. 19 GG).

[101] Das *Gesetz über das Apothekenwesen* vom 20.08.1960 (ApoG), BGBl. I 1960, S. 697; neugefasst in der Fassung der Bekanntmachung vom 15.10.1980, BGBl. I 1980, S. 1993, zuletzt geändert durch Art. 34 der Verordnung vom 31.10.2006, BGBl. I 2006, S. 2407. Bei der Regelung der Zulassung von Apotheken durch das Gesetz über das Apothekenwesen wurden auch die vom Bundesverfassungsgericht (BVerfG) entwickelten Grundsätze, vor allem im Hinblick auf die Niederlassungsfreiheit der Apotheken berücksichtigt, vgl. *BVerfG*, Urt. v. 11.06.1958, Az.: 1 BvR 596/56 = BVerfGE 7, S. 377 ff.

[102] Das *Gesetz über den Verkehr mit Arzneimitteln* vom 16.05.1961 (AMG 1961), BGBl. I 1961, S. 533; zuletzt geändert durch das 14. Gesetz zur Änderung des Arzneimittelgesetzes vom 29.08.2005, BGBl. I 2005, S. 2570; neugefasst durch die Bekanntmachung vom 12.12.2005, BGBl. I 2005, S. 3394, geändert durch Art. 12 des Gesetzes 14.08.2006, BGBl. I 2006, S. 1869.

thekenrecht landesgesetzlich geregelt.[103] Das Arzneimittelrecht wurde dagegen durch verschiedene gesetzliche Bestimmungen reguliert. So fanden sich Vorschriften zum Verkehr mit Arzneimitteln in der kaiserlichen Verordnung zum Verkehr mit Heilmitteln vom 22.10.1901,[104] dem Gesetz über den Verkehr mit Betäubungsmitteln vom 10.12.1929 (Opiumgesetz)[105], der Verordnung über den Verkehr mit Arzneimitteln vom 13.03.1941[106], der Polizeiverordnung über die Werbung auf dem Gebiete des Heilwesens vom 29.06.1941[107], der Gewerbeordnung sowie in den landesrechtlichen Bestimmungen über die Abgabe von Arzneimitteln.[108]

Das Gesetz über das Apothekenwesen (Apothekengesetz) und das Gesetz über den Verkehr mit Arzneimitteln (Arzneimittelgesetz) wurden nach ihrem Inkrafttreten mehrmals geändert. Der Gesetzgeber musste erkennen, dass die Vorschriften keinen ausreichenden Schutz der Verbraucher gewährleisteten, was zum einen auf den pharmazeutischen und medizinischen Fortschritt und zum anderen auf die zunehmende Bereitschaft der Bevölkerung zur Verwendung von Arzneimitteln zurückzuführen war.[109] Welche Gefahren der Umgang mit Arzneimitteln mit sich bringen kann, wurde am Contergan-Thalidomid-Fall[110] deutlich, in dessen Folge das Gesetz zur Neuordnung des Arzneimittelrechts[111] (Arz-

---

[103] Die Regelung des Apothekenrechts durch landesgesetzliche Vorschriften begann in Deutschland gegen Ende des 17. Jahrhunderts, nachdem die bis dahin geltenden Apothekenordnungen der Städte abgelöst wurden. Zur historischen Entwicklung der Apotheken und des Apothekenrechts vgl. u.a. *Blasius/Müller-Römer/Fischer*, S. 21 f.; *Hügel/Fischer/Kohm*, S. 136 ff.; *Bartels*, Zur Geschichte der deutschen Apothekenbetriebs-erlaubnis [online] <http://www.pharmazeutische-zeitung.de/pza/2000-36/titel.htm> (letzter Zugriff: 22.05.2003) sowie *BVerfG*, Urt. v. 11.06.1958, Az.: 1 BvR 596/56 = BVerfGE 7, S. 377 (387 ff.).

[104] RGBl. I S. 136.

[105] RGBl. I S. 215.

[106] RGBl. I S. 380.

[107] RGBl. I S. 587.

[108] *Blasius/ Müller-Römer/Fischer*, S. 22 f.

[109] *Blasius/ Müller-Römer/Fischer*, S. 23.

[110] *LG Aachen*, Beschl. v. 18.12.1970 = JZ 1971, S. 507 ff. Contergan, ein Schlafmittel, stand im Verdacht, bei Einnahme bei Erwachsenen Nervenschäden und bei Schwangerschaft durch Einwirkungen auf die Embryonen zu Missbildungen bei den Neugeborenen zu führen. Der Arzneimittelhersteller, der auf die möglichen schädlichen Nebenwirkungen aufmerksam gemacht wurde, unterließ es, Ärzte und Verbraucher zu warnen. Zudem wurde weder eine Rückrufaktion eingeleitet noch die Produktion des Mittels eingestellt. Die Anklage warf den leitenden Angestellten fahrlässige Tötung und Vergehen gegen arzneimittelrechtliche Vorschriften vor. Das Verfahren wurde jedoch wegen geringer Schuld der Angeklagten und mangels öffentlichen Interesses an der Strafverfolgung eingestellt.

[111] Das *Gesetz zur Neuordnung des Arzneimittelrechts* vom 24.08.1976 (AMG), BGBl. I 1976 S. 2245 ff., zuletzt geändert durch das 14. Gesetz zur Änderung des Arzneimittelgesetzes vom 29.08.2005, BGBl. I S. 2570; neugefasst durch die Bekanntmachung vom 12.12.2005, BGBl. I S. 3394, geändert durch Art. 12 des Gesetzes 14.08.2006, BGBl. I 2006, S. 1869.

neimittelgesetz 1976) verabschiedet wurde. Mit den Neuerungen des Arzneimittelgesetzes 1976 (AMG) kam der Gesetzgeber den Forderungen nach mehr Sicherheit im Verkehr mit Arzneimitteln nach. Es sollten nicht nur die Mängel des bisherigen Arzneimittelrechts beseitigt, sondern zugleich ein möglichst optimaler Schutz von der Herstellung bis zur Anwendung von Arzneimitteln gewährleistet werden.[112] Die Begründung des Regierungsentwurfes lautete: „Diese Einführungsvorschrift bezeichnet es als zentrales Ziel des Gesetzes, eine optimale Arzneimittelsicherheit zu verwirklichen, und hebt als Schwerpunkt hervor, daß die erforderliche Qualität, Wirksamkeit und Unbedenklichkeit der Arzneimittel sichergestellt werden soll."[113] Zur Verhinderung von Arzneimittelrisiken sieht das Arzneimittelgesetz vor, dass Arzneimittel nur dann in Verkehr gebracht werden dürfen, wenn sie den Anforderungen der §§ 5-12 AMG entsprechen. Gleichzeitig wurde eine Dauerüberwachung des Arzneimittelverkehrs eingeführt, so dass alle neu auftretenden Nebenwirkungen der in Verkehr gebrachten Arzneimittel anzuzeigen sind. Darüber hinaus wurden Vorschriften zur Gefährdungshaftung zugunsten der durch Arzneimittel Geschädigten geschaffen.

Das Arzneimittelgesetz wurde zuletzt durch das Vierzehnte Gesetz zur Änderung des Arzneimittelgesetzes novelliert.[114] Die Arzneimittelgesetzgebung in Deutschland wurde vor allem durch die Bestrebungen der Europäischen Union (EU)[115] zu einer gemeinsamen Gesundheitspolitik und der damit verbundenen Pflicht Deutschlands zur Umsetzung der Richtlinien der EU in nationales Recht, insbesondere der Richtlinie 65/65 EWG[116], entscheidend geprägt. Ziel war es, die auf der eigenständigen Gesundheitspolitik der Mitgliedstaaten beruhenden nationalen Vorschriften zum Arzneimittelrecht, insbesondere die unterschiedlichen Marktzulassungsvoraussetzungen, zu harmonisieren und europaweit geltende Vorschriften zu schaffen.[117] Einige Bereiche wurden jedoch von der Harmonisierung ausgenommen, da sie keine Handelshemmnisse für den europä-

[112] *Schiwy*, § 1, S. 2.

[113] BT-Drucksache 7/3060, S. 44.

[114] *Vierzehntes Gesetz zur Änderung des Arzneimittelgesetzes* v. 29.08.2005, BGBl. I 2005, S. 2570.

[115] Es ist anzumerken, dass es zur Umbenennung der Europäischen Gemeinschaft (EG) in EU erst 1993 kam. Im Text wird jedoch nur der Begriff der EU verwendet.

[116] Richtlinie 65/65 EWG vom 26.01.1965, ABl. EG Nr. 22 vom 09.02.1965, S. 369. Die Richtlinie wurde aus integrationspolitischen und verbraucherpolitischen Gründen erlassen. In den Erwägungsgründen ist insbesondere der Schutz der öffentlichen Gesundheit durch Vorschriften, die der Entwicklung und dem Handel mit pharmazeutischen Erzeugnissen nicht entgegenstehen oder diese hemmen, erwähnt.

[117] Zur Harmonisierung der Arzneimittelvorschriften in der Europäischen Union vgl. *Blasius/ Cranz*, insbesondere S. 40 ff.; *Kwizda*, insbesondere S. 15 ff. Zum EG-Arzneimittelrecht vgl. ferner *Blasius/Müller-Römer/Fischer*, S. 29 ff.

ischen Arzneimittelmarkt darstellen. So fallen z.B. die Preisbildung, die Abgrenzung der Vertriebswege (Apothekenpflicht/Freiverkäuflichkeit) oder die Erstattung der Arzneimittelkosten in die ausschließliche Gesetzgebungskompetenz des jeweiligen Mitgliedstaates.[118] Trotz der Vorgaben der EU zur Schaffung eines einheitlichen europäischen Arzneimittelmarkts – die an dieser Stelle nicht näher ausgeführt werden sollen – werden diese von den Mitgliedstaaten unterschiedlich interpretiert[119] und in nationales Recht umgesetzt[120], was vor allem auf die unterschiedlichen gesundheitspolitischen Interessen der Mitgliedstaaten zurückzuführen ist. Da der europäische Integrationsprozess noch nicht abgeschlossen ist und das Arzneimittelrecht einer zunehmenden Europäisierung[121] unterliegt, wird man das nationale Arzneimittelrecht auch in den folgenden Jahren an das europäische Recht anpassen müssen. Ob und inwieweit das deutsche Arzneimittelgesetz in der gegenwärtigen Fassung erneut geändert werden muss, lässt sich derzeit noch nicht absehen. In jedem Fall wird man von einer entsprechenden Fortentwicklung des deutschen und europäischen Arzneimittelrechts im Hinblick auf die Entwicklungen im internationalen Arzneimittelsektor, insbesondere der Möglichkeit des grenzüberschreitenden Versandhandels unter Einschaltung des Internets, ausgehen können. Die Gesetzesänderungen haben bisher und werden auch in Zukunft dazu beitragen, die gesundheits- und rechtspolitischen Belange des Gesetzgebers im Hinblick auf die Arzneimittelsicherheit und den Verbraucherschutz zu optimieren.[122]

Während mit dem Arzneimittelgesetz die Sicherheit der Arzneimittelversorgung gewährleistet werden soll, regelt das Apothekengesetz die Versorgung der Bevölkerung mit Arzneimitteln, mit Ausnahme der im Arzneimittelgesetz normierten Bestimmungen zum Vertrieb von verschreibungspflichtigen Arzneimitteln. Bei der Entwicklung der bundeseinheitlichen Regelungen des Apothekenwesens musste der Gesetzgeber neben den „eigenen" gesundheitspolitischen Be-

---

[118] Zu den unterschiedlichen Regelungen im Arzneimittelsektor einiger EU-Mitgliedstaaten vgl. *Office of Fair Trading*, „The Control of Entry Regulations and Retail Pharmacy Service in the UK, The Regulations of Pharmacies Abroad" (Januar 2003, überarbeitet: März 2003) [online] <http://www.oft.gov.uk/Business/Market+studies/pharmacies.htm> (letzter Zugriff: 18.01.2007).

[119] Unterschiedliche Auslegungen gibt es vor allem bei der Abgrenzung zu Kosmetika, Medizinprodukten und Lebensmitteln, aber auch im Bereich der Arzneimittelzulassung, vgl. *Blasius/Cranz*, S. 40 f.

[120] Obwohl die Umsetzung der Richtlinie 65/65 EWG in innerstaatliches Recht innerhalb von 18 Monaten nach ihrer Bekanntgabe erfolgen sollte, wurde sie in Deutschland erst im Jahr 1976 mit dem Gesetz zur Neuordnung des Arzneimittelrechts vom 24.08.1976 umgesetzt.

[121] Vgl. *Rehmann*, Rdn. 7, S. 3.

[122] Zu den Entwicklungen des Arzneimittelgesetzes ab 1976 vgl. *Blasius/Müller-Römer/Fischer*, S. 24-26.

langen die vom Bundesverfassungsgericht entwickelten Grundsätze[123], die Änderungen des Berufsbildes des Apothekers und die Entwicklungen in der Pharmaindustrie berücksichtigen. Das Apothekenrecht ist aber auch durch zahlreiche Vorschriften des europäischen Gemeinschaftsrechts geprägt. Seit 1988 können Apotheker der Mitgliedstaaten der EU und seit 1993 auch Apotheker der Mitgliedstaaten des Europäischen Wirtschaftsraumes (EWR) die Betriebserlaubnis für eine Apotheke in Deutschland erhalten, sofern sie die in § 2 ApoG genannten Voraussetzungen erfüllen. Die Vorschriften des deutschen Apothekengesetzes tragen damit vor allem der Pflicht zur Anerkennung der in den Mitgliedstaaten der EU erworbenen beruflichen Qualifikationen und Abschlüsse[124] Rechnung.

Bei den Gestaltungsmöglichkeiten des Apotheken- und Arzneimittelrechts hat sich der Gesetzgeber vor allem von gesundheitspolitischen Erwägungen leiten lassen. Dabei kommt zum Ausdruck, dass der Gesetzgeber dem besonderen Wesen der Arzneimittel durch die Übertragung der ordnungsgemäßen Arzneimittelversorgung als erste Aufgabe der Apotheker[125] gerecht werden wollte. Da es sich bei einem Arzneimittel nicht um eine gewöhnliche Ware handelt,[126] ist die Abgabe von Arzneimitteln streng reguliert. Dabei hat sich der Gesetzgeber an der historischen Entwicklung des Apothekenwesens orientiert und den gesetzlichen Auftrag der Arzneimittelversorgung der Bevölkerung an die Apotheken als älteste Abgabestelle weitergegeben[127].

Bislang haben sich die apotheken- und arzneimittelrechtlichen Vorschriften als ausreichend erwiesen. Dies ist vor allem darauf zurückzuführen, dass der Gesetzgeber die ständigen Neuentwicklungen in der pharmazeutischen Industrie, aber auch die fortschreitende Harmonisierung der Arzneimittelvorschriften in-

---

[123] Vgl. u.a. *BVerfG*, Urt. v. 30.05.1956, Az.: 1 BvF 3/53 = BVerfGE 5, S. 25 ff.; *BVerfG*, Urt. v. 11.06.1958; Az.: 1 BvR 596/56 = BVerfGE 7, S. 377 ff.; *BVerfG*, Urt. v. 13.02.1964, Az.: 1 BvL 17/61, 1 BvR 494/60, 1 BvR 128/61 = BVerfGE 17, S. 232 ff.; *BVerfG*, Beschl. v. 14.04.1987, Az.: 1 BvL 25/84 = BVerfGE 75, S. 166 ff.; *BVerfG*, Beschl. v. 22.05.1996, Az.: 1 BvR 744/88, 1 BvR 60/89, 1 BvR 1519/91 = BVerfGE 94, S. 372 ff.

[124] Zur Anerkennung von Berufsqualifikationen innerhalb der EU vgl. Richtlinie 2001/19/EG des Europäischen Parlaments und des Rates vom 14.05.2001 zur Änderung der Richtlinien 89/48/EWG und 92/51/EWG des Rates über eine allgemeine Regelung zur Anerkennung beruflicher Befähigungsnachweise und der Richtlinien 77/452/EWG, 77/453/EWG, 78/686/EWG, 78/687/EWG, 78/1026/EWG, 78/1027/EWG, 80/154/EWG, 80/155/EWG, 85/384/EWG, 85/432/EWG, 85/433/EWG und 93/16/EWG des Rates über die Tätigkeiten der Krankenschwester und des Krankenpflegers, die für die allgemeine Pflege verantwortlich sind, des Zahnarztes, des Tierarztes, der Hebamme, des Architekten, des Apothekers und des Arztes (nachstehend „die SLIM-Richtlinie"), ABl. EG L 206 vom 31.07.01, S. 1.

[125] Vgl. *BVerfG*, Urt. v. 13.02.1964, Az.: 1 BvL 17/61, 1 BvR 494/60, 1 BvR 128/61 = BVerfGE 17, S. 232 (239).

[126] Vgl. *BVerfG*, Urt. v. 13.02.1964, Az.: 1 BvL 17/61, 1 BvR 494/60, 1 BvR 128/61 = BVerfGE 17, S. 232 (238).

[127] Vgl. *Ziller*, Pharma Recht 1999, S. 186.

nerhalb der europäischen Gemeinschaft bei den Gesetzesänderungen berücksichtigt hat. Der Arzneimittelsektor ist jedoch von ständigen Neuerungen und Weiterentwicklungen geprägt, so dass selbst die gegenwärtigen Vorschriften die Arzneimittelsicherheit und den Verbraucherschutz in Zukunft nicht mehr im Sinne des Gesetzgebers gewährleisten werden. Dem Gesetzgeber wird dann die schwierige Aufgabe zufallen, in absehbarer Zeit Lösungen und Alternativen zu finden.

I. Das Apothekenrecht

Der gesetzespolitische Sinn des Apothekenrechts besteht darin, eine bundeseinheitliche Regelung für das Apothekenwesen zu schaffen, nachdem das Bundesverfassungsgericht festgestellt hatte, dass „das Apothekenrecht zu den unübersichtlichsten Rechtsmaterien gehört“[128]. Das Apothekenrecht wird nunmehr durch das Gesetz über das Apothekenwesen (ApoG), die Bundesapothekerordnung (BApO)[129], die Apothekenbetriebsordnung (ApoBetrO)[130] sowie die Heilberufsgesetze und die apothekenrechtlichen Vorschriften der Bundesländer[131] konkretisiert. Die Gesetze legen fest, wie die im öffentlichen Interesse gebotene ordnungsgemäße Arzneimittelversorgung der Bevölkerung durch die Apotheken sicherzustellen ist (§ 1 Abs. 1 ApoG, § 1 Abs. 1 S. 2 ApoBetrO, § 1 BApO). Damit wird vor allem der Schutz der Verbraucher, aber auch das Interesse des Gesetzgebers an Rechtssicherheit verwirklicht.

---

[128] *BVerfG*, Urt. v. 30.05.1956, Az.: 1 BvF 3/53 = BVerfGE 5, S. 25 (31).

[129] *Bundesapothekerordnung* vom 05.06.1968, BGBl. I 1968, S. 601, in der Fassung der Bekanntmachung vom 19.07.1989, BGBl. I 1989, S. 1478 (1842), zuletzt geändert durch Art. 33 der Verordnung vom 31.10.2006, BGBl. I 2006, S. 2407.

[130] *Verordnung über den Betrieb von Apotheken* (Apothekenbetriebsordnung) vom 09.02 1987, BGBl. I 1987, S. 547, in der Fassung der Bekanntmachung vom 26.09.1995, BGBl. I 1995, S. 1196; zuletzt geändert durch Art. 1 der Verordnung vom 10.10.2006, BGBl. I 2006, S. 2217.

[131] Vgl. z.B. *Heilberufsgesetz* (HeilBerG) *des Landes Brandenburg* vom 28.03.2003, GVBL. I/03, [Nr. 07], S. 126; zuletzt geändert durch Art. 1 des Gesetzes vom 06.12.2006, GVBl. I/06, [Nr. 16], S. 167, [online] <http://www.lzkb.de/artikel/za_berufsrecht_HeilBerG.pdf> (letzter Zugriff: 18.01.2007); *Verordnung zur Bestimmung der Zuständigkeiten nach Rechtsvorschriften für Ärzte, Zahnärzte und Apotheker des Landes Brandenburg*, vom 10.10.1995, GVBl. II/95, [Nr. 67], S. 630, [online] <http://www.landesrecht.brandenburg.de/sixcms/detail.php?gsid=land_bb_bravors_01.c.14789.de (letzter Zugriff: 18.01.2007); *Berufsordnung der Landesapothekerkammer Brandenburg* vom 12.12.2001 [online] <http://www.lakbb.de/wartung/downloads1/LAKBB-Berufsordnung.pdf> (letzter Zugriff: 18.01.2007).

1. Das Berufsbild des Apothekers

Basierend auf den gesetzespolitischen Vorgaben, entwickelte sich im Laufe der Jahre das Berufsbild des Apothekers. Hierbei ließ sich der Gesetzgeber insbesondere von dem „besonderen Wesen des Arzneimittels [leiten], das keine gewöhnliche Ware, sondern eines der wichtigsten Hilfsmittel der ärztlichen Kunst ist, um Krankheiten zu erkennen, zu heilen und ihnen vorzubeugen, Schmerzen zu lindern und darüber hinaus allgemein die Gesundheit zu fördern“[132]. Die Rechtsordnung hat den Apothekenberuf als freien[133], „besonders, qualifizierten Beruf des Gesundheitswesens geschaffen“[134] und als erste Aufgabe des Apothekers die geordnete Versorgung der Bevölkerung mit Arzneimitteln im Hinblick auf die Gewährleistung des öffentlichen Wohls verankert (§ 1 Abs. 1 ApoG).[135] Dazu gehört vor allem, dass der Apotheker den Verbraucher bei der Abgabe der Arzneimittel sachkundig informiert und qualifiziert berät, sofern dies aus Gründen der Arzneimittelsicherheit erforderlich ist (§ 20 Abs. 1 ApoBetrO), sowie einem erkennbaren Arzneimittelmissbrauch durch eine von ihm kontrollierte Abgabe, in begründeten Fällen durch die Verweigerung der Abgabe, entgegenwirkt (§ 17 Abs. 8 ApoBetrO). Zur Erfüllung der ihm obliegenden öffentlichen Aufgaben ist der Apotheker verpflichtet, seinen Beruf verantwortungsvoll und gewissenhaft auszuüben (so etwa § 1 Berufsordnung der Landesapothekerkammer Brandenburg). Die apothekenrechtlichen Vorschriften sollen nicht nur dazu beitragen, dass der Berufsstand die ihm im öffentlichen Interesse übertragene Verantwortung wahrnimmt, sondern zugleich „das berufliche Verantwortungsgefühl ebenso stärken wie das Vertrauen der Öffentlichkeit in den Berufsstand“[136]. Kennzeichnend sind dafür insbesondere die strengen Berufspflichten[137] sowie die Unterstellung unter die Berufsaufsicht durch eine spezielle Berufsgerichtsbarkeit (§ 9 Berufsordnung der Landesapothekerkammer Brandenburg). Damit kommt zum Ausdruck, dass „die Apotheken zuvörderst Ein-

---

132 Vgl. *BVerfG*, Urt. v. 13.02.1964, Az.: 1 BvL 17/61, 1 BvR 494/60, 1 BvR 128/61 = BVerfGE 17, S. 232 (238).

133 Vgl. *Berufsordnung der Landesapothekenkammer des Landes Brandenburg*, Präambel, a.a.O.; in den bundesgesetzlichen Vorschriften ist dagegen die Qualifizierung des Apothekenberufs als freier Beruf nicht ausdrücklich enthalten. Vgl. *BVerfG*, Urt. v. 13.02.1964, Az.: 1 BvL 17/61, 1 BvR 494/60, 1 BvR 128/61 = BVerfGE 17, S. 232 (237).

134 *BVerfG*, Urt. v. 13.02.1964, Az.: 1 BvL 17/61, 1 BvR 494/60, 1 BvR 128/61 = BVerfGE 17, S. 232 (239).

135 Vgl. *BVerfG*, Urt. v. 13.02.1964, Az.: 1 BvL 17/61, 1 BvR 494/60, 1 BvR 128/61 = BVerfGE 17, S. 232 (239).

136 *BVerfG*, Beschl. v. 22.05.1996, Az.: 1 BvR 744/88, 1 BvR 60/89, 1 BvR 1519/91 = BVerfGE 94, S. 372 (391).

137 Zu den Berufspflichten zählen u.a. die besondere akademische Ausbildung (§ 2 Abs. 1 Nr. 3 ApoG i.V.m. § 4 BApO), die Beschäftigung qualifizierten Personals (§ 3 ApoBetrO), die Vorratshaltung (§ 15 ApoBetrO) und die Dienstbereitschaft (§ 23 ApoBetrO).

richtungen des öffentlichen Gesundheitswesens und erst in zweiter Linie Gewerbebetriebe sind“[138], so dass das „Streben nach Gewinn, wie es sonst der gewerblichen Wirtschaft eignet, zurücktritt“[139]. Aus diesem Grund wurde für die Apotheken ein Sonderrecht begründet, aus dem zugleich hervorgeht, dass „das Berufsbild der Apotheker nicht Selbstzweck ist, sondern zum Schutz der Volksgesundheit entwickelt und aufrechterhalten worden ist“[140].

Obwohl infolge der Entwicklungen in der pharmazeutischen Industrie die Arzneimittelherstellung in den Apotheken nur noch im geringen Umfang betrieben wird, ist die Abgabe der Arzneimittel grundsätzlich dem „Apotheker in der Apotheke“ vorbehalten.[141] Der Gesetzgeber übertrug den Apothekern die Monopolstellung für die Arzneimittelabgabe aus gesundheitspolitischen Gründen: Die geordnete Arzneimittelversorgung sollte zum Schutz der Bevölkerung sichergestellt, und die Existenzfähigkeit der Apotheker sollte zur Verwirklichung dieses Ziels erhalten werden.[142] Aus diesem Grund sind dem Apotheker im Hinblick auf die Arzneimittelabgabe besondere Pflichten auferlegt worden, was nicht zuletzt durch die Eigenart der Arzneimittel, die einerseits Heilmittel, andererseits aber auch eine Gefahrenquelle sein können, gerechtfertigt ist. Der Apotheker ist verpflichtet, die notwendigen Arzneimittel in ausreichender Menge vorrätig zu halten bzw. sicherzustellen, dass sie kurzfristig beschafft werden können (§ 15 ApoBetrO). Ferner muss der Apotheker Arzneimittel, die in der Apotheke hergestellt werden, nach den anerkannten pharmazeutischen Regeln (und der Verschreibung entsprechend) herstellen und prüfen (§ 6 ff. ApoBetrO). Fertigarzneimittel, die nicht in der Apotheke hergestellt worden sind, sind stichprobenwiese zu prüfen (§ 12 ApoBetrO). Da der Apotheker das Bindeglied zwischen Arzt und Patient darstellt, trifft ihn zugleich die Pflicht, die Arzneimittelabgabe entsprechend der ärztlichen Verordnung unter Beachtung der Vorschriften über die Maximaldosis zu überwachen (§ 17 Abs. 4 und Abs. 5 ApoBetrO). Damit obliegt ihm sowohl die Gegenkontrolle des verschreibenden Arztes als auch die Kontrolle des Arzneimittelverbrauchs.

Grundsätzlich besteht für Arzneimittel die Apothekenpflicht (§ 43 Abs. 1 AMG). Dadurch wollte der Gesetzgeber sicherstellen, dass Arzneimittel, sofern

---

[138] *BVerfG*, Beschl. v. 14.04.1987, Az.: 1 BvL 25/84 = BVerfGE 75, S. 166 (181).

[139] *BVerfG*, Urt. v. 13.02.1964, Az.: 1 BvL 17/61, 1 BvR 494/60, 1 BvR 128/61 = BVerfGE 17, S. 232 (239).

[140] *BVerfG*, Beschl. v. 22.05.1996, Az.: 1 BvR 744/88, 1 BvR 60/89, 1 BvR 1519/91 = BVerfGE 94, S. 372 (395).

[141] *BVerfG*, Urt. v. 13.02.1964, Az.: 1 BvL 17/61, 1 BvR 494/60, 1 BvR 128/61 = BVerfGE 17, S. 232 (245). Arzneimittel, die durch die Vorschriften des § 44 AMG oder der nach § 45 Abs. 1 AMG erlassenen Rechtsverordnung von der Apothekenpflicht ausgenommen sind, dürfen auch außerhalb der Apotheke an die Verbraucher abgegeben werden.

[142] *BVerfG*, Urt. v. 11.06.1958, Az.: 1 BvR 596/56 = BVerfGE 7, S. 377 (414, 439); vgl. auch *Lippert* in: *Deutsch/Lippert*, § 43, S. 379.

diese nicht von der Apothekenpflicht ausgenommen sind, nur in Apotheken durch einen wissenschaftlich gebildeten, sachkundigen Apotheker abgegeben werden, um somit die größtmögliche Sicherheit für die Gesundheit der Bevölkerung zu gewährleisten. Die Aufgabenzuweisung durch den Gesetzgeber verpflichtet den Apotheker einerseits zur Erfüllung der ihm obliegenden Schutzpflichten für das Grundrecht auf körperliche Unversehrtheit und Leben (Art. 2 Abs. 2 Satz 1 GG), andererseits wird der Apotheker im Gesamtgefüge des Gesundheitswesens für die Arzneimittelabgabe begünstigt[143]. Der Verkauf von verschreibungspflichtigen Arzneimitteln ist durch das so genannte Apothekenmonopol (vgl. § 43 Abs. 1 AMG) allein dem Apotheker vorbehalten. Die gesetzlich statuierten Monopolrechte begründen für die Apotheker zwar eine Sonderstellung, vervollständigen jedoch in erster Linie das gesundheitspolitische Ziel des Gesetzgebers. Der Gesetzgeber war aufgrund der wegweisenden Entscheidungen des Bundesverfassungsgerichts bestrebt, ein bundeseinheitliches Apothekenrecht zu verabschieden, in dem das Berufsbild der Apotheker entsprechend der deutschen Rechtstradition[144] zum Ausdruck kommen sollte. Zwar hat sich das Apothekenrecht seit 1960 kontinuierlich weiterentwickelt, jedoch sind die berufsbildprägenden Essentialia nach wie vor in den apothekenrechtlichen Vorschriften enthalten.

2. Der Zugang zum Apothekenberuf

Um den ordnungsgemäßen Betrieb der Apotheke zu gewährleisten und die Qualität der in der Apotheke herzustellenden oder abzugebenden Arzneimittel sicherzustellen, hat der Gesetzgeber die Ausübung des Apothekerberufs von der Erteilung einer Erlaubnis abhängig gemacht (§ 1 Abs. 2 ApoG). Welche Voraussetzungen an die Erlaubniserteilung geknüpft sind, regelt § 2 ApoG i.V.m. §§ 2 Abs. 1, 4 BApO. Das Recht zum Betrieb einer Apotheke steht jedermann zu, der die Approbation als Apotheker erlangt hat. Die Approbation ist damit unabdingbare Voraussetzung für die Erteilung der Betriebserlaubnis, die wiederum als Zugangsvoraussetzung für die Ausübung des Berufs zu werten ist[145]. Mit dieser doppelten Zulassungsbeschränkung betont der Gesetzgeber die staatliche Bindung des Apothekerberufs und hebt zugleich das Leitbild der apothekenrechtli-

---

[143] *Eickhoff* in: De profundis animi iuris periti: Festschrift für Johannes Pieck, S. 46-68 (51).

[144] Die Entwicklung des Apothekenrechts in Deutschland kann bis ins späte Mittelalter zurückverfolgt werden. So hatte bereits Kaiser Friedrich II. Mitte des 13. Jahrhunderts bestimmt, dass die Heilmittel von den Apothekern hergestellt werden sollten. Vgl. zur historischen Entwicklung des Apothekenberufs u.a. *BVerfG*, Urt. v. 11.06.1958, Az.: 1 BvR 596/56 = BVerfGE 7, S. 377 (387 ff.).

[145] *Platzer* in: De profundis animi iuris periti: Festschrift für Johannes Pieck, S. 165-177 (166).

chen Vorschriften — die Leitung der Apotheke durch einen unabhängigen, eigenverantwortlichen Apotheker (§ 7 Satz 1 ApoG) — hervor.

Der bislang prägende Grundsatz des Apothekenrechts, dass ein Apotheker *nur eine* Apotheke unter seiner persönlichen Leitung betreiben darf,[146] wurde mittlerweile dahingehend modifiziert, dass der Inhaber einer deutschen Apothekenbetriebserlaubnis nunmehr eine Apotheke und bis zu drei Filialapotheken betreiben darf (§§ 1 Abs. 2 ApoG). Der Fremd- und Mehrbesitz von öffentlichen Apotheken ist nunmehr im begrenzten Umfang möglich. Gesetzespolitisches Ziel war es, „[m]it einem solchen begrenzten Mehrbesitz ... die Wirtschaftlichkeit der Betriebsführung und der Arzneimittelbeschaffung sowie die Flexibilität in der Warenbewirtschaftung und dem Personaleinsatz [zu erhöhen] sowie ... den Apothekern die Möglichkeit zu einer zukunftsorientierten Weiterentwicklung des Apothekenwesens auch im Zusammenhang mit Weiterentwicklungen im deutschen und europäischen Gesundheitswesen [zu bieten]“[147]. § 2 Abs. 4 ApoG stellt klar, dass der Betrieb *jeder* öffentlichen Apotheke (Hauptapotheke und Filialapotheke) von der Erteilung einer Erlaubnis abhängig ist und die Apotheken räumlich in der Nähe liegen müssen. Zudem muss der Betreiber die Hauptapotheke persönlich führen (Präsenzpflicht); für die Filialapotheken muss er schriftlich verantwortliche Apothekenleiter benennen (§ 2 Abs. 5 ApoG). Daraus folgt, dass der Betreiber der Hauptapotheke Inhaber der Betriebserlaubnis aller Apotheken ist. Mit der Eingrenzung auf maximal vier räumlich nahe liegende Apotheken[148] sowie der Verhinderung des Fremdbesitzes betont der Gesetzgeber einmal mehr den Vorrang des Auftrags zur ordnungsgemäßen Arzneimittelversorgung im Interesse des Schutzes der Bevölkerung. Trotz der Gesetzesänderung wird vom Betreiber der Apotheken „eine persönliche und somit effektive Kontrolle der Filialapotheken“[149] verlangt (§ 2 Abs. 2 Satz 2 ApoBetrO). Dadurch soll „auch weiterhin die persönliche Verantwortung des Apothekers für seine Apotheke gestützt, die Beeinflussung durch Dritte verhindert“ und „Kettenbildungen mit unter Umständen wettbewerbspolitisch bedenklichen Situatio-

---

[146] Der Sinn des Verbots bestand darin, dass einerseits der Apotheker gezwungen war, sich ganz der Leitung einer Apotheke zu widmen, und dass andererseits die Apotheken nicht von berufsfremden Personen aus ausschließlich kommerziellen Gesichtspunkten geführt werden. Vgl. *Hoffmann*, Deutsches Verwaltungsblatt 1960, S. 785 (789).

[147] BT-Drucksache 15/1525, S.71 (160).

[148] In der Gesetzbegründung heißt es hierzu: „Die zahlenmäßige Eingrenzung ist auch deshalb berechtigt, da mit Fremdbesitz von öffentlichen Apotheken in einem Gesundheitssystem wie dem deutschen keine verlässlichen Erfahrungen vorliegen, die im Hinblick auf Verbraucherschutz, die Arzneimittelsicherheit und die Versorgungssicherheit notwendig sind.“ BT-Drucksache 15/1525, S. 71 (160).

[149] BT-Drucksache 15/1525, S. 71 (160).

nen vorgebeugt" werden.[150] Ferner wird durch die Neuregelung auch eine Umgehung des Fremdbesitzverbotes verhindert. Denn jeder verantwortliche Apothekenleiter unterliegt den gesetzlichen Verpflichtungen, die das Apothekenrecht vorsieht (§ 5 Abs. 2 Nr. 2 ApoG, § 2 Abs. 2 Satz 2 ApoBetrO). Deshalb wird für den Betrieb der Filialapotheken verlangt, dass sie „in ihrer Funktion und somit sächlichen und personellen Ausstattung den Anforderungen einer Vollapotheke entsprechen und alle rechtlichen Anforderungen und Pflichten wie eine Vollapotheke erfüllen"[151].

Da sowohl die Approbation als auch die Betriebserlaubnis vom Vorliegen subjektiver Voraussetzungen abhängig sind, können beide Berechtigungen wegen Nichtvorliegens oder nachträglichen Wegfalls der Voraussetzungen zurückgenommen oder widerrufen werden (vgl. § 4 ApoG und § 6 BApO).[152] Darüber hinaus nennt § 3 ApoG Erlöschensgründe. Die Rücknahme-, Widerrufs- und Erlöschenstatbestände sind abschließend geregelt. Verstöße gegen diese Vorschriften werden strafrechtlich geahndet.[153] Nach § 23 ApoG macht sich derjenige eines Vergehens schuldig, der eine Apotheke ohne die erforderliche Erlaubnis oder Genehmigung betreibt. § 13 BApO normiert den Straftatbestand für das Ausüben des Apothekerberufs, solange durch vollziehbare Verfügung das Ruhen der Approbation angeordnet ist. Zudem enthalten das Apothekengesetz und die Apothekenbetriebsordnung im Hinblick auf etwaige Verstöße gegen die apothekenrechtlichen Vorschriften Ordnungswidrigkeitstatbestände (§ 25 ApoG und § 34 ApoBetrO), auf die im Folgenden jedoch nicht näher eingegangen werden soll.

---

150 BT-Drucksache 15/1525, S. 71 (160). In der Gesetzesbegründung wird darauf hingewiesen, dass, sollte es im Einzelfall zur marktbeherrschenden Stellung eines Apothekenverbundes (z.B. in Orten mit wenigen Apotheken) kommen, das einschlägige Wettbewerbsrecht gilt.

151 BT-Drucksache 15/1525, S. 71 (160).

152 An dieser Stelle soll der wohl wichtigste Fall des Widerrufs – der Wegfall der Zuverlässigkeit – erwähnt werden. Vgl. dazu näher *Platzer*, a.a.O., S. 169 ff.

153 Dazu näher im *4. Kapitel, A., II., „Die strafrechtliche Verantwortlichkeit nach dem Apothekengesetz"*.

3. Das Apothekenrecht und die Internet-Apotheken

Das Ziel des Gesetzgebers, die Arzneimittelsicherheit und den Verbraucherschutz durch eine komplexe Regelungsmaterie umfassend zu gewährleisten, wurde – betrachtet man die gegenwärtige Situation[154] – durch die Änderung der Vorschriften des Apothekengesetzes zumindest im Hinblick auf den innerstaatlichen und teilweise auch grenzüberschreitenden Arzneimittelversandhandel verwirklicht. Ein generelles Verbot von Internet-Apotheken hat sich nicht aufrechterhalten lassen. Mit der Zulässigkeit des Arzneimittelvertriebs unter Einschaltung des Internets hat sich der Gesetzgeber von der langen Tradition der Arzneimittelversorgung allein über die traditionelle Apotheke verabschiedet und das geltende Recht den Neuerungen im Bereich der Arzneimittelabgabe und des Internets angepasst. Infolgedessen stellt sich nicht mehr die Frage, ob das Apothekenrecht auf die Internet-Apotheken anwendbar ist, sondern in welchem Umfang. Zwar hat der Gesetzgeber es versäumt, den Begriff der Apotheke gesetzlich zu definieren, jedoch ergibt sich aus den in der Apothekenbetriebsordnung festgelegten institutionellen Voraussetzungen, dass für den Betrieb einer Apotheke geeignete Betriebsräume — bestehend aus einer Offizin[155] mit Zugang zu einer öffentlichen Verkehrsfläche, einem Laboratorium, ausreichend Lagerraum und einem Nachtdienstzimmer — vorhanden sein müssen (§ 4 ApoBetrO).

Internet-Apotheken lassen sich nicht mit dem Begriff einer virtuellen Apotheke erklären bzw. gleichsetzen. Der Begriff der Internet-Apotheke ist vielmehr auf die Art und Weise des Arzneimittelvertriebs zurückzuführen. Die Arzneimittelabgabe erfolgt nicht wie üblich innerhalb der Apothekenbetriebsräume, sondern durch den Versandhandel aufgrund einer Bestellung über das Internet bei einer inländischen oder ausländischen Apotheke, die in der Regel nach dem Recht des jeweiligen Staates zugelassen ist[156]. Die Internet-Apotheke ist damit nichts anderes als eine Präsenzapotheke, die zusätzlich zu der persönlichen Abgabe an den Verbraucher in den Apothekenräumen eine weitere Abgabe- bzw. Vertriebsmöglichkeit nutzt. Dies wird explizit in § 11a Nr. 1 ApoG klargestellt. Da die Apotheken den nationalen Zulassungsbedingungen unterliegen, gilt jedoch das deutsche Recht nur für die Internet-Apotheken mit Sitz in Deutschland.

[154] Wenn ausdrücklich auf die gegenwärtige Situation Bezug genommen wird, dann deshalb, weil die sich stets weiterentwickelnde Technologie auch in Zukunft eine Herausforderung für den Gesetzgeber sein wird und Gesetzesänderungen nicht auszuschließen sind.

[155] Die Offizin ist der für die Abgabe der Arzneimittel bestimmte Raum.

[156] Aufgrund der unterschiedlichen Kategorien von Internet-Apotheken (vgl. *2. Kapitel, A., „Kategorien der Internet-Apotheken“*) muss es sich nicht immer um staatlich zugelassene Apotheken handeln, die Arzneimittel unter Einschaltung des Internets anbieten. Fehlende Bestimmungen und Zulassungsvoraussetzungen im Hinblick auf den online Arzneimittelvertrieb haben zur Folge, dass „Scheinapotheken“ im Internet auftreten, die nicht den apotheken-rechtlichen Vorschriften entsprechen.

Wer also in Deutschland eine Internet-Apotheke betreiben möchte, muss den Anforderungen der apothekenrechtlichen Vorschriften gerecht werden. Er muss als Apotheker zugelassen und zum Betrieb einer (Präsenz-)Apotheke sowie einer Internet-Apotheke durch Erlaubniserteilung berechtigt sein. Das deutsche Recht fordert insofern eine doppelte Apothekenbetriebserlaubnis (§§ 1 Abs. 2, 2, 11 a Satz 1 ApoG).[157] Darüber hinaus ist der Versand nur unter bestimmten Vor-

---

157 Der saarländische Gesundheitsminister Josef Hecken erteilte der niederländischen Internet-Apotheke *DocMorris* die Erlaubnis zum Betrieb einer Apotheke in Saarbrücken mit der Begründung einer europarechtlich garantierten Niederlassungsfreiheit. Am 03.07.2006 wurde diese eröffnet. Dazu kaufte *DocMorris* die Präsenzapotheke von Jutta Müller in der Saarbrücker Kaiserstraße und stellte die ehemalige Eigentümerin als Filialleiterin ein. Vgl. *Daniel Kaster*, Der Streit um Pillen, in: *Die Zeit*, Nr. 34, S. 9. Daraufhin beantragte eine Apothekerin den Erlass einer einstweiligen Verfügung vor dem LG Saarbrücken. Das LG Saarbrücken, das die Entscheidung nur für wettbewerbsrechtliche Fragen traf, wies den Antrag als unbegründet zurück. Das Gericht begründete seine Entscheidung damit, dass die erteilte Apothekenbetriebserlaubnis zwar gegen das im deutschen Apothekengesetz vorgesehene Fremdbesitzverbot verstoße, jedoch stellte die Erlaubnis einen Verwaltungsakt dar. Ein Wettbewerbsverstoß komme jedoch nur dann in Betracht, wenn der Verwaltungsakt i.S.v. § 44 VwVfG nichtig sei; der Verwaltungsakt offensichtlich an einem schwerwiegenden Fehler leide. Dies sei jedoch nicht der Fall, da nicht auszuschließen sei, dass das Fremdbesitzverbot gegen die durch den EG-Vertrag geschützte Niederlassungsfreiheit verstoße. Ob die Apothekenbetriebserlaubnis rechtswidrig sei, müsse das VG des Saarlandes entscheiden. Vgl. *LG Saarbrücken*, Urt. 09.08. 2006, Az.: 7 I O 77/06, [online] <http://www.rechtsprechung.saarland.de/> (letzter Zugriff: 09.10.2006). Den beim VG des Saarlandes eingereichten Anträgen auf einstweiligen Rechtsschutz gegen die Zulassung der Filialapotheke wurde stattgegeben. Das VG des Saarlandes ordnete die vorläufige Schließung an. Das Gericht begründete die Entscheidung damit, dass es im deutschen Apothekenrecht ein Fremdbesitzverbot gebe, wonach eine Apotheke nicht von einer Kapitalgesellschaft wie *DocMorris* betrieben werden könne. Vgl. *VG des Saarlandes*, Beschl. v. 18.09.2006, Az.: 3 F 39/06, [online] <http://www.xn--diekmannrechtsanwlte-rzb. com/news/detail.php?id=22> (letzter Zugriff: 09.10.2006). Vgl. ferner *Deutsches Ärzteblatt*, Mitteilung v. 13.09.2006, DocMorris muss Apotheke in Saarbrücken vorerst schließen, [online] <http://www.aerzteblatt.de/v4/news/news.asp?p=DocMorris&src=suche&id=25645> (letzter Zugriff: 09.10.2006). Sowohl *DocMorris* als auch das saarländische Gesundheitsministerium, das die Eröffnung der Filiale erlaubt hatte, kündigten an, gegen die Entscheidung Rechtsmittel einzulegen. Das Verwaltungsgericht des Saarlandes sowie das Oberverwaltungsgericht des Saarlandes haben die Anträge des Ministeriums für Justiz, Gesundheit und Soziales auf Aussetzung der sofortigen Vollziehung der Beschlüsse des Verwaltungsgerichts vom 12. und 18.09.2006 mit Beschluss vom 27.09.2006 zurückgewiesen. Vgl. *VG des Saarlandes*, Pressemitteilung v. 27.09.2006, Beschl. v. 12.09.2006, Az.: 3 F 38/06 und Beschl. v. 18.09. 2006, Az.: 3 F 40/06; *OVG des Saarlandes*, Pressemitteilung v. 27.09.2006, Beschl. v. 26.09. 2006, Az.: 3 W 14/06, 3 W 15/06, [online] <http://www.ovg.saarland.de/> sowie zu den Beschlüssen des OVG des Saarlandes [online] <http://www.rechtsprechung.saarland.de> (letzter Zugriff: 09.10.2006); ferner *Ministerium für Justiz, Gesundheit und Soziales des Saarlandes*, Pressemitteilung v. 27.09.2006, [online] <http://www.justiz-soziales.saarland.de/> (letzter Zugriff: 09.10.2006). Mit den Beschlüssen vom 22.01.2007 hat das *OVG des Saarlandes* den Beschwerden des Ministeriums für Justiz, Gesundheit und Soziales und der DocMorris N.V. stattgegeben und – unter Abänderung der Beschlüsse des Verwaltungsgerichts vom 12.09.

aussetzungen (Qualitätssicherungssystem) erlaubt, die der Apothekenleiter sicherzustellen hat (§ 17 Abs. 2a i.V.m. § 2 ApoBetrO). Kernpunkte sind dabei, dass bei dem Transport die Qualität und Wirksamkeit des Arzneimittels erhalten bleibt, dass das Arzneimittel nicht an unbefugte Personen ausgeliefert wird, dass der Verbraucher die notwendigen Informationen, insbesondere eine Beratung erhält[158], dass die Verpflichtung besteht, das Arzneimittel spätestens zwei Arbeitstage nach Eingang der Bestellung sicher zu versenden sowie alle bestellten Arzneimittel zu liefern, die in Deutschland in den Verkehr gebracht werden dürfen und verfügbar sind (Kontrahierungszwang), dass die Möglichkeit der Verfolgung des Liefervorganges durch den Besteller und der Abschluss einer Transportversicherung gegeben sind sowie ggf. eine kostenlose Zweitzustellung erfolgt.

Damit hat der Gesetzgeber deutlich zum Ausdruck gebracht, dass „die Arzneimittelsicherheit und der Verbraucherschutz gegenüber der geübten Praxis noch weiter erhöht“[159] werden. Der Internetauftritt einer Apotheke kann nicht dazu führen, dass die apothekenrechtlichen Vorschriften umgangen werden. Für den Betrieb einer Apotheke darf es letztlich nicht darauf ankommen, ob die Arzneimittel per Brief, Telefon, Telefax oder Internet bestellt bzw. persönlich abgeholt oder versandt werden. Unabhängig von der Art der Bestellung und dem Vertriebsweg müssen Arzneimittel durch fachkundiges Personal ordnungsgemäß hergestellt, geprüft, gelagert und gekennzeichnet werden. Da der Versand von Arzneimitteln nach deutschem Recht zwingend aus einer Präsenzapotheke zu erfolgen hat,[160] ist auch nicht ersichtlich, dass Internet-Apotheken diesen Anforderungen von vornherein nicht gerecht werden bzw. gerecht werden können. Zuverlässige empirische Erkenntnisse, die belegen, dass Internet-Apotheken den gesetzlichen Arzneimittelversorgungsauftrag nicht gewährleisten können, gibt es

---

2006, Az.: 3 F 38/06 und vom 18.09.2006, Az.: 3 F 39/06 – die Anträge der Apotheker/innen auf vorläufige Aussetzung der Erlaubnis zum Betrieb einer DocMorris-Filialapotheke zurückgewiesen. *DocMorris* kann vorläufig bis zur Entscheidung in der Hauptsache die Filialapotheke weiter betreiben. Vgl. *OVG des Saarlandes*, Pressemitteilung v. 22.01.2007, Beschl. v. 22.01.2007, Az.: 3 W 14/06 und 3 W 15/06, [online] <http://www.ovg.saarland.de/10711_10786.htm> (letzter Zugriff: 25.01.2007). Die Entscheidungen in der Hauptsache stehen noch aus.

Zur Erteilung der Apothekenbetriebserlaubnis einer EU-ausländischen Apotheke und evtl. (straf-) rechtlicher Konsequenzen vgl. ausführlich *4. Kapitel, B., II., 2., 2.1., „Das deutsche Apothekenrecht und die EU-ausländische Apotheke“*.

158 Dies gilt vor allem in Bezug auf Arzneimittelrisiken oder wenn das Arzneimittel nicht fristgerecht geliefert werden kann.

159 BT-Drucksache 15/1525, S. 71 (161).

160 Die für den Versand notwendigen Räumlichkeiten müssen sich in angemessener Nähe zu den übrigen Betriebsräumen der öffentlichen Apotheke befinden (§ 4 Abs. 1 Satz 2 ApoBetrO).

bislang nicht.[161] Diesbezügliche kritische Einwände, wie z.B. die fehlende persönliche, unmittelbare Beratung und die bestehende Gefahr einer unsachgemäßen Arzneimittelzustellung, erscheinen bisher eher spekulativ als empirisch begründet zu sein.[162] Testbestellungen bei der niederländischen Internet-Apotheke *DocMorris* zeigen, dass die Arzneimittel nach Vorschrift geliefert werden.[163] Zudem werden Service und pharmazeutische Beratung in niederländischer, deutscher und englischer Sprache kostenlos per Telefon, Telefax oder E-Mail angeboten.[164]

Zwar ist einzuräumen, dass gegenwärtig nicht alle Internet-Apotheken dem Profil der genannten niederländischen Internet-Apotheke entsprechen, jedoch zeigt sich, dass – was auch der Gesetzgeber erkannt und mit der Einführung des § 11a ApoG berücksichtigt hat – eine ordnungsgemäße Arzneimittelversorgung nicht ausschließlich durch die traditionellen Apotheken gewährleistet werden muss, zumal Internet-Apotheken als solche nicht problematischer als öffentliche Apotheken sind, da diese wie die traditionellen Apotheken staatlich zugelassen und überwacht werden können.

---

[161] Es ist allerdings anzumerken, dass Stiftung Warentest einige Versandapotheken einem Test unterzogen hat, der zu dem Ergebnis führte, dass jede zweite mangelhaft sei. Kritisiert wurde vor allem die schlechte Beratung (die ähnlich schlecht wie bei den niedergelassenen (Präsenz-) Apotheken sei). Vgl. *Stiftung Warentest*, Versandapotheken – Jede zweite mangelhaft, Online-Test aus Gesundheit und Kosmetik vom 24.02.2005 [online] <http://www.stiftung-warentest.de/online/gesundheit_kosmetik/test/1240633/1240633/1241489.html> (letzter Zugriff: 18.01.2007). Ferner weist Stiftung Warentest darauf hin, dass selbst Gütesiegel für Versandapotheken keine Garantie für die Qualität bieten. Vgl. *Stiftung Warentest*, Gütesiegel für Versandapotheken, Meldung aus Gesundheit und Kosmetik vom 12.04.2005 [online] <http://www.stiftung-warentest.de/online/gesundheit_kosmetik/meldung/1252958/1252958.html> (letzter Zugriff: 18.01.2007).

[162] *Blankenberg*, Pharma Recht 2001, S. 244 (245).

[163] Bei dem bestellten Arzneimittel handelte es sich um Insulin, das als empfindliches Medikament gilt und seine Wirkung verliert, wenn es nicht vorschriftsmäßig bei weniger als 8° C aufbewahrt wird. Vgl. *SAT 1 Planetopia*, „Online-Apotheken: Pillen & Co. aus dem Internet", Sendung v. 05.01.2003.

[164] Vgl. *Lehner*, Cybermedikamente, (Erhebungsbericht: August 2001) [online] <http://www.apotheker.or.at/internet/oeak/NewsPresse_1_0_0a.nsf/e02b9cd11265691ec1256a7d005209ee/a737f6fee80566e2c1256dbe001e36a1/$FILE/Cybermedikamente,%20AK-Studie.pdf> (letzter Zugriff: 18.01.2007).

II. Das Arzneimittelrecht

Das Arzneimittelrecht war bis zum Erlass des Arzneimittelgesetzes 1961 nicht umfassend geregelt.[165] Mit der zunehmenden Verlagerung der Arzneimittelherstellung von den Apotheken auf die Pharmaindustrie wurde jedoch die Schaffung bundeseinheitlicher Vorschriften im Hinblick auf das Inverkehrbringen von Arzneimitteln und die Überwachung des Arzneimittelverkehrs notwendig. Seitdem hat sich das Arzneimittelrecht — bedingt durch die Entwicklungen des Arzneimittelwesens im nationalen und internationalen Bereich — ständig verändert. Das Arzneimittelrecht ist weitgehend durch das vielfach novellierte Arzneimittelgesetz geregelt. Zur Anwendung kommen aber auch zahlreiche andere Vorschriften, wie die Verwaltungsverfahrensgesetze, die Gesetze über das verwaltungsgerichtliche Verfahren, die Sozialgesetze, das Heilmittelwerbegesetz, das Medizinproduktegesetz, das Transfusionsgesetz, die allgemeinen zivilrechtlichen Haftungsvorschriften, die allgemeinen Strafrechtsvorschriften sowie die allgemeinen patentrechtlichen oder markenschutzrechtlichen Vorschriften und das Verbot des unlauteren Wettbewerbs.[166]

Die nationalen Normen werden zudem durch eine Vielzahl von europäischen[167] und internationalen[168] Richtlinien und Regeln ergänzt.[169]

---

165 Auf eine eingehendere Darstellung soll an dieser Stelle verzichtet werden. Vgl. jedoch „Allgemeine Ausführungen zum Apotheken- und Arzneimittelrecht“, *3. Kapitel, „Der Handel mit verschreibungspflichtigen Arzneimitteln – Zur gegenwärtigen arzneimittel- und apothekenrechtlichen Situation“*; ferner *Schubert*, JuS 1983, S. 748 ff. sowie zum AMG 1976 vgl. *Kloesel*, NJW 1976, S. 1769 ff.

166 Vgl. *Lippert* in: *Deutsch/Lippert*, Einleitung, Rdn. 10.

167 Im Wesentlichen handelt es sich um die folgenden Richtlinien: Richtlinie des Rates zur Angleichung der Rechts- und Verwaltungsvorschriften vom 26.01.1965, 65/65/EWG, Abl. EG Nr. 22 v. 09.02.1965, S. 369; Zweite Richtlinie des Rates zur Angleichung der Rechts- und Verwaltungsvorschriften über Arzneimittelspezialitäten vom 20.05.1975, 75/139/EWG, Abl. EG Nr. L 147 v. 09.06.1975, S. 13; Richtlinie des Rates zur Angleichung bestimmter Rechts- und Verwaltungsvorschriften über Versuche mit Arzneimittelspezialitäten vom 20.05. 1975, 75/318/EWG, ABL. EG Nr. L 147 v. 09.06.1995, S. 1. Eine Aufzählung weiterer Richtlinien, die der Gesetzgeber bei der Änderung des Arzneimittelgesetzes zu beachten hatte, findet sich in: *Deutsch/Lippert*, Einleitung, Rdn. 13. Es ist zu beachten, dass die Richtlinien der EU grundsätzlich kein unmittelbares Recht schaffen, sondern erst der Umsetzung in nationales Recht bedürfen.

168 Verschiedene internationale Organisationen haben Empfehlungen, Programme, Leitlinien oder Grundregeln erarbeitet bzw. verabschiedet, die mitunter weltweit anerkannt sind. An dieser Stelle seien nur einige genannt: die Programmziele zur Gesundheitsversorgung der World Health Organisation (WHO), die Revidierten Grundregeln der Weltgesundheitsorganisation für die Herstellung von Arzneimitteln und die Sicherung ihrer Qualität, vgl. <http://www. who.int/en/> oder die Empfehlungen der International Conference on Harmoni-sation (ICH) zur Angleichung der bestehenden Unterschiede im Hinblick auf wissenschaftliche und technische Aspekte der Produktregistrierung, vgl. <http://www.ich.org/>.

1. Der Zweck des Arzneimittelgesetzes

Gesetzespolitischer Zweck des Arzneimittelgesetzes ist es, für Sicherheit im Verkehr mit Arzneimitteln zu sorgen. In der Begründung des Regierungsentwurfs zum Arzneimittelgesetz nennt der Gesetzgeber als „Ziel, eine optimale Arzneimittelsicherheit zu verwirklichen“[170]. Verankert wurde dieses zentrale Ziel in § 1 AMG: „Es ist Zweck dieses Gesetzes, im Interesse einer ordnungsgemäßen Arzneimittelversorgung von Mensch und Tier für die Sicherheit im Verkehr mit Arzneimitteln, insbesondere für die Qualität, Wirksamkeit und Unbedenklichkeit der Arzneimittel nach Maßgabe der folgenden Vorschriften zu sorgen.“ Die Formulierung lässt erkennen, dass der Gesetzgeber bei Erlass des Arzneimittelgesetzes davon ausging, dass eine absolute Arzneimittelsicherheit nicht gewährleistet werden kann.[171] Es könne jedoch gefordert werden, „daß in Zukunft alle Arzneimittel die erforderliche Qualität, Wirksamkeit und Unbedenklichkeit aufweisen“[172]. Diese drei Prüfungskriterien sind nicht lediglich abstrakter Prüfungsmaßstab, sondern „echte“ gesetzliche Voraussetzungen für die Zulassung eines Arzneimittels.[173]

Das Arzneimittelgesetz in der heute gültigen Fassung lässt erkennen, dass der Gesetzgeber das Arzneimittelrecht systematisch umgestaltet hat. Damit wurde einerseits beabsichtigt, den Mängeln der bisherigen Regelungen des Arzneimittelgesetzes sowie den Erfahrungen und Erkenntnissen im Bereich des nationalen Arzneimittelwesens Rechnung zu tragen, andererseits das Arzneimittelgesetz an die internationalen Entwicklungen anzugleichen. Die Vorschriften des Arzneimittelgesetzes sollen vor allem dem Schutz der öffentlichen Gesundheit dienen. Dies wird in mehrfacher Weise deutlich: Arzneimittel bedürfen der Zulassung (§§ 21 ff. AMG) und dürfen nur unter bestimmten Voraussetzungen und nicht ungeprüft an den Verbraucher abgegeben werden (§ 2, §§ 43 ff. AMG). Strengere Anforderungen werden im Hinblick auf die Herstellung (§§ 13 ff. AMG), Kontrolle (§§ 54 ff. AMG), Überwachung (§§ 64 ff. AMG) und Einfuhr (§§ 72 ff. AMG) von Arzneimitteln gestellt. Zudem wurden Vorschriften zum Schutz des Menschen bei der klinischen Prüfung (§§ 40 ff. AMG) sowie Haftungsvorschriften für Arzneimittelschäden (§§ 84 ff. AMG) eingeführt. Das Arzneimittelgesetz ist damit sowohl Polizeirecht als auch Verbraucherschutzgesetz.

---

[169] Da es für die Beurteilung des Arzneimittelversandhandels unter Einschaltung des Internets primär auf die Vorschriften des Arzneimittelgesetzes ankommt, soll hier auf die weiteren nationalen, europäischen und internationalen Vorschriften nicht näher eingegangen werden.

[170] BT-Drucksache 7/3060, S. 43.

[171] Dazu heißt es in der Begründung des Regierungsentwurfs: „Auch bei dem Höchstmaß an Arzneimittelsicherheit lassen sich Risiken, die mit Arzneimitteln verbunden sind, nicht absolut ausschließen.“ BT-Drucksache, a.a.O. Vgl. auch *Schiwy*, § 1, S. 3.

[172] BT-Drucksache, a.a.O. [Fn. 170].

[173] *Schiwy*, § 1, S. 6.

2. Verschreibungspflichtige Arzneimittel

Der Arzneimittelbegriff hat sich beinahe parallel zum Arzneimittelrecht entwickelt. Während Arzneimittel zunächst als Mittel zur Beseitigung und Linderung von Krankheiten bei Menschen und Tieren bezeichnet wurden, wurde der Arzneimittelbegriff aufgrund der pharmazeutischen Entwicklungen auf sämtliche Mittel ausgedehnt, die Krankheiten, Leiden, Körperschäden und Beschwerden verhindern.[174] Eine erste gesetzliche Definition des Arzneimittelbegriffs enthielt § 1 Abs. 1 AMG in der Fassung von 1961, der zwar die Arzneimittel unabhängig von deren Zweckbestimmung definierte, jedoch die Definition von der subjektiven Zweckbestimmung des Herstellers oder des Inverkehrbringenden abhängig machte.[175] Das Arzneimittelgesetz objektivierte erst mit der Umsetzung der Richtlinie 65/65/EWG[176] den Arzneimittelbegriff. Die zunehmende Entwicklung pharmazeutischer Produkte führte schließlich zu der heute gültigen, weit gefassten Definition des Arzneimittelbegriffs in § 2 AMG. Danach sind Arzneimittel Stoffe[177], die zur Anwendung am oder im menschlichen oder tierischen Körper kommen und dabei einen bestimmten Zweck verfolgen (vgl. § 2 Abs. 1 Nr. 1-5 AMG). Neben den in § 2 Abs. 1 AMG beschriebenen „echten" Arzneimitteln gelten auch die in § 2 Abs. 2 AMG genannten Gegenstände, Stoffe und Zubereitungen aus Stoffen als Arzneimittel. In diesem Zusammenhang sei auch auf § 2 Abs. 4 AMG hingewiesen, der eine rein positivistische Definition des Arzneimittelbegriffs enthält; und zwar sind danach Arzneimittel solche Mittel, die „nach diesem Gesetz als Arzneimittel zugelassen oder registriert oder durch Rechtsverordnung von der Zulassung oder Registrierung freistellt" sind.[178] Weitere Begriffsdefinitionen zu Arzneimitteln enthält § 4 AMG. Von großer Bedeutung sind vor allem die Fertigarzneimittel, d.h. alle Arzneimittel, die im Voraus hergestellt und in einer zur Abgabe an den Verbraucher bestimm-

---

[174] Vgl. *Blasius/Müller-Römer/Fischer*, S. 50 f.

[175] *Blasius/Müller-Römer/Fischer*, S. 51.

[176] Die Richtlinie definiert Arzneimittel als „alle Stoffe oder Stoffzusammensetzungen, die als Mittel zur Heilung oder zur Verhütung menschlicher oder tierischer Krankheiten bezeichnet werden; alle Stoffe oder Stoffzusammensetzungen, die dazu bestimmt sind, im oder am menschlichen oder tierischen Körper zur Erstellung einer ärztlichen Diagnose oder zur Wiederherstellung, Besserung oder Beeinflussung der menschlichen oder tierischen Körperfunktionen angewandt zu werden". Richtlinie des Rates, a.a.O., Art. 1.

[177] Der Begriff „Stoffe" ist in § 3 AMG legaldefiniert.

[178] In der Begründung des Regierungsentwurfs heißt es dazu: „... um in der Durchführungspraxis mögliche Abgrenzungsschwierigkeiten zu beheben." Vgl. BT-Drucksache, a.a.O. Zu beachten ist, dass zugelassene und registrierte Arzneimittel zugleich den Bestimmungen des Betäubungsmittelgesetzes (BtMG) unterliegen können. Darauf wird im *4. Kapitel, „Strafbare Handlungen im Hinblick auf den Vertrieb von verschreibungspflichtigen Arzneimitteln unter Einschaltung des Internets"* noch zurückzukommen sein.

ten Packung in den Verkehr gebracht werden (vgl. § 4 Abs. 1 AMG). Dazu zählen u.a. Medikamente wie Aspirin, Dolormin, Gripostad oder Thomapyrin.[179]

Arzneimittel lassen sich in verschreibungspflichtige und nicht-verschreibungspflichtige Arzneimittel[180] einteilen. Die Einstufung richtet sich nach §§ 48, 49 AMG i.V.m. den Vorschriften der Verordnung über die Verschreibungspflicht von Arzneimitteln[181]. Zweck der Klassifikation ist es, die Sicherheit im Umgang mit Stoffen zu erhöhen, die wegen ihrer Gefährlichkeit oder wegen eines möglichen Missbrauchspotentials einer ärztlichen Überwachung ihres Gebrauchs bedürfen (§ 48 Abs. 2 Nr. 1 AMG) oder deren Wirkung in der medizinischen Wissenschaft (noch) nicht allgemein bekannt ist (§ 49 Abs. 1 AMG). Unter welchen Voraussetzungen die Einstufung der Arzneimittel in verschreibungspflichtige und nicht verschreibungspflichtige vorzunehmen ist, wurde durch die Richtlinie 92/26/EWG[182] näher bestimmt. Art. 3 der Richtlinie 92/26/EWG sieht einen Kriterienkatalog für die Abgabe eines Arzneimittels auf ärztliche Verordnung vor. Arzneimittel, die diesen Kriterien entsprechen, unterliegen der Verschreibungspflicht. Welche Arzneimittel im Einzelnen darunter fallen, ist dem Anhang der Verordnung über verschreibungspflichtige Arzneimittel zu entnehmen.

3. Der Vertrieb von verschreibungspflichtigen Arzneimitteln unter Einschaltung des Internets

Arzneimittel sind keine gewöhnliche Ware, die dem Verbraucher in unbegrenzter Menge und zur freien Auswahl zur Verfügung stehen soll.[183] Aufgrund ihrer Gefährlichkeit ist die Abgabe streng reguliert. Arzneimittel unterliegen grundsätzlich der Apothekenpflicht. Damit soll sichergestellt werden, dass nur qualifizierte Personen zur Arzneimittelabgabe berechtigt sind. Das Bundesverfassungsgericht sprach bereits im sog. *Apothekenurteil* von einem „natürlichen

---

[179] Eine Liste nationaler Fertigarzneimittel findet man unter: <http://www.pharmalink.de/internet_pharma/diesen_ordner_seiten/struktur_website/arzneimittelinfo/fam.htm>; eine Liste internationaler Fertigarzneimittel findet man unter: <http://www.pharmavista.ch> (letzter Zugriff: 18.01.2007).

[180] Auf die nicht verschreibungspflichtigen Arzneimittel soll im Einzelnen hier nicht eingegangen werden.

[181] *Verordnung über die Verschreibungspflicht von Arzneimitteln (Arzneimittelverschreibungsverordnung – AMVV)* vom 21.12.2005 (BGBl. I 2005, S. 3632), zuletzt geändert durch die Verordnung vom 27.06.2006 (BGBl. I 2006, S. 1414).

[182] Richtlinie 92/26/EWG des Rates vom 31.03.1992 zur Einstufung bei der Abgabe von Humanarzneimitteln, ABL. L 113 v. 30.04.1992, S. 5 ff. Die Richtlinie wurde durch das Fünfte Gesetz zur Änderung des Arzneimittelgesetzes vom 09.08.1994 in deutsches Recht umgesetzt, vgl. BGBl. I 1994, S. 2071.

[183] *Blasius/Müller-Römer/Fischer*, S. 188.

Monopol der Apotheken für die Abgabe von Arzneimitteln"[184]. Gesetzlich statuiert ist das Apothekenmonopol in § 43 Abs. 1 AMG. Uneingeschränkt gilt es jedoch nur für verschriebene Arzneimittel, unabhängig davon, ob sie verschreibungspflichtig oder freiverkäuflich sind (§ 43 Abs. 3 AMG), denn § 43 AMG normiert zugleich Ausnahmen von der Apothekenpflicht (vgl. §§ 44, 45, 47 AMG), denen hier im Einzelnen allerdings nicht nachgegangen werden soll.

Verschreibungspflichtige Arzneimittel sind apothekenpflichtig und dürfen seit 2004 gemäß § 43 Abs. 1 Satz 1 AMG mit behördlicher Genehmigung auch im Wege des Versandes in Verkehr gebracht werden.[185] Gesetzespolitischer Zweck der Aufhebung des Versandhandelsverbotes war es, die Internet-Apotheken in die integrierte Versorgung einzubeziehen, nachdem Arzneimittel im zunehmenden Maße über das Internet bestellt wurden, sowie die Verbraucher durch einen geregelten, kontrollierten und überwachten Versandhandel besser als bisher zu schützen.[186] Dies hat der Gesetzgeber mit der Neufassung des § 43 AMG und den Folgeänderungen des § 17 ApoBetrO sowie der Neueinfügung von § 11a ApoG klargestellt. Der Arzneimittelversandhandel darf wegen der besonderen Anforderungen, insbesondere hinsichtlich der Arzneimittelsicherheit, des Verbraucherschutzes, der Versorgungssicherheit und des fairen Wettbewerbs nur *von Apotheken* (bisher: *in Apotheken*) betrieben werden, die den gesetzlich normierten Anforderungen entsprechen.[187] Die Erfordernisse, mit denen die Ziele des § 43 Abs. 1 Satz 1 AMG erreicht werden sollen, sind im Apothekengesetz und in der Apothekenbetriebsordnung näher geregelt. Die Erlaubnis zum Versand von apothekenpflichtigen Arzneimitteln gemäß § 43 Abs. 1 Satz 1 AMG ist ausschließlich dem Inhaber einer Apothekenbetriebserlaubnis gemäß § 2 ApoG zu erteilen, wenn er schriftlich versichert, dass er im Falle der Erlaubniserteilung die in § 11a Satz 1 Nr. 1-3 ApoG normierten Anforderungen erfüllen wird (§ 11a ApoG). Diese doppelte Erlaubniserteilung – zum Betrieb einer (Präsenz-)Apotheke und einer Internet-Apotheke – und die zusätzlich geforderte Qualitätssicherung für den Arzneimittelversand sollen die Arzneimittelsicherheit und den Verbraucherschutz erhöhen.[188]

§ 17 ApoBetrO ergänzt § 11a ApoG, indem in Absatz 2a Festlegungen für den nach § 11a ApoG erlaubten Versandhandel mit Arzneimitteln getroffen so-

---

[184] *BVerfG*, Urt. v. 11.06.1958, Az.: 1 BvR 596/56 = BVerfGE 7, S. 377 (431).

[185] Das *Gesetz zur Modernisierung der gesetzlichen Krankenversicherung* (GKV-Modernisierungsgesetz (GMG)) trat am 1.1.2004 in Kraft. Dadurch wurden auch Gesetze und Verordnungen geändert, u.a. das Arzneimittelgesetz, das Apothekengesetz und die Apothekenbetriebsordnung. Die wichtigsten Änderungen, vor allem im Hinblick auf die Arzneimittelabgabe, sollen in diesem Abschnitt dargestellt werden.

[186] BT-Drucksache 15/1525, S. 71 (165).

[187] So die Gesetzesbegründung zur Änderung des § 43 AMG; vgl. BT-Drucksache 15/1525, S. 71 (165).

[188] Vgl. BT-Drucksache 15/1525, S. 71 (161).

wie die Pflichten des Apothekenleiters als Normadressaten bei der Durchführung des Arzneimittelversandes definiert und konkretisiert werden.[189] § 17 Abs. 2a ApoBetrO berücksichtigt zugleich, dass eine Beratung unter persönlicher Anwesenheit des Verbrauchers nicht immer notwendig ist. Allerdings darf die Versendung nicht erfolgen, wenn zur sicheren Anwendung des Arzneimittels ein Informations- und Beratungsbedarf besteht, der auf anderem Wege als einer persönlichen Information und Beratung durch einen Apotheker nicht erfolgen kann (§ 17 Abs. 2a Satz 2 ApoBetrO).

Der Verbraucher muss vor Risiken im Umgang mit Arzneimitteln geschützt werden. Dies soll insbesondere durch die Beratungs- und Informationspflicht des Apothekers gemäß § 20 ApoBetrO gewährleistet werden. Dass § 20 ApoBetrO im Zuge der Änderung des § 43 Abs. 1 AMG nicht geändert wurde, zeigt einmal mehr, dass der Gesetzgeber erkannt hat – und dafür spricht nicht zuletzt § 17 Abs. 2a Nr. 7 ApoBetrO –, dass auch eine ordnungsgemäße und fachgerechte Beratung bei der Abgabe von apothekenpflichtigen Arzneimitteln im Versand sichergestellt werden kann.[190] Ferner regelt § 17 Abs. 2a Nr. 7 ApoBetrO

---

[189] § 17 Abs. 2a Satz 1 ApoBetrO lautet: Bei dem nach § 11a des Apothekengesetzes erlaubten Versand hat der Apothekenleiter sicherzustellen, dass

1. das Arzneimittel so verpackt, transportiert und ausgeliefert wird, dass seine Qualität und Wirksamkeit erhalten bleibt,
2. das Arzneimittel entsprechend den Angaben des Auftraggebers ausgeliefert und gegebenenfalls die Auslieferung schriftlich bestätigt wird. Der Apotheker kann in begründeten Fällen entgegen der Angabe des Auftraggebers, insbesondere wegen der Eigenart des Arzneimittels, verfügen, dass das Arzneimittel nur gegen schriftliche Empfangbestätigung ausgeliefert wird,
3. der Besteller in geeigneter Weise davon unterrichtet wird, wenn erkennbar ist, dass die Versendung des bestellten Arzneimitteln nicht innerhalb der in § 11a Nr. 3 Buchstabe a des Apothekengesetzes genannten Frist erfolgen kann,
4. alle bestellten Arzneimittel, soweit sie im Geltungsbereich des Arzneimittelgesetzes in den Verkehr gebracht werden dürfen und verfügbar sind, geliefert werden,
5. für den Fall von bekannt gewordenen Risiken bei Arzneimitteln dem Kunden Möglichkeiten zur Meldung solcher Risiken zur Verfügung stehen, der Kunde über ihn betreffende Risiken informiert wird und zur Abwehr von Risiken bei Arzneimitteln innerbetriebliche Abwehrmaßnahmen durchgeführt werden,
6. die behandelte Person darauf hingewiesen wird, dass sie mit der behandelnden Ärztin oder dem behandelnden Arzt Kontakt aufnehmen soll, sofern Probleme bei der Anwendung des Arzneimittels auftreten,
7. die behandelte Person darauf hingewiesen wird, dass ihr die Beratung durch pharmazeutisches Personal auch mittels Einrichtungen der Telekommunikation zur Verfügung steht; die Möglichkeit und Zeiten der Beratung sind ihnen mitzuteilen,
8. eine kostenfreie Zweitzusendung veranlasst wird und
9. ein System zur Sendungsverfolgung unterhalten wird.

[190] Dass selbst bei der Abgabe von Arzneimitteln in der (Präsenz-)Apotheke eine Beratung des Verbrauchers nicht immer gegeben ist, zeigt der Test durch Stiftung Warentest; vgl. *Stiftung Warentest*, Beratung in Apotheken – Mehr schlecht als recht, Online Test aus Gesund-

ausdrücklich, dass die Beratung durch das pharmazeutische Personal auch außerhalb der Apothekenbetriebsräume mittels Einrichtungen der Telekommunikation erfolgen kann.

Von dem Grundsatz, dass Arzneimittel in den Apothekenbetriebsräumen oder im Wege des erlaubten Versandes in Verkehr gebracht werden dürfen (§ 17 Abs. 1 ApoBetrO), enthält § 17 Abs. 2 ApoBetrO eine Ausnahmeregelung. Danach ist die Zustellung durch Boten der Apotheke im Einzelfall ohne Erlaubnis nach § 11a ApoG zulässig.[191] Auch wenn der Botendienst von der Erlaubnispflicht nach § 11a ApoG ausgenommen wurde,[192] ist der Apothekenleiter bei der Botenzustellung zur Einhaltung der für den Versandhandel geltenden Sicherheitsvorschriften verpflichtet. Dies ergibt sich aus § 17 Abs. 2 Satz 2 ApoBetrO, wonach Absatz 2a Satz 1 Nr. 1 und 2 und Satz 2 entsprechend gelten sowie Absatz 2a Satz 1 Nr. 5 bis 7 und Nr. 9, soweit erforderlich, ebenfalls anzuwenden sind. Da § 43 Abs. 1 Satz 1 AMG lediglich den Versand erfasst und auch § 17 Abs. 1 ApoBetrO auf den Versand als zulässigen Vertriebsweg abstellt, kommt es auf § 17 Abs. 2 ApoBetrO im Folgenden nicht weiter an.

Während der Versand von verschreibungspflichtigen Arzneimitteln in Deutschland gemäß § 43 Abs. 1 Satz 1 AMG zulässig ist, stellt sich nunmehr die Frage, ob Arzneimittel aus dem Ausland an Verbraucher in Deutschland versendet werden dürfen. Der grenzüberschreitende Arzneimittelverkehr ist in §§ 72 ff. AMG geregelt. § 73 Abs. 1 AMG normiert ein Verbringungsverbot, wonach zulassungs- und registrierungspflichtige Arzneimittel nur dann in Deutschland in Verkehr gebracht werden dürfen, wenn sie zum Verkehr zugelassen oder registriert oder von der Zulassung oder der Registrierung freigestellt sind und zudem die in Nr. 1 bis 2 enthaltenen Erfordernisse erfüllt sind.[193] Zweck des Verbrin-

---

heit und Kosmetik vom 26.02.2004 [online] <http://www.stiftung-warentest.de/online/gesundheit_kosmetik/test/1160557/1160557/1162025.html> (letzter Zugriff: 18.01.2007). Für die Annahme, dass die Beratung auch durch Telekommunikation gewährleistet werden kann, spricht, dass selbst bei der Abgabe in den Apothekenräumen der Apotheker nach den Vorschriften der Apothekenbetriebsordnung nicht verpflichtet ist, die Arzneimittel ausschließlich an den Verbraucher abzugeben. Vielmehr können die Arzneimittel auch von einer beauftragten Person abgeholt werden, so dass die Weitergabe der Ver- und Anwendungsinformationen nicht unbedingt sichergestellt ist; vgl. dazu *BVerfG*, Beschl. v. 11.02.2003, Az.: 1 BvR 1972/00, 1 BvR 70/01= NJW 2003, S. 1027 (1029).

[191] Die bisherige Formulierung des § 17 Abs. 2 Satz 1 ApoBetrO „Versendung aus der Apotheke oder die Zustellung durch Boten ist im begründeten Einzelfall zulässig" wurde durch die Worte „Zustellung durch Boten der Apotheke ist im Einzelfall ohne Erlaubnis nach § 11a des Apothekengesetzes zulässig" ersetzt.

[192] In der Gesetzesbegründung heißt es: „Eine Erlaubnispflicht für den Botendienst wäre im Vergleich zum Versandhandel unverhältnismäßig."; vgl. BT-Drucksache 15/1525, S. 71 (163).

[193] Die Zulassung von Arzneimitteln bestimmt sich nach §§ 21 ff. AMG. Zu den Erfordernissen vgl. § 73 Abs. 1 Satz 1 Nr. 1-2 AMG.

gungsverbotes ist es, zu verhindern, „dass nur regional im Ausland verkehrsfähige Arzneimittel, deren Verbreitung an besondere Auflagen geknüpft ist, unkontrolliert nach Deutschland kommen“[194]. Im Zuge der Änderung des § 43 Abs. 1 AMG wurde auch § 73 AMG an die neue Rechtslage angepasst. Trotz der Feststellung des EuGH, dass ein Versandhandelsverbot für verschreibungspflichtige Arzneimittel durch Art. 30 EG-Vertrag gerechtfertigt sei,[195] entschied sich der deutsche Gesetzgeber, den innerdeutschen und den EU-grenzüberschreitenden Arzneimittelversand grundsätzlich zuzulassen. Dieses weitgehende Bekenntnis zum generellen Versandhandel ist zumindest in europarechtlicher Hinsicht ein Beitrag zur angestrebten EU-Harmonisierung der arzneimittelrechtlichen Vorschriften und zur weiteren Öffnung des Binnenmarktes.[196] Dennoch hat der Gesetzgeber mit § 73 Abs. 1 Satz 1 Nr. 1a AMG den Arzneimittelversand unter Einschaltung des Internets nicht ausnahmslos zulassen wollen und knüpft den Versandhandel aus dem EU-europäischen Ausland an folgende Voraussetzungen:

1.) Die versendeten Arzneimittel müssen in Deutschland zugelassen oder registriert sein bzw. von der Zulassung oder Registrierung freigestellt sein.[197]
2.) Die Apotheke muss zum Arzneimittelversand nach dem nationalen Recht des Herkunftslandes, soweit es dem deutschen Apothekenrecht im Hinblick auf den Versandhandel entspricht,[198] oder nach dem deutschen Apothekengesetz[199] befugt sein.
3.) Die Versendung der Arzneimittel aus einem Mitgliedstaat der Europäischen Union oder eines anderen Vertragsstaates des Abkom-

---

[194] Stellungnahme des Bundesrates, BT-Drucksache, a.a.O., S. 20 (25).

[195] Vgl. *EuGH*, „Deutscher Apothekerverband e.V./DocMorris NV u. Jaques Waterval“, Urt. v. 11.12.2003, Az.: Rs. C-322/01 = MMR 2001, S. 149 ff.

[196] *Wiesener*, GesR 2004, S. 43 (46).

[197] Nicht ausreichend ist es, wenn die Arzneimittel im jeweiligen Herkunftsland zugelassen oder registriert oder von der Registrierung oder Zulassung freigestellt sind.

[198] Maßgeblich für die Vergleichbarkeit ist nur das geschriebene Recht. Vgl. *KG Berlin*, Urt. v. 09.11.2004, Az.: 5 U 300/01, [online] <http://www.kammergericht.de/index.htm> (letzter Zugriff: 18.01.2007).

[199] Es muss sich dann um eine in Deutschland zugelassene (Internet-)Apotheke handeln, d.h. die Apotheke muss eine Erlaubnis gemäß § 11a ApoG erworben haben. Hierzu ist anzumerken, dass es für die Erteilung der Versandhandelserlaubnis einer europäischen Versandapotheke nach deutschem (Apotheken-)Recht an einer zuständigen Behörde fehlt. Der Antrag auf Erteilung einer Erlaubnis zum Betrieb einer Apotheke sowie der Antrag auf Erteilung einer Erlaubnis zum Versand apothekenpflichtiger Arzneimittel sind an die Landesapothekenkammer des Bundeslandes zu richten, in welchem die Apotheke ihren Sitz hat. Dies hat der Gesetzgeber offensichtlich bei der Neufassung des § 73 AMG übersehen.

mens über den Europäischen Wirtschaftsraum[200] muss den deutschen Vorschriften zum Versandhandel oder zum elektronischen Handel entsprechen.[201]

Mit der Neufassung der §§ 43 Abs. 1, 73 Abs. 1 AMG wurden nur der innerdeutsche Arzneimittelversandhandel und der grenzüberschreitende Versandhandel innerhalb der EU zugelassen. Dies ergibt sich aus dem Wortlaut des § 73 Abs. 1 Satz 1 Nr. 2 AMG, wonach lediglich das Verbringen von Arzneimitteln nach erteilter Erlaubnis gemäß § 72 AMG gestattet ist. Die in § 43 Abs. 1 AMG normierte generelle Zulässigkeit des Versandhandels soll nach dem Willen des Gesetzgebers für den Arzneimittelvertrieb von außerhalb der EU erkennbar nicht gelten. § 73 Abs. 1 Satz Nr. 2 AMG stellt insoweit eine Einschränkung dar. Ausdrücklich hat der Gesetzgeber eine Erstreckung des § 43 Abs. 1 AMG auf den Vertrieb aus dem sonstigen Ausland nicht vorgesehen. Es kann auch nicht angenommen werden, dass § 43 Abs. 1 AMG den Versandhandel grundsätzlich zulässt und es somit auf § 73 Abs. 1 Satz 1 Nr. 2 AMG nicht ankäme. § 73 Abs. 1 Satz 1 Nr. 2 AMG betrifft zwar nur die Verbringung von Arzneimitteln nach Deutschland, jedoch wird dabei nicht wie bei § 73 Abs. 1 Satz 1 Nr. 1a AMG die (nunmehr) zulässige Verbringung durch grenzüberschreitenden Versandhandel geregelt.

[200] Im Folgenden wird für den Arzneimittelversandhandel aus einer Apotheke aus einem Mitgliedstaat der Europäischen Union oder eines anderen Vertragsstaates des Abkommens über den Europäischen Wirtschaftsraum der Begriff „grenzüberschreitender Versandhandel innerhalb der EU" verwendet.

[201] Welche innerdeutschen Vorschriften im Einzelnen hierunter zu verstehen sind, ist noch nicht abschließend geklärt. Einigkeit dürfte dahingehend bestehen, dass der Gesetzesverweis so zu verstehen ist, dass die für den Versandhandel spezifischen Vorschriften gelten. Dies werden insbesondere § 11a ApoG sowie § 17 Abs. 2a ApoBetrO sein, die Regelungen zu den Anforderungen an das Qualitätssicherungssystem, zu Verpackung, Transport und Auslieferung, zur kostenlosen Zweitzustellung, zum System der Sendeverfolgung sowie zur Transportversicherung enthalten. Ob die ausländische Apotheke jedoch sämtliche für die Arzneimittelabgabe in Deutschland einschlägigen Vorschriften, insbesondere die Vorschriften des Arzneimittelgesetzes, Heilmittelwerbegesetzes, Apothekengesetzes, der Apothekenbetriebsordnung und der Arzneimittelpreisverordnung (AmPreisV) einzuhalten hat, ist umstritten. Vgl. dazu *Mahlein/Glökler*, Arzneimittelversand aus dem Europäischen Ausland: Welche der in Deutschland geltenden Anforderungen sind zu beachten? [online] <http://www.graefe-rechtsanwaelte.de/docs/arzneimittel/arzneimittelVersand_ausEUAusland.pdf> (letzter Zugriff: 03.03.2005). Das OLG Hamm hat entschieden, dass ausländische Internet-Apotheken beim Arzneimittelversand nicht der Arzneimittelpreisverordnung unterliegen; *OLG Hamm*, Urt. v. 21.09.2004, Az.: 4 U 74/04, [online] <http://www.aporecht.de/ 2574.html> (letzter Zugriff: 18.01.2007).

Sowohl der Gesetzeswortlaut als auch die amtliche Begründung zur Änderung der Vorschrift lassen Raum für eine weite Auslegung. Hierfür spricht insbesondere, dass die Arzneimittelabgabe an deutsche Verbraucher unmittelbare Auswirkung auf die Versorgung im Verkehr mit Arzneimitteln in der Bundesrepublik hat.

Aus der Neufassung der §§ 43 Abs. 1, 73 Abs. 1 AMG folgt auch nicht, dass im Umkehrschluss dann die Zulässigkeit des Versandhandels für alle Verbringungsfälle ausnahmslos gegeben sein soll. Eine solche Schlussfolgerung aus der Gesetzesänderung zu ziehen, wäre verfehlt, weil im Rahmen der Zulässigkeit des grenzüberschreitenden Versandhandels an Verbraucher in Deutschland nur die Apotheken eines Mitgliedstaates der Europäischen Union oder eines anderen Vertragsstaates des Abkommens über den Europäischen Wirtschaftsraum ausdrücklich erwähnt werden. Hätte der Gesetzgeber den internationalen Versandhandel zulassen wollen, hätte er in § 73 Abs. 1 Satz 1 Nr. 2 AMG klargestellt, dass die Verbringung von Arzneimitteln nach Deutschland auch durch den Versandhandel unter Einschaltung des Internets möglich ist. Der Wortlaut der Vorschrift blieb jedoch unverändert.

Dafür, dass sich der Gesetzgeber gegen eine solche entsprechende Regelung entschieden hat, spricht vor allem folgendes: Als sich der Gesetzgeber zur Gesetzesänderung entschloss, war ihm vor allem das Verfahren vor dem EuGH in der Rechtssache des *Deutschen Apothekerverbandes gegen DocMorris und Jacques Waterval* bekannt, in der es um die Zulässigkeit des damals noch bestehenden Versandhandelsverbotes ging.[202] Der Gesetzgeber war sich aber auch der

[202] Dem Verfahren lag folgender Sachverhalt zugrunde: *Doc Morris* verkaufte und lieferte über einen bei der Bestellung vom Kunden beauftragten Lieferservice Arzneimittel an deutsche Verbraucher. Der *Bundesverband Deutscher Apotheker* (BVDA) sah darin einen Verstoß gegen § 43 Abs. 1 Satz 1 AMG a.F.; *DocMorris* dagegen argumentierte, dass die deutschen Versandvorschriften zum Versandhandel gegen Art. 28 und Art. 30 EG-Vertrag verstoßen. Das LG Berlin sah in dem generellen Versandverbot eine Zugangsbehinderung für die in einem Mitgliedstaat der EU ansässige Internet-Apotheke zum deutschen Markt, wodurch Art. 28 EG-Vertrag verletzt werde. Ferner berief sich das LG Berlin auf § 73 Abs. 2 Nr. 6a AMG, wonach die Einfuhr geringer Mengen von Arzneimitteln für den Eigenverbrauch möglich ist; vgl. *LG Berlin*, Urt. v. 07.11.2000, Az.: 103 O 192/00 = MMR 2001, S. 249 ff. Das Urteil wurde jedoch vom KG Berlin aufgehoben; vgl. *KG Berlin*, Urt. v. 29.05.2001, Az.: 5 U 10150/00, NJW-RR 2001, S. 1408 ff (= MDR 2001, 751 ff.). Das LG Frankfurt am Main folgte der Auffassung des LG Berlin nicht und stellte die Verletzung des Arzneimittelgesetzes durch den Versandhandel über das Internet fest. Das Gericht wies den Ausnahmetatbestand des § 73 Abs. 2 Nr. 6a AMG als nicht anwendbar zurück, da Handlungen aus Gründen der Profitgewinnung nicht von dieser Norm gedeckt würden; vgl. *LG Frankfurt am Main*, Urt. v. 09.11.2000, Az: 2-03 O 365/00 = K&R 2001, S. 153 ff. Das Urteil wurde vom OLG Frankfurt am Main bestätigt; vgl. *OLG Frankfurt am Main*, Urt. v. 31.05.2001, Az.: 6 U 240/00 = NJW-RR 2001, S. 1408 ff. (= MMR 2001, S. 751 ff.; K&R 2001, S. 646 ff.). Aufgrund der unterschiedlichen Rechtsprechungen und des (bis dahin) bestehenden Konflikts des deutschen Arzneimittelgesetzes mit den Vorschriften des EG-Vertrages legte das LG Frankfurt am Main die sich aus dem Verfahren ergebenden Rechtsfragen dem EuGH zur Vorabentscheidung vor; vgl. *LG Frankfurt am Main*, Beschl. v. 10.08.2001, Az.: 3/11 O 64/01. Der EuGH entschied, dass ein generelles Verbot des Versandhandels mit in Deutschland zugelassenen, rezeptfreien Arzneimitteln gemeinschaftswidrig sei und gegen die Warenverkehrsfreiheit verstoße; im Hinblick auf den Versand von verschreibungspflichtigen Arzneimitteln sei ein Verbot zum Schutz der Gesundheit jedoch gerechtfertigt, so dass ein Mitgliedstaat den Versandhandel von

grundsätzlichen Bedeutung des Arzneimittelversands aus dem Ausland bewusst. In der amtlichen Begründung zur Neufassung des § 43 AMG heißt es: „In zunehmendem Maße bestellen deutsche Bürgerinnen und Bürger über Internet sowohl verschreibungspflichtige als auch nichtverschreibungspflichtige Arzneimittel aus dem Ausland (elektronischer Handel, E-Commerce)."[203] Angesichts dieser Tatsache hätte es für den Gesetzgeber besonders nahe gelegen, den bis dahin bestehenden Gesetzeswortlaut des § 73 Abs. 1 Satz 1 Nr. 2 AMG ausdrücklich zu korrigieren und wie den neu eingefügten § 73 Abs. 1 Satz 1 Nr. 1a AMG an das Versandhandelsgebot des neu gefassten § 43 Abs. 1 AMG anzupassen und somit für Klarheit zu sorgen.

Dass der Gesetzgeber dies nicht getan hat, spricht dafür, dass er keinen Korrekturbedarf gesehen und ein Versandhandelsverbot für den Vertrieb von Arzneimitteln von außerhalb der EU nach wie vor für richtig gehalten hat. Seit der erfolgten Aufnahme des Arzneimittelversandhandels durch die niederländische Internet-Apotheke *DocMorris* und der daraus entstehenden rechtswissenschaftlichen Debatte über die Zulässigkeit eines Versandhandelsverbotes war dem Gesetzgeber bekannt, dass nur mit einer umfassenden gesetzlichen Regelung für weitestgehende Rechtssicherheit des (bis dahin nicht geregelten und überwachten) online Arzneimittelhandels gesorgt werden kann. Zu beachten ist ferner, dass der Gesetzgeber mit der Aufhebung des Versandhandelsverbotes „mit der Umsetzung einer europarechtlich gewollten Liberalisierung in dem Bereich des Arzneimittelhandels begonnen hat"[204]. Diese Zielsetzung ist mit dem neu eingefügten § 73 Abs. 1 Satz 1 Nr. 1a AMG unmissverständlich zum Ausdruck gebracht.

Eine Harmonisierung des internationalen Arzneimittelversandhandels ist gegenwärtig politisch auch nicht durchsetzbar. Zu unterschiedlich sind die Rechtsauffassungen und Interessen der einzelnen Nationen. Während die Mitgliedstaa-

---

verschreibungspflichtigen Arzneimitteln beschränken könne; vgl. *EuGH*, „Deutscher Apothekerverband e.V./DocMorris NV u. Jaques Waterval", Urt. v. 11.12.2003, Az.: Rs. C-322/01; vgl. auch die Schlussanträge der Generalanwältin Christine Stix-Hackl vom 11.03.2003 [online] <http://www.curia.eu.int/> (letzter Zugriff: 17.04.2003). Zur Diskussion in der Literatur vgl. *Koenig/Engelmann*, ZUM 2001, S. 19 ff.; *Ernst*, WRP 2001, S. 893 ff.; *Streinz*, EuZW 2003, S. 37 ff.; *Koenig/Müller/Trafowski*, EWS 2000, S. 97 ff.; *Koenig/Engelmann*, EWS 2001, S. 405 ff.; *Mand*, MMR 2003, S. 77 ff.; *Eichler*, K&R 2001, S. 144 ff.; *Hoeren*, Arzneimittel, Versand über das Internet/"DocMorris I", § 1 UWG 1/2001, S. 39 f.; *Just*, Arzneimittelversand, freier Warenverkehr/"DocMorris II", § 1 UWG 2/2001, S. 41 f.; *Marwitz*, MMR 2004, S. 218 ff.; *Koch*, EuZW 2004, S. 50 ff.; *Ruffert*, Jura 2005, S. 258 ff. Abschließend ist anzumerken, dass der deutsche Gesetzgeber bereits vor der Entscheidung des EuGH im Herbst 2003 beschlossen hatte, den Arzneimittelversandhandel ab 01.01.2004 (zumindest teilweise) zuzulassen.

[203] Begründung zum Gesetzesentwurf der Fraktion SPD und Bündnis 90/Die Grünen, BT-Drucksache 15/1525 vom 16.06.2003, S.165.

[204] *OLG Hamm*, Urt. v. 21.09.2004, Az.: 4 U 74/04, [online], a.a.O.

ten der EU auf europäischer Ebene Einschränkungen ihrer Souveränität im Rahmen der im EG-Vertrag normierten Grundfreiheiten hinnehmen,[205] wird auf internationaler Ebene jede Ausdehnung der Souveränität über das Territorium hinaus vermieden. Der Erlass entsprechender Regelungen verspräche auch kaum Erfolg, zumal die Reichweite und Wirkung deutscher Regelungen sowohl durch jeweils geltendes nationales Recht als auch durch geltendes internationales Recht sehr stark eingeschränkt ist.[206] Eine Bindung ausländischer Internet-Apotheken[207] an deutsche Vorschriften und Versandhandelserfordernisse, wie es der deutsche Gesetzgeber im Hinblick auf den Versandhandel innerhalb der EU vorsieht, ist nicht möglich. Das legt den Schluss nahe, dass die Versandhandelserlaubnis nach dem Willen des Gesetzgebers jedenfalls für die Versandhändler außerhalb der EU keine Geltung beanspruchen wollte.

Dafür spricht nicht zuletzt das Argument, dass der Gesetzgeber bestrebt ist, das gesundheitspolitische Ziel zu verfolgen, die ordnungsgemäße Arzneimittelversorgung der Bevölkerung zu gewährleisten. Es ist nämlich keineswegs sicher, dass der internationale Versandhandel nicht zur ernsthaften Gefährdung der Gesundheit der Bevölkerung führen würde.[208] Folglich sieht die Änderung des § 43 Abs. 1 AMG zwar die Zulassung des Versandes apothekenpflichtiger, einschließlich verschreibungspflichtiger, Arzneimittel vor, jedoch wird dadurch nicht der Versand an Verbraucher in Deutschland durch Internet-Apotheken mit Sitz außerhalb der EU oder eines anderen Vertragsstaates des Abkommens über den Europäischen Wirtschaftsraums zulässig. Insofern normiert § 73 Abs. 1 Satz 1 Nr. 2 AMG (i.V.m. § 43 Abs. 1 AMG) weiterhin ein Versandhandels- und Verbringungsverbot.

Von den in § 73 Abs. 1 Satz 1 AMG normierten Grundsätzen gibt es jedoch zahlreiche Ausnahmen, von denen nur auf die für den Versandhandel in Betracht kommende Vorschrift — § 73 Abs. 3 AMG — näher eingegangen werden soll.

---

205 Es ist anzumerken, dass auch die Europäische Union den Mitgliedstaaten einen Kernbereich an Souveränität für die Gestaltung der Versorgungssysteme im Gesundheitsbereich belässt. Die in Art. 28 EG-Vertrag normierte Warenverkehrsfreiheit kann deshalb durch Einfuhr-, Ausfuhr- und Durchfuhrverbote oder -beschränkungen zum Schutz der Gesundheit von Menschen begrenzt werden, wobei dies eine Rechtfertigung gemäß Art. 30 EG-Vertrag darstellt. Vgl. *EuGH*, „Deutscher Apothekerverband e.V./DocMorris NV u. Jaques Waterval“, Urt. v. 11.12.2003, Az.: Rs. C-322/01 = MMR 2001, S. 149 ff.

206 Hierzu ausführlich am Ende des Abschnitts.

207 Mit der Formulierung „ausländischer Internet-Apotheken“ sind solche Internet-Apotheken gemeint, die ihren Versandhandel von einem nicht der Europäischen Union oder einem anderen Vertragsstaat des Abkommens über den Europäischen Wirtschaftsraum angehörenden Staat aus betreiben; mit anderen Worten der grenzüberschreitende Versandhandel von außerhalb der EU, worunter z.B. sowohl der Versandhandel von einer Internet-Apotheke in der Schweiz als auch der Versandhandel von einer Internet-Apotheke in den USA fällt.

208 Zu den Gefahren des Arzneimittelhandels über das Internet vgl. *2. Kapitel, B. „Vorteile und Gefahren des Arzneimittelhandels unter Einschaltung des Internets“.*

Nach dieser Vorschrift dürfen Apotheken Fertigarzneimittel einführen, wenn diese zwar nicht im Geltungsbereich des Arzneimittelgesetzes zugelassen oder registriert oder von der Zulassung oder der Registrierung freigestellt sind, jedoch in ihrem Herkunftsland in Verkehr gebracht werden dürfen.[209] Damit soll gewährleistet werden, dass nur solche Fertigarzneimittel nach Deutschland verbracht werden dürfen, deren Verkehrsfähigkeit im Herkunftsland anerkannt ist. Die Zulassung des Arzneimittels im Herkunftsland wird nicht gefordert. Die Apothekeneinfuhr setzt voraus, dass die Apotheken die Arzneimittel nur in geringen Mengen auf besondere Bestellung einzelner Personen beziehen und sie dem Verbraucher nach Vorlage einer ärztlichen Verordnung[210] gemäß den Vorschriften der Apothekenbetriebsordnung abgeben (vgl. § 73 Abs. 3 Satz 2 AMG).[211] Mit der Zwischenschaltung der Apotheke für nicht in Deutschland zugelassene oder registrierte Arzneimittel erhoffte sich der Gesetzgeber eine bessere Kontrolle des Arzneimittelimports aus Gründen der Arzneimittelsicherheit. Auf diese Weise lässt sich garantieren, dass ausländische Fertigarzneimittel nicht an unberechtigte Verbraucher abgegeben werden, so dass einer Missbrauchsgefahr entgegengewirkt werden kann. Zwar muss die Abgabe im Rahmen des üblichen Apothekenbetriebs erfolgen, jedoch ist der Versand an den Verbraucher gemäß § 43 Abs. 1 Satz 1 AMG i.V.m. § 17 Abs. 1 und 2a ApoBetrO möglich[212]. Dies setzt allerdings voraus, dass der Versand nach der in § 18 ApoBetrO vorgeschriebenen Kontrolle durch die Apotheke erfolgt, die die Bestellung aufgegeben hat, und die Apotheke den Bezug des Fertigarzneimittels

---

[209] Als Beispiel sei hier der Impfstoff gegen Japanische Enzephalitis, eine durch Viren ausgelöste Tropenerkrankung, die vor allem in Süd- und Südostasien vorkommt, angeführt. In Deutschland wird meist der Totimpfstoff Birken® oder JE-VAX® verwendet, der in Deutschland allerdings nicht zugelassen, jedoch über internationale Apotheken verfügbar ist. Vgl. Das Auswärtige Amt, Merkblätter des Gesundheitsdienstes, Japanische Encephalitis Merkblatt, [online] <http://www.auswaertiges-amt.de/diplo/de/Laender/Gesundheitsdienst/download/Jap Enzephalitis Merkblatt.pdf> (letzter Zugriff: 18.01.2007).

[210] Die Vorlage einer ärztlichen Verordnung ist jedoch nur dann erforderlich, wenn es sich um Arzneimittel aus einem anderen Staat als einem Mitgliedstaat der Europäischen Union oder einem Vertragsstaat des Abkommens über den Europäischen Wirtschaftsraum handelt (vgl. Wortlaut des § 73 Abs. 3 Satz 2 AMG). In diesem Fall gilt die Pflicht zur Vorlage der ärztlichen Verordnung auch dann, wenn das Arzneimittel im Herkunftsland nicht verschreibungpflichtig ist. Vgl. *Lippert* in: *Deutsch/Lippert*, § 73, Rdn. 3. *Sander* sieht in der Einführung der Verschreibungspflicht „einen Ausgleich für die fehlende präventive Kontrolle der Arzneimittel durch die Zulassungsbehörde, weil in der Regel nur solche ausländischen Arzneimittel ärztlich verschrieben werden, deren Qualität, Wirksamkeit und Unbedenklichkeit dem Verordner bekannt sind“; *Sander*, Erl. § 73 AMG, S. 11.

[211] Ausführlich zu den Voraussetzungen: *Sander*, Erl. § 73 AMG.

[212] Unstreitig dürfte die Zulässigkeit der Abgabe des Fertigarzneimittels durch Botenzustellung sein.

zu kontrollieren vermag. Eine Direktlieferung oder ein Versand an den Verbraucher aus dem Ausland ist dagegen untersagt.[213]

Da der Gesetzgeber die Voraussetzungen für die Ausnahmeregelung gesetzlich normiert hat, ist den Apotheken auch keine Vorratsbestellung erlaubt. Dies gilt auch dann, wenn Einzelbestellungen zu einem späteren Zeitpunkt zu erwarten sind. Um die Wirksamkeit der Überwachung und die Arzneimittelsicherheit zu garantieren, hat der Gesetzgeber in § 73 Abs. 3 AMG ausdrücklich auf die Vorschriften der Apothekenbetriebsordnung Bezug genommen. Damit soll sichergestellt werden, dass auch bei ausländischen Arzneimitteln die besonderen Anforderungen, die der Gesetzgeber im Hinblick auf den Verkehr mit Arzneimittel für notwendig erachtet, nicht umgangen werden. Mit § 73 Abs. 3 AMG wird dem Verbraucher zwar ein Recht zugestanden, nicht in Deutschland zugelassene oder registrierte Arzneimittel über Apotheken zu beziehen.[214] § 73 Abs. 3 AMG soll jedoch eine Ausnahmevorschrift bleiben. Dem Apotheker sind daher zusätzliche Pflichten auferlegt worden. Nach § 18 Abs. 1 ApoBetrO muss der Apotheker bei Einfuhr eines Fertigarzneimittels bestimmte Angaben festhalten und gemäß § 22 ApoBetrO zum Nachweis und zur Überprüfung durch die zuständige Behörde aufbewahren. Mit diesen Verpflichtungen soll ein Ausgleich geschaffen werden für die Sicherheitsbestimmungen des Arzneimittelgesetzes, die beim Import von Fertigarzneimitteln nicht zur Anwendung kommen.[215] Der Tatbestand des § 73 Abs. 3 AMG ist eine Ausnahme zu den sonstigen arzneimittelrechtlichen Vorschriften des Arzneimittelgesetzes und muss auch als solche behandelt werden. Die Vorschrift darf demzufolge nicht im Widerspruch zu ihrem Ausnahmecharakter ausgelegt werden.

B. Fazit

Sowohl die apotheken- als auch die arzneimittelrechtlichen Vorschriften beruhen auf dem gesetzgeberischen Grundsatz der Sicherstellung einer ordnungsgemäßen Arzneimittelversorgung der Bevölkerung. Das Ziel des Gesetzgebers, eine optimale Arzneimittelversorgung und -sicherheit zu gewährleisten, kommt in zahlreichen Vorschriften zum Ausdruck. Der Apotheker nimmt dabei eine Sonderstellung ein, denn der Gesetzgeber hat den Apothekerberuf gesetzlich fixiert und strengen Berufsregeln unterworfen. Das Leitbild des Apothekers spiegelt sich im Apothekenbetrieb wider, insbesondere bei der Arzneimittelabgabe, die – trotz der Zulässigkeit des Versandhandels – streng reguliert ist.

Dem Gesetzgeber ist darin zuzustimmen, dass der Vertrieb von verschreibungspflichtigen Arzneimitteln so zu erfolgen hat, dass die Sicherheit im Ver-

---

[213] Vgl. etwa *Klados*, WRP 2001, S. 1058 (1059).
[214] *Klados*, WRP 2001, S. 1058 (1060).
[215] *Sander*, Erl. § 73 AMG, S. 16.

kehr und die ordnungsgemäße Versorgung der Verbraucher mit Arzneimitteln nicht gefährdet werden. Die Entwicklungen im Bereich des E-Commerce zeigen jedoch, dass die Internet-Apotheken der Arzneimittelversorgung neue Impulse geben und geben werden und zu Verbesserungen im Bereich des Gesundheitswesens beitragen (können). Aufgrund der schnellen, unaufhaltsamen Entwicklung des Internets, der zunehmenden Legalisierung von Internet-Apotheken im Ausland und dem zunehmenden grenzüberschreitenden Arzneimittelversand wird man die geltenden Rechtsvorschriften u.U. überarbeiten müssen, um auch zukünftig Rechtssicherheit und -klarheit zu schaffen, sowie einen effektiven Schutz der Bevölkerung zu gewährleisten.

4. Kapitel: Strafbare Handlungen im Hinblick auf den Vertrieb von verschreibungspflichtigen Arzneimitteln unter Einschaltung des Internets

Die Frage der Rechtmäßigkeit des Arzneimittelvertriebs unter Einschaltung des Internets löste in den letzten Jahren starke Kontroversen aus. Doch während der kontinuierlichen – in der Regel europarechtlich orientierten – Debatte über das Für und Wider eines Versandhandelsverbots schien eine strafrechtliche Beurteilung wenig diskussionswürdig. Im Vordergrund stand stets die Souveränität eines Staates, das Arzneimittel- und Apothekenrecht gemäß den Erfordernissen des Schutzes der öffentlichen Gesundheit und Sicherheit zu regulieren. Durch den grenzüberschreitenden Versand scheint jedoch die Einhaltung der nationalen Gesetze kaum noch gewährleistet, was die Frage aufwirft, ob die nationalen Regelungen – die grenzüberschreitend möglicherweise nicht durchsetzbar sind – an Bedeutung verlieren. Da die Sicherheit im Umgang mit Arzneimitteln nicht an den Grenzen eines Staates enden kann und darf, erhöht sich der Druck auf die Gesetzgeber, die nationalen Vorschriften an die Entwicklungen des Arzneimittel- und Apothekenmarktes anzupassen und sich der internationalen Herausforderung zu stellen. Es ist praktisch unmöglich, den online Versandhandel vollständig zu unterbinden; es besteht jedoch die Möglichkeit, den Versandhandel sicherer zu machen. Neben der rechtlichen Zulässigkeit von Internet-Apotheken gewinnt dabei die strafrechtliche Beurteilung des Arzneimittelvertriebs unter Einschaltung des Internets zunehmend an Bedeutung, vor allem dann, wenn der anderweitige präventive Schutz zu versagen droht, weil die Rechtslage unklar ist oder Regelungslücken bestehen und eine abstrakte oder gar konkrete Gefährdung der Bevölkerung respektive der Verbraucher nicht auszuschließen ist.

Internet-Apotheken sind nunmehr auch in Deutschland zulässig. Die Ge- und Verbote knüpfen vor allem an die Art und Weise des Versandhandels an, wobei der Versandhandel auf nationaler Ebene und internationaler Ebene stattfinden kann. Bei der Beurteilung der strafrechtlichen Verantwortlichkeit der Apotheker müssen deshalb vier Grundkonstellationen unterschieden werden:

1. eine Internet-Apotheke mit Sitz im Inland vertreibt Arzneimittel an Verbraucher im Inland;
2. eine Internet-Apotheke mit Sitz im Inland vertreibt Arzneimittel an Verbraucher im Ausland;
3. eine Internet-Apotheke mit Sitz im Ausland vertreibt Arzneimittel an Verbraucher im Inland und

4. eine Internet-Apotheke mit Sitz im Ausland vertreibt Arzneimittel an Verbraucher im Ausland.

Die zweite Konstellation lässt sich nochmals unterteilen. Diesbezüglich sind folgende Subkonstellationen denkbar:

2.1. eine Internet-Apotheke mit Sitz im EU-Inland[216] vertreibt Arzneimittel an Verbraucher im EU-Ausland[217] und/oder an Verbraucher im Nicht-EU-Ausland[218] sowie

2.2. eine Internet-Apotheke mit Sitz im Nicht-EU-Inland[219] vertreibt Arzneimittel an Verbraucher im Ausland[220].

Da die Internet-Apotheken im Wesentlichen den herkömmlichen Apotheken gleichgestellt sind, unterliegen sie auch den gleichen apotheken- und arzneimittel-rechtlichen Beschränkungen. Viele der Verbote, auf die es im Folgenden primär ankommen soll, sind strafbewehrt. Gleichwohl darf die Beurteilung der Strafbarkeit aus anderen gesetzlichen Vorschriften nicht außer Acht gelassen werden.

In diesem Kapitel wird daher die Reichweite und die Bedeutung aller straf- und nebenstrafrechtlichen Vorschriften für den Vertrieb von verschreibungspflichtigen Arzneimitteln über das Internet untersucht. Da die Internet-Apotheken an das jeweilige nationale Recht gebunden sind und die Strafrechtsordnung primär nationales Recht ist, ist eine Unterscheidung zwischen dem Handel inländischer und ausländischer Internet-Apotheken zwingend notwendig. Die Untersuchung der Strafbarkeit der deutschen und ausländischen Apotheker wird deshalb auf die o.g. Grund- und ihre Subkonstellationen bezogen.

Mit Einführung des Apothekenversandhandels ist nunmehr der Vertrieb von in Deutschland zugelassenen Arzneimitteln an deutsche – und auch ausländische – Verbraucher zulässig. Dennoch besteht die Gefahr, dass ausländische Ver-

[216] Die Formulierung „Internet-Apotheke mit Sitz im EU-Inland“ bezieht sich auf Internet-Apotheken, die ihren Versandhandel von einem Mitgliedstaat der Europäischen Gemeinschaft oder einem anderen Vertragsstaat des Abkommens über den Europäischen Wirtschaftsraum aus betreiben.

[217] Mit EU-Ausland sind hier die Mitgliedstaaten der Europäischen Gemeinschaft oder ein anderer Vertragsstaat des Abkommens über den Europäischen Wirtschaftsraum gemeint.

[218] Die Formulierung „Verbraucher im Nicht-EU-Ausland“ bezieht sich auf die Verbraucher aller anderen Staaten, die weder zu den Mitgliedstaaten der Europäischen Gemeinschaft gehören noch ein Vertragsstaat des Abkommens über den Europäischen Wirtschaftsraum sind.

[219] Mit der Formulierung „Internet-Apotheke mit Sitz im Nicht-EU-Inland“ sind solche Internet-Apotheken gemeint, die ihren Versandhandel von einem nicht der Europäischen Gemeinschaft oder einem Vertragsstaat des Abkommens über den Europäischen Wirtschaftsraum angehörenden Staat aus betreiben; also von dem Staat, dessen Rechtsordnung zugrunde gelegt wird.

[220] Eine Unterscheidung zwischen EU- und Nicht-EU-Ausland ist hier nicht notwendig, da die den Versand betreibende Internet-Apotheke nicht an eventuelles Gemeinschaftsrecht gebunden ist.

sandanbieter die Beschränkungen des Versandhandels zu umgehen versuchen. Der Vertrieb von nicht in Deutschland zugelassenen Arzneimitteln ist weiterhin unzulässig, es sei denn § 73 Abs. 2 Nr. 6a AMG ist einschlägig. Aber auch dann dürfen nur solche Arzneimittel nach Deutschland eingeführt werden, die im Herkunftsland in Verkehr gebracht werden dürfen und deren Bezug nicht berufs- oder gewerbsmäßig vermittelt wird sowie bei denen der Import in einer dem üblichen persönlichen Bedarf entsprechenden Menge erfolgt. Da der Ausnahmetatbestand des § 73 Abs. 2 Nr. 6a AMG nur für Arzneimittel aus einem Mitgliedstaat der EG oder einem anderen Vertragsstaat des Abkommens über den Europäischen Wirtschaftsraum gilt, ist der Arzneimittelbezug aus anderen Staaten verboten. Da sich die Entwicklungen in Bezug auf den online Arzneimittelhandel aber nicht aufhalten lassen, stellt sich die Frage, welche Handlungen von Apothekern nach deutschem Recht strafbar sind. Dabei gilt es zu klären, ob Regelungslücken bestehen und wie diese gegebenenfalls geschlossen werden können, oder ob die nationalen Regelungen ungerechtfertigte Hemmnisse darstellen. Gegenstand dieses Abschnitts ist daher die Bewertung von möglicherweise strafbaren Handlungen im Zusammenhang mit inländischen und ausländischen Internet-Apotheken. Um den Rahmen der Arbeit nicht zu sprengen, wird sich die rechtliche Beurteilung auf die Darstellung der strafrechtlichen Verantwortlichkeit der Apotheker für ihr *eigenes* Handeln beschränken. Auf eine in Betracht kommende Strafbarkeit anderer am Arzneimittelhandel beteiligter Personen sowie auf die strafrechtliche Verantwortlichkeit der Apotheker im Hinblick auf das Verhalten der am Arzneimittelhandel beteiligten Personen soll deshalb allenfalls am Rande eingegangen werden.[221]

A. Inländische Internet-Apotheken – Die strafrechtliche Verantwortlichkeit der Apotheker

Da sich im deutschen Recht keine expliziten Vorschriften zu den Internet-Apotheken, sondern nur zum Versandhandel im Allgemeinen finden, bestimmt sich auch die Strafbarkeit der Apotheker vorrangig nach den Vorschriften des Arzneimittel- und Apothekenrechts. Neben den arzneimittel- und apothekenrechtlichen Bestimmungen finden aber auch die Vorschriften des Strafgesetzbuches (StGB), des Betäubungsmittelgesetzes (BtMG) und des Markengesetzes (MarkenG) Anwendung, auf die hier jedoch nur in gebotener Kürze eingegangen werden soll. Nicht behandelt werden hingegen Fragen zu Ordnungswidrigkeiten gemäß § 97 f. AMG, § 25 ApoG und § 34 ApoBetrO.

[221] Diesbezüglich wird es sich dann um kurze Ausführungen handeln, wobei es nur darauf ankommen soll, einen Überblick über die Reichweite der Problematik zu geben.

I. Die strafrechtliche Verantwortlichkeit nach dem Arzneimittelgesetz

Das Arzneimittelgesetz (AMG) bestimmt in § 95 und § 96, dass die dort bezeichneten Verstöße gegen die jeweilige Verbots- oder Gebotsnorm für Arzneimittelsicherheit als Straftat behandelt werden. Bei den Vorschriften handelt es sich um typische Straftatbestände des Nebenstrafrechts, teilweise sogar um Blankettstrafnormen, weil die Umschreibung strafbaren Handelns gar nicht im Arzneimittelgesetz selbst, sondern erst in einer Rechtsverordnung zu einer Norm des Arzneimittelgesetzes enthalten ist.[222] Die mit Strafe bedrohten Tatbestände sind enumerativ aufgeführt, wobei es hier nur auf die Tatbestände ankommen soll, die für den Arzneimittelvertrieb unter Einschaltung des Internets einschlägig sind.[223]

1. Die Strafvorschriften im Überblick

Nach § 95 Abs. 1 Nr. 4 AMG wird mit Freiheitsstrafe bis zu drei Jahren oder mit Geldstrafe bestraft, wer entgegen § 43 Abs. 1 Satz 2, Abs. 2 oder 3 Satz 1 mit Arzneimitteln, die nur auf Verschreibung an Verbraucher abgegeben werden dürfen, Handel treibt oder diese Arzneimittel abgibt. § 43 Abs. 1 Satz 2 AMG bestimmt, dass außer in den Fällen des Absatzes 4 und des § 47 Abs. 1 AMG mit den nach § 43 Abs. 1 Satz 1 AMG den Apotheken vorbehaltenen Arzneimitteln außerhalb der Apotheke kein Handel getrieben werden darf. Gemäß § 43 Abs. 1 Satz 1 AMG dürfen Arzneimittel im Wege des Versandes an Endverbraucher abgegeben werden, so dass § 43 Abs. 4 und § 47 Abs. 1 AMG als Ausnahmeregelungen nicht in Betracht kommen. Eine Strafbarkeit gemäß § 95 Abs. 1 Nr. 4 AMG kann deshalb nur dann gegeben sein, wenn Arzneimittel unzulässigerweise in Verkehr gebracht werden[224] oder eine unzulässige Abgabe von verschreibungspflichtigen Arzneimitteln gegen Vorlage einer Verschreibung erfolgt, mit anderen Worten, wenn apotheken- oder verschreibungspflichtige Arzneimittel außerhalb von Apotheken abgegeben werden oder mit diesen Handel getrieben wird.

Um Arzneimittel an Verbraucher abgeben zu dürfen, muss eine Apotheke zugelassen sein. Nach § 43 Abs. 1 Satz 1 AMG ist auch für die Abgabe im Wege des Versandes eine (zusätzliche) behördliche Genehmigung erforderlich. Besitzt eine Internet-Apotheke keine dementsprechende Zulassung, selbst wenn die

---

222 *Lippert* in: *Deutsch/Lippert*, S. 537.

223 Zu den Strafvorschriften des Arzneimittelgesetzes (AMG) vgl. ausführlich: *Lippert* in: *Deutsch/Lippert*, S. 537; *Kloesel/Cyran*, §§ 95 ff.; *Sander*, §§ 95 ff. sowie *Rehmann*, §§ 95 ff.

224 Der Begriff des Inverkehrbringens ist in § 4 Abs. 17 AMG definiert, wobei die Tat bereits vollendet ist, wenn die Arzneimittel zum Verkauf oder zur sonstigen Abgabe an andere vorrätig gehalten werden. Zum Begriff auch *Horn*, NJW 1977, S. 2329 ff.

Apotheke[225] als solche zugelassen ist, begründet dies einen Verstoß gegen § 95 Abs. 1 Nr. 4 AMG, wenn apotheken- oder verschreibungspflichtige Arzneimittel abgegeben oder mit ihnen Handel getrieben wird. Ferner dürfen auch nicht-verschreibungspflichtige Arzneimittel i.S.v. § 2 Abs. 1 oder Abs. 2 Nr. 1 AMG, selbst wenn sie nach §§ 43 Abs. 1, 44 AMG oder einer Rechtsverordnung nach § 45 AMG nicht apothekenpflichtig sind, nur in Apotheken abgegeben werden, wenn für diese Arzneimittel eine Verschreibung ausgestellt worden ist.

Darüber hinaus kommt allenfalls eine Strafbarkeit gemäß § 95 Abs. 1 Nr. 1 AMG in Betracht, wonach das Inverkehrbringen von solchen Arzneimitteln strafbar ist, bei denen ein begründeter Verdacht auf eine schädliche Wirkung besteht.[226] Da die zugelassenen (§ 21 AMG) oder registrierten (§ 38 AMG) Arzneimittel aufgrund der der Zulassung oder Registrierung vorangehenden Prüfung als unbedenklich gelten, ist der Straftatbestand des § 95 Abs. 1 Nr. 1 AMG nur dann erfüllt, wenn diese Arzneimittel nachträglich Änderungen erfahren haben oder die vertriebenen Arzneimittel weder zugelassen noch registriert sind oder es sich um Rezepturgrundstoffe handelt, deren Verwendung sich verbietet, weil die pharmazeutische Qualität nicht sichergestellt werden kann[227]. Inwieweit in solchen Fällen Maßnahmen ergriffen werden müssen, um die Unbedenklichkeit

---

225 In der Regel wird eine bereits zugelassene (traditionelle) Apotheke bestrebt sein, Arzneimittel auch über das Internet vertreiben zu können. Die Apothekenzulassung für das Betreiben einer Internet-Apotheke muss aber unabhängig von der bestehenden Zulassung beantragt werden. Der zulässige Betrieb einer traditionellen Apotheke berechtigt nicht dazu, (verschreibungspflichtige) Arzneimittel im Wege des Versandes abzugeben. Der Arzneimittelversand ist an eine sog. doppelte Erlaubniserteilung geknüpft. Neben der Erlaubnis zum Betrieb einer traditionellen Apotheke (vgl. §§ 1 Abs. 2, 2 Abs. 1 und Abs. 2 ApoG) muss auch eine explizite Erlaubnis zum Versand erteilt werden. Dies ergibt sich aus § 11a ApoG, wo es heißt: „Die Erlaubnis zum Versand von apothekenpflichtigen Arzneimitteln gemäß § 43 Abs. 1 Satz 1 des Arzneimittelgesetzes ist dem Inhaber einer Erlaubnis nach § 2 auf Antrag zu erteilen,…". Damit stellt der Gesetzgeber klar, dass sich die Berechtigung zum Versand nicht aus der erteilten Erlaubnis zum Betrieb einer traditionellen Apotheke ableiten lässt.

226 Das in § 5 AMG normierte Verbot betrifft alle bedenklichen Arzneimittel, gleichgültig welcher Art, vgl. *Sander*, Erl. § 5 AMG, S. 2; *Kloesel/Cyran*, § 5 AMG, Blatt 24.

227 Seit 2001 veröffentlicht die Arzneimittelkommission der deutschen Ärzteschaft eine Liste der bedenklichen Rezepturgrundstoffe. Zu den bedenklichen Stoffen/Rezepturen, deren Abgabe verboten ist, zählen u.a.: Kombinationen von Barbituraten mit Bromiden als Sedativum, Epinephrin und seine Salze hochkonzentriert (> 1‰) zur Blutstillung im Dentalbereich (Zulassungswiderruf) oder Schlankheitsrezepturen mit einer Kombination stark wirksamer Bestandteile wie Appetitzügler, Diuretika, Schilddrüsenhormone und Antidiabetika. Zu den Kriterien der Einstufung bedenklicher Rezepturarzneimittel sowie zur Liste bedenklicher Stoffe/ Rezepturen vgl. u.a. *Arzneimittelkommission der deutschen Ärzteschaft*, Meldung vom 08.08.2006, Pharmazeutische Zeitung [online] <http://www.pharmazeutische-zeitung.de/ index.php?id=1645&type=0> (letzter Zugriff: 18.01.2007) sowie *Arzneimittelkommission der deutschen Ärzteschaft* [online] <http://www.akdae.de/> und *Bundesvereinigung Deutscher Apothekerverbände*, Arzneimittelkommission, [online] <http://www.abda.de/arzneimittel kommissi.html>.

eines Arzneimittels festzustellen, richtet sich nach den konkreten Umständen im Einzelfall.[228] Entscheidend ist die individuelle Nutzen/Risiko-Abschätzung bezogen auf Indikation, Applikationsart, Dosierung/Konzentration und Kombinationspartner,[229] wobei nach wissenschaftlichen Erkenntnissen der durch den bestimmungsgemäßem Gebrauch[230] des Arzneimittels verursachte Schaden nicht größer sein darf als der Nutzen für die Gesundheit des Verbrauchers.[231] Etwas anderes gilt, wenn die Zulassung für ein Arzneimittel zurückgenommen oder widerrufen (§ 30 AMG) wird. Dann gilt das Arzneimittel als bedenklich.[232] Im Falle der ärztlichen Verordnung von Arzneimitteln, die bedenklich sind, hat der Apotheker die Abgabe zu verweigern. Die Verbotsvorschrift des § 5 AMG hat Vorrang vor dem Gebot des § 17 Abs. 4 ApoBetrO, wonach ärztliche Verschreibungen unverzüglich auszuführen sind. Bei Verletzung der diesbezüglichen Sorgfaltspflicht kommt eine Bestrafung gemäß § 95 Abs. 4 AMG in Betracht.

§ 95 Abs. 1 AMG erfasst demgegenüber nur vorsätzliche Verstöße, wobei es bereits ausreicht, dass der Verstoß billigend in Kauf genommen wird (dolus eventualis). War dem Täter bei Vornahme der Handlung ein wesentliches Tatbestandsmerkmal unbekannt, kann er sich auf § 16 Abs. 1 Satz 1 StGB berufen; fehlt dem Täter dagegen nur die Einsicht, Unrecht zu tun, so entfällt bei Unver-

---

228 Vgl. *Kloesel/Cyran*, a.a.O. Kritisch hierzu *Deutsch/Lippert*, die entgegen dem BVerfG und dem BGH die Bestimmtheit des § 95 Abs. 1 Nr. 1 AMG in Frage stellen, da „kein Mensch exakt zu sagen vermag, was eigentlich ein bedenkliches Arzneimittel sein soll"; *Deutsch/ Lippert*, § 95, Rdn. 6.

229 *Arzneimittelkommission der deutschen Ärzteschaft*, Meldung vom 08.08.2006, Pharmazeutische Zeitung [online] <http://www.pharmazeutische-zeitung.de/index.php?id=1645&type =0 (letzter Zugriff: 18.01.2007).

230 Da bei bestimmungswidrigem Gebrauch von Arzneimitteln häufig mit schädlichen Wirkungen zu rechnen ist, muss sich der begründete Verdacht auf schädliche Wirkungen bei bestimmungsgemäßem Gebrauch ergeben. Vgl. *Sander*, Erl. § 5 AMG, S. 5. Zudem lassen sich unerwünschte Wirkungen bei keinem Arzneimittel ausschließen. Vgl. *Kloesel/Cyran*, § 5 AMG, Anm. 1, Blatt 24a.

231 Das Verbot greift bereits bei einer Wahrscheinlichkeitsprognose. Im Interesse eines vorbeugenden Gesundheitsschutzes reicht für die Annahme eines begründeten Verdachts, dass bei bestimmungsgemäßem Gebrauch medizinisch nicht vertretbare Gesundheitsschäden eintreten können. Vgl. *Sander*, Erl. § 5 AMG, S. 4; *Kloesel/Cyran*, § 5 AMG, Anm. 1, Blatt 24a.

232 Das Bundesministerium für Arzneimittel und Medizinprodukte (BfArM) hat z.B. die Zulassung von Kava-Kava-haltigen und Kavain-haltigen Arzneimitteln widerrufen und den sofortigen Rückruf angeordnet, da diese Arzneimittel „offenbar schwerwiegende hepatotoxische Reaktionen auslösen konnten, deren Schwere über ein nach den Erkenntnissen der medizinischen Wissenschaft vertretbares Maß hinausgeht und denen keine hinreichend belegte therapeutische Wirksamkeit der Präparate gegenübersteht". Vgl. *Bundesinstitut für Arzneimittel und Medizinprodukte* (BfArM), Bescheid vom 12.05.2005 [online] <http://www.bfarm.de> (letzter Zugriff: 05.09.2006). Zu weiteren als bedenklich eingestuften Stoffen aufgrund eines Zulassungswiderrufs vgl. *Arzneimittelkommission der deutschen Ärzteschaft*, Meldung vom 08.08.2006, Pharmazeutische Zeitung [online] <http://www.pharmazeutische-zeitung.de/index.php?id=1645&type=0> (letzter Zugriff: 18.01.2007).

meidbarkeit des Irrtums die Schuld, § 17 StGB.[233] Unterliegt der Täter einem Tatbestandsirrtum kann die Tat ggf. gemäß § 95 Abs. 4 AMG geahndet werden.

Der Tatbestand des § 95 Abs. 1 AMG kann sowohl durch aktives Tun als auch durch Unterlassen (§ 13 StGB) verwirklicht werden, wobei sich die Garantenpflicht insbesondere aus Gesetz – vgl. § 1 ApoG, § 1 AMG sowie die besonderen Berufspflichten der Apotheker[234] –, aus Ingerenz – wobei das pflichtwidrige Vorverhalten z.B. in der nachträglichen Änderung zugelassener oder registrierter Arzneimittel bestehen kann – oder aufgrund der Verantwortlichkeit für andere (angestellte) Personen ergeben kann. Derjenige, der eine Apotheke betreibt bzw. Arzneimittel an Verbraucher vertreibt, hat die ihm auferlegte öffentlich-rechtliche Verpflichtung zur Sicherstellung einer ordnungsgemäßen Arzneimittelversorgung der Bevölkerung sowie zur Gewährleistung der Sicherheit im Verkehr mit Arzneimitteln zu erfüllen. Er ist mithin verpflichtet, das Inverkehrbringen bedenklicher Arzneimittel oder die Abgabe oder das Handeltreiben mit apotheken- oder verschreibungspflichtigen Arzneimitteln außerhalb einer Apotheke zu unterbinden.

Eine Rechtfertigung[235] für das tatbestandsmäßige Handeln oder Unterlassen gemäß § 95 Abs. 1 Nr. 1, Nr. 4 AMG ergibt sich kaum einmal aus §§ 32, 34 StGB. Weder ein direkter Angriff noch eine direkte Bedrohung durch eine Gefahr sind bei der online Arzneimittelbestellung denkbar. Das Internet verkörpert eine gewisse Anonymität, trotz der Tatsache, dass sowohl dem Apotheker als auch dem Verbraucher die Kontaktdaten[236] des jeweils anderen bekannt sind. Die Kommunikation zwischen Apotheker und Verbraucher wird sich regelmäßig auf das Ausfüllen des Bestellscheins, die Übersendung der ärztlichen Verschreibung und die ggf. nötige telefonische Beratung durch den Apotheker beschränken. Eine Bedrohung oder Beeinträchtigung der Rechtsgüter des Apothekers erscheint im Gegensatz zur Arzneimittelabgabe in der (Präsenz-)Apotheke, wo sich Apotheker und Verbraucher gegenüberstehen, kaum denkbar. Zwar kann eine Notwehrlage oder Notstandslage auch bei räumlicher Trennung von An-

---

233 Bei Vermeidbarkeit des Irrtums kann die Strafe gemäß § 17 Satz 2 StGB gemildert werden. Zu §§ 16, 17 StGB vgl. im Übrigen z.B. *Tröndle/Fischer*, m.w.N.

234 Zu den Berufspflichten des Apothekers vgl. auch Ausführungen im *3. Kapitel, A., I., „Das Apothekenrecht"*.

235 Eine Rechtfertigung kommt grundsätzlich nicht in Betracht, wenn man den „klassischen" Fall des Arzneimittelversandes unter Einschaltung des Internets betrachtet: Der (berechtigte) Apotheker (A) versendet nach erfolgter Bestellung und Vorlage der ärztlichen Verschreibung und unter Beachtung der Vorschriften im Hinblick auf den Umgang mit Arzneimitteln das verschreibungspflichtige Arzneimittel an den Verbraucher. Es fehlt bereits an der Tatbestandsmäßigkeit des Verhaltens des Apothekers. Um überhaupt ein Eingreifen von Rechtfertigungsgründen in Betracht ziehen zu können, muss der Apotheker die Tatbestände gemäß § 95 Abs. 1 Nr. 1, Nr. 4 AMG verwirklichen.

236 Dazu gehören insbesondere der Name des Apothekers bzw. des bestellenden Verbrauchers sowie die Anschrift der Apotheke/des Verbrauchers.

greifer und Verteidiger gegeben sein, jedoch sind solche Fallkonstellationen[237] eher eine seltene Ausnahme.

Zudem ist der Verbraucher bei der online Arzneimittelbestellung nicht auf die Internet-Apotheke in seiner Umgebung angewiesen. Vielmehr bietet das Internet die Möglichkeit, dass der Verbraucher zahlreiche (nationale und internationale) Internet-Apotheken gleichzeitig (virtuell) „besuchen" und somit die Arzneimittelbestellung bei der seinen Wünschen entsprechenden Internet-Apotheke aufgeben kann.[238] Aufgrund dieser scheinbar unbegrenzten Möglichkeit des online Arzneimitteleinkaufs wird den §§ 32, 34 StGB keine wesentliche Bedeutung zukommen. Selbst wenn der Apotheker bei der online Arzneimittelbestellung tatsächlich unmittelbar oder mittelbar zur Abgabe genötigt werden sollte,[239]

---

[237] *Fallbeispiel*: Der medikamentenabhängige Verbraucher (V) schickt dem Apotheker (A) eine anonyme E-Mail, mit der Aufforderung, A möge große Mengen eines verschreibungspflichtigen Arzneimittels an einem bestimmten Ort senden. Der Apotheker (A) verweigert zunächst die Abgabe, mit dem Hinweis, dass er keine behördliche Genehmigung zum Arzneimittelversand besitze und dass darüber hinaus die Abgabe des Arzneimittels nur gegen die Vorlage einer ärztlichen Verschreibung erfolgen dürfe, die V jedoch nicht vorweisen könne. Daraufhin droht V A absolut glaubhaft an, dass, wenn die Versendung des Arzneimittels nicht erfolge, das Kind (K) des A entführt und getötet werde. Auf Schutzmaßnahmen, wie Polizeischutz, brauche A gar nicht erst vertrauen; es gebe Wege und Mittel, die man bei einem solchen Vorhaben einsetzen könne. A könne die Entführung und den Tod seines Kindes nur verhindern, wenn er das verschreibungspflichtige Arzneimittel an die betreffende Adresse versende. Obwohl die Voraussetzungen für den Arzneimittelversand nicht gegeben sind, versendet A das verschreibungspflichtige Arzneimittel an eine ihm von V mitgeteilte Adresse. Der Vollständigkeit halber ist anzumerken: Die Rechtfertigung ergibt sich allenfalls aus § 34 StGB (wobei zumindest fraglich ist, ob die Angemessenheit i.S.d. § 34 Satz 2 StGB gegeben ist). § 32 StGB kommt gar nicht in Betracht, da die Notwehr nur die Verletzung von Rechtsgütern des Angreifers (V) gestattet. Die durch A begangene Straftat gemäß § 95 Abs. 1 Nr. 4 AMG (der Verstoß gegen die Apothekenpflicht sowie der Verstoß gegen die Verschreibungspflicht) ist jedoch ein Vergehen gegen die Sicherheit im Arzneimittelverkehr zum Schutz der öffentlichen Gesundheit.

[238] Beim online Arzneimittelversand lassen sich Verbraucher regelmäßig von den Rabattangeboten und anderen Vergünstigungen der Internet-Apotheke locken. Vgl. *Europäisches Verbraucherzentrum* (EVZ), Sparen mit Risiken und Nebenwirkungen – Internet-Apotheken auf dem Vormarsch? (Stand: 25.05. 2005) [online] <http://www.evz.de./UNIQ116376832520336/doc696A.html> (letzte Zugriff: 18.01.2007). Sofern Verbraucher jedoch z.B. keine ärztliche Verschreibung vorweisen können oder (noch) nicht in Deutschland zugelassene Arzneimittel möchten, werden sie im Netz nach Internet-Apotheken suchen, die die Abgabeerfordernisse und sonstige Anforderungen weniger oder gar nicht beachten; nach dem Motto: lehnt die eine Internet-Apotheke die Abgabe ab, versuche ich es bei der nächsten.

[239] Hierbei sei an folgende Fallkonstellation zu denken: Der Verbraucher (V) bestellt bei der Internet-Apotheke ein verschreibungspflichtiges Arzneimittel, für das er die erforderliche ärztliche Verschreibung nicht vorweisen kann. Der (berechtigte) Apotheker (A) verweigert daraufhin die Abgabe. V kontaktiert den A und verlangt die Versendung des Arzneimittels, da er sonst dafür sorgen werde, dass A seine Geschäftsräume nach dem Wochenende nicht mehr

so wird die Verteidigungshandlung nicht in einem Verstoß gegen § 95 Abs. 1 Nr. 1, Nr. 4 AMG resultieren. § 95 Abs. 1 Nr. 4 AMG betrifft die unzulässige Arzneimittelabgabe; stellt also auf die durch behördliche Genehmigung erteilte Berechtigung des Apothekers ab. Der Verbraucher müsste die Arzneimittelabgabe also von einem Apotheker erzwingen, der entweder die Zulassung zum Betrieb einer Apotheke gemäß §§ 1 Abs. 2, 2 ApoG oder die Versandhandelserlaubnis gemäß § 11a ApoG oder beides nicht besitzt. § 95 Abs. 1 Nr. 1 AMG stellt dagegen auf das Inverkehrbringen bedenklicher Arzneimittel[240] ab. Dass der Verbraucher die Abgabe solcher Arzneimittel bezwecken will, ist unwahrscheinlich,[241] zumal die erhebliche Gefahr eines Gesundheitsschadens durch die Einnahme solcher Arzneimittel besteht.

Eine Einwilligung scheidet aus, da der Einwilligende (der Verbraucher) keine Dispositionsbefugnis über die durch das Arzneimittelgesetz geschützten Rechtsgüter hat, zumal die Vorschriften des Arzneimittelgesetzes überwiegend öffentlich-rechtliche Pflichten enthalten.[242] Die arzneimittelrechtlichen Vorschriften bezwecken vor allem die Sicherung des Arzneimittelvertriebs und damit der Volksgesundheit und auf diese Weise den Schutz der Allgemeinheit. Eine Einwilligung hat jedoch grundsätzlich nur dort rechtliche Bedeutung, wo der Einwillligende alleiniger Träger des geschützten Rechtsguts ist und dieses seiner Disposition unterliegt. Ist dagegen zugleich oder sogar vorrangig die Gefährdung öffentlicher Interessen mit Strafe bedroht, schließt die Einwilligung die

---

wieder erkennen werde. V kenne da ein paar Leute, die sich mit „Aufräumarbeiten" auskennen.

240 Gemäß § 5 Abs. 2 AMG sind Arzneimittel bedenklich, bei denen nach dem jeweiligen Stand der wissenschaftlichen Erkenntnisse der begründete Verdacht besteht, dass sie bei bestimmungsgemäßem Gebrauch schädliche Wirkungen haben, die über ein nach den Erkenntnissen der medizinischen Wissenschaft vertretbares Maß hinausgehen.

241 Eine solche Fallkonstellation wäre allenfalls dann denkbar, wenn der Verbraucher die Abgabe von noch nicht zugelassenen Arzneimitteln oder Arzneimitteln, deren Zulassung zurückgenommen oder widerrufen wurde (§ 30 AMG), erstrebt. Dann stellt sich jedoch die Frage, ob § 32 StGB als Rechtfertigungsgrund überhaupt in Betracht kommt, da die Notwehr nur die Verletzung der Rechtsgüter des Angreifers (Verbrauchers) gestattet. Die strafbare Arzneimittelabgabe gemäß § 95 Abs. 1 AMG ist ein Vergehen gegen die Arzneimittelsicherheit und den Gesundheitsschutz der Bevölkerung, so dass man grundsätzlich annehmen könnte, dass die Rechtsgüter des V nicht betroffen sind. Allerdings darf nicht übersehen werden, dass der Gesundheitsschutz der Bevölkerung jeden einzelnen Verbraucher erfasst. Zweck des § 95 Abs. 1 Nr. 1 AMG ist es insbesondere, dass „nicht zweifelhafte Stoffe und Zubereitungen die Bevölkerung überschwemmen, deren unkontrollierbare Zusammensetzung, riskanten Wirkungen und Nebenwirkungen mehr gesundheitlichen Schaden als Nutzen anrichten und zu einer Intoxikation der Bevölkerung führen" und damit jede einzelne Person im Geltungsbereich des Gesetzes zu schützen. Zum Zitat vgl. *Körner*, § 95 AMG, Rdn. 1.

242 *Deutsch/Lippert*, § 95, Rdn. 8.

Rechtswidrigkeit nicht aus.[243] Zwar hat die Rechtsprechung anerkannt, „daß unter ganz besonderen Umständen die Rechtswidrigkeit eines Tuns entfallen kann, wenn der Verletzte eine gewisse Gefahr für sein Leben in deren klaren Erkenntnis in Kauf nimmt und der Täter seiner allgemeinen Sorgfaltspflicht nachgekommen ist“[244], jedoch wird dies bei der Arzneimittelabgabe kaum einmal der Fall sein. Vielmehr wird man dem Apotheker in der Regel eine Pflichtverletzung vorwerfen müssen, wenn die Arzneimittelabgabe entgegen den Vorschriften des Arzneimittelgesetzes erfolgt. Damit ergibt sich grundsätzlich die Wirkungslosigkeit einer Einwilligung des Verbrauchers. Das Verhalten des Verbrauchers mag allenfalls bei der Strafzumessung berücksichtigt werden.

Der Versuch ist gemäß § 95 Abs. 2 AMG strafbar. Sofern der Täter durch eine der in § 95 Abs. 1 AMG bezeichneten Handlungen die Gesundheit einer großen Zahl von Menschen gefährdet (Nr. 1), einen anderen in die Gefahr des Todes oder einer schweren Schädigung an Körper oder Gesundheit bringt (Nr. 2) oder aus großem Eigennutz für sich oder einen anderen einen Vermögensvorteil großen Ausmaßes erlangt (Nr. 3), liegt ein besonders schwerer Fall vor, der den Strafrahmen erhöht, § 95 Abs. 3 AMG. Es ist nicht erforderlich, dass eine Gesundheitsschädigung eintritt; ausreichend ist bereits die Begründung einer Gefahr, die schon mit der Abgabe des Arzneimittels beginnt.[245] Handelt der Täter in den Fällen des § 95 Abs. 1 AMG fahrlässig, reduziert sich das Strafmaß, § 95 Abs. 4 AMG.

§ 96 AMG normiert weitere Straftatbestände, die u.a. auf das ordnungsgemäße Herstellen[246], Inverkehrbringen, Abgeben, Verpacken, Lagern sowie die Kennzeichnung von Arzneimitteln bezogen sind. Für den Arzneimittelvertrieb unter Einschaltung des Internets wird es insbesondere auf § 96 Nr. 13 AMG ankommen, wonach die Abgabe verschreibungspflichtiger Arzneimittel ohne Vorlage der erforderlichen Verschreibung verboten ist. Im Gegensatz zu § 95 AMG wird hier im Falle eines Normverstoßes nur vorsätzliches Handeln bestraft. Wird die Tat fahrlässig begangen, liegt allenfalls eine Ordnungswidrigkeit gemäß § 97 Abs. 1 AMG vor.

---

[243] Ständige Rechtsprechung vgl. *BGH*, Beschl. v. 14.05.1970, Az.: 4 StR 131/69 = NJW 1970, S. 1380 (1381); *BGH*, Urt. v. 24.06.1954, Az.: 4 StR 159/54 = BGHSt 6, S. 232 (234).

[244] *BGH*, Urt. v. 24.06.1954, Az.: 4 StR 159/54 = BGHSt 6, S. 232 (234 f.).

[245] *Rehmann*, § 95 AMG, Rdn. 4.

[246] Zum Begriff des Herstellens vgl. § 4 Abs. 14 AMG.

2. Der Anwendungsbereich der Strafvorschriften des Arzneimittelgesetzes

Da die Arzneimittelabgabe an die Verbraucher durch die Apotheke – entweder in den Apothekenbetriebsräumen oder im Wege des Versandes durch eine Apotheke – erfolgt, kommen als Täter in erster Linie das pharmazeutische Personal (§ 3 Abs. 3 ApoBetrO)[247] in Betracht, § 17 Abs. 1 ApoBetrO. Die Anwendbarkeit der Strafnormen des Arzneimittelgesetzes für den Arzneimittelversand durch Internet-Apotheken, die von Apothekern betrieben werden, ist somit grundsätzlich gegeben. Probleme könnten sich jedoch dann ergeben, wenn der online Arzneimittelversand durch eine illegale Internet-Apotheke erfolgt, mit anderen Worten, wenn weder die Internet-Apotheke zugelassen ist noch die Person, die die Internet-Apotheke betreibt, zur Arzneimittelabgabe berechtigt ist. Man könnte annehmen, dass im Hinblick auf die Abgabe verschreibungspflichtiger Arzneimittel die Strafnormen des Arzneimittelgesetzes *nur* auf die Apotheker, einschließlich des pharmazeutischen Personals, Anwendung finden, da § 43 Abs. 1 und 3 AMG klarstellen, dass verschreibungspflichtige Arzneimittel oder Arzneimittel, für die eine Verschreibung ausgestellt wurde, nur in Apotheken abgegeben werden dürfen. Jedoch verweist § 43 AMG zugleich auf Ausnahmevorschriften, wonach auch die dort bezeichneten Personen unter gewissen Bedingungen zur Arzneimittelabgabe berechtigt sind. Dementsprechend gelten die Strafvorschriften auch für diesen Personenkreis.

Dass darüber hinaus der Anwendungsbereich der Vorschriften grundsätzlich auch dann eröffnet ist, wenn sonstige Personen, die verschreibungspflichtige Arzneimittel nicht vertreiben dürfen, Arzneimittel an Verbraucher abgeben, ergibt sich bereits aus der Apothekenpflicht für verschreibungspflichtige Arzneimittel. Jede Abgabe außerhalb der Apotheken verstößt per se gegen die Apothekenpflicht[248] und damit gegen die Schutznormen des Arzneimittelgesetzes. Ferner würde „die Schutzfunktion des Apothekenmonopols, die Volksgesundheit vor Schäden durch unkontrollierte Abgabe von Arzneimitteln zu bewahren, be-

---

[247] § 3 Abs. 3 Satz 1 ApoBetrO: Das pharmazeutische Personal umfasst:
1. Apotheker,
2. Personen, die sich in der Ausbildung zum Apothekerberuf befinden,
3. pharmazeutisch-technische Assistenten,
4. Personen, die sich in der Ausbildung zum Beruf des pharmazeutisch-technischen Assistenten befinden,
5. Apothekerassistenten,
6. Pharmazieingenieure,
7. Personen, die sich in der Ausbildung zum Beruf des Pharmazieingenierurs befinden,
8. Apothekenassistenten,
9. pharmazeutische Assistenten.

[248] Vgl. auch *BGH*, Urt. v. 25.08.1967, Az.: 1 StR 641/66 = BGHSt 21, S. 291 (294). Der Senat hat jedoch zum Anwendungsbereich der Strafvorschriften des Arzneimittelgesetzes (in der damals geltenden Fassung) nicht abschließend Stellung genommen.

einträchtigt"[249], wenn ein solches Verhalten nicht strafbar wäre. Dennoch will die Rechtsprechung[250] einen Verstoß gegen § 95 Abs. 1 Nr. 4 AMG nur dann annehmen, wenn – sofern als einschlägige Verbotsnorm § 43 Abs. 1 Satz 2 AMG in Betracht kommt – der „Nicht-Befugte" mit verschreibungspflichtigen Arzneimitteln Handel treibt. Hierzu führt der BGH aus, dass „[s]oweit in der Strafnorm des § 95 Abs. 1 Nr. 4 AMG auch die ‚Abgabe' von Arzneimitteln angeführt ist, sich dies nur auf die beiden anderen Verbotsnormen des § 43 II AMG ... und des § 43 III 1 AMG...beziehen [kann]. Da in § 43 I 2 AMG nur von Handeltreiben und nicht von Abgabe die Rede ist, setzt ein Verstoß gegen diese Vorschrift ein Handeltreiben voraus. Eine andere Auslegung würde schon die Grenze des Wortlauts der Vorschriften überschreiten. Diese Abgrenzung des Handeltreibens nach § 43 I 2 AMG von der Abgabe nach § 43 II und III 1 AMG, die bereits die bis 1998 geltende Fassung der §§ 95 I Nr. 4, 43 AMG durch die Gegenüberstellung des ‚Inverkehrbringens im Einzelhandel außerhalb einer Apotheke entgegen § 43 I' und der ‚Abgabe entgegen § 43 II und III' unzweideutig zum Ausdruck brachte, wird auch durch systematische Überlegung bestätigt. Das Inverkehrbringen verschreibungspflichtiger Arzneimittel entgegen § 43 I 1 AMG stellt nach § 97 II Nr. 10 AMG eine Ordnungswidrigkeit dar. Wollte man § 95 I Nr. 4 AMG ... dahin interpretieren, dass jede Abgabe verschreibungspflichtiger Arzneimittel außerhalb von Apotheken strafbar wäre, würde danach die Strafbarkeit weiter reichen als das arzneimittelrechtliche, nur bußgeldbewehrte Verbot in § 43 I 1 AMG, das lediglich das berufs- und gewerbsmäßige Inverkehrbringen für den Endverbraucher erfasst."[251]

Die Argumentation des BGH vermag zu überzeugen. Die Strafbarkeit nach § 95 Abs. 1 Nr. 4 AMG ergibt sich nur in Verbindung mit den im Einzelnen aufgezählten Verbotsnormen des § 43 AMG, die wiederum an unterschiedliche Voraussetzungen bzw. Tatbegehungsweisen anknüpfen. Unter „Abgabe" versteht man die (entgeltliche oder unentgeltliche) Übertragung der tatsächlichen Verfügungsgewalt auf einen Dritten mit der Möglichkeit für diesen, wie ein Eigentümer darüber verfügen zu können.[252] Ein Handeltreiben ist dagegen gegeben, wenn sich für den Täter aus dem Umsatzgeschäft ein eigener Nutzen ergibt.[253] Eine entgeltliche Veräußerung von Arzneimitteln ist nicht ausreichend, vielmehr müssen die eigennützigen Bemühungen des Täters darauf gerichtet

249 *OLG Karlsruhe*, Beschl. v. 17.03.1975, Az.: 1 Ss 364/74 = MDR 1975, S. 776 (777).
250 Vgl. dazu insbesondere *BGH*, Urt. v. 03.07.2003, Az.: 1 StR 453/02 = NStZ 2004, S. 457 ff.; ferner *BGH*, Urt. v. 10.06.1998, Az.: 5 StR 72/98 = MedR 1999, S. 270 ff.; *HansOLG Hamburg*, Beschl. v. 30.03.1995, Az.: 1 Ss 5/95 = NStZ 1995, S. 598 ff.; *OLG Karlsruhe*, Beschl. v. 17.03.1975, Az.: 1 Ss 364/74 = MDR 1975, S. 776 (777).
251 *BGH*, Urt. v. 03.07.2003, Az.: 1 StR 453/02 = NStZ 2004, S. 457 (458).
252 *Körner*, § 95 AMG, Rdn. 94.
253 *BGH*, Urt. v. 03.07.2003, Az.: 1 StR 453/02 = NStZ 2004, S. 457 (458).

sein, den Umsatz mit Arzneimitteln zu ermöglichen oder zu fördern.[254] Die Anforderungen, die an die Tatbegehung „Handeltreiben" gestellt werden, sind strenger, so dass die Differenzierung in § 95 Abs. 1 Nr. 4 AMG zweckmäßig ist. Da eine Internet-Apotheke grundsätzlich berufs- und gewerbsmäßig und damit entgeltlich verschreibungspflichtige Arzneimittel abgeben wird, wird im Falle des verbotswidrigen Verhaltens der Straftatbestand des § 95 Abs. 1 Nr. 4 i.V.m. § 43 Abs. 1 Satz 2 AMG in der Regel erfüllt sein.

3. Die verschiedenen Fallgruppen des Arzneimittelversandhandels unter Einschaltung des Internets und ihre strafrechtliche Relevanz

Verschreibungspflichtige Arzneimittel werden auf unterschiedlichste Art und Wiese unter Einschaltung des Internets vertrieben. Internet-Apotheke ist nicht gleich Internet-Apotheke. Vielmehr müssen – wie bereits im 2. Kapitel ausführlich erläutert – mehrere Kategorien unterschieden werden, wobei die Einteilung insbesondere für die strafrechtliche Verantwortung der Apotheker relevant ist. Die Strafbarkeit der Apotheker wird dabei insbesondere durch Verstöße gegen die berufliche Sorgfaltspflicht begründet.

3.1. Der Arzneimittelversandhandel durch staatlich zugelassene Apotheken

Seit dem 1.1.2004 besteht die Möglichkeit, verschreibungspflichtige Arzneimittel auch im Wege des Versandes an die Verbraucher abzugeben. Der Versand ist jedoch an eine (doppelte) behördliche Erlaubniserteilung geknüpft.

Ist die Internet-Apotheke ordnungsgemäß zugelassen, ergibt sich die Strafbarkeit der Apotheker wegen unerlaubter Abgabe von verschreibungspflichtigen Arzneimitteln aus § 96 Nr. 13 AMG. Da § 96 Nr. 13 AMG an die Verschreibungspflicht anknüpft, ist nur die Abgabe ohne Vorlage einer Verschreibung an den Verbraucher strafbar. Darunter fällt auch die Abgabe eines anderen als des verordneten Fertigarzneimittels (§ 17 Abs. 5 ApoBetrO) sowie die Abgabe aufgrund einer unwirksamen Verschreibung i.S.v. § 48 AMG, denn dem Apotheker obliegt die Pflicht, die Verschreibung dahingehend zu überprüfen, ob diese den Erfordernissen entspricht. Eine Strafbarkeit gemäß § 95 Abs. 1 Nr. 4 AMG

---

[254] Vgl. *Körner*, § 29 BtMG, Rdn. 140. Ferner *BGH*, Urt. v. 03.07.2003, Az.: 1 StR 453/02 = NStZ 2004, S. 457 (458), der darauf verweist, dass das Tatbestandsmerkmal des Handeltreibens im Arzneimittelrecht ebenso zu verstehen ist wie im Betäubungsmittelrecht. Anzumerken ist, dass der *Große Senat für Strafsachen* mit Beschluss vom 26.10.2005 eine Änderung der Auslegung des unerlaubten Handeltreibens im Betäubungsmittelstrafrecht abgelehnt hat und es somit weiter bei der bisher in der Rechtsprechung geltenden Auslegung bleibt; *BGH - Großer Senat für Strafsachen*, Beschl. v. 26.10.2005, Az.: GSSt 1/05 = NJW 2005, S. 3790 ff.

kommt dann allerdings nicht in Betracht. Zwar stellt auch diese Vorschrift das unerlaubte Handeltreiben und Abgeben verschreibungspflichtiger Arzneimittel unter Strafe, jedoch ist ihr Tatbestand nur dann erfüllt, wenn sowohl gegen die Verschreibungspflicht als auch gegen die Apothekenpflicht verstoßen wird. Verschreibungspflichtige Arzneimittel sind in aller Regel auch apothekenpflichtig, so dass ein Verstoß gegen die Apothekenpflicht durch den zur Abgabe befugten Apotheker nur möglich ist, wenn die Abgabe nicht im Rahmen des Apothekenbetriebs erfolgt, sondern außerhalb der Apotheke. Ein Verstoß gegen § 43 Abs. 1 AMG wird daher allein durch die Arzneimittelabgabe im Wege des Versandhandels nicht begründet. Eine Strafbarkeit gemäß § 95 Abs. 1 Nr. 4 AMG scheidet aus.

Fehlt die Erlaubniserteilung für den Versandhandel, ist die Abgabe verschreibungspflichtiger Arzneimittel stets unzulässig. Aufgrund der fehlenden Befugnis erfolgt die Abgabe dann nicht im Rahmen des Apothekenbetriebs, so dass sich die Strafbarkeit aus § 95 Abs. 1 Nr. 4 AMG ergibt. Der Apotheker als unbefugt Handelnder verstößt dann sowohl gegen die Apothekenpflicht (§ 43 AMG) als auch gegen die Verschreibungspflicht (§ 48 AMG). Für eine Anwendbarkeit des § 96 Nr. 13 AMG besteht kein Raum – auch nicht in Tateinheit mit § 95 Abs. 1 Nr. 4 AMG. Zwar könnte man davon ausgehen, dass ein Apotheker grundsätzlich zur Abgabe verschreibungspflichtiger Arzneimittel berechtigt ist, jedoch ist die Berechtigung ausdrücklich an die Erlaubniserteilung geknüpft.

Der Apotheker kann nur entweder Täter gemäß § 95 Abs. 1 Nr. 4 AMG oder Täter gemäß § 96 Nr. 13 AMG sein. Da beide Strafvorschriften an unterschiedliche Handlungen – Verstoß gegen die Apothekenpflicht und gegen die Verschreibungspflicht bzw. Verstoß nur gegen die Verschreibungspflicht – anknüpfen und somit auf einen jeweils anderen Täterkreis abstellen, scheidet eine Strafbarkeit in Tateinheit aus. § 95 Abs. 1 Nr. 4 AMG stellt ausschließlich das Handeln von Unbefugten – darunter fällt auch der nicht zugelassene oder außerhalb der Apotheke Arzneimittel in den Verkehr bringende Apotheker[255] – unter Strafe.[256] § 96 Nr. 13 AMG dagegen wendet sich nur an Apotheker oder sonst befugte Personen,[257] die gerade nicht gegen die Apothekenpflicht verstoßen. § 48 Abs. 1 AMG steht zwar inhaltlich im Zusammenhang mit § 43 Abs. 3 Satz 1 AMG, wonach Arzneimittel nur auf Verschreibungen hin abgegeben werden dürfen, jedoch wird gerade durch das in § 43 AMG insgesamt verankerte Apothekenmonopol klar, dass sich § 48 Abs. 1 AMG nur an generell zum Arznei-

[255] Gemeint ist sowohl das Inverkehrbringen außerhalb der Apothekenbetriebsräume als auch das Inverkehrbringen im Wege des Versandes ohne behördliche Erlaubnis (§ 43 Abs. 1 AMG).

[256] *Körner*, § 95 AMG, Rdn. 44.

[257] Vgl. *HansOLG Hamburg*, Beschl. v. 30.03.1995, Az.: 1 Ss 5/95 = NStZ 1995, S. 598 (599); ferner *Körner*, § 96 AMG, Rdn. 48.

mittelvertrieb befugte Personen richtet.[258] Da die Abgabe verschreibungspflichtiger Arzneimittel durch den Apotheker nicht notwendig gleichzeitig den Tatbestand der §§ 95 Abs. 1 Nr. 4 i.V.m. 43 Abs. 1 AMG erfüllt, werden Verstöße gegen die Verschreibungspflicht (§ 48 Abs. 1 AMG) in speziellen Strafvorschriften geregelt[259]. Bei § 95 Abs. 1 Nr. 4 AMG und § 96 Nr. 13 AMG handelt es sich insofern um zwei eigenständige Strafvorschriften, die sich gegenseitig ausschließen. Da der Apotheker im Hinblick auf die Arzneimittelabgabe an den Verbraucher nicht beide Straftatbestände verwirklichen kann, besteht kein Konkurrenzverhältnis.[260]

§ 96 Nr. 13 AMG kann jedoch in Tateinheit mit anderen Straftatbeständen des § 95 Abs. 1 AMG stehen, sofern durch die unerlaubte Abgabe verschreibungspflichtiger Arzneimittel zugleich die Gesundheit des Verbrauchers in besonders hohem Maße gefährdet wird. In Betracht kommt dabei insbesondere ein Verstoß gegen § 95 Abs. 1 Nr. 1 AMG (unerlaubtes Inverkehrbringen von bedenklichen Arzneimitteln), § 95 Abs. 1 Nr. 2 AMG (unerlaubtes Inverkehrbringen von Arzneimitteln entgegen einer Rechtsverordnung nach § 6 AMG), § 95 Abs. 1 Nr. 2a AMG (unerlaubtes Inverkehrbringen von Arzneimitteln zu Dopingzwecken im Sport entgegen § 6a Abs. 1 AMG), § 95 Abs. 1 Nr. 3 AMG (unerlaubtes Inverkehrbringen von radioaktiven Arzneimitteln) oder § 95 Abs. 1 Nr. 5a AMG (unerlaubte Abgabe von Schwangerschaftsabbruchmitteln an andere als die in § 47a AMG bezeichneten Einrichtungen und das unerlaubte Inverkehrbringen derartiger Arzneimittel entgegen § 47a AMG).

---

[258] Vgl. *HansOLG Hamburg*, Beschl. v. 30.03.1995, Az.: 1 Ss 5/95 = NStZ 1995, S. 598 (599).

[259] Vgl. *Körner*, § 95 AMG, Rdn. 44, 71. Neben § 96 Nr. 13 AMG regelt auch § 95 Abs. 1 Nr. 6 AMG lediglich den Verstoß gegen die Verschreibungspflicht.

[260] Dies betrifft jedoch nur den Fall, wenn der Apotheker lediglich *eine* Handlung vornimmt. Liegen mehrere Handlungen des Apothekers vor, ist es denkbar, dass er sich im Hinblick auf die erste Handlung wegen § 95 Abs. 1 Nr. 4 AMG strafbar macht und im Hinblick auf die zweite Handlung wegen § 96 Nr. 13 AMG. Dann stehen beide Straftatbestände in Tatmehrheit zueinander. Dies soll an folgender Fallkonstellation verdeutlicht werden: Der Apotheker (A), der die Zulassung zum Betrieb einer (Internet-)Apotheke noch nicht erhalten hat, gibt an den Verbraucher (V) im Wege des Versandes ein verschreibungspflichtiges Arzneimittel ab. Einige Wochen später erhält A die Zulassung zum Apothekenbetrieb. Erneut bestellt V bei A ein verschreibungspflichtiges Arzneimittel. Ohne dass die erforderliche ärztliche Verschreibung vorgelegt wurde, gibt A das Arzneimittel an V im Wege des Versandes ab. Im Hinblick auf die erste Tat kommt eine Strafbarkeit des A nach § 95 Abs. 1 Nr. 4 AMG in Betracht, denn A verstößt insofern gegen die Apothekenpflicht (§ 43 Abs. 1 AMG); im Hinblick auf die zweite Tat kommt eine Bestrafung nach § 96 Nr. 13 AMG in Betracht, da zu diesem Zeitpunkt lediglich ein Verstoß gegen die Verschreibungspflicht (§ 48 AMG) gegeben ist.

3.2. Der Arzneimittelversandhandel durch Internet-Apotheken nach erfolgter ärztlicher online Konsultation

Teilweise machen Internet-Apotheken den Versand von verschreibungspflichtigen Arzneimitteln davon abhängig, dass der Verbraucher zuvor einen (oft bei der Apotheke angestellten oder mit dieser zusammenarbeitenden) Arzt über das Internet konsultiert. Nach Auswertung eines Online-Fragebogens stellt der Arzt ein Rezept aus, aufgrund dessen dem Verbraucher das (benötigte) Arzneimittel von der Internet-Apotheke übersandt wird. Der häufig als lästig empfundene Arztbesuch entfällt ebenso wie das Einsenden des Rezepts. Obwohl – zumindest gegenwärtig[261] – deutsche Internet-Apotheken nicht zu dieser Gruppe gehören, soll, in Anbetracht der Entwicklungen auf dem Gebiet des Gesundheitswesens, insbesondere der Telemedizin und des *ehealth*[262], auf die sich bei dieser Art des Arzneimittelversandes ergebenden Rechtsfragen eingegangen werden. Inwiefern sich der Apotheker strafbar machen kann, hängt zunächst von der Klärung der Frage ab, bei wem überhaupt die strafrechtliche Verantwortung liegt.

Derzeit ist die ärztliche Versorgung des Patienten allein durch den Gebrauch von Informations- und Kommunikationstechnologie nicht gestattet, vgl. § 7 Abs. 3 (Muster-)Berufsordnung der deutschen Ärztinnen und Ärzte (MBO).[263] Die

---

[261] Gemäß § 7 Abs. 3 (Muster-)Berufsordnung für die deutschen Ärztinnen und Ärzte (Stand 2004) (MBO) dürfen Ärztinnen und Ärzte individuelle ärztliche Behandlungen, insbesondere auch Beratungen, weder ausschließlich brieflich noch in Zeitungen oder Zeitschriften noch ausschließlich über Kommunikationsmedien oder Computerkommunikationsnetze durchführen. So bereits das *Landesberufsgericht für Heilberufe Koblenz*, Urt. v. 12.05.1993, Az.: LBGH A 10094/93 = NJW 1994, S. 813 (814).

[262] Es werden synonym auch die Begriffe *eGesundheit, Gesundheitstelematik* oder *Telemedizin* verwendet, obwohl unterschiedliche Auffassungen darüber bestehen, was unter diesen Begriffen zu verstehen ist. Eine einheitliche Definition gibt es nicht. Vgl. dazu *Hanika*, MedR 2001, S. 107 f. Mit *eHealth* werden in der Regel die Vernetzungsbestrebungen im Gesundheitswesen bezeichnet, und zwar die Nutzung neuer Informations- und Kommunikations-Technologien, einschließlich elektronischer Gesundheitskarten, elektronischer Heilberufsausweise, des Fern-Monitorings der Vitalwerte von Patienten im eigenen Haus oder der Ausstellung eines elektronischen Rezepts.

[263] Man könnte in solchen Fällen zunächst schon am wirksamen Zustandekommen eines Arzt-Behandlungsvertrages zweifeln. Da allerdings keine besondere Form vorgesehen ist und ein Vertrag auch stillschweigend, in der Regel mit Übernahme der ärztlichen Tätigkeit, zustande kommt, wird man wohl auch hier eine vertragliche Beziehung zwischen Arzt und Patient annehmen können. Zum Behandlungsvertrag vgl. *Prutsch*, S. 11 ff. In jedem Fall stellt eine bloße online Behandlung eine Pflichtverletzung dar, denn „der Arzt schuldet die zum Wohl seines Patienten erforderlichen medizinischen Maßnahmen nach den Regeln der ärztlichen Kunst. D.h., er schuldet eine dem Stand der Wissenschaft entsprechende Diagnose, Beratung und Aufklärung und er ist verpflichtet, auf die angemessen einfachste, schnellste und schonendste Weise zu therapieren, mit dem Ziel, die Krankheit zu heilen oder das Leiden zu lin-

Ausstellung eines gültigen Rezepts setzt folglich eine vorherige ärztliche (körperliche) Untersuchung des Patienten voraus.[264] Zudem ist es einem Arzt nicht gestattet, Patienten ohne hinreichenden Grund an eine bestimmte (Internet-) Apotheke zu verweisen, vgl. § 34 Abs. 4 MBO.[265] Wie bereits das Landesberufsgericht für Heilberufe Koblenz ausführte, ist es „[f]ür eine erfolgreiche ärztliche Tätigkeit unerläßlich, daß ein Vertrauensverhältnis zwischen Arzt und Patient besteht. Dieses Vertrauensverhältnis soll durch das Verbot der Verweisung an eine bestimmte Apotheke geschützt werden, indem dem Patienten die Sicherheit gegeben wird, daß auch die Verordnung von Medikamenten nur zum Zwecke seiner Heilung und nicht etwa in irgendjemandes wirtschaftliches Interesse getroffen wird. Darüber hinaus dient das Verbot ... der Sicherstellung der Kontrollfunktion des Apothekers gegenüber dem Arzt (vgl. BVerfG 17, 232, 239 f.); denn die auf Dauer für den Apotheker wirtschaftliche Vorteile bringende ständige Zuweisung von Patienten durch einen bestimmten Arzt birgt die Gefahr, daß der Apotheker gegenüber den Verordnungen jenes Arztes befangen wird und seine Kontrollfunktion nicht mehr mit der gebotenen Unbefangenheit ausübt."[266]

Zwar kommt es – aufgrund der Vielfalt der auf dem Markt erhältlichen Arzneimittel (Präparatevielfalt) – gelegentlich zu Absprachen zwischen Ärzten und Apothekern über die im Einzelnen zu verordnenden Medikamente, jedoch ist dieses Verhalten nicht zu beanstanden, soweit keine Vergünstigungen vereinbart werden.[267] Da dem Arzt im Hinblick auf die Möglichkeit, Arzneimittel zu verschreiben, eine Sonderstellung zukommt,[268] verstößt er mit einer online Behandlung, der online Rezeptausstellung und der pflichtwidrigen Zusammenarbeit mit der Internet-Apotheke gegen berufliche Pflichten. In der Regel werden diese Berufsrechtsverstöße durch Disziplinarverfahren geahndet. Eine strafrechtliche Sanktionierung kommt nur dann in Betracht, wenn dem Arzt zugleich ein Auf-

---

dern." Vgl. *Broglie* in: *Ehlers/Broglie*, Rdn. 625, mit dem Hinweis auf BGH, Urt. v. 20.09.1988, Az.: VI ZR 37/88 = NJW 1989, S. 767.

[264] Mit der Übernahme der Behandlung verpflichten sich die Ärztinnen und Ärzte den Patienten gegenüber zu einer gewissenhaften Versorgung mit geeigneten Untersuchungs- und Behandlungsmethoden; vgl. § 11 Abs. 1 Berufsordnung. Vgl. ferner § 28 Abs. 1 SGB V.

[265] Den Ärztinnen und Ärzten ist die Zusammenarbeit mit Dritten grundsätzlich untersagt, es sei denn, im Rahmen der Zusammenarbeit mit anderen Gesundheitsberufen ist der Verantwortungsbereich der Ärztin oder des Arztes und des Angehörigen des Gesundheitsberufes klar erkennbar voneinander getrennt; vgl. § 30 Berufsordnung. Ob die geforderte Trennung der Verantwortungsbereiche bei einer Anstellung des Arztes bei einer Apotheke noch gewahrt ist, erscheint zumindest zweifelhaft.

[266] *Landesberufsgericht für Heilberufe Koblenz*, Urt. v. 12.05.1993, Az.: LBGH A 10094/93 = NJW 1994, S. 813 (814).

[267] *Günter* in: *Ehlers/Broglie*, Rdn. 889.

[268] *Günter* in: *Ehlers/Broglie*, Rdn. 888.

klärungs- oder Behandlungsfehler vorgeworfen werden kann, der im Sinne der Körperverletzungs- oder Tötungsdelikte tatbestandsmäßig ist.[269]

Geht man davon aus, dass durch die online Tätigkeit des Arztes weder für die Gesundheit noch für das Leben des Patienten eine Gefahr entsteht, liegt allenfalls ein Verstoß gegen die ärztlichen Berufspflichten vor. Eine strafrechtliche Verantwortung des Arztes scheidet somit aus. Daher käme nur eine Strafbarkeit des Apothekers – dem eine Sonderstellung im Hinblick auf die Arzneimittelabgabe zukommt – in Betracht. Als Bindeglied zwischen Arzt und Patient liegt es in seiner Verantwortung, die Arzneimittelsicherheit zu gewährleisten. Ihm obliegt es, als letzte und entscheidende Instanz beim Inverkehrbringen von Arzneimitteln, die ärztliche Verordnung – z.B. im Hinblick auf die Anwendbarkeit des Arzneimittels, um gegebenenfalls Wechselwirkungen oder Unverträglichkeit mit anderen Arzneimitteln auszuschließen – zu überprüfen und den Patienten dadurch vor Gesundheitsschäden zu bewahren. Es ist also der Apotheker, der nach Bewertung aller Umstände zu entscheiden hat, was insoweit zulässig ist oder was nicht zulässig ist. Sofern eine zugelassene Internet-Apotheke verschreibungspflichtige Arzneimittel aufgrund eines online ausgestellten Rezepts, das auf einem ausgewerteten (online) Fragebogen basiert, abgibt, begründet dies eine Strafbarkeit des Apothekers gemäß § 96 Nr. 13 AMG. Als zur Abgabe von verschreibungspflichtigen Arzneimitteln Befugter verstößt der Apotheker gegen die Verschreibungspflicht, da es insoweit an einer rechtlich wirksamen ärztlichen Verschreibung fehlt. Fehlt es dagegen bereits an einer wirksamen Zulassung der Internet-Apotheke, ergibt sich die Strafbarkeit aus § 95 Abs. 1 Nr. 4 AMG, da die Tat dann durch einen Unbefugten begangen wird.[270]

3.3. Der Arzneimittelversandhandel durch nicht zugelassene Internet-Apotheken

Unter Umständen können Verbraucher online verschreibungspflichtige Arzneimittel erwerben, ohne ein gültiges Rezept vorweisen zu müssen. In der Regel reicht dann das Ausfüllen eines Bestellformulars und die Erklärung des Einverständnisses mit dem Haftungsausschluss. Meist werden in solchen Fällen die Arzneimittel von illegalen Internet-Apotheken (sog. Schein-Internet-Apotheken) angeboten, die weder zugelassen sind noch sonst eine Berechtigung zum Arzneimittelvertrieb haben; also von Apotheken, die keine sind. Eine solche scheinbare Internet-Apotheke zu gründen, ist einfach, zumal jeder eine Webseite erstellen kann. Dass dabei in der virtuellen Welt kaum Grenzen existieren, wird vor allem

---

[269] Zum Berufsrecht und Arztstrafrecht vgl. u.a. *Günter* in: *Ehlers/Broglie*, Rdn. 808 ff.; *Orben*, insbesondere S. 5-19 sowie S. 131-146.

[270] Insoweit sei auf die vorangehenden Ausführungen verwiesen. Vgl. *4. Kapitel, A., I., 3., 3.1., „Der Arzneimittelversandhandel durch staatlich zugelassene Apotheken"*.

dadurch zunehmend deutlich, dass auch immer mehr Arzneimittelfälschungen im Internet angeboten werden.[271]

Da der Arzneimittelvertrieb in diesen Fällen nicht autorisiert ist und deshalb bei der Abgabe verschreibungspflichtiger Arzneimittel durch illegale Internet-Apotheken gegen die Verschreibungs- und Apothekenpflicht verstoßen wird, ergibt sich die Strafbarkeit der abgebenden Person aus § 95 Abs. 1 Nr. 4 AMG. Werden bedenkliche Arzneimittel abgegeben, besteht ferner eine Strafbarkeit gemäß § 95 Abs. 1 Nr. 1 AMG. Dieses strafbare Abgeben von Arzneimitteln zum (unmittelbaren) Gebrauch lässt sich auch nicht durch vorformulierte Klauseln oder sogenannte click-wrap agreements[272] ausschließen. Die Einwilligung des Verbrauchers als Rechtfertigungsgrund kommt – wie bereits oben im Einzelnen dargelegt – schon deshalb nicht in Betracht, da das Arzneimittelgesetz öffentliche Zwecke – die Abwehr von Gefahren für die öffentliche Gesundheit, die mit der Abgabe von Arzneimitteln verbunden sind – verfolgt und damit ein überindividuelles Interesse schützt, das der Dispositionsfreiheit des Einzelnen entzogen ist. Fehlt dem Abgebenden jedoch die Einsicht, Unrecht zu tun, weil er die Rechtswidrigkeit seines Tuns nicht kennt, etwa weil er meint, man dürfe im Internet alles frei verkaufen, unterliegt er nach den allgemeinen Regeln einem Verbotsirrtum (§ 17 Satz 1 StGB). Ist der Irrtum vermeidbar, verbleibt es bei der Strafbarkeit; die Strafe ist jedoch gemäß § 17 Satz 2 i.V.m. § 49 Abs. 1 StGB zu mildern.

3.4. Der Versandhandel bedenklicher Arzneimittel aufgrund einer ärztlichen Verschreibung

Weiterhin stellt sich die Frage, wie es zu beurteilen ist, wenn der Arzt eine Verschreibung für ein *bedenkliches* Arzneimittel ausstellt. Gemäß § 5 Abs. 2 AMG sind Arzneimittel bedenklich, bei denen nach dem jeweiligen Stand der wissenschaftlichen Erkenntnis der begründete Verdacht besteht, dass sie bei bestimmungsgemäßem Gebrauch schädliche Wirkungen haben, die über ein nach den Erkenntnissen der medizinischen Wissenschaft vertretbares Maß hinausgehen. Das Inverkehrbringen bedenklicher Arzneimittel ist gemäß § 5 Abs. 1 AMG verboten, wobei dieses Verbot nach § 95 Abs. 1 Nr. 1 AMG strafbewehrt ist. Durch das bloße Ausstellen eines Rezeptes wird jedoch § 95 Abs. 1 Nr. 1

---

[271] *Martens*, Pharmahandel: Sinne im Netz, *Der Spiegel* 27/2005, S. 79. Aufgrund der zunehmenden Medikamentenfälschungen in Deutschland hat der Spiegel eine Anzeige zur Aufklärung, woran man gefälschte Arzneimittel erkennt, gestartet; vgl. *Der Spiegel*, Anzeige, 30/2005, S.7. Vgl. ferner *Stiftung Warentest*, Gefälschte Arzneimittel – Fernost im Visier, Meldung aus Gesundheit + Kosmetik, vom 22.01.2004, [online] <http://www.stiftung-warentest.de/online/gesundheit_kosmetik/meldung/1154623/1154623.html (letzter Zugriff: 18.01.2007).

[272] Vgl. zum Begriff *2. Kapitel, A. „Kategorien der Internet-Apotheken"*.

i.V.m. § 5 AMG noch nicht verletzt. Die bedenklichen Arzneimittel müssen vielmehr in Verkehr gebracht werden, d.h. zum Verkauf oder zur sonstigen Abgabe vorrätiggehalten, feilgehalten, feilgeboten oder an andere abgegeben werden, vgl. § 4 Abs. 17 AMG.[273] Folglich bleibt es bei der strafrechtlichen Verantwortung des Apothekers – und zwar entweder aus § 96 Nr. 13 AMG in Tateinheit mit § 95 Abs. 1 Nr. 1 AMG oder aus § 95 Abs. 1 Nr. 4 AMG in Tateinheit mit § 95 Abs. 1 Nr. 1 AMG –, sofern dieser die bedenklichen Arzneimittel in Verkehr bringt. Erst mit dem Inverkehrbringen wird der hinter der formellen Tatbestandserfüllung liegende Unrechtserfolg – die Gefährdung der Volksgesundheit – verwirklicht,[274] wobei es ausreicht, dass der Apotheker im Hinblick auf die Gebots- und Verbotstatbestände mit bedingtem Vorsatz (*dolus eventualis*) handelt. Der Regelverstoß muss nicht das Ziel seines Handelns sein.[275] Bedingter Vorsatz liegt z.B. dann vor, wenn der Apotheker mit der Möglichkeit rechnet, dass es sich um ein bedenkliches Arzneimittel handelt und es dennoch in Verkehr bringt.[276] §§ 95, 96 AMG sind abstrakte Gefährdungsdelikte. Schutzzweck ist die Gewährleistung der Arzneimittelsicherheit zum Schutz der Gesundheit. Die Begründung einer entsprechenden Gefahr ist daher ausreichend, wobei die Gefährdung des Verbrauchers mit der Aushändigung des Arzneimittels beginnt.[277]

Exkurs: Täterschaft und Teilnahme des Arztes beim Inverkehrbringen sog. bedenklicher Arzneimittel

Eine Strafbarkeit des verschreibenden Arztes käme allenfalls als Mittäter oder Teilnehmer an der Tat des Apothekers – und zwar hier: gemäß § 95 Abs. 1 Nr. 1 i.V.m. § 5 AMG – in Betracht. Auf die bekanntlich umstrittene Abgrenzung im Rahmen der Beteiligung an einer Straftat soll vorliegend allerdings

---

[273] Zu den einzelnen Begriffen vgl. *Sander*, Erl. § 4 AMG, S. 17 f.; *Kloesel/Cyran*, § 4 AMG, Blatt 23 ff.

[274] Vgl. *OLG Oldenburg*, Beschl. v. 04.03.1999, Az.: Ss 40/99 = NJW 1999, S. 2751 f.

[275] Vgl. *Rehmann*, § 95 AMG, Rdn. 1.

[276] *Sander*, § 95 AMG, S. 5.

[277] Vgl. *Rehmann*, § 95 AMG, Rdn. 3; *Kloesel/Cyran*, § 95 AMG, zu Absatz 3, Punkt 12. Zwar beziehen sich die Ausführungen auf den besonders schweren Fall nach § 95 Abs. 3 AMG, der die Gefährdung einer großen Zahl von Menschen (Nr. 1) oder das Bringen eines anderen in die Gefahr des Todes oder einer schweren Schädigung an Körper oder Gesundheit (Nr. 2) voraussetzt. Jedoch kann für die Tat nach §§ 95 Abs. 1, 96 AMG nichts anderes gelten, wenn für den besonders schweren Fall keine höheren Anforderungen bezüglich der Gefährdung gelten.

nicht im Einzelnen eingegangen werden.[278] Vielmehr sollen die nachfolgenden Ausführungen lediglich einen kurzen Überblick über die Problematik geben.

Ist der Arzt bei der Internet-Apotheke angestellt oder arbeitet er in sonstiger Wiese[279] mit der Internet-Apotheke zusammen, kann dies eine Strafbarkeit des Arztes wegen Inverkehrbringens bedenklicher Arzneimittel in Mittäterschaft gemäß §§ 95 Abs. 1 Nr. 1 i.V.m. § 5 AMG, § 25 Abs. 2 StGB begründen. Man denke etwa an folgende Fallkonstellation:

> Der Apotheker (A) betreibt eine Internet-Apotheke. Er stellt einen Arzt (D) ein, der die zum Versand von verschreibungspflichtigen Arzneimitteln erforderlichen Rezepte für den Verbraucher (V) ausstellt. Der Verbraucher will sich ein (verschreibungspflichtiges) Arzneimittel gegen Potenzschwäche verschreiben lassen. Zuvor informiert er sich auf der Internetseite der Internet-Apotheke des A über die zum Verkauf angebotenen Arzneimittel. Zudem lässt er sich per E-Mail von A beraten. A teilt ihm mit, dass er eine ärztliche Verschreibung benötigt, die ihm der angestellte Arzt D ausstellen könne. V sucht D auf, welcher ihm nach Rücksprache mit A ein – wovon D weiß – noch nicht zugelassenes und für seine schädliche Nebenwirkung bekanntes Arzneimittel verschreibt. A versendet dieses Arzneimittel an V, ebenfalls in Kenntnis der schädlichen Nebenwirkung des Arzneimittels.

Der für die Mittäterschaft erforderliche Tatbeitrag kann in dem Ausstellen des Rezeptes gesehen werden, ohne das das Arzneimittel nicht in den Verkehr gelangen kann.[280] Der Umstand, dass der Arzt die Arzneimittel nicht selbst unmittelbar an den Patienten/Verbraucher abgegeben hat, ist dabei nicht entscheidend.[281] Das gemeinschaftliche Zuwiderhandeln gegen das Arzneimittelgesetz ergibt sich daraus, dass sowohl der Arzt als auch der Apotheker bewusst und gewollt gegen ihre beruflichen Pflichten, zu deren Einhaltung sie gegenüber dem Patienten/Verbraucher verpflichtet waren, zwar – genau betrachtet – jeder für

---

278 Insofern kann auf zahlreiche Veröffentlichungen dazu verwiesen werden. Sofern es die Abhandlung erforderlich macht, werde ich allerdings näher auf die Problematik eingehen. Vgl. näher zur Abgrenzung Täterschaft/Teilnahme z.B. *Tröndle/Fischer*, Vor § 25 StGB m.w.N.; *Cramer/Heine* in: *Schönke/Schröder*, Vorbem §§ 25 ff. StGB m.w.N.

279 Sofern hier auf die Zusammenarbeit in sonstiger Weise abgestellt wird, bezieht sich dies auf alle Tätigkeiten, die unzulässige Absprachen zwischen dem Arzt und der Internet-Apotheke zum Gegenstand haben, wie z.B. das Vereinbaren von Vergünstigungen oder Rabatten bei Verschreibung bestimmter Arzneimittel oder das Ausstellen von Rezepten für die von dem Apotheker vorgeschlagenen Rezepturen.

280 Vgl. *Körner*, § 95 AMG, Rdn. 5; *OVG Münster*, Beschl. v. 21.05.1996, Az. 13 B 350/96 = NJW 1997, S. 2471 ff.

281 *OVG Münster*, Beschl. v. 21.05.1996, Az. 13 B 350/96 = NJW 1997, S. 2471 (2472).

sich, aber zugleich in Kenntnis und mit Zutun des anderen (gemeinsamer Tatentschluss[282] und arbeitsteiliges Handeln) verstoßen haben.

Dem Arzt, dessen Aufgabe es ist, Leben zu erhalten, Krankheiten zu heilen und Leiden zu lindern, obliegt es, aufgrund einer individuellen Diagnose und einer individuellen Beratung eine auf die konkrete Befindlichkeit des Patienten abgestellte Rezeptierung von Arzneimitteln auszustellen.[283] Dem Apotheker dagegen obliegt es u.a. im Hinblick auf die Gewährleistung des öffentlichen Wohls, die Arzneimittelabgabe zu kontrollieren, wobei er dazu angehalten ist, den Verbraucher sachkundig zu informieren und qualifiziert zu beraten. Die Einhaltung der beruflichen Pflichten trifft beide gleichermaßen, so dass es auch gerechtfertigt erscheint, den das Rezept ausstellenden Arzt in den Vorgang des Inverkehrbringens mit einzubeziehen und im Falle des Verstoßes ebenfalls der Strafverfolgung auszusetzen. Es wäre unbillig, wenn sich der Arzt der strafrechtlichen Verantwortung entziehen könnte, nur weil der gesetzgeberische Auftrag in Bezug auf die Arzneimittelversorgung der Bevölkerung und die Überwachung des Arzneimittelverkehrs dem Apotheker obliegt. Schließlich hat der Arzt einen wesentlichen Beitrag zum Gelingen der Tat geleistet. Er hat sich bewusst auf die Seite des Unrechts begeben, mit der Folge, dass er sich die dem Apotheker vorgeworfene strafbare Handlung gemäß § 25 Abs. 2 StGB zurechnen lassen muss.

Die Strafbarkeit des Arztes wegen mittäterschaftlichen Inverkehrbringens bedenklicher Arzneimittel gemäß §§ 95 Abs. 1 Nr. 1 i.V.m. § 5 AMG, 25 Abs. 2 StGB scheidet nicht schon deshalb aus, weil die Deliktsverwirklichung nur durch den Apotheker erfolgen könnte. § 95 Abs. 1 Nr. 1 (i.V.m. § 5) AMG ist kein Straftatbestand mit einem beschränkten Normadressatenkreis. Nach dem allgemein formulierten Tatbestand wird bestraft, „wer … Arzneimittel, bei denen begründeter Verdacht auf schädliche Wirkung besteht, in den Verkehr bringt …“ Vereinzelt verweisen bereits die Vorschriften des Arzneimittelgesetzes auf in Verkehr bringende Personen.[284] Dass der Apotheker zu diesem Personenkreis zählt, steht außer Frage; dies ergibt sich aus § 43 Abs. 1 AMG. Die Anwendbarkeit des § 5 AMG auf Ärzte ist zumindest dann gegeben, wenn sie be-

---

[282] Nicht ausreichend für die Begründung des gemeinsamen Tatentschlusses wäre ein bloßes Billigen des Vorgehens des A durch D. Dies ist z.B. bei folgender Fallkonstellation denkbar: Der Arzt verschreibt dem Verbraucher ein (zugelassenes) Arzneimittel gegen Potenzschwäche. Der Apotheker versendet jedoch ein noch nicht zugelassenes Arzneimittel, das eine schädliche Nebenwirkung hat. Dem Arzt ist bekannt, dass der Apotheker von Zeit zu Zeit ein anderes als das verschriebene Arzneimittel abgibt. Dies nimmt der Arzt hin.

[283] *OVG Münster*, Beschl. v. 21.05.1996, Az. 13 B 350/96 = NJW 1997, S. 2471 (2472).

[284] In Verkehr bringende Personen können auch Hersteller, pharmazeutische Unternehmer (§ 4 Abs. 18 AMG), Großhändler und sonstige Vertriebsunternehmer, Importeure, Tierärzte im Rahmen ihres Dispenzierrechts (§§ 43 Abs. 4, 47 Abs. 1 Nr. 6 AMG) und sonstige Einzelhändler oder im Reisegewerbe tätige Personen (§§ 50, 51 AMG) sein.

denkliche Arzneimittelmuster abgeben; § 47 Abs. 4 AMG.[285] Das Bundesverfassungsgericht hat in seiner Entscheidung zur Vereinbarkeit des Straftatbestandes des § 95 Abs. 1 Nr. 1 i.V.m. § 5 AMG mit Art. 103 Abs. 2 GG ausdrücklich festgestellt, dass auch Ärzte zu dem Normadressatenkreis gehören, wenn es um die Bedenklichkeit der von ihnen in den Verkehr gebrachten Arzneimittel geht.[286]

Ob bereits der verschreibende Arzt in den Kreis der Normadressaten mit einzubeziehen ist, ist umstritten. Das OVG Münster vertrat die Auffassung, dass das Verkehrsverbot des § 5 AMG auch auf die ärztliche Behandlung, insbesondere das Verschreiben von bedenklichen Arzneimitteln zum Zweck der Anwendung an den Patienten anwendbar ist.[287] Dazu führte das OVG Münster aus: „Der Umstand, dass der [Arzt] die verschriebenen [Arzneimittel] nicht unmittelbar seinen Patientinnen und Patienten übergeben, sondern lediglich die Rezepte ausgestellt hat, schließt die Anwendbarkeit des § 5 AMG auf den [Arzt] nicht aus. Das in § 5 I AMG enthaltene und in § 4 XVII AMG definierte Merkmal des ‚Inverkehrbringens' ist ebenso wie der in § 4 XVII AMG enthaltene Begriff der Abgabe weit auszulegen."[288] Die Auffassung des OVG Münster wurde zu Recht kritisiert.[289] Da § 95 Abs. 1 Nr. 1 i.V.m. § 5 AMG das Inverkehrbringen bedenklicher Arzneimittel ahndet, ist der Adressatenkreis der Verbotsnorm auf den Inverkehrbringenden und – nach der Auffassung des Bundesverfassungsgerichts[290] – fachkundigen Täter beschränkt. Der verschreibende Arzt ist nicht Normadressat. Zwar verfügt er über das nötige berufliche Fachwissen, um die Bedenklichkeit eines Arzneimittels feststellen zu können, jedoch bringt er das Arzneimittel nicht in Verkehr. Der Gesetzgeber hat den Begriff des Inverkehrbringens weit gefasst, so dass bereits bestimmte Vorbereitungshandlungen einzubeziehen sind. Als eigentliche Verfügungshandlung benennt § 4 Abs. 17 AMG die „Abgabe an andere". Unter Abgabe versteht man die Einräumung der Verfügungsgewalt an

---

[285] Vgl. *Kloesel/Cyran*, § 5 AMG, Blatt 24c. Das OVG Münster hingegen vertritt die Auffassung, dass § 5 AMG grundsätzlich auf Ärzte anwendbar sei. Vgl. *OVG Münster*, Beschl. v. 21.05.1996, Az.: 13 B 350/96 = NJW 1997, S. 2470.

[286] Vgl. *BVerfG*, Beschl. der 3. Kammer des 2. Senats v. 26.04.2000, Az.: 2 BvR 1881/92 und 2 BvR 1892/99 = MedR 2000, S. 481 f., wo es heißt: „Zudem darf von Ärzten und Apothekern als Normadressat erwartet werden, dass sie aufgrund der für ihre Berufspraxis erforderlichen Fachkenntnisse die Bedenklichkeit der von ihnen in den Verkehr gebrachten Arzneimittel nach dem aktuellen Stand der Wissenschaft erkennen und sich in Zweifelsfragen sachkundig machen."

[287] *OVG Münster*, Beschl. v. 21.05.1996, Az.: 13 B 350/96 = NJW 1997, S. 2470 (2471).

[288] *OVG Münster*, Beschl. v. 21.05.1996, Az.: 13 B 350/96 = NJW 1997, S. 2470 (2471). Zur Auslegung der Begriffe „Inverkehrbringen" und „Abgabe an andere" in diesem Sinne vgl. auch *OVG Münster*, Beschl. v. 20.10.1987, Az.: 13 B 2506/87 = NJW 1989, S. 792 f.

[289] Vgl. *Pabel*, NJW 1989, S. 759 f.

[290] Vgl. *BVerfG*, Beschl. der 3. Kammer des 2. Senats v. 26.04.2000, Az.: 2 BvR 1881/92 und 2 BvR 1892/99 = MedR 2000, S. 481 f.

einen anderen durch körperliche Überlassung des Arzneimittels.[291] Durch das Verschreiben eines Arzneimittels erhält der Patient keine Verfügungsgewalt über das Arzneimittel. Erst durch Übergabe seitens des Apothekers an den Patienten/Verbraucher ist dieses Tatbestandsmerkmal erfüllt. Daraus folgt jedoch nur, dass der verschreibende Arzt nicht Alleintäter i.S.d. § 95 Abs. 1 Nr. 1 i.V.m. § 5 AMG sein kann.

Eine eventuell in Betracht kommende Mittäterschaft ist deswegen noch nicht ausgeschlossen. Denn auch der verschreibende Arzt kann Mittäter sein, wenn sich das Verbot des § 5 AMG nicht an eine bestimmte Personengruppe, sondern vielmehr an alle richtet, die Arzneimittel in Verkehr bringen. Einerseits wird argumentiert, dass § 95 Abs. 1 Nr. 1 i.V.m. § 5 AMG einen Gefährdungstatbestand normiert, der sich gerade durch die Anknüpfung an den Stand der wissenschaftlichen Erkenntnis nur an Personen mit beruflichen Fachwissen richtet und somit auf einen beschränkten Adressatenkreis verweist.[292] Andererseits beschränkt sich das Verbot des § 5 AMG nicht auf gewerbliches oder berufliches Handeln, so dass jeder, der bedenkliche Arzneimittel in Verkehr bringt, strafrechtlich zur Verantwortung gezogen werden kann.[293] Für die Annahme des beruflichen Fachwissens als Täterkriterium spricht vor allem die Tatsache, dass (verschreibungspflichtige) Arzneimittel eine Ware besonderer Art sind, die aus Gründen der Arzneimittelsicherheit und zum Schutz der öffentlichen Gesundheit nur qualifizierte Personen abgeben dürfen. Apotheker verfügen aufgrund ihrer Ausbildung über das nötige Fachwissen und die Kompetenz, um Aussagen zur Bedenklichkeit von Arzneimitteln treffen zu können. Zudem kann sich der Apotheker bei der Beurteilung, ob ein Arzneimittel bedenklich ist, auf die Fachliteratur, auf die aktuellen gutachterlichen Stellungnahmen und die Mitteilungen der Arzneimittelkommissionen (§ 62 AMG) sowie der zuständigen Zulassungsbehörden (§ 77 AMG) oder auf die Mitteilungen des Herstellers beziehen.[294] Dem Apotheker obliegt daher auch eine sich aus § 17 ApoBetrO ergebende Prüfpflicht aus pharmazeutischer Sicht. Die Bedenklichkeit eines Arzneimittels wird für den Laien kaum erkennbar sein. Oftmals sind die Anwendungsgebiete und Kontraindikationen derart komplex, dass ein hohes Detailwissen erforderlich ist. Allerdings wird in besonders gelagerten Einzelfällen, wie z.B. die Anwendung eines Arzneimittels außerhalb der zugelassenen Indikation, ein Gebrauch entgegen ärztlicher Anweisung[295] oder ein nicht bestimmungsgemäßer Gebrauch[296]

---

[291] Vgl. *Kloesel/Cyran*, § 4 AMG, Blatt 23, m.w.N.

[292] Vgl. u.a. *Sander*, Erl. § 5 AMG, S. 2 und 6; ferner auch *BVerfG*, Beschl. der 3. Kammer des 2. Senats v. 26.04.2000, Az.: 2 BvR 1881/92 und 2 BvR 1892/99 = MedR 2000, S. 481 f.

[293] Vgl. *Kloesel/Cyran*, § 5 AMG, Blatt 24c, Anm. 8 sowie Anm. 10.

[294] *Kloesel/Cyran*, § 5 AMG, Anm. 8, Blatt 24d.

[295] Ein nahe liegender oder vorhersehbarer und häufiger Fehlgebrauch wird teilweise dem bestimmungsgemäßen Gebrauch zugerechnet; vgl. *Kloesel/Cyran*, § 5 AMG, Anm. 21 m.w.N.

auch ein Laie basierend auf den obligatorischen Basisinformationen in der Werbung sowie auf dem Beipackzettel oder den Informationen in den Massenmedien die Bedenklichkeit einzelner Arzneimittel beurteilen können. Dass sich dessen Auffassung in erster Linie an der Gebrauchsinformation des pharmazeutischen Unternehmens sowie, für welchen Zweck ein Mittel nach allgemeiner Verkehrsauffassung[297] bestimmt ist, ausrichtet, ist unerheblich. Vielmehr kommt es – bezogen auf die besondere Fallkonstellation – auch darauf an, ob sich der Gebrauch aus der Sicht der einschlägigen Verkehrskreise als bestimmungsgemäß darstellt.[298] Ergibt sich z.B., dass der bestimmungsgemäße Gebrauch des Arzneimittels mit dem auf dem Absatzmarkt vorgesehenen Missbrauch gleichzusetzen ist und das Arzneimittel ausschließlich auf die missbräuchliche Art und Wiese verwandt wird, ist auch ein Laie imstande, die Beurteilung der Bedenklichkeit vorzunehmen.[299]

Da nicht jeder denkbare Gebrauch eines Arzneimittels Grundlage der Bedenklichkeitsprüfung ist, kommt es auf die Entscheidung desjenigen an, der das Arzneimittel in Verkehr bringt.[300] Zwar könnte man aufgrund der Formulierung des Gesetzestextes annehmen, dass die Bedenklichkeitsbeurteilung in die Kompetenz derer fällt, die aufgrund ihrer Berufspraxis die erforderlichen Fachkennt-

---

[296] Wie der Begriff „bestimmungsgemäßer Gebrauch" zu verstehen ist, wird unterschiedlich beantwortet. Entspricht die Anwendung eines Arzneimittels den vom Hersteller abgegebenen Gebrauchsinformationen, gilt die Verwendung als bestimmungsgemäß. Im Hinblick auf den Fehlgebrauch wird vertreten, dass die Bestimmung nur durch denjenigen vorgenommen werde könne, der das Arzneimittel in Verkehr bringt. So kann etwa der Hersteller die Bestimmung auf dem Beipackzettel vornehmen. Andere stellen auf das objektive Kriterium der allgemeinen Verkehrsauffassung ab. Der Gebrauch soll dann bestimmungsgemäß sein, wenn er sich aus der Sicht der einschlägigen Verkehrskreise als bestimmungsgemäß darstellt. Vgl. dazu *BGH*, Urt. v. 10.06.1998, Az.: 5 StR 72/98 = MedR 1999, S. 270 (272) m.w.N.; ferner *Kloesel/Cyran*, § 5 AMG, Anm. 19. Fälle unsachgemäßer Anwendung und die daraus resultierenden Gefahren unterfallen nicht dem § 5 AMG. Vgl. *LG Hamburg*, Urt. v. 09.11.2004, Az.: 312 O 897/04 = Magazindienst 2005, S. 996 ff.

[297] *BGH*, Urt. v. 03.12.1997, Az.: 2 StR 270/97 = BGHSt 43, S. 336 (339).

[298] Vgl. *BGH*, Urt. v. 10.06.1998, Az.: 5 StR 72/98 = StV 1998, S. 663 (664) (= MedR 1999, S. 270 ff.).

[299] Vgl. *BGH*, Urt. v. 10.06.1998, Az.: 5 StR 72/98 = StV 1998, S. 663 (664) (= MedR 1999, 270 ff.). Der BGH hat die Angeklagten wegen des Imports von Anabol-Tabletten des versuchten Inverkehrbringens bedenklicher Arzneimittel gemäß § 95 Abs. 1 Nr. 1, Abs. 2 AMG i.V.m. § 5 AMG für schuldig befunden. In der Urteilsbegründung führte das Gericht aus: „Alleiniger Absatzmarkt in Deutschland ist die ‚Fitnessszene', wo die Tabletten ohne therapeutische Indikation hochdosiert zum Muskelaufbau eingenommen werden. Dies haben die Angekl. nach den Feststellungen des *LG* gewusst, zu diesem Zweck haben sie die Tabletten nach Deutschland eingeführt. Danach ist der bestimmungsgemäße Gebrauch der Anaboltabletten gleichzusetzen mit dem auf diesem Markt vorgesehenen Missbrauch." Vgl. auch zur Strafbarkeit des Inverkehrbringens von Designer-Drogen, *LG Frankfurt am Main*, Beschl. v. 22.05. 1996, Az.: 1 Ws 45/96 = NJW 1996, S. 3090 f.

[300] *Samson/Wolz*, MedR 1988, S. 71 (72).

nisse haben, jedoch ist dieser Eindruck nicht zutreffend. Selbst Apotheker können aufgrund ihres spezifischen Fachwissens nur für einen Teilbereich Aussagen treffen. Im Übrigen sind sie auf andere Erkenntnisquellen angewiesen.[301] Aber auch wenn aufgrund von wissenschaftlichen Erkenntnissen Schadensgröße, Schadenswahrscheinlichkeit, Nutzengröße und Nutzenwahrscheinlichkeit feststehen, so wird stets eine Vertretbarkeitsprüfung verlangt, nämlich die Abwägung der Nutzen- und Risikofaktoren.[302] Da § 5 Abs. 2 AMG „eine Entscheidung über die generelle Akzeptabilität eines Arzneimittels“[303] fordert, kann diese auch der private Arzneimittelbesitzer treffen,[304] vor allem dann, wenn es sich um ein (noch) nicht zugelassenes Arzneimittel handelt. Zudem entspricht dies dem Willen des Gesetzgebers. In der amtlichen Begründung zu § 5 AMG heißt es ausdrücklich: „§ 5 AMG ist Ausdruck der Eigenverantwortung des pharmazeutischen Unternehmers ... Darüber hinaus richtet sich die Vorschrift an alle, die Arzneimittel in den Verkehr bringen.“[305] Dadurch verdeutlich der Gesetzgeber noch einmal den hohen Stellenwert der Arzneimittelsicherheit und des Verbraucherschutzes. Das Verbot des § 5 AMG richtet sich daher nicht an eine bestimmte Personengruppe, sondern vielmehr an alle, die Arzneimittel in den Verkehr bringen.[306]

Handeln Arzt und Apotheker fahrlässig, hätten aber aufgrund ihres Fachwissens die Bedenklichkeit des Arzneimittels erkennen können, sind sie als Nebentäter anzusehen. Die Strafbarkeit ergibt sich dann aus § 95 Abs. 4 i.V.m. § 5 AMG.

Sofern es jedoch keine vertraglichen Beziehungen zwischen der Internet-Apotheke und dem Arzt gibt und auch eine sonstige Zusammenarbeit auszuschließen ist, kommt allenfalls eine Strafbarkeit des Arztes wegen Beihilfe oder – naheliegender – wegen Anstiftung zu den Taten des Apothekers in Betracht. Die Anstiftung ist jedoch nur dann möglich, wenn der Apotheker nicht bereits

---

[301] § 5 Abs. 2 AMG bezieht sich „allgemein auf den jeweiligen Stand der wissenschaftlichen Erkenntnis, so dass alle Wissenschaftszweige relevante Beiträge leisten können und neben Erkenntnissen der Pharmakologie, auch solche der Toxikologie, der Medizin im allgemeinen, der Pharmazie (Qualität), der Biologie in allen Ausrichtungen, wie z.B. auch der Mokeluarbiologie, der Biochemie, der Pharmakoepidemiologie und der Statistik zu berücksichtigen sind.“ Vgl. *Kloesel/Cyran*, § 5 AMG, Blatt $24h_1$ Anm. 24.

[302] *Samson/Wolz*, MedR 1988, S. 71.

[303] *Samson/Wolz*, MedR 1988, S. 71.

[304] Anzumerken ist, dass in diesen Fällen in der Regel der Vorsatz fehlen wird, denn der private Arzneimittelbesitzer muss die klare Erkenntnis haben, dass es sich bei dem von ihm in Verkehr gebrachten Arzneimittel um ein bedenkliches Arzneimittel handelt. Wenn die Bedenklichkeit des Arzneimittels vom Abgebenden hätte erkannt werden können, kommt allenfalls eine Fahrlässigkeitstat (§ 95 Abs. 4 AMG) in Betracht. Vgl. *Kloesel/Cyran*, § 5 AMG, Blatt 24c, Anm. 6.

[305] BT-Drucksache 7/3060, S. 45.

[306] *Sander*, Erl. § 5 AMG, S. 1; *Kloesel/Cyran*, § 5 AMG, Blatt 24.

zur konkreten Tat entschlossen ist. Dies ist in der Regel dann der Fall, wenn der Apotheker die Arzneimittelabgabe nicht von der konkreten Verschreibung abhängig macht oder diese zum Anlass seines Handelns nimmt, sondern unabhängig davon gegen die beruflichen (Apotheker-)Pflichten verstößt. Ist dagegen die ärztliche Verordnung offensichtlich missbräuchlich und dies für den Apotheker, den eine eigenständige, wenn auch begrenzte Prüfpflicht[307] hinsichtlich der formalen Anforderungen trifft, erkennbar, begründet dies grundsätzlich eine Verpflichtung für den Apotheker, die Arzneimittelabgabe zu verweigern.

Erfolgt die Abgabe dennoch, so ist fraglich, ob das Ausstellen des Rezeptes als ursächliche Anstifterhandlung zu werten ist. Welcher Mittel sich der Anstiftende im Hinblick auf das Hervorrufen des Tatentschlusses bedient, ist grundsätzlich gleichgültig,[308] so dass die Ausstellung des – später durch den Patienten/ Verbraucher vorgelegten oder direkt an die Apotheke weitergeleiteten – Rezeptes als konkludente Aufforderung zur Tatbegehung i.S.d. § 95 Abs. 1 Nr. 1 AMG verstanden werden könnte. Dem muss jedoch entgegengehalten werden, dass durch den Apotheker gerade ein unkontrollierter und gesundheitsgefährdender Verkauf von Arzneimitteln verhindert werden soll; gegebenenfalls muss der Apotheker, um seinen beruflichen Pflichten nachzukommen, beim Arzt rückfragen. Folglich muss die Bestimmungshandlung des Arztes über das bloße Ausstellen des Rezeptes hinausgehen. Davon ist auszugehen, wenn der verschreibende Arzt auf der uneingeschränkten Beachtung seiner Verschreibung besteht und dies dem Apotheker gegenüber zu erkennen gibt. Erst durch dieses Verhalten des Arztes wird der Apotheker veranlasst, die Arzneimittel entgegen den gesetzlichen Vorschriften an den Verbraucher abzugeben, und infolgedessen i.S.d. § 26 StGB zur Tat bestimmt. In solchen Fällen ist auch der doppelte Anstiftervorsatz unproblematisch, denn als verschreibender, anordnender Arzt weiß dieser, dass und wozu er den Apotheker bestimmt. Zumindest nimmt es der Arzt in einem solchen Fall billigend in Kauf, dass es durch sein Verhalten zu einem vorsätzlichen, rechtswidrigen Verstoß des Apothekers gegen das Arzneimittelgesetz kommt. Dass sich der Arzt dann ebenfalls strafrechtlich zu verantworten hat, erscheint auch materiell gerechtfertigt, da er die ihm vom Gesetz eingeräumten Befugnisse bewusst missbraucht und die Verletzung des durch den

---

[307] Den Apotheker trifft eine pharmazeutische und pharmakologische Prüfpflicht. Eine darüber hinausgehende Verpflichtung des Apothekers – etwa die Überprüfung des Rezepts auf dessen medizinische Richtigkeit – besteht nicht, denn dies „wäre eine zeitlich-fachliche Überforderung des Apothekers und würde seiner Stellung im System ... nicht entsprechen. Nach der sozialrechtlichen Kompetenzverteilung ist der Apotheker weder ein medizinischer Obergutachter noch eine Aufsichtsbehörde des Arztes'." *BGH*, Beschl. v. 05.11.2003, Az.: 4 StR 239/03 = NZS 2004, S. 423 (424).

[308] *Tröndle/Fischer*, § 26 StGB, Rdn. 4, m.w.N. Vgl. auch *BSG*, Urt. v. 17.01.1996, Az.: 3 RK 26/94 = MDR 1996, S. 830 f.

Straftatbestand geschützten Rechtsguts will oder sie zumindest billigend in Kauf nimmt.

Unterstützt, fördert oder erleichtert der Arzt im Unterschied dazu die unerlaubte Arzneimittelabgabe gemäß § 95 Abs. 1 Nr. 1 AMG durch den Apotheker lediglich, käme eine Strafbarkeit wegen Beihilfe (§ 27 StGB) in Betracht. Fraglich ist jedoch, ob das bloße Ausstellen eines Rezeptes schon als Hilfeleisten anzusehen ist oder ob – aus ähnlichen Gründen wie bei der Anstiftung – diese Handlung als Gehilfenbeitrag möglicherweise nicht ausreicht. Der Gehilfe beschränkt sich grundsätzlich auf eine bloße Unterstützung der Tat, ohne dass das Hilfeleisten für den Erfolg selbst ursächlich sein muss.[309] Er muss nicht wie der Anstifter den Haupttäter zu dessen Tathandlung motivieren und ihn dazu bringen, seinen Willen an dem Willen des Anstifters auszurichten.[310] Obwohl die Abgabe verschreibungspflichtiger Arzneimittel stets eine ärztliche Verschreibung erfordert, kann man nicht ohne weiteres annehmen, dass das Ausstellen eines Rezeptes eine strafbare Beihilfehandlung im Hinblick auf das Inverkehrbringen von bedenklichen Arzneimitteln darstellt. Eine strafbare Beihilfe ist bereits deshalb nicht stets gegeben, weil ein Bezug zwischen dem Ausstellen des Rezepts und der zu einem späteren Zeitpunkt erfolgenden Arzneimittelabgabe durch den Apotheker nicht immer anzunehmen und erkennbar ist. Letztendlich obliegt es allein der Entscheidung des Apothekers, ob das Arzneimittel aufgrund der Verschreibung abgegeben wird oder nicht, so dass der ärztlichen Verschreibung nur eine eingeschränkte Bedeutung zukommt. Ist diese Verschreibung nämlich offensichtlich (formell) fehlerhaft, muss die Arzneimittelabgabe verwiegert werden. Stellt man folglich nur auf die Verschreibung ab, so fehlt es an der für die Annahme einer Beihilfe erforderlichen Erleichterung der Haupttat, also an einer Förderung fremden Tuns.[311]

[309] Ständige Rechtsprechung vgl. *BGH*, Urt. v. 10.01.1956, 5 StR 399/55 = BGHSt 8, S. 390 (392). In der Literatur wird die Frage, ob die Gehilfenleistung für den Erfolg kausal sein muss, kontrovers diskutiert; vgl. dazu etwa *Joecks* in: Münchner Kommentar zum StGB, § 27, Rdn. 22 ff. m.w.N.; ferner *Roxin* in: Leipziger Kommentar zum StGB, § 27, Rdn. 11 m.w.N.; *ders.*, Strafrecht Allgemeiner Teil, § 26, Rdn. 184 ff. m.w.N.

[310] *Joecks* in: Münchner Kommentar zum StGB, § 27, Rdn. 1.

[311] *Kloesel/Cyran* dagegen gehen – ohne es näher zu begründen – davon aus, dass eine Strafbarkeit des das bedenkliche Arzneimittel verschreibenden Arztes in Betracht kommt, wenn der Apotheker von vornherein entschlossen ist, derartige Verschreibungen auszuführen. Vgl. *Kloesel/Cyran*, § 5 AMG, Anm. 7. Unklar bleibt, worin die eigentliche Unterstützung der Haupttat zu sehen ist. Die Gehilfenhandlung muss ausschließlich dem Ziel einer Straftat dienen (vgl. *BGH*, Urt. v. 23.06.1992, Az.: 5 StR 75/92 = NStZ 1992, S. 498) und die Haupttat in irgendeiner Weise ermöglichen, erleichtern oder fördern (vgl. u.a. *Tröndle/ Fischer*, § 27 StGB, Rdn. 2 m.w.N.). Das bloße Ausstellen der Verschreibung wird deshalb nicht ausreichen, jedenfalls nicht, wenn dadurch der Apotheker nicht zumindest in seinem (bereits gegebenen) Tatentschluss noch gestärkt wird.

Dies muss umso mehr gelten, als weder der Arzt noch der Apotheker für die Einhaltung der Pflichten des jeweils anderen einzustehen haben.[312] Der strafrechtlich relevante Bereich wird erst dann erreicht, wenn die Tat des Apothekers durch die aktive Mitwirkung des Arztes objektiv gefördert wird und der Apotheker aufgrund dieses Mitwirkens die für ihn geltenden Regeln verletzt, um gesetzeswidrige Ziele zu erreichen. Dass aber der Arzt mit der Ausstellung des Rezeptes für ein bedenkliches Arzneimittel gegen die für ihn geltenden Regeln verstößt, ist für das Verhalten des Apothekers wegen der ihn treffenden eigenständigen (Rezept-)Prüfpflicht grundsätzlich unerheblich. Etwas anderes kann nur dann gelten, wenn der Arzt seine Berufsausübung den gesetzeswidrigen Vorhaben des Apothekers anschlösse, indem dieser dem Apotheker die letzten Bedenken vor der Tat ausredet oder zusätzliche Motive liefert und dadurch dessen Tatentschlossenheit stärkt (sog. psychische Beihilfe). Dies wäre insbesondere dann der Fall, wenn der Arzt sein berufliches Handeln im Hinblick auf die Straftat des Apothekers modifiziert, beispielsweise durch das Bereitstellen von Verschreibungen für die Abgabe von (bedenklichen) verschreibungspflichtigen Arzneimitteln an den Patienten/Verbraucher, wenn sich der Apotheker weigert, das Arzneimittel nur aufgrund der bei der Internet-Apotheke eingegangenen Bestellung abzugeben.

Andererseits könnte man vertreten, dass eine Beihilfestrafbarkeit dann ausscheidet, wenn es sich bei den Handlungen des Arztes um ein „neutrales" oder ein „berufstypisches" Verhalten handelt. Mit anderen Worten: Ist es eine strafbare Beihilfe, wenn der Arzt ein (bedenkliches) Arzneimittel verschreibt und er weiß oder zumindest vermutet, dass der Apotheker gerade wegen dieser Verschreibung das Arzneimittel abgibt? Während einige Vertreter in der Literatur eine Strafbarkeit von sog. Alltagshandlungen ablehnen[313], verwahrt sich der BGH[314] explizit dagegen, „neutrale" oder „berufstypische" Handlungen generell straflos zu stellen, mit dem Argument, dass „weder Alltagshandlungen noch berufstypische Handlungen in jedem Fall neutral [seien] und fast jede Handlung in einen strafbaren Kontext gestellt werden [könne]"[315].[316] Darin ist dem BGH zumindest bezogen auf den vorliegenden Kontext zuzustimmen.

---

[312] Gemeint sind die Pflichten des Arztes gegenüber dem Patienten (die Verschreibung von nicht bedenklichen Arzneimitteln) und die Pflichten des Apothekers gegenüber dem Patienten/Verbraucher (die Abgabe nicht bedenklicher Arzneimittel).

[313] Vgl. z.B. *Meyer-Arndt*, wistra 1989, S. 281 (287); *Joecks* in: Münchner Kommentar zum StGB, § 27, Rdn. 55 m.w.N.; *Roxin*, Strafrecht Allgemeiner Teil, Band II, § 26, Rdn. 218 ff. m.w.N.

[314] *BGH*, Urt. v. 01.08.2000, Az.: 5 StR 624/99 = NJW 2000, S. 3010 (3011). Sowie unter Verweis auf *Joecks* in: Münchner Kommentar zum StGB, § 27, Rdn. 48.

[315] *Joecks* in: Münchner Kommentar zum StGB, § 27, Rdn. 48.

[316] Die Problematik der „neutralen" Beihilfe wird seit langem in Rechtsprechung und Literatur diskutiert, ohne jedoch zu einem einheitlichen Ergebnis zu kommen. Vgl. dazu etwa

„Neutrale" oder „berufstypische" Handlungen sind diejenigen Verhaltensweisen, „die der Ausführende jedem anderen in der Lage des Täters gegenüber vorgenommen hätte, weil er mit der Handlung – im Vorhinein (auch) – tat- und täterunabhängige eigene, rechtlich nicht mißbilligte Zwecke verfolgt"[317]. Nun mag man bei der Ausstellung eines Rezeptes für ein bedenkliches Arzneimittel schon daran zweifeln, ob überhaupt eine „neutrale" Handlung vorliegt, da das Verhalten des Arztes bereits zu missbilligen ist und gegen berufliche Pflichten verstößt. Geht man jedoch demgegenüber davon aus, dass der Arzt durch sein Handeln keine rechtlich missbilligten Zwecke verfolgt, wird man eine „neutrale" Handlung wohl bejahen können. Ob die Handlung zur Tatförderung oder -erleichterung und damit zur Herbeiführung des Taterfolges geeignet erscheint, ist dabei allerdings problematisch.

Der BGH hat bestimmte Grundsätze aufgestellt, die allgemein für „neutrale", „berufstypische" Handlungen gelten sollen: „Zielt das Handeln des Haupttäters ausschließlich darauf ab, eine strafbare Handlung zu begehen, und weiß dies der Hilfeleistende, so ist sein Tatbeitrag als Beihilfehandlung zu werten. In diesem Fall verliert sein Tun stets den ‚Alltagscharakter'; es ist als ‚*Solidarisierung*' mit dem Täter zu deuten und dann auch nicht mehr als sozialadäquat anzusehen. Weiß der Hilfeleistende dagegen nicht, wie der von ihm geleistete Beitrag vom Haupttäter verwendet wird, hält er es lediglich für möglich, dass sein Tun zur Begehung einer Straftat genutzt wird, so ist sein Handeln regelmäßig noch nicht als strafbare Beihilfehandlung zu beurteilen, es sei denn, das von ihm erkannte Risiko strafbaren Verhaltens des von ihm Unterstützten war derart hoch, dass er sich mit seiner Hilfeleistung ‚die Förderung eines erkennbar tatgeneigten Täters angelegen sein' ließ."[318]

Auf der Grundlage der Rechtsprechung des BGH stellt das Verhalten des Arztes eine strafbare Beihilfe zur Abgabe bedenklicher Arzneimittel jedenfalls dann dar, wenn der Arzt weiß, dass der Apotheker das Arzneimittel aufgrund der vorgelegten Verschreibung abgeben wird. Hält er ein strafbares Verhalten des Apothekers lediglich für möglich, kommt es dagegen darauf an, ob er das Risiko der Begehung der Haupttat erkannt hat. Entscheidend ist, dass er durch seine Mitwirkung die Tat objektiv gefördert hat, auch wenn er keine persönlichen Vorteile aus der Hilfeleistung zieht. In diesen Fällen fördert er das Ziel, unerlaubt Arzneimittel abzugeben, dadurch, dass er die Abgabe zumindest erleichtert. Denn ohne die Vorlage einer ärztlichen Verschreibung ist die Abgabe verschreibungspflichtiger Arzneimittel jedenfalls rechtlich ausgeschlossen. Durch

---

Joecks in: Münchner Kommentar zum StGB, § 27, Rdn. 44 ff.; *Roxin*, Strafrecht Allgemeiner Teil, Band II, § 26, Rdn. 218 ff.; *BGH*, Urt. v. 01.08.2000, Az.: 5 StR 624/99 = NJW 2000, S. 3010 ff. jeweils m.w.N.

[317] *Wohlleben*, S. 4.

[318] Vgl. *BGH*, Urt. v. 01.08.2000, Az.: 5 StR 624/99 = NJW 2000, S. 3010 (3011).

sein Verhalten erreicht der Arzt, dass aufgrund der Vorlage des Rezeptes zunächst der Anschein erweckt wird, dass es sich um ein bedenkenlos abzugebendes verschreibungspflichtiges Arzneimittel handele und bei der Abgabe zumindest nicht gegen die Verschreibungspflicht verstoßen werde. Damit passt er sein berufliches Verhalten dem von ihm angenommenen oder von ihm, trotz erkennbaren Risikos der Tatbegehung, für möglich gehaltenen strafbaren Handeln des Apothekers an. Dennoch ist festzuhalten, dass bei der Beurteilung einer strafbaren Beihilfe des Arztes letztlich eine Einzelfallentscheidung vorzunehmen ist. Dabei darf die Hilfeleistungshandlung nicht isoliert und ohne Berücksichtigung der äußeren Situation betrachtet werden. Vielmehr sind der gesamte Hintergrund der Hilfeleistung mit einzubeziehen und die konkreten Kenntnisse des Hilfeleistenden im Hinblick auf das Handeln des Täters zu berücksichtigen.

4. Fazit

Die Straftatbestände des Arzneimittelgesetzes sind grundsätzlich auf jede Art des online Arzneimittelhandels anwendbar. Welche Strafvorschrift bei einem unerlaubten Versandhandel dabei jeweils in Betracht kommt, richtet sich danach, ob die versendende Person zum Arzneimittelvertrieb befugt ist (§ 96 Nr. 13 AMG) oder nicht befugt ist (§ 95 Abs. 1 Nr. 4 AMG).
Folgende Übersicht soll dies verdeutlichen:

Handeln als / Strafvorschrift	**Befugter**	**Unbefugter**
§ 95 Abs. 1 Nr. 4 AMG	Tatbestand nicht erfüllt	Tatbestand erfüllt
§ 96 Nr. 13 AMG	Tatbestand erfüllt	Tatbestand nicht erfüllt

Sofern durch den unerlaubten Versand weitere Strafnormen des Arzneimittelgesetzes verletzt werden, stehen diese zu den vorgenannten Strafvorschriften in Tateinheit.

Verletzt der Apotheker oder ein Unbefugter die in § 96 AMG in Bezug genommenen Pflichten fahrlässig oder erfüllt er die in § 97 Abs. 2 AMG einzeln aufgeführten Tatbestände betreffend Kennzeichnung, Verfall, Verpackung, Aufbewahrung, Aufzeichnung über den Bestand und Verbleib, das ordnungsgemäße Herstellen sowie die ordnungsgemäße Abgabe, so können diese Verstöße als Ordnungswidrigkeiten mit Bußgeld geahndet werden. § 98 AMG bestimmt zudem, dass die Gegenstände, auf die sich eine Straftat nach § 95 AMG oder § 96 AMG oder eine Ordnungswidrigkeit nach § 97 AMG bezieht, eingezogen werden können. § 74a StGB und § 23 des Gesetzes über Ordnungswidrigkeiten (OWiG) sind anzuwenden. Zudem besteht die Möglichkeit, dass der Apotheker, der der Berufsgerichtsbarkeit unterliegt, auch berufsrechtlich belangt werden kann.

II. Die strafrechtliche Verantwortlichkeit nach dem Apothekengesetz

In vielen Fällen geht der Verstoß gegen die Vorschriften des Arzneimittelgesetzes mit einem Verstoß gegen die Vorschriften des Apothekengesetzes (ApoG) einher. § 23 ApoG stellt das fahrlässige oder vorsätzliche Betreiben einer Apotheke (respektive Internet-Apotheke) ohne die erforderliche Genehmigung unter Strafe. Der Strafrahmen liegt bei Freiheitsstrafe bis zu sechs Monaten oder Geldstrafe bis zu einhundertachtzig Tagessätzen. Mit dieser Strafnorm soll die Aufnahme des Betriebs einer Apotheke unter unzureichenden persönlichen oder sachlichen Voraussetzungen (§§ 2, 11a ApoG) verhindert werden.[319] Wird die Internet-Apotheke ohne die erforderliche Erlaubnis betrieben, ist der Straftatbestand des § 23 ApoG stets erfüllt; die Internet-Apotheke ist dann zu schließen (§ 5 i.V.m. § 11b Abs. 3 ApoG). Dies ist regelmäßig dann der Fall, wenn der Antrag auf Erlaubniserteilung nicht gestellt wurde (§ 6 ApoG). Die Erlaubniserteilung fehlt aber auch dann, wenn die Apotheke von einer Person geführt wird, die nicht erlaubnispflichtiger Betreiber i.S.d. § 1 Abs. 2 ApoG ist. Denn gemäß § 1 Abs. 3 ApoG gilt die Erlaubnis nur für den Apotheker, dem sie erteilt wurde.

Erlaubnispflichtiger Betreiber ist regelmäßig derjenige, „der [die Apotheke] im eigenen Namen führt, so dass er nach außen das rechtliche und wirtschaftliche Risiko aus den für die Apotheke abgeschlossenen Rechtsgeschäften trägt“[320]. Zudem verpflichtet die Erlaubnis zur persönlichen Leitung der Apotheke in eigener Verantwortung (§ 7 Satz 1 ApoG). Zwar besteht die Möglichkeit, dass mehrere Personen zusammen eine Apotheke betreiben können,[321] jedoch bedürfen in diesen Fällen alle der Erlaubnis (§ 8 Satz 1 ApoG).

---

319 Vgl. dazu bereits *BGH*, Urt. v. 25.04.2002, Az.: 4 StR 152/01 = NJW 2002, S. 2724 (2725).

320 *BGH*, Urt. v. 25.04.2002, Az.: 4 StR 152/01 = NJW 2002, S. 2724 (2725).

321 Mehrere Personen dürfen eine Apotheke nur in der Rechtsform einer Gesellschaft bürgerlichen Rechts oder einer offenen Handelsgesellschaft betreiben; eine Beteiligung an einer

Exkurs: Der Arzneimittelversandhandel durch Filialapotheken

Für das Betreiben von Filialapotheken ist die Erlaubniserteilung ebenfalls zwingende Voraussetzung (§ 1 Abs. 2 i.V.m. § 2 Abs. 4 und 5 ApoG). Gemäß § 2 Abs. 5 i.V.m. § 7 Satz 1 ApoG hat der Betreiber die Hauptapotheke persönlich zu führen, während für jede weitere Apotheke (Filialapotheke) ein Apotheker als Verantwortlicher zu bezeichnen ist, der die gesetzlichen Verpflichtungen insbesondere aus § 7 Satz 2 ApoG zu erfüllen hat.

Fraglich ist, wie das Betreiben einer Apothekenkette bzw. das Betreiben von mehr als drei Filialapotheken zu beurteilen ist, wobei hier von dem Fall ausgegangen werden soll, dass jede (Filial-)Apotheke zugleich eine Internet-Apotheke betreibt.[322] Folgende Fallkonstellation kommt dabei in Betracht:

> Der approbierte Apotheker (A), dem von der zuständigen Behörde die Erlaubnis zum Betrieb einer (Haupt-)Apotheke mit Versandhandelserlaubnis sowie die Erlaubnis zum Betrieb von drei Filialapotheken mit Versand-

---

Apotheke in der Form einer Stillen Gesellschaft und Vereinbarungen, bei denen die Vergütung für dem Erlaubnisinhaber gewährte Darlehen oder sonst überlassene Vermögenswerte am Umsatz oder am Gewinn der Apotheke ausgerichtet ist, insbesondere auch am Umsatz oder Gewinn ausgerichtete Mietverträge, sind unzulässig, vgl. § 8 Satz 1 und 2 ApoG. Solche Rechtsgeschäfte sind gemäß § 12 ApoG nichtig und ihr Abschluss kann gemäß § 25 Abs. 1 Nr. 2 ApoG als Ordnungswidrigkeit geahndet werden.

322 Im Januar 2007 hat die niederländische Internet-Apotheke *DocMorris* angekündigt, mit dem Aufbau einer Apothekenkette in Deutschland zu beginnen. Aufgrund der noch ausstehenden Entscheidung des Verwaltungsgerichts des Saarlandes im Hinblick das Bertreiben einer Filialapotheke durch *DocMorris* hat *DocMorris* vorerst von der weiteren Eröffnung von Filialapotheken abgesehen und lediglich eine Kooperation mit „500 Apotheken im ganzen Bundesgebiet" in Aussicht gestellt. Dabei sollen die (deutschen) Apotheken im Besitz der bisherigen Inhaber bleiben; diese zahlen jedoch eine Lizenzgebühr dafür, ihre Arzneimittel künftig unter dem *DocMorris*-Logo zu verkaufen. Vgl. *Der Spiegel*, „Apotheken - Preiskampf per Kette", Nr. 2/2007, S. 16. Die Problematik des Arzneimittelversandhandels im Rahmen von Filialapotheken gewinnt vor allem deshalb an Bedeutung, weil das OVG des Saarlandes am 22.01.2007 die Anträge der Apotheker/innen auf Aussetzung der Erlaubnis zum Betrieb einer *DocMorris*-Filialapotheke zurückgewiesen hat. Vgl. *OVG des Saarlandes*, Pressemitteilung v. 22.01.2007, Beschl. v. 22.01.2007, Az.: 3 W 14/06 und 3 W 15/06, [online] <http://www.ovg.saarland.de/10711_10786.htm> (letzter Zugriff: 25.01.2007).

Ferner ist anzumerken, dass die Internet-Apotheke keine Filialapotheke im Sinne des Apothekengesetzes ist. Filialapotheken sind öffentliche Apotheken (vgl. §§ 1, 2 ApoG). Die Erlaubnis zum Versand von apothekenpflichtigen Arzneimitteln gemäß § 43 Abs. 1 Satz 1 des Arzneimittelgesetzes ist dem Inhaber einer Erlaubnis nach § 2 ApoG – also dem Betreiber der Filialapotheke – auf Antrag zu erteilen (§ 11a Abs. 1 ApoG), wobei § 11a Abs. 2 ApoG ausdrücklich klarstellt, dass der Versand aus einer öffentlichen Apotheke zusätzlich zu dem üblichen Apothekenbetrieb und nach den dafür geltenden Vorschriften zu erfolgen hat. Die Internet-Apotheke ist damit nichts anderes als eine (Präsenz-/Filial-)Apotheke, die zusätzlich zu der persönlichen Abgabe an den Verbraucher in den Apothekenräumen eine weitere Abgabe- bzw. Vertriebsmöglichkeit nutzt. Vgl. dazu *3. Kapitel, A., I., 3 Das Apothekenrecht und die Internet-Apotheken".*

handelserlaubnis gemäß §§ 1 Abs. 2 und 3, 2 Abs. 1, 4 und 5, 11a ApoG erteilt worden war, hat als wirtschaftliches „Ziel" den Betrieb einer sog. Apothekenkette vor Augen. Da jedoch das im Apothekenrecht enthaltene – auf den Betrieb von drei Filialapotheken – beschränkte Mehrbetriebs verbot einer weiteren Betriebserlaubnis entgegensteht, eröffnet A ohne (die erforderliche) behördliche Erlaubnis drei weitere Filialapotheken, wobei die Arzneimittelabgabe sowohl in den Apothekenräumen der Präsenzapotheke als auch im Wege des Versandes erfolgt.

In seinem Urteil vom 25.4.2002 – und damit noch vor der Änderung des Apothekengesetzes und der Zulassung des Filialbesitzes – hatte sich der BGH mit dem strafbaren Betreiben einer Apotheke ohne die erforderliche Erlaubnis zu befassen.[323] Gegenstand der Entscheidung war der Fall eines Apothekers, der mehrere Apotheken unter einem einheitlichen Erscheinungsbild und Markenzeichen sowie der Vereinbarung der Gewinnteilung errichtete und durch approbierte Apotheker, die jeweils eine Betriebserlaubnis hatten, betreiben ließ. Der BGH urteilte, dass der Straftatbestand des § 23 Alt. 1 ApoG nicht erfüllt sei, und argumentierte, dass die Apotheker die Geschäfte selbstständig führten und eine Betriebserlaubnis hatten. Eine Erlaubnispflicht für den Inhaber der Apothekenkette sei deshalb nur dann erforderlich, wenn es sich um ein Strohmannverhältnis handele. Ein solches Strohmannverhältnis könne jedoch nicht schon dann angenommen werden, „wenn der Apotheker durch die Vereinbarung mit einem Dritten in eine wirtschaftliche Abhängigkeit gebracht wird, die ihn in der Wahrnehmung der ihm nach § 7 S. 1 ApothG obliegenden Pflicht zur persönlichen Leitung der Apotheke in eigener Verantwortung einschränkt"[324]. Vielmehr sei ein Strohmannverhältnis erst gegeben, „wenn dem Erlaubnisinhaber auf Grund der getroffenen, nach § 8 S. 2 ApothG unzulässigen Vereinbarung kein oder jedenfalls kein nennenswerter autonom bestimmter Handlungsspielraum in dem Apothekenbetrieb verbleibt"[325].

Die Entscheidung des BGH wurde zu Recht kritisiert.[326] Der BGH geht davon aus, dass – was insofern erst einmal zutreffend ist – § 23 Alt. 1 ApoG das Betreiben einer Apotheke ohne die erforderliche Erlaubnis unter Strafe stellt; er verkennt jedoch, dass das Tatbestandsmerkmal „Betreiben einer Apotheke" so zu verstehen ist, dass auch das Betreiben einer Apothekenkette – nunmehr einer Apothekenkette mit mehr als drei Filialen – strafbar ist.[327] Der Gesetzgeber hat

---

[323] *BGH*, Urt. v. 25.04.2002, Az.: 4 StR 152/01 = NJW 2002, S. 2724 ff.
[324] *BGH*, Urt. v. 25.04.2002, Az.: 4 StR 152/01 = NJW 2002, S. 2724 (2725).
[325] *BGH*, Urt. v. 25.04.2002, Az.: 4 StR 152/01 = NJW 2002, S. 2724 (2726).
[326] *Schübel*, NStZ 2003, S. 122 ff.
[327] So *Schübel*, die die Auffassung vertritt, dass der BGH nicht berücksichtigt, „dass § 23 ApothG auch das Betreiben einer Zweigapotheke und inzidenter damit den Betrieb einer Apothekenkette unter Strafe stellt. Das Gesetz stellt also nicht nur unter Strafe, wenn ein Apotheker seine *eigene* Apotheke ohne Erlaubnis betreibt, sondern hat ausdrücklich geregelt, dass

den Mehrbetrieb – wenn auch beschränkt auf eine Apotheke (Hauptapotheke) und drei Filialapotheken – in § 1 Abs. 2 i.V.m. § 2 Abs. 4 und 5 ApoG inzwischen abschließend geregelt. Folglich verstößt ein Apotheker, der weitere Filialapotheken erwirbt oder neu einrichtet und durch einen Apotheker führen lässt, gegen das Apothekenrecht. Eine Erlaubniserteilung – auch für den (Filialapotheken-) Versandhandel – kann er nicht (mehr) erreichen.[328] Darüber hinaus verbietet ihm – abgesehen von den im Gesetz genannten Ausnahmen – § 7 Satz 1 ApoG das Betreiben einer Zweig- bzw. Zweitapotheke. Anders zu beurteilen wäre eine etwaige Verpachtung (§ 9 ApoG) oder Verwaltung (§ 13 ApoG).[329] Anzumerken ist, dass im Fall der Verpachtung der Pächter der Erlaubnis nach § 1 ApoG bedarf (§ 9 Abs. 2 Satz 1 ApoG).[330]

Wird dagegen die Apotheke von einer Person verwaltet, bedarf diese Person einer Genehmigung nach § 13 Abs. 1b ApoG. Das Fehlen der Genehmigung wird, da es sich nicht um eine Betriebserlaubnis handelt, lediglich als Ordnungswidrigkeit gemäß § 25 Abs. 1 Nr. 3 ApoG geahndet. Entscheidend für die Strafbarkeit nach § 23 ApoG ist, dass die Tatbestandsmerkmale des § 23 ApoG nur im Zusammenhang mit den für die Erlaubniserteilung relevanten Vorschriften verstanden werden dürfen. Da das Apothekengesetz verschiedene Arten der Erlaubniserteilung kennt, ist auch das unerlaubte Betreiben von mehr als drei (Internet-) Apothekenfilialen sowie das unerlaubte Betreiben einer Zweitapotheke strafbar.

---

ein Apotheker keine weiteren Apotheken ohne Filialerlaubnis betreiben darf"; *Schübel*, NStZ 2003, S. 122 (123).

[328] Gemäß § 11a Abs. 1 ApoG ist die Erlaubnis zum Versand von apothekenrechtlichen Arzneimitteln nur dem Inhaber einer Erlaubnis nach § 2 ApoG (auf Antrag) zu erteilen. Voraussetzung ist also, dass der Betreiber einer (Filial-)Internet-Apotheke zunächst die Erlaubnis zum Betreiben dieser Filialapotheke hat. Werden die (Filial-)Apotheke und die (Filial-) Internet-Apotheke ohne Erlaubnis betrieben, erfüllt dies den Straftatbestand des § 23 ApoG.

[329] *Schübel* bemerkt, die Entscheidung des BGH zeige, dass erhebliche Zweifel bestehen, „ob unter das Tatbestandsmerkmal des Betreibens einer Apotheke auch das Verwalten- oder das Bewirtschaftenlassen einer Zweig- bzw. Zweitapotheke fällt", ohne jedoch näher auf diese Problematik einzugehen; *Schübel*, NStZ 2003, S. 122 (123). Angesichts der spezifischen Begriffsverwendung in den einzelnen Vorschriften und vor dem Hintergrund des Apothekenrechts ist jedoch davon auszugehen, dass die Verpachtung und die Verwaltung einer Apotheke wohl nicht unter den Begriff „Betreiben einer Apotheke" zu subsumieren sind.

[330] Zur Abgrenzung zwischen „Verpachten" und „Betreiben" vgl. *Schübel*, NStZ 2003, S. 122 (123) mit Kritik an der Entscheidung des BGH.

III. Die Verantwortlichkeit nach dem Strafgesetzbuch

1. Körperverletzungs- und Tötungsdelikte

Kommt es infolge des Arzneimittelversandhandels nicht „nur" zu einer Gesundheitsgefährdung einer großen Zahl von Menschen (§ 95 Abs. 3 Nr. 1 AMG) oder zu einer Gefahr des Todes (§ 95 Abs. 3 Nr. 2, 1. Alt. AMG) oder zu der Gefahr einer schweren Schädigung des Körpers oder der Gesundheit (§ 95 Abs. 3 Nr. 2, 2. Alt. AMG), sondern tritt ein konkreter Handlungserfolg ein, kommt (ggf. zusätzlich) eine Strafbarkeit des Apothekers nach den allgemeinen Straftatbeständen des Strafgesetzbuches in Betracht (§§ 223 ff., 211 ff. StGB).

Grundsätzlich wird man bezüglich der Strafbarkeit des Apothekers nach dem Strafgesetzbuch nicht wie bei der Strafbarkeit nach den Vorschriften des Arzneimittelgesetzes zwischen den einzelnen Gruppen der Internet-Apotheken unterscheiden müssen. Es kommt vielmehr nur darauf an, ob durch das Arzneimittel ein Mensch verletzt oder getötet wird. Die strafrechtliche Verantwortlichkeit liegt dann grundsätzlich bei der das Arzneimittel abgebenden Person – hier: dem Apotheker.

Anders zu beurteilen sind die Fälle, in denen die Körperverletzung oder der Tod eines Menschen auf das Verschreiben eines – für den Apotheker nicht erkennbar – ungeeigneten Arzneimittels oder auf das Stellen einer falschen Diagnose durch den Arzt zurückzuführen sind. Der Apotheker muss sich das Verhalten des Arztes (sofern nicht im Einzelfall Mittäterschaft zwischen Arzt und Apotheker gegeben ist) grundsätzlich nicht zurechnen lassen.

Fraglich ist jedoch, wie sich die Rechtslage gestaltet, wenn der Arzt bei den Internet-Apotheken angestellt ist und das Stellen einer Diagnose und das anschließende Verschreiben eines Arzneimittels auf die Auswertung eines online Fragebogens zurückzuführen ist. Dabei ist z.B. von folgender Fallkonstellation auszugehen:

> Der Verbraucher (V) füllt einen online Fragebogen aus, in dem er sein Krankheitsbild schildert. Der Arzt (D) stellt daraufhin eine falsche Diagnose und verschreibt dem V ein für sein tatsächliches Krankheitsbild nicht geeignetes Arzneimittel. Die Verschreibung wird der Internet-Apotheke zugestellt, woraufhin der Apotheker (A) das verschriebene Arzneimittel an V versendet. Dass ein ungeeignetes Arzneimittel verschrieben wurde, ist dem A nicht bewusst. Auch die ärztliche Verschreibung bietet für eine solche Annahme keine Anhaltspunkte. Nach der Einnahme des Arzneimittels erleidet V Gesundheitsschäden (oder verstirbt).

Eine Strafbarkeit des Apothekers als Mittäter eines Körperverletzungs- oder Tötungsdelikts scheidet auch hier in der Regel aus.[331] Anders als beim mittäter-

[331] Eine Strafbarkeit des Apothekers wegen Körperverletzung bzw. Tötung in Mittäterschaft wäre allerdings selbstverständlich dann anzunehmen, wenn ausnahmsweise Arzt und Apothe-

schaftlichen Inverkehrbringen von (bedenklichen) Arzneimitteln fehlt es bereits am erforderlichen Tatbeitrag des Apothekers und am (gemeinsamen) Tatentschluss. Zwar könnte die Abgabe des Arzneimittels durch den Apotheker als Tatbeitrag in Betracht kommen, jedoch würde dabei außer Acht gelassen werden, dass der konkrete Verletzungs- bzw. Tötungserfolg unmittelbar nur auf das (strafbare) Handeln des Arztes zurückzuführen ist. Dass letztendlich die Abgabe – oder vielmehr sogar erst die Einnahme des Arzneimittels durch den Verbraucher – den Taterfolg herbeigeführt hat, ist rechtlich unerheblich. Denn die Abgabe beruht auf der für den Apotheker in der Regel nicht erkennbar falschen Verschreibung oder auf einer falschen Diagnose. Diesbezüglich hat der Apotheker daher weder bewusst noch gewollt mit dem Arzt zusammengewirkt noch mit Täterwillen gehandelt. Denn der Apotheker hat weder Kenntnis von der falschen Verschreibung noch weiß er, dass er ein ungeeignetes Arzneimittel abgibt. Mittäterschaft lässt sich auch nicht etwa allein aufgrund der bestehenden vertraglichen Beziehung zwischen Arzt und Apotheker herleiten. Geht man nämlich davon aus, dass sich der Apotheker von der Qualifikation und dem Können des (angestellten) Arztes überzeugt hat, fehlt es bereits an einer Verletzung der dem Apotheker obliegenden Pflicht zur gewissenhaften Auswahl des angestellten Personals[332].

Eine strafrechtliche Verantwortung des Apothekers kann man auch nicht im Hinblick auf ein Unterlassen (§ 13 StGB) begründen. Selbst wenn man eine Garantenpflicht aus Gesetz[333], Vertrag[334] oder vorangegangenem gefährdenden Tun (Ingerenz) annehmen wollte, so fehlt es doch an der Möglichkeit zur Verhinderung des Erfolgs. Der Apotheker ist nur im Rahmen der ihm auferlegten öffentlich-rechtlichen Verantwortlichkeit verpflichtet, das Inverkehrbringen bedenklicher Arzneimittel oder das Inverkehrbringen verschreibungspflichtiger Arzneimittel ohne Rezept zu unterbinden. Eine Rechtspflicht zum Handeln besteht daher nur im Hinblick auf die Überprüfung des Rezeptes auf offensichtliche Fehler. Es wird dem Apotheker jedoch in aller Regel nicht möglich sein, zu erkennen, ob ein ungeeignetes Medikament verschrieben oder gar die Diagnose falsch

---

ker – kollusiv – zusammenwirken, um den Patienten/Verbraucher zu verletzen oder gar zu töten.

332 Die Pflicht zur gewissenhaften Auswahl der angestellten Personen obliegt dem (leitenden) Apotheker in erster Linie im Hinblick auf das in der Apotheke beschäftigte pharmazeutische Personal. Da es jedoch verschiedene Gruppen von Internet-Apotheken gibt und eine Anstellung eines Arztes durch eine Apotheke nicht grundsätzlich ausgeschlossen ist und solche Fälle zumindest in Zukunft auch in Deutschland denkbar sind – auch wenn gegenwärtig eine derartige Zusammenarbeit nicht zulässig ist –, hat der Apotheker – die Zulässigkeit eines solchen Vorgehens einmal vorausgesetzt – die Auswahl des Arztes nach bestem Wissen und Gewissen zu treffen.

333 Hier kommen insbesondere die apotheken- und berufsrechtlichen Vorschriften in Betracht.

334 Hier kommt insbesondere die tatsächliche Übernahme von Schutz- und Beistandspflichten in Betracht.

gestellt wurde. Der Apotheker ist lediglich im Hinblick auf die Arzneimittelabgabe wissenschaftlich geschult. Gibt es keine erkennbaren Anhaltspunkte, an der Richtigkeit der ärztlichen Verschreibung zu zweifeln, wird daher dem Apotheker auch insofern in strafrechtlicher Hinsicht keinen Vorwurf zu machen sein.

Die Möglichkeit, auf das ärztliche Verhalten Einfluss zu nehmen, ist darüber hinaus auf die allgemeine Überwachungspflicht im Rahmen des Angestelltenverhältnisses begrenzt und lässt sich nicht auf den Kernbereich der ärztlichen Berufsausübung ausdehnen. Dem Apotheker wird regelmäßig das nötige Wissen und Verständnis fehlen, die ärztliche Tätigkeit zu beurteilen. Zudem darf nicht außer Acht gelassen werden, dass im Rahmen der Behandlung zunächst ein Vertrauensverhältnis (begründet durch den Arztvertrag) zwischen dem Arzt und dem Patienten besteht. Der Apotheker kommt erst nach der Ausübung der ärztlichen Tätigkeit hinzu. Denn trotz der Zusammenarbeit[335] darf man die auf unterschiedlichen Pflichten beruhenden Tätigkeiten beider Berufsstände nicht als einheitliches Handeln betrachten. Zur Tatbestandsverwirklichung kommt es bereits durch das Handeln des Arztes.

Soweit in der Literatur zunehmend die Rechtsfigur einer fahrlässigen Mittäterschaft anerkannt wird,[336] scheidet diese, im Hinblick auf die hier zugrunde gelegte Fallkonstellation, ebenfalls aus. Es fehlt bereits am Bewusstsein einer gemeinschaftlichen Gefahrschaffung[337]. Zudem ist zu beachten, dass jeder Tatbeitrag des Apothekers – den man allenfalls in der Arzneimittelabgabe – sehen kann, unmittelbar zum Taterfolg in Beziehung gesetzt werde müsste und dann ohnehin zur (fahrlässigen) Nebentäterschaft führen würde.[338]

Eine Teilnehmerstrafbarkeit des Apothekers scheidet bei der o.g. Fallkonstellation ebenfalls aus. Denn für eine eventuelle Teilnahme gelten ähnliche Überle-

---

[335] Es sei noch einmal ausdrücklich darauf hingewiesen, dass mit „Zusammenarbeit" nicht ein arbeitsteiliges Zusammenwirken von Arzt und Apotheker i.S.d. Mittäterschaft gemeint ist, sondern vielmehr das Angestelltenverhältnis Arzt-Apotheker. „Zusammenarbeit" ist hier so zu verstehen, dass sowohl der Arzt als auch der Apotheker ihre Pflichten gegenüber dem Patienten/Verbraucher erfüllen, ohne dass es im Rahmen dieser Pflichterfüllung auf das Handeln des Arztes oder des Apothekers ankommt. Dass der Patient/Verbraucher das Arzneimittel von der Internet-Apotheke bezieht bzw. beziehen muss, bei der der Arzt angestellt ist, lässt jedenfalls nicht ohne weiteres die Annahme zu, dass ein mittäterschaftliches Zusammenwirken zwischen Arzt und Apotheker gegeben ist.

[336] Vgl. dazu *Cramer/Heine* in: *Schönke/Schröder*, Vorbem §§ 25 ff. StGB, Rdn. 115 ff. m.w.N. auch zur Gegenauffassung. Auf eine ausführliche Darstellung des Streits wird hier verzichtet.

[337] Nach a.A. ist ein entscheidendes Kriterium der Mittäterschaft nach § 25 Abs. 2 StGB die Gemeinschaftlichkeit des Deliktsvorsatzes, die bei einem Fahrlässigkeitsdelikt jedoch fehlt, da das dort mögliche Bewusstsein gemeinschaftlicher Gefahrschaffung hierzu ein *aliud* ist, das eine Zurechnung über § 25 Abs. 2 StGB nur schwerlich trägt. Vgl. dazu *Cramer/Heine* in: *Schönke/Schröder*, Vorbem §§ 25 ff. StGB, Rdn. 115 ff. m.w.N.

[338] Vgl. dazu auch *Lackner/Kühl*, § 25 StGB, Rdn. 13.

gungen wie die vorangehenden. Einerseits wird man davon ausgehen müssen, dass es seitens des Apothekers an einer Teilnahmehandlung (dem Bestimmen bzw. dem Hilfeleisten zur Haupttat) fehlt. Andererseits, selbst wenn man im Hinblick auf ein Hilfeleisten auf die Arzneimittelabgabe an den Patienten/Verbraucher abstellen will, – einmal abgesehen davon, dass der Erfolg letztendlich durch die Einnahme des Medikaments herbeigeführt wird –, fehlt es regelmäßig am Gehilfenvorsatz. Zudem würde jede vorsätzliche Abgabe von Arzneimitteln, die die Gesundheit oder gar das Leben des Patienten/Verbrauchers beeinträchtigen, eine *eigene* täterschaftliche Strafbarkeit des Apothekers gemäß §§ 223 ff., 211 ff. StGB begründen, so dass auch aus diesem Grund eine Teilnahme ausscheidet bzw. zumindest unter Konkurrenzgesichtspunkten zurücktritt.

Ein weiteres Problem werfen in diesem Zusammenhang die sog. click-wrap agreements auf, die den Verbraucher auf eventuelle Nebenfolgen hinweisen und vor ihnen warnen. Können diese (Haftungs-)Ausschlüsse das Handeln des Apothekers, sofern es in diesem Zusammenhang ausnahmsweise doch einmal tatbestandsmäßig ist[339], ggf. rechtfertigen? Eine Einwilligung gemäß § 228 StGB wird regelmäßig dann rechtlich wirkungslos sein, wenn es sich bei den abgegebenen Arzneimitteln um (noch) nicht zugelassene oder bedenkliche Arzneimittel handelt. In diesem Fall verstößt die Tat des Apothekers (gemäß §§ 223 ff. StGB) trotz der Einwilligung des betroffenen Verbrauchers gegen die guten Sitten,[340]

[339] Zu unterscheiden sind hiervon die Fallkonstellationen, in denen der Apotheker ein verschreibungspflichtiges Arzneimittel aufgrund der Vorlage einer Verschreibung an den Verbraucher abgibt und der Verbraucher trotz der Beratung durch den Apotheker bezüglich der erforderlichen Einnahme des Arzneimittels in geringen Mengen die tägliche Dosis von sich aus erhöht und infolgedessen einen Gesundheitsschaden erleidet. Nach ständiger Rechtsprechung „unterfällt die eigenverantwortlich gewollte und verwirklichte Selbstgefährdung grundsätzlich nicht den Tatbeständen eines Körperverletzungs- oder Tötungsdelikts, wenn sich das mit der Gefährdung vom Opfer bewusst eingegangene Risiko realisiert. Wer eine solche Gefährdung veranlasst, ermöglicht oder fördert, kann daher nicht wegen eines Körperverletzungsdelikts oder Tötungsdelikts verurteilt werden; denn er nimmt an einem Geschehen teil, welches – soweit es um die Strafbarkeit wegen Tötung oder Körperverletzung geht – kein tatbestandsmäßiger und damit kein strafbarer Vorgang ist". Vgl. *BGH*, Urt. v. 11.12.2003, Az.: 3 StR 120/03 = BGHSt 49, S. 34, m.w.N.; grundlegend *BGH*, Urt. v. 14.02.1982, Az.: 1 StR 808/83 = BGHSt 32, S. 262 ff.
In dieser Fallkonstellation liegt die Gefährdungshandlung allein beim gefährdeten Verbraucher, nicht aber beim Apotheker, dem vor allem wegen seiner Beratung kein (strafrechtlicher) Vorwurf zu machen ist.

[340] Es kommt nicht darauf an, dass die Einwilligung des gefährdeten Verbrauchers sittenwidrig ist, sondern darauf, ob die Tat des Apothekers trotz der Einwilligung gegen die guten Sitten verstößt. Dies folgt bereits aus dem Wortlaut des § 228 StGB. So auch der BGH zu dem Verstoß gegen die guten Sitten; vgl. *BGH*, Urt. v. 22.01.1953, Az.: 4 StR 373/52 = BGHSt 4, S. 88 (91); ferner *BGH*, Urt. v. 11.12.2003, Az.: 3 StR 120/03 = BGHSt 49, S. 34. Ein Verstoß gegen die guten Sitten ist anzunehmen, wenn eine Handlung dem Anstandsgefühl aller billig und gerecht Denkenden zuwiderläuft. Vgl. *Stree* in: *Schönke/Schröder*, § 228 StGB,

wobei der Sittenverstoß durch den Verstoß gegen § 95 Abs. 1 Nr. 1-3a, Abs. 3 Nr. 1, 2 sowie § 96 AMG begründet wird.[341] Die Tat des Apothekers ist jedoch nicht schon deswegen sitten- und damit gemäß § 228 StGB rechtswidrig, weil sich der Apotheker durch die Tat jedenfalls nach den o.g. arzneimittelrechtlichen Vorschriften strafbar macht. Vielmehr beschränkt § 228 StGB „unter Heranziehung ethisch-moralischer Maßstäbe die Freiheit des einzelnen, über sein Individualrechtsgut der körperlichen Unversehrtheit nach freiem Belieben zu disponieren"[342]. Der Rechtsgutsinhaber kann nur in die Verletzung von Individualrechtsgütern einwilligen. Eine Dispositionsbefugnis über andere, überindividuelle Rechtsgüter wird ihm nicht zuerkannt.[343] Die arzneimittelrechtlichen Vorschriften bezwecken neben den öffentlichen Gesundheitsschutz auch den Schutz des Einzelnen. Der Gesetzgeber kann es dann zwar für erforderlich halten, Handlungen, die die Gefahr der Körperverletzung in sich bergen – wie z.B. die Abgabe bedenklicher Arzneimittel –, zum Schutz anderer Rechtsgüter, über die der Einzelne nicht verfügen kann – hier die Volksgesundheit in § 95 AMG –[344] in gesonderten Vorschriften unter Strafe zu stellen. Die Einwilligung ist dann insoweit ohne rechtliche Wirkung und kann insbesondere auch nicht eine Bestrafung des Apothekers nach §§ 95, 96 AMG verhindern.[345] Andererseits lässt sich – wie der BGH in seiner Entscheidung zur Verabreichung von Betäubungsmitteln feststellt – „aus dem strafrechtlichen Schutz derartiger Universalrechtsgüter, auch wenn sie mittelbar den Schutz von Individualrechtsgütern mitbewirken, nichts für die Beantwortung der Frage ableiten, ob im konkreten Einzelfall die Einwilligung des Geschädigten in die Verletzung des Individualrechtsguts seiner körperlichen Unversehrtheit mit allgemein anerkannten sittlichen Wertvorstellun-

---

Rdn. 6 m.w.N.; *BGH*, Urt. v. 11.12.2003, Az.: 3 StR 120/03 = BGHSt 49, S. 34 ff. Welche Kriterien im Einzelnen für die Beurteilung der Sittenwidrigkeit der Tat heranzuziehen sind, ist umstritten. Einerseits wird vertreten, dass die Tat allein nach Art und Umfang des Rechtsgutsangriffs zu betrachten ist. Andererseits wird auch auf den mit der Tat verfolgten Zweck oder die zugrunde liegenden Umstände abgestellt. Auf den Streit soll vorliegend allerdings nicht im Einzelnen eingegangen werden, da insofern auf zahlreiche Veröffentlichungen verwiesen werden kann. Vgl. *BGH*, Urt. v. 26.05.2004, Az.: 2 StR 505/03 = NJW 2004, S. 2459 ff.; *Stree* in: *Schönke/Schröder*, § 228 StGB, Rdn. 8; *Tröndle/Fischer*, § 228 StGB, Rdn. 9 jeweils m.w.N.

341 Ausnahmsweise käme eine Rechtfertigung gemäß § 34 StGB in Betracht, insbesondere wenn ein in der Entwicklung befindliches Arzneimittel zum Zweck der Lebensrettung verabreicht bzw. abgegeben wird. Vgl. dazu *Tröndle/Fischer*, § 228 StGB, Rdn. 3.

342 *BGH*, Urt. v. 11.12.2003, Az.: 3 StR 120/03 = BGHSt 49, S. 34.

343 *Lenckner* in: *Schönke/Schröder*, Vorbem §§ 32 ff. StGB, Rdn. 37.

344 Anzumerken ist, dass derartige Rechtsgüter mittelbar auch den Schutz von Individualrechtsgütern (hier die körperliche Unversehrtheit und das Leben des Verbrauchers) mitbewirken sollen.

345 Vgl. *BGH*, Urt. v. 11.12.2003, Az.: 3 StR 120/03 = BGHSt 49, S. 34 zur Verabreichung von Betäubungsmitteln.

gen unvereinbar ist"[346]. Deshalb kommt es darauf an, unter welchen Voraussetzungen oder Umständen eine Gesundheitsbeschädigung durch das Abgeben von (bedenklichen) Arzneimitteln nach allgemein anerkannten moralischen Maßstäben sittlich verwerflich ist. Das Abgeben von Arzneimitteln – auch bedenklicher Arzneimittel – durch den Apotheker wird generell noch nicht als unvereinbar mit den guten Sitten anzusehen sein. Maßgeblich ist vielmehr, ob bei vorausschauender objektiver Betrachtung aller Umstände der betroffene Verbraucher durch die Einnahme des an ihn abgegebenen Arzneimittels in konkrete Gefahr gebracht wird bzw. ob, sofern eine gesundheitliche Vorschädigung gegeben ist, und in welchem Grad die konkrete Tat Gesundheitsgefahren begründet oder verstärkt.[347] Einwilligungsschranken ergeben sich u.U. dann, wenn durch die Tat – die Abgabe von (bedenklichen) Arzneimitteln – *erhebliche* Verletzungen zu befürchten sind, so dass der damit verbundene Gefahrengrad für Leib und Leben des betroffenen Verbrauchers trotz Einwilligung nicht mehr als von der Rechtsordnung hinnehmbar erscheint.[348] Der Grad der Gefahr rechtfertigt den generalpräventiven-fürsorglichen Eingriff des Staates in das individuelle Selbstbestimmungsrecht des betroffenen Rechtsgutsinhabers.[349] Dies wird man stets am konkreten Einzelfall entscheiden müssen. Hinzu kommt, dass grundsätzlich nicht in eine Lebensgefährdung[350] oder in eine Tötung[351] rechtlich wirksam eingewilligt werden kann. Eine insoweit dem § 228 StGB entsprechende Rechtsnorm sieht das Gesetz nicht vor und kann auch nicht etwa § 216 StGB entnommen werden. Vielmehr ergibt sich aus § 216 StGB, „daß die Vernichtung des Menschenlebens nicht zuletzt zum Schutze der Allgemeinheit mit Strafe bedroht wird und daß deshalb bei den Verbrechen und Vergehen gegen das Leben die Einwilligung des Verletzten – abgesehen von der in § 216 StGB getroffenen Sonderregelung – grundsätzlich rechtlich bedeutungslos ist."[352]

Nimmt der Apotheker irrtümlich an, die auf der Arzneimittelabgabe beruhende Körperverletzung sei durch eine Einwilligung gerechtfertigt, so ist – wie üblich – danach zu unterscheiden, ob es sich um eine irrige Annahme im Hinblick auf das Vorliegen der tatsächlichen Voraussetzungen eines Rechtfertigungsgrundes handelt (Erlaubnistatbestandsirrtum) oder um einen Irrtum über die Verbo-

---

[346] *BGH*, Urt. v. 11.12.2003, Az.: 3 StR 120/03 = BGHSt 49, S. 34 (43) m.w.N.
[347] Vgl. *BGH*, Urt. v. 11.12.2003, Az.: 3 StR 120/03 = BGHSt 49, S. 34 (43) m.w.N.
[348] *BGH*, Urt. v. 26.05.2004, Az.: 2 StR 505/03 = NJW 2004, S. 2459 ff. Es kommt nicht ausschließlich auf den eingetretenen Körperschaden an. Vgl. *Stree* in *Schönke/Schröder*, § 228 StGB, Rdn. 8.
[349] Vgl. *BGH*, Urt. v. 26.05.2004, Az.: 2 StR 505/03 = NJW 2004, S. 2459 ff.; *Tröndle/Fischer*, § 228 StGB, Rdn. 9 m.w.N.
[350] *Tröndle/Fischer*, § 228 StGB, Rdn. 5 m.w.N. A.A. *Hirsch* in: Leipziger Kommentar zum StGB, § 226a, Rdn. 1.
[351] *BGH*, Urt. v. 22.01.1953, Az.: 4 StR 373/52 = BGHSt 4, S. 88 (93).
[352] *BGH*, Urt. v. 22.01.1953, Az.: 4 StR 373/52 = BGHSt 4, S. 88 (93).

tenheit des Verhaltens (Verbotsirrtum). Folgt die Sitten- und Rechtswidrigkeit der Körperverletzung – trotz der Einwilligung des Verbrauchers – aus der konkreten Lebensgefahr[353] und erkennt der Apotheker diese Gefahr nicht, weil er z.B. die Schwere der gesundheitlichen Vorschädigung (das Krankheitsbild) des Verbrauchers und die Dosierung des Arzneimittels für die Bedürfnisse und das Krankheitsbild des Verbrauchers unzutreffend einschätzt, liegt ein Erlaubnistatbestandsirrtum vor.[354] Irrt der Apotheker dagegen über die sittliche und damit die rechtliche Bewertung der Tat nach § 228 StGB, weil er meint, aufgrund des Einverständnisses mit dem Haftungsausschluss sei eine wirksame Einwilligung gegeben, liegt ein (indirekter) Verbotsirrtum vor. Im ersten Fall käme man – folgt man der rechtsfolgenverweisenden eingeschränkten Schuldtheorie[355] – allenfalls zu einer Bestrafung wegen Fahrlässigkeit (sofern auch deren spezielle Voraussetzungen gegeben sind). Liegt dagegen ein Verbotsirrtum – der zweite Fall – vor, entfällt die Schuld nur, wenn der Irrtum nicht vermeidbar war (§ 17

---

[353] Bei der Prüfung der Sittenwidrigkeit der Tat muss man u.a. darauf abstellen, „ob die Körperverletzung wegen des besonderen Gewichts des jeweiligen tatbestandlichen Rechtsgutsangriffs, namentlich des Umfangs der vom Opfer hingenommenen körperlichen Misshandlung oder Gesundheitsschädigung und des Grades der damit verbundenen weiteren Leibes- oder Lebensgefahr, als unvereinbar mit den guten Sitten erscheint"; über die Tat hinausgehende – unlautere – Zwecke sind jedoch ggf. auch zu berücksichtigen. Vgl. *BGH*, Urt. v. 11.12.2003, Az.: 3 StR 120/03 = BGHSt 49, S. 34. Jedenfalls ist zu beachten, dass die (einverständliche) Arzneimittelabgabe und die anschließende, darauf beruhende Einnahme des Arzneimittels nicht schon deswegen sittenwidrig sind, weil sich der Apotheker durch die Tat jedenfalls nach § 95 Abs. 1 Nr. 1 AMG (bei der Abgabe nicht zugelassener oder bedenklicher Arzneimittel) strafbar gemacht hat.

[354] Folgende Fallkonstellation kommt in Betracht: Der Apotheker (A) weiß, dass der Verbraucher (V) an Krebs erkrankt ist. In seiner Internet-Apotheke vertreibt er u.a. ein noch nicht für den deutschen Arzneimittelmarkt zugelassenes Arzneimittel, das den Heilungsprozess bei Krebserkrankungen unterstützen und fördern soll. V bestellt dieses Arzneimittel bei A und erklärt sich mit dem Haftungsausschluss einverstanden. Infolge der Einnahme erleidet V schwere gesundheitliche Schäden, wobei eine akute Lebensgefahr besteht. A, der bislang nur positive Erfahrungsberichte bezüglich des Einsatzes des Arzneimittels bei der Krebstherapie kennt, ist davon ausgegangen, dass das Arzneimittel V nicht schaden würde. Was A nicht weiß, ist, dass das aggressiv auf den Körper einwirkende Arzneimittel bislang nur bei Krebspatienten im Anfangsstadium eingesetzt wird, da die Patienten, insbesondere deren Immunsystem dann noch nicht von der Bestrahlung und/oder Chemotherapie geschwächt sind. Ein zu hohes Maß der Dosierung kann sogar tödlich sein. In diesem Fallbeispiel ergibt sich die Sitten- und Rechtswidrigkeit der Körperverletzung – trotz der Einwilligung des Verbrauchers – aus der konkreten Lebensgefahr, die durch die Einnahme entstand.

[355] Die rechtliche Behandlung des Erlaubnistatbestandsirrtums ist bekanntlich umstritten. Auf die hierzu vertretenen Theorien soll hier jedoch nicht eingegangen werden; vgl. dazu z.B. *Tröndle/Fischer*, § 16 StGB, Rdn. 20 ff. m.w.N. Es sei jedoch darauf hingewiesen, dass die strafrechtliche Beurteilung der Tat des Apothekers davon abhängt, welcher der vertretenen Ansichten zur rechtlichen Einordnung des Erlaubnistatbestandsirrtums man folgt.

Satz 1 StGB); andernfalls besteht die Möglichkeit der Strafmilderung (§ 17 Satz 2 i.V.m. § 49 Abs. 1 StGB).

Die Zahl der Internet-Apotheken nimmt – wie bereits näher ausgeführt – stetig zu. Dennoch ist der angebotene Service häufig mangelhaft.[356] Sicherheitsstandards werden nicht gewahrt. Oftmals erhalten Verbraucher ein Medikament von schlechter oder geringwertiger Qualität, die Herkunft ist unklar oder Inhaltsstoffe werden nicht deklariert oder sind unterdosiert oder gefälscht. Der illegale Versand boomt und stellt daher eine ernste Gefahr für die Gesundheit und das Leben der Verbraucher dar.[357] Aber auch der Arzneimittelversand durch eine *zugelassene* Internet-Apotheke birgt Risiken für den Verbraucher. Abgesehen von der oft bemängelten, schlechten Beratung[358] können sich potentielle Gesundheitsschädigungen von Verbrauchern insbesondere auch durch Verzögerung von Arzneimittellieferungen oder durch Lieferausfall ergeben. Grundsätzlich ist zu beachten, dass der Arzneimittelbezug aus der Internet-Apotheke nicht vergleichbar ist mit der Arzneimittelabgabe in der Standard-Apotheke, wo das Medikament direkt dem Verbraucher übergeben wird. Die Lieferzeit der Internet-Apotheke variiert und hängt häufig davon ab, welchen Versandservice die Internet-Apotheke anbietet. In der Regel wird ein 24-Stunden-Lieferservice angeboten; einige Internet-Apotheken beauftragen aber auch eine Apotheke am Wohnort des Verbrauchers und das Arzneimittel wird noch am gleichen Tag geliefert.[359] Strafrechtlich zur Verantwortung gezogen werden können die Apotheker im Hinblick auf eventuelle Lieferverzögerungen, die zu körperlichen Schäden beim Abnehmer oder gar zu dessen Tod führen, allerdings nur dann, wenn ihnen im Hinblick auf diese Lieferverzögerungen oder den Lieferausfall und deren Konsequenzen für den betreffenden Verbraucher Vorsatz oder zumindest Fahrlässigkeit vorzuwerfen ist. In der Regel werden die Apotheker allerdings für die Lieferung Vertragspartner – Logistikunternehmen, Boten oder beauftragte Apotheken – einschalten. Sofern die Lieferverzögerung oder der Lieferausfall nur auf deren Verhalten zurückzuführen ist, kann der Apotheker strafrechtlich in aller Regel nicht zur Verantwortung gezogen werden. Dem Apotheker ist lediglich sein eigenes Verhalten vorzuwerfen. Eine Zurechnung des Verhaltens Anderer könnte allenfalls im Rahmen mittäterschaftlichen Verhaltens erfolgen. Das käme aber hier nur im Ausnahmefall in Betracht.

---

[356] Eine Untersuchung von Stiftung Warentest ergab, dass jede zweite Versandapotheke mangelhaft ist. *Stiftung Warentest*, Versandapotheken – Jede zweite ist mangelhaft, [online] a.a.O.
[357] Vgl. *Stiftung Warentest*, Versandapotheken – UN warnen vor Illegalen, Meldung aus Gesundheit und Kosmetik, vom 28.04.2005, [online] <http://www.stiftung-warentest.de/online/gesundheit_kosmetik/meldung/1254525/1254525.html> (letzter Zugriff: 18.01.2007).
[358] *Stiftung Warentest*, Versandapotheken – Jede zweite ist mangelhaft, [online] a.a.O.
[359] *Stiftung Warentest*, Versandapotheken – Jede zweite ist mangelhaft, [online] a.a.O.

2. Betrugs- und Untreuedelikte

Eine Strafbarkeit des Apothekers wegen Betruges *gegenüber der Krankenkasse* gemäß § 263 StGB wegen der Abgabe verschreibungspflichtiger, aber nicht notwendiger Arzneimittel scheidet im Ergebnis aus. Folgende Fallkonstellation ist dabei in Betracht zu ziehen:

> Der Arzt (D) verschreibt dem Verbraucher (V) ein Arzneimittel, welches für dessen Genesung nicht notwendig ist. Nach Vorlage (Einsenden) der Verschreibung versendet der Apotheker (A), ohne dass er von der Nichterforderlichkeit des Arzneimittels weiß oder die Verschreibung erkennbare Fehler aufweist, das Arzneimittel an V. A rechnet die Arzneimittelabgabe an V gegenüber der Krankenkasse ab. Die Krankenkasse übernimmt die Kosten und erstattet dem A den in Rechnung gestellten Betrag.[360]

Handelt es sich um ordnungsgemäß ausgestellte Rezepte, sind die Apotheker als Leistungserbringer in der gesetzlichen Krankenversicherung verpflichtet, die kassen-ärztliche Verschreibung gemäß § 17 Abs. 4 ApoBetrO unverzüglich einzulösen, denn der Versicherte hat einen Rechtsanspruch auf Versorgung i.S.d. § 31 SGB V.[361] Es fehlt daher bereits an einer einen Vermögensnachteil bewirkenden Täuschungshandlung. Täuschung ist ein Verhalten (ausdrücklich, konkludent oder durch Unterlassen), das objektiv irreführt oder einen Irrtum unterhält und damit auf die Vorstellung eines anderen einwirkt.[362] Die Täuschungshandlung kann auch nicht im Unterlassen der Überprüfung der sachlichen Richtigkeit oder der Notwendigkeit der ärztlichen Verschreibung gesehen werden. Eine solche Prüfpflicht besteht für den Apotheker nicht. Der Apotheker wird „regelmäßig keinen (medizinischen) Einblick in das Arzt-Patienten-Verhältnis haben, so dass sich [ihm] die Notwendigkeit sozialversicherungsrechtlicher Leistungen gerade nicht erschließt“[363]. Die Prüfpflicht beschränkt sich vielmehr

---

[360] Die Zuzahlungen des versicherten Verbrauchers werden von den Apothekern gemäß §§ 31 Abs. 3, 61 Satz 1 SGB V eingezogen und gemäß § 43b SGB V mit den Vergütungsansprüchen gegenüber den Krankenkassen verrechnet.

[361] *BGH*, Beschl. v. 05.11.2003, Az.: 4 StR 239/03 = NZS 2004, S. 423 (425). Zur Arzneimittelversorgung führte der BGH in der o.g. Entscheidung u.a. folgendes aus: „Als Bestandteil der Krankenbehandlung sind [Arzneimittel] ... als Sachleistung zu erbringen (§ 2 II 1 SGB V)... Ein bestimmtes Arzneimittel kann der Versicherte daher erst dann beanspruchen, wenn es ihm als ärztliche Behandlungsmaßnahme in Konkretisierung des gesetzlichen Rahmenrechts vom Vertragsarzt als einem mit öffentlichrechtlicher Rechtsmacht ‚beliehenen‘ Verwaltungsträger verschrieben wird.“ Dies ergibt sich aus § 27 Abs. 1 Satz 2 Nr. 3, §§ 31 und 34 SGB V.
Zur Arzneimittelversorgung durch Apotheker vgl. auch *Wigge*, NZS 1999, S. 584 ff. Da Arzneimittel Bestandteil der Krankenbehandlung sind, sind diese als Sachleistungen zu erbringen.

[362] *Tröndle/Fischer*, § 263, Rdn. 6; ferner *BGH*, Urt. v. 26.04.2001, Az.: 4 StR 439/00 = BGHSt 47, S. 1 (3).

[363] *BGH*, Beschl. v. 05.11.2003, Az.: 4 StR 239/03 = NZS 2004, S. 423 (425).

auf die speziellen Pflichten bei der Arzneimittelabgabe an den Verbraucher[364]. Eine Pflicht gegenüber der Krankenkasse trifft den Apotheker nicht, auch wenn es bei der Arzneimittelabgabe zum Vertragsabschluss zwischen der Krankenkasse und dem Apotheker zugunsten des versicherten Verbrauchers[365] kommt, wobei der das Rezept ausstellende Arzt als Vertreter der Krankenkasse auftritt.[366] Der Apotheker, der über das Arzneimittel verfügt, unterliegt auch keinem Irrtum darüber, dass der Verbraucher versicherungsrechtlich zum Arzneimittelbezug berechtigt ist. Die Krankenkasse irrt zwar hierüber, verfügt aber nicht über das Medikament. Dies hat zur Folge, dass die Krankenkasse sogar dann vertraglich zur Zahlung der abgegebenen Arzneimittel an den Apotheker verpflichtet ist,[367] wenn die Arzneimittelabgabe aufgrund einer gefälschten, unbefugt oder missbräuchlich ausgestellten ärztlichen Verordnung erfolgte und der Apotheker diese Mängel im Rahmen seiner Prüfpflicht nicht erkennen konnte.[368]

Etwas anderes kann sich ergeben, wenn man von folgender Fallkonstellation ausgeht:

> Der Arzt (D) verschreibt dem Verbraucher (V) ein Arzneimittel, welches für dessen Genesung nicht notwendig ist. Nach Vorlage (Einsenden) der Verschreibung versendet der Apotheker (A) das Arzneimittel an V, obwohl A erkannt hat, dass die Verschreibung fehlerhaft ist und er deshalb

---

364 *BGH*, Beschl. v. 05.11.2003, Az.: 4 StR 239/03 = NZS 2004, S. 423 (424).

365 Der Versicherte überbringt die ärztliche Verschreibung als Kaufvertragsangebot dem Apotheker quasi als Bote. Allerdings wird diese Botenstellung des Versicherten vom BSG in Frauge gestellt, da sich der Versicherte den Vertragspartner – die Apotheke – selbst auswählt; vgl. *BSG*, Urt. v. 17.01.1996, Az.: 3 RK 26/94 = BSGE 77, S. 194 (200). Vgl. dazu auch *Wigge*, NZS 1999, S. 584 (586), der zugleich die Folgen der zivilrechtlichen Haftung des Versicherten gegen den Apotheker skizziert. Dem soll hier jedoch nicht weiter nachgegangen werden, da es für die weiteren Überlegungen nicht auf die Stellung des Versicherten ankommt, sondern vielmehr das Verhalten des Apothekers zu beurteilen ist.

366 *BGH*, Beschl. v. 05.11.2003, Az.: 4 StR 239/03 = NZS 2004, S. 423 (424). In dem Beschluss verweist der BGH darauf, dass nach anderer Auffassung „der Kaufvertrag zwischen Apotheker und Versichertem zustande kommen [soll], wobei die daraus resultierende Zahlungspflicht des Versicherten die Krankenkasse durch eine antizipierte Schuldübernahme übernehme, der Apotheker also ebenfalls einen Zahlungsanspruch gegenüber der zur Erstattung verpflichteten Krankenkasse habe". Zum Erstattungsanspruch des Apothekers gegenüber der Krankenkasse vgl. auch *BSG*, Urt. v. 17.01.1996, Az.: 3 RK 26/94 = BSGE 77, S. 194 ff. Vgl. ferner *BSG*, Urt. v. 17.03.2005, Az.: B 3 KR 2/05 R [online] <http://www. bundessozialgericht.de/> (letzter Zugriff: 18.9.2006).

367 Die durch den Apotheker geltend gemachte Forderung stellt einen Kaufpreisanspruch gemäß § 433 Abs. 2 BGB analog i.V.m. § 129 SGB V i.V.m. § 69 Satz 3 SGB V dar. Da die Rechtsbeziehungen zwischen Apotheker und Krankenkasse öffentlich-rechtlicher Natur sind (§ 69 Satz 1 SGB V), handelt es sich bei den Verträgen, die der Abgabe von vertragsärztlich verordneten Arzneimitteln zu Grunde liegen, um öffentlich-rechtliche Kaufverträge. Vgl. dazu *BSG*, Urt. v. 17.03.2005, Az.: B 3 KR 2/05 R [online], a.a.O.

368 *Wigge*, NZS 1999, S. 584 (587).

das Arzneimittel nicht hätte abgeben dürfen. A rechnet die Arzneimittelabgabe an V gegenüber der Krankenkasse ab. Die Krankenkasse über nimmt die Kosten und erstattet dem A den in Rechnung gestellten Betrag.

Ist die Verschreibung offensichtlich fehlerhaft, muss der Apotheker die Abgabe – für eine kurze Übergangszeit bis zum Wirksamwerden der von den zuständigen Prüfinstanzen zu ergreifenden Maßnahmen – ablehnen. Es ist jedoch nach der Rechtsprechung des Bundessozialgerichts „nicht Aufgabe des Apothekers, ein der Kasse bekanntes und nach ihrer Auffassung mißbräuchliches Verhalten des Arztes durch Nichtauslieferung von Medikamenten in eigener Verantwortung ‚abzufangen' und sich damit unter Umständen Vorwürfen von Arzt und Kasse sowie Schadensersatzansprüchen von Versicherten oder gar Strafanzeigen (in Notfallsituationen) auszusetzen... Der Apotheker ist weder ein medizinischer Obergutachter noch eine medizinische Aufsichtsbehörde des Arztes... Umgekehrt soll der Apotheker aber auch nicht die Augen vor einer mißbräuchlichen Verschreibung verschließen"[369].

Bei einer offensichtlich missbräuchlichen, fehlerhaften oder gefälschten Verschreibung durch den Arzt wird der Betrugstatbestand vom Apotheker dagegen erfüllt.[370] Folgende Fallkonstellation ist dabei in Betracht zu ziehen:[371]

> Der Arzt (D) verschreibt dem Verbraucher (V) ein Arzneimittel, welches für dessen Genesung notwendig ist. Dieses Arzneimittel ist jedoch in Deutschland nicht mehr zugelassen, da im Nachhinein über erhebliche Nebenwirkungen des Arzneimittels berichtet worden war. Nach Vorlage (Einsenden) der Verschreibung versendet der Apotheker (A) das Arzneimittel an V. Das Arzneimittel bezog A zuvor aus einem anderen (Nicht-EU-)Staat, wo das Medikament weiter zugelassen war. A erkannte, dass, trotz formal ordnungsgemäßer vertragsärztlicher Verordnung, die Verkehrsfähigkeit des Arzneimittels nicht gegeben war und er deshalb das Arzneimittel nicht hätte abgeben dürfen. A rechnet die Arzneimittelabgabe an V gegenüber der Krankenkasse ab. Die Krankenkasse übernimmt die Kosten und erstattet dem A den in Rechnung gestellten Betrag.

Dadurch, dass der Apotheker die ärztliche Verordnung zwecks Leistungsabrechnung an die Krankenkasse weiterleitet (Täuschungshandlung), wird bei der

---

[369] *BSG*, Urt. v. 17.01.1996, Az.: 3 RK 26/94 = BSGE 77, S. 194 ff. Ferner *BGH*, Beschl. v. 05.11.2003, Az.: 4 StR 239/03 = NZS 2004, S. 423 ff. m.w.N. Die Apotheker sind nicht zur Überprüfung der Verordnungsfähigkeit des verordneten Mittels verpflichtet (§ 4 Abs. 5 Satz 4 ALV).

[370] Der Apotheker ist insofern Alleintäter, es sei denn, es liegt ausnahmsweise mittäterschaftliches Handeln mit dem Arzt zu Lasten der Krankenkasse vor.

[371] Die Fallkonstellation bezieht sich auf den der Entscheidung des Bundessozialgerichts vom 17.03.2005, Az.: B 3 KR 2/05 R zu Grunde liegenden Sachverhalt. Vgl. *BSG*, Urt. v. 17.03. 2005, Az.: B 3 KR 2/05 R [online] a.a.O.

Krankenkasse ein Irrtum über die Notwendigkeit der Leistung erregt.[372] Der Schaden, der durch die Auszahlung des Erstattungsbetrages (Vermögensverfügung) entsteht, besteht darin, dass die Krankenkasse für ein Medikament leistet, für das sie nicht hätte leisten müssen (und der Apotheker dies auch weiß). Der Apotheker kann sich auch nicht darauf berufen, dass die Krankenkasse durch die Arzneimittelabgabe an den Verbraucher vertraglich zur Zahlung des Preises bzw. des Festpreises abzüglich etwaiger vom versicherten Verbraucher zu tragenden Zuzahlungen oder Verordnungsgebühren verpflichtet ist. Ein Kaufvertrag über das Arzneimittel ist nicht zu Stande gekommen. Das Kaufvertragsangebot der Krankenkasse, welches der Arzt mit der Ausstellung der Verordnung kraft der ihm durch das Kassenarztrecht verliehenen Kompetenz als Vertreter der Krankenkasse abgibt und durch den versicherten Verbraucher mit Überreichung der Verschreibung dem Apotheker übermittelt, steht unter dem Vorbehalt bzw. der Bedingung der Einhaltung der im Arzneilieferungsvertrag (ALV)[373] niedergelegten Abgabebestimmungen.[374] In § 4 ALV heißt es: „(1) Die Abgabe erfolgt aufgrund einer ordnungsgemäß ausgestellten vertragsärztlichen oder vertragszahnärztlichen Verordnung zu Lasten der angegebenen Ersatzkasse... (5) ... Verordnungen von: 1. Fertigarzneimitteln, die nach § 34 Abs. 3 SGB V von der Versorgung nach § 31 SGB V ausgeschlossen sind, ... dürfen nicht zu Lasten der Ersatzkassen beliefert werden, es sei denn, sie sind bei bestimmten Indikationsstellungen verordnungs- und erstattungsfähig. ... Im Übrigen sind die Apotheken nicht zur Überprüfung der Verordnungsfähigkeit des verordneten Mittels verpflichtet. Gefälschte Verordnungen oder Verordnungen auf missbräuchlich benutzten Verordnungsblättern dürfen nicht beliefert werden, wenn die Apotheke die Fälschung oder den Missbrauch erkennt oder hätte erkennen müssen. ...“ Auch wenn es sich bei der zur Kostenerstattung eingereichten Verschreibung um eine formal ordnungsgemäß ausgestellte kassenärztliche Verordnung handelt, ist der Apotheker grundsätzlich nur verpflichtet, die Verschreibung unverzüglich einzulösen, wenn die Bestimmungen des Arzneimittelrechts nicht entgegenstehen. Ein nicht zugelassenes Arzneimittel ist jedoch nicht verkehrsfähig und darf nicht abgegeben werden (§§ 21 ff., 30 AMG i.V.m. § 4 Abs. 5 Satz 2 ALV i.V.m. §§ 31, 34 Abs. 3 SGB V). Dies folgt im Übrigen auch aus dem in § 1 AMG normierten Schutzzweck, die Qualität, Wirksamkeit und Unbedenklichkeit der Arzneimittel sicherzustellen. Das bestehende Verkehrsverbot

[372] Selbst wenn die Verletzung der kassenärztlichen Pflichten offensichtlich gewesen ist, ist zu beachten, dass allein die Krankenkasse die Nichterforderlichkeit einer Leistung im Sinne des § 12 Abs. 1 SGB V überprüfen lassen kann. Vgl. *BGH*, Beschl. v. 05.11.2003, Az.: 4 StR 239/03 = NZS 2004, S. 423 (424).

[373] Die Arzneilieferungsverträge sind teils länderbezogen, teils aber auch bundesweit zwischen den Verbänden der Krankenkassen und entweder der Landesapothekerverbände oder dem Deutschen Apothekerverbund abgeschlossen worden.

[374] Vgl. *BSG*, Urt. v. 17.03.2005, Az.: B 3 KR 2/05 R [online] a.a.O.

steht somit der Zahlungspflicht der Krankenkasse entgegen. Es fehlt bereits an einem wirksamen Kaufvertragsangebot der Krankenkasse. Auch kann der Arzt als Vertreter der Krankenkasse eine wirksame Willenserklärung (die kassenärztliche Verschreibung) mit Wirkung für und gegen die Krankenkasse nur abgeben, soweit seine Vertretungsbefugnis reicht. Diese wird – bei der zu-grunde gelegten Fallkonstellation – darauf beschränkt sein, dass das Arzneimittel verkehrsfähig ist.[375] Der Apotheker kann auch nicht einwenden, dass er nicht zur Überprüfung der Verordnungsfähigkeit eines verordneten Arzneimittels ver-pflichtet ist. Nach der Rechtsprechung des Bundessozialgerichts[376] beziehen sich die Abgabebestimmungen des Arzneilieferungsvertrages (§ 4 Abs. 5 Satz 4 ALV) weder vom Wortlaut noch vom Regelungsgehalt auf die Verkehrsfähigkeit (§ 30 Abs. 4 Satz 1 Nr. 1 AMG) und auf die Importfähigkeit (§ 30 Abs. 4 Satz 1 Nr. 2 AMG). Vielmehr gehören diese Prüfungen zum originären Aufgabengebiet der Apotheker.

Demgegenüber scheidet eine Strafbarkeit wegen Untreue gemäß § 266 Abs. 1 StGB aus. Mangels eigener Pflichtenstellung gegenüber der Krankenkasse verwirklicht der Apotheker nicht den Tatbestand des § 266 Abs. 1 StGB. Lediglich der Arzt steht in einem Treueverhältnis zur Krankenkasse und verletzt mit der Ausstellung eines Rezepts für ein verschreibungspflichtiges, aber nicht notwendiges Arzneimittel seine Betreuungspflicht gegenüber dem Vermögen der betreffenden Krankenkasse.[377]

Eine Strafbarkeit des Apothekers wegen Betruges zum Nachteil der Krankenkasse ergibt sich weiterhin dann, wenn der Apotheker bei der Krankenkasse Rezepte für gar nicht abgegebene Arzneimittel oder Rezepte mit überhöhten Preisen einreicht und der (fällige) Betrag an ihn ausgezahlt wird.[378]

---

[375] Vgl. *BSG*, Urt. v. 17.03.2005, Az.: B 3 KR 2/05 R [online] a.a.O.

[376] Vgl. *BSG*, Urt. v. 17.03.2005, Az.: B 3 KR 2/05 R [online] a.a.O.

[377] Vgl. *BGH*, Beschl. v. 05.11.2003, Az.: 4 StR 239/03 = NZS 2004, S. 423 (424); vgl. auch *BGH*, Beschl. v. 27.04.2004, Az.: 1 StR 165/03 = NStZ 2004, S. 568 (569). Anzumerken ist, dass das Verhalten des Arztes in diesem Fall keinen Betrug zum Nachteil des Apothekers darstellt, da es an einer schadensgleichen Vermögensgefährdung gegenüber dem Apotheker fehlt. „Der Apotheker, der sich an die ärztliche Verordnung hält, ist in seinem Vertrauen auf Bezahlung des Kaufpreises durch die Krankenkassen geschützt"; ein Leistungsverweigerungsrecht steht der Krankenkasse nicht zu. So *BGH*, Beschl. v. 27.04.2004, Az.: 1 StR 165/ 03 = NStZ 2004, S. 568 (570).

[378] In der Regel reichen die Apotheker die Rezepte bei der Verrechnungsstelle für Apotheker ein, die dann eine Aufteilung an die jeweiligen Krankenkassen vornimmt. Die Krankenkassen überweisen dann den fälligen Betrag an die Verrechnungsstelle, die ihn wiederum an den Apotheker auszahlt. Ferner müssen die abgegebenen Arzneimittel grundsätzlich der Verschreibung entsprechen. Enthält eine Verschreibung etwa einen für den Abgebenden erkennbaren Irrtum, ist sie unleserlich oder ergeben sich sonstige Bedenken, so darf das Arzneimittel nicht abgegeben werden, bevor die Unklarheiten nicht beseitigt wurden, § 17 Abs. 5 ApoBetrO. Der durch Abrechnungsbetrug durch Ärzte und Apotheker verursachte Schaden für die

Folgende Fallkonstellation sei hier zugrunde gelegt:

> Der Arzt (D) verschreibt dem Verbraucher (V) ein Arzneimittel, welches für dessen Genesung auch notwendig ist. Nach Vorlage (Einsenden) der Verschreibung versendet der Apotheker (A) das verschriebene Arzneimittel an V. Sodann rechnet A die Arzneimittelabgabe an V gegenüber der Krankenkasse ab, wobei er zum einen für die (tatsächlich) erbrachte Leistung einen überhöhten Preis ansetzt und zum anderen eine ärztliche Verordnung an die Krankenkasse weiterleitet, ohne diesbezüglich eine Leistung gegenüber dem versicherten Verbraucher erbracht zu haben. Die Krankenkasse übernimmt sämtliche Kosten und erstattet dem A die in Rechnung gestellten Beträge.

Die Täuschungshandlung – die falsche Abrechnung – führt in einem solchen Fall zu einer irrtumsbedingten Vermögensverfügung und zu einem Vermögensschaden bei der Krankenkasse. Hier nutzt der Apotheker zum Zwecke seiner rechtswidrigen Bereicherung bewusst aus, dass die Krankenkasse ihm regelmäßig keine Einwendungen, die die ärztliche Verordnung betreffen, entgegenhalten kann. Anders als bei dem oben geschilderten Fall der Verschreibung nicht notwendiger Arzneimittel ist es hier nicht der Arzt, der den Irrtum erzeugt, sondern der Apotheker. Der Irrtum, der bei der Krankenkasse hervorgerufen wird, bezieht sich darauf, dass diese davon ausgeht, dass das Arzneimittel im Rahmen der kassenärztlichen Behandlung tatsächlich verschrieben und auch an den versicherten Verbraucher abgegeben wurde. Unerheblich ist bei dem zugrunde gelegten Fallbeispiel allerdings, ob der Apotheker das tatsächlich in der Verschreibung genannte oder ein anderes, gleichsam adäquates Arzneimittel abgegeben hat.[379] Denn für die Erfüllung des Betrugstatbestandes – insbesondere für die Vermögensverfügung – kommt es nicht auf das abzurechnende Arzneimittel als solches an, sondern darauf, dass der Apotheker bei der Krankenkasse einen unberechtigten Kostenerstattungsanspruch geltend macht. Etwas anderes gilt jedoch dann, wenn der Apotheker zwar ein anderes als das in der Verschreibung bezeichnete, jedoch gleichwertiges, billigeres Arzneimittel an den Verbraucher abgibt und dann die Originalverschreibung gegenüber der Krankenkasse als (angeblich) erbrachte Leistung abrechnet. In diesem Fall benutzt er gerade die Verschreibung als Tatmittel, um die Krankenkasse über die erbrachte Leistung (die

---

Krankenkassen beträgt jährlich ca. 1 Milliarde Euro. Vgl. *ddp*, Abrechnungsbetrug kostet Krankenkassen Milliarden, (29.05.2006) [online] <http://aerzteblatt.de./v4/news/news.asp?p=abrechnungsbetrug+kostet+Krankenkassen+Milliarden&src=suche&id=24344> (letzter Zugriff: 18.09.2006).

[379] Grundsätzlich ist der Apotheker verpflichtet, das in der Verschreibung bezeichnete Arzneimittel abzugeben. In bestimmten Ausnahmefällen darf der Apotheker von der Verschreibung abweichen, sofern das abgegebene Arzneimittel für den Gesundungsprozess des Verbrauchers gleichermaßen geeignet ist.

Abgabe des in der Verschreibung bezeichneten, teureren Arzneimittels) zu täuschen und diese zu einer ihm vorteilhaften Vermögensverfügung zu veranlassen.

Eine Strafbarkeit des Apothekers wegen Betruges *zu Lastens des Verbrauchers* wegen der Abgabe eines anderen als in der Verschreibung bezeichneten Arzneimittels scheidet zumindest in den Fällen aus, in denen der Apotheker im Rahmen seiner Berufspflichten zu dem Austausch berechtigt ist.[380] Ist letzteres dagegen nicht der Fall, kommt es entscheidend darauf an, ob der Verbraucher einen Vermögensschaden erleidet, während der Apotheker einen rechtswidrigen Vermögensvorteil erstrebt. Ein Vermögensnachteil des Verbrauchers wäre jedoch nur dann anzunehmen, wenn der von der Zuzahlung für Arzneimittel nicht befreite Verbraucher[381] höhere Kosten für das nicht verschriebene Arzneimittel[382] tragen müsste.[383] Da im Zuge der Gesundheitsreform 2004 das System der Arzneimittelpreise grundlegend überarbeitet wurde und der Apothekerertrag nicht mehr an den Produktpreis gekoppelt ist,[384] scheidet eine Betrugsstrafbarkeit mangels Vermögensschadens beim Verbraucher aus. Der Apotheker erhält nunmehr unabhängig von der Größe der Packung oder der Kosten für das Arzneimittel den gleichen Zuschlag, nämlich ein Abgabehonorar von 8,10 Euro pro Packung sowie zum Ausgleich für Investitionskosten einen geringen Zuschlag von 3% auf den Einkaufspreis.[385] Einen Anteil an den durch den Verbraucher zu leistenden Zuzahlungen erhalten die Apotheker nicht.[386]

---

380 Es ist anzumerken, dass, welches Arzneimittel an den Verbraucher abgegeben wird, vom Verordnungsverhalten des Arztes abhängt, das ein therapeutisches Interesse verfolgt. An die Anweisungen in der Verschreibung ist der Apotheker grundsätzlich gebunden. Auf die Strafbarkeit der Apotheker wegen Betruges zu Lasten der Verbraucher durch die Lieferung falsch etikettierter oder gefälschter Arzneimittel wird an anderer Stelle eingegangen. Vgl. dazu die Ausführungen zur strafrechtlichen Verantwortung des Apothekers nach dem Markenrecht, *4. Kapitel, A., V., „Die strafrechtliche Verantwortlichkeit nach dem Markenrecht"*.

381 Von der Zuzahlung für Arzneimittel sind einige Personengruppen generell befreit, z.B. Kinder und Jugendliche bis zum vollendeten 18. Lebensjahr.

382 Für die Betrachtung ist davon auszugehen, dass das („Ersatz-")Arzneimittel dieselbe Wirkung hat wie das verschriebene Arzneimittel.

383 Seit dem 01.01.2004 müssen Verbraucher grundsätzlich zehn Prozent der Kosten des Arzneimittels – mindestens fünf Euro, höchstens jedoch zehn Euro – selbst tragen. Liegen die Kosten des Arzneimittels unter fünf Euro, wird nur der tatsächliche Preis gezahlt. Nicht verschreibungspflichtige Arzneimittel müssen in voller Höhe vom Verbraucher bezahlt werden.

384 Bisher galt, dass der Apotheker umso mehr verdient hat, je teurer das abgegebene Arzneimittel war. Vgl. Mitteilung des Bundesministeriums für Gesundheit, *Apotheke*, [online] <http://www.die-gesundheitform.de/solidarisch_versichern/geld_und_leistung/apotheke/ index. html> (letzter Zugriff: 08.05.2006).

385 Mitteilung des Bundesministeriums für Gesundheit, *Apotheke*, [online] a.a.O. Ferner wurde die Festbetragsregelung ausgeweitet, so dass „[f]ür neue Arzneimittel, die nur leichte Abwandlungen bereits vorhandener Mittel darstellen, von den Krankenkassen keine überhöhten Preise mehr gezahlt [werden]."

386 Die Zuzahlung für Arzneimittel soll vielmehr die Krankenkassen entlasten.

Verändert der Apotheker dagegen die ärztliche Verschreibung, um an den Verbraucher ein anderes als das im Rezept genannte Arzneimittel abzugeben – vorausgesetzt, eine Legitimation für die Abgabe dieses Arzneimittels ist aufgrund der Berufspflichten nicht gegeben –, begeht er eine Urkundenfälschung gemäß § 267 StGB.

3. Sonstige Delikte nach dem Strafgesetzbuch

Das unerlaubte Betreiben einer Internet-Apotheke kann zugleich eine Straftat gemäß § 132a Abs. 1 Nr. 2 StGB verwirklichen. Danach ist strafbar, wer unbefugt die Berufsbezeichnung „Apotheker" führt. Die Vorschrift dient vor allem dem Schutz der Allgemeinheit vor dem Auftreten von Personen, die sich durch den unbefugten Gebrauch falscher Bezeichnungen den Schein besonderer Funktionen, Fähigkeiten und Vertrauenswürdigkeit geben.[387] Gemäß § 3 BApO darf die Berufsbezeichnung „Apotheker" oder „Apothekerin" nur führen, wer als Apotheker approbiert[388] oder nach § 2 Abs. 2 BApO zur vorübergehenden Ausübung des Apothekerberufs befugt ist. Der Straftatbestand ist daher bereits dann erfüllt, wenn eine äußere aktive (unbefugte) Inanspruchnahme der Berufsbezeichnung erfolgt.[389] Dies wird bei einer Internet-Apotheke in der Regel mit ihrem Internetauftritt einhergehen. Da grundsätzlich nur approbierte, zugelassene Apotheker verschreibungspflichtige Arzneimittel verkaufen dürfen, werden vor allem die Betreiber illegaler Internet-Apotheken, um den Anschein ihrer Verkaufsberechtigung zu erwecken, bewusst unbefugt die Bezeichnung „Apotheker" führen. Ein solches Verhalten ist gemäß § 132a Abs. 1 Nr. 2 StGB strafbar.

Die Tätigkeit des Apothekers ist eine höchstpersönliche Tätigkeit. Die Ausübung des Apothekerberufs basiert auf einem besonderen, von dem Verbraucher dem Apotheker entgegengebrachten Vertrauen. Aufgrund der ihm durch das Gesetz auferlegten Verpflichtung zur Arzneimittelversorgung hat der Apotheker regelmäßig – wenn auch nur indirekt über die verordnete Medikation erlangt – Kenntnisse vom Gesundheitsbild des Verbrauchers. Die Gesundheitsdaten, aber auch die sonstigen personenbezogenen Daten[390], unterliegen der apothekerlichen

---

[387] *Tröndle/Fischer*, § 132a StGB, Rdn. 3 m.w.N.; *BGH*, Beschl. v. 13.05.1982, Az.: 3 StR 118/82 = BGHSt 31, S. 61 (62).

[388] Die Approbation erteilt die zuständige Behörde des Landes gemäß § 12 BApO. Zur Approbation vgl. auch *Approbationsordnung für Apotheker* (AAppO) in der Fassung vom 19.07. 1989 (BGBl. I 1989, S. 1489), zuletzt geändert durch Artikel 2 des Gesetzes vom 15.06.2005 (BGBl. I 2005, S. 1645).

[389] Dazu ausführlich unter *4. Kapitel, B., II., 1., 1.3., „Abstrakte Gefährdungsdelikte"*.

[390] Gemäß § 3 Abs. 1 BDSG sind personenbezogene Daten Einzelangaben über persönliche oder sachliche Verhältnisse einer bestimmten oder bestimmbaren natürlichen Person (Betrof-

Schweigepflicht[391], die sich aus den Berufsordnungen der Landesapothekerkammern (z.B. § 2 Abs. 1 ApoBerufsO BB[392]) ableitet. Darüber hinaus regelt das Berufsrecht die Datenverarbeitung durch Apotheker. Danach sind die Apotheker zur strikten Einhaltung der datenschutzrechtlichen Bestimmungen verpflichtet (z.B. § 2 Abs. 2 ApoBerufsO BB). Weitere einschlägige datenschutzrechtliche Vorschriften finden sich im Bundesdatenschutzgesetz (BDSG).[393] Gemäß §§ 13, 14 Abs. 7, 16 Abs. 1 Nr. 2 Satz 2, 28 Abs. 7 BDSG ist den Apothekern die Erhebung und die Verarbeitung von Gesundheitsdaten erlaubt, soweit dies zum Zwecke der Gesundheitsvorsorge, der medizinischen Diagnostik, der Gesundheitsvorsorge oder Behandlung oder für die Verwaltung von Gesundheitsdiensten erforderlich ist. Die erlaubte Datenerhebung und –verarbeitung dient vor allem der Zusammenarbeit mit anderen Gesundheitsberufen (z.B. § 6 Abs. 1 ApoBerufsO BB), der Abrechnung von Leistungen[394] und der Rechtsverteidigung[395]. Eine allgemeine Dokumentationspflicht – wenn auch für weniger personenbezogene Daten – ergibt sich ferner aus § 22 ApoBetrO.[396]

---

fener). Gemäß § 3 Abs. 9 BDSG sind besondere Arten personenbezogener Daten Angaben über ... die Gesundheit.

391 Zur apothekerlichen Verschwiegenheitspflicht vgl. *Lewinski*, MedR 2004, S. 95, Fn. 1.

392 *Berufsordnung der Landesapothekenkammer Brandenburg* vom 12.12.2001, [online] <http://www.lakbb.de/wartung/downloads1/LAKBB-Berufsordnung.pdf> (letzter Zugriff: 18.01.2007).

393 Gemäß § 4 Abs. 1 BDSG gelten die (Landes)Apothekerberufsordnungen aber als andere Rechtsvorschriften, die die Erhebung, Verarbeitung und Nutzung personenbezogener Daten anordnen oder erlauben. Teilweise verweist das Bundesdatenschutzgesetz sogar auf die speziellen Berufspflichten so u.a. in § 14 Abs. 6 und § 28 Abs. 7 Satz 2 BDSG. Vgl. auch *Lewinski*, der die §§ 14 Abs. 6, 28 Abs. 7 Satz 2 BDSG als Berufs- und Geheimhaltungspflichten verstehen will; *Lewinski*, MedR 2004, S. 95 ff.

394 Gemäß § 300 Abs. 1 Nr. 2, Abs. 3 Nr. 2 SGB V sind die Apotheker verpflichtet, im Hinblick auf die Abrechnung von Leistungen für gesetzlich krankenversicherte Verbraucher, den kassenärztlichen Vereinigungen und Krankenkassen Daten in elektronisch aufbereiteter Form zu übermitteln.

395 Rechtliche Interessen können sowohl gegenüber Krankenkassen, gegenüber dem Verbraucher oder gegenüber Dritten bestehen. Apotheker sind jedoch nur zur Datenübermittlung berechtigt, wenn dies der Rechtsverteidigung dient und die schutzwürdigen Interessen des Betroffenen nicht überwiegen. Besondere Bedeutung hat die Datenübermittlung vor allem im Rahmen eines Strafverfahrens gegen den Apotheker wegen Verletzung von Apothekerpflichten, z.B. hinsichtlich der Vorlage der Verschreibung, um nachzuweisen, dass ein Verstoß gegen § 96 Nr. 13 AMG nicht vorliegt.

396 Die Dokumentation betrifft gemäß § 22 ApoBetrO „alle Aufzeichnungen über die Herstellung, Prüfung, Überprüfung der Arzneimittel im Krankenhaus, Lagerung, Einfuhr, das Inverkehrbringen, den Rückruf, die Abgabe der Arzneimittel aufgrund eines Rückrufes, die Bescheinigungen nach § 6 Abs. 3 Satz 2 und § 11 Abs. 2 Satz 1 sowie die Nachweise nach § 19".

Wie vor allem die Verschwiegenheits- und Datenschutzpflichten zeigen, ist das Verhältnis zum Verbraucher besonders – jedoch nicht schrankenlos[397] – geschützt und dieser Schutz ist strafrechtlich durch §§ 203, 204 StGB sanktioniert[398]. Beide Vorschriften schützen den persönlichen Lebens- und Geheimbereich und damit das Individualinteresse des Verbrauchers. Da der Gesetzgeber nicht jede unbefugte Datenverarbeitung oder jeden unbefugten Datentransfer strafrechtlich sanktionieren wollte, muss es sich um besonders schützenswerte Daten handeln. Dazu zählen insbesondere personenbezogene Daten, welche die Gesundheit betreffen (§ 3 Abs. 9 BDSG[399]), worunter regelmäßig die Apothekerkundendaten fallen. Diese Daten unterliegen einem generellen Verarbeitungsverbot[400] und dürfen grundsätzlich nur dann verwertet und genutzt werden, wenn sich der Betroffene ausdrücklich damit einverstanden erklärt (§ 28 Abs. 6 i.V.m. § 4a Abs. 3 BDSG).

Datenschutzrechtliche Bedenken ergeben sich vor allem im Hinblick auf den Arzneimittelversand über das Internet.[401] Zwar wird man auch bei den üblichen

---

[397] Zum Schutz höherrangiger Rechtsgüter können kundenbezogene Daten an Dritte weitergegeben werden. So unterliegen Apotheker z.B. einer seuchenrechtlichen Meldepflicht, haben an der Erfassung von Arzneimittelrisiken mitzuwirken (§ 4 ApoBerufsO BB; § 21 Nr. 2 ApoBetrO) und zum Zwecke der Arzneimittelüberwachung Auskünfte zu erteilen (§ 66 AMG). Vgl. *Lewinski*, MedR 2004, S. 95 (99 f.).

[398] Auf die Strafbarkeit gemäß § 44 BDSG soll hier nicht näher eingegangen werden. § 44 BDSG verstärkt den strafrechtlichen Schutz, zumal die Vorschriften des Strafgesetzbuches zum Schutz von Privatgeheimnissen nur bestimmte Ausschnitte des vom Bundesdatenschutzgesetz geschützten Bereichs erfassen; vgl. *Simitis*, § 44, Rdn. 1.

[399] Besondere Bedeutung kommt hier auch den EG-Datenschutzrichtlinien zu, die in nationales Recht durch das *Bundesdatenschutzgesetz* vom 20.12.1990, BGBl. I 1990, S. 2954 (2955), neugefasst durch Bek. v. 14.01.2003 I 66, in Kraft getreten am 23.05.2001, umgesetzt wurden. Vgl. Art. 8 Abs. 1 Richtlinie 95/46/EG des Europäischen Parlaments und des Rates vom 24.10.1995 zum Schutz natürlicher Personen bei der Verarbeitung personenbezogener Daten und zum freien Datenverkehr (RL 95/46/EG), Abl. L 281 vom 23.11.1995, in Kraft getreten am 25.10.1998, sowie Richtlinie 2002/58/EG des Europäischen Parlaments und des Rates vom 12.07.2002 über die Verarbeitung personenbezogener Daten und den Schutz der Privatsphäre in der elektronischen Kommunikation (RL 2002/58/EG), Abl. Nr. L 201 S. 37, EU-Dok.-Nr. 3 2002 L 0058; siehe auch Art. 6 Übereinkommen zum Schutz des Menschen bei der automatischen Verarbeitung personenbezogener Daten v. 28.01.1981 BGBl. II 1985, S. 539. Danach dürfen personenbezogene Daten, welche die Gesundheit betreffen, nur verarbeitet werden, wenn das innerstaatliche Recht einen geeigneten Schutz gewährleistet.

[400] Zu den datenschutzrechtlichen Bestimmungen vgl. auch Art. 8 RL 95/46/EG.

[401] Vgl. dazu ausführlich *2. Kapitel, B. „Vorteile und Gefahren des Arzneimittelhandels über das Internet"*. Aufgrund der umfangreichen Problematik des Datenschutzes im Internet beschränken sich die folgenden Ausführungen ausschließlich auf die Strafbarkeit der Apotheker nach dem Strafgesetzbuch im Hinblick auf die Einhaltung des Datenschutzes im Rahmen des Arzneimittelbestellvorgangs.

Ausführlich zum Datenschutz im Internet vgl. *Schaar*, Datenschutz im Internet, 2002; *Hoeren*, Grundzüge des Internetrechts, E-Commerce, Domains, Urheberrecht, 2002, insbesondere

Apothekengeschäften nicht immer von einem uneingeschränkt gewährleisteten Datenschutz ausgehen können, jedoch ist die Missbrauchsgefahr bei Internet-Apotheken, vor allem im Hinblick auf die beim Bestellvorgang übermittelten persönlichen und medizinischen Informationen, deutlich höher. Einerseits versprechen Internet-Apotheken einen diskreten und unkomplizierten Service, andererseits werden gesetzliche Bestimmungen häufig nicht beachtet. So sprechen sich einige Internet-Apotheken gegen sichere Servertechnologien aus, andere Internet-Apotheken verkaufen oder tauschen personenbezogene Daten oder übertragen unverschlüsselte Informationen, so dass Dritte ungehindert Zugriff auf die Daten haben[402]. Unabhängig vom Vertrauensbruch begründet nahezu jeder Verstoß gegen die datenschutzrechtlichen Bestimmungen auch einen Verstoß gegen § 203 Abs. 1 Nr. 1 oder § 204 Abs. 1 StGB[403]. Tathandlung ist entweder das unbefugte Offenbaren eines dem Apotheker im Rahmen seiner Tätigkeit anvertrauten Geheimnisses (§ 203 Abs. 1 Nr. 1 StGB) oder die Nichterfüllung der Geheimhaltungspflicht durch das Verwerten von Geheimnissen (§ 204 Abs. 1 StGB). Entscheidend ist dabei der Verwendungszusammenhang, denn vor allem Informationen im Internet unterliegen keinen oder kaum noch örtlichen, zeitlichen und/oder quantitativen Grenzen.[404] Der Tatbestand der jeweiligen Strafvorschrift wird jedoch regelmäßig dann erfüllt sein, wenn der Betreiber der Internet-Apotheke die personenbezogenen Daten in der Absicht der Gewinnerzielung an Geschäftspartner bzw. sonstige Personen[405] weitergibt,[406]ohne dass der Betroffene eingewilligt[407] hat. Aber auch der Abruf solcher Daten durch Dritte[408] kann eine Strafbarkeit gemäß § 203 Abs. 1 Nr. 1 – ggf. i.V.m. § 13 – StGB begründen, wenn der Apotheker nicht sicherstellt, dass die Daten vor dem

---

§ 8; *Hobert*, Datenschutz und Datensicherheit im Internet (2000); *Moos* in: *Kröger/ Gimmy*; *Loock-Wagner*, Das Internet und sein Recht (2000); *Gerke*, Rechtswidrige Inhalte im Internet (2000); *Achenbach*, Datenschutz und Datensicherheit im Internet (1999); *Scholz*, Datenschutz beim Internet-Einkauf (2003); *Strömer*, Online Recht, Rechtsfragen im Internet (1999).

402 Auf eine eventuell in Betracht kommende Strafbarkeit Dritter gemäß § 202a StGB soll hier nicht näher eingegangen werden.

403 § 204 StGB tritt dabei ggf. hinter § 203 StGB zurück, wenn das Verhalten durch Offenbaren, z.B. durch „Verkaufen" des Geheimnisses, begangen wird; vgl. *Lackner/Kühl*, § 204 StGB, Rdn. 6.

404 Vgl. *Weichert*, NStZ 1999, S. 490 (491).

405 Die Weitergabe solcher Daten kann u.a. an Pharmaunternehmen, Versicherungen, Serviceunternehmen, die das Kaufverhalten von Verbrauchern auswerten und Nutzerprofile zu Marketingzwecken erstellen, etc. erfolgen.

406 Darunter fällt auch die Weitergabe von Kundenanschriften zum Zwecke der Werbung, z.B. § 8 Abs. 3 Nr. 8 ApoBerufsO BB.

407 Zu den Anforderungen an die Einwilligung vgl. insbesondere *Simitis*, § 4a, Rdn. 1-99, insbesondere Rdn. 83 f.

408 Der Zugriff auf medizinische und persönliche Daten erfolgt in der Regel durch Cookies, Banner-Werbung oder Web-Bugs; vgl. dazu *2. Kapitel, B. „Vorteile und Gefahren des Arzneimittelhandels über das Internet"*.

Zugriff anderer geschützt sind – ggf. als Offenbaren durch Unterlassen in Garantenstellung[409]. Die besonders schützenswerten Daten dürfen nur einem überschaubaren Personenkreis zugänglich sein. Werden dagegen Daten einem unbestimmten, nicht eingrenzbaren Kreis zum (allgemeinen) Abruf zur Verfügung gestellt (Tun), so sind diese Daten offenkundig[410], mit der Folge, dass sich die Apotheker, die die zunächst nicht offenkundigen Daten ins Internet gestellt haben, strafbar machen.[411]

Datenübermittlungen werden in Zukunft durch die Entwicklungen auf dem Gebiet des Gesundheitswesens und dem Ausbau der Gesundheitsversorgungsnetze noch weiter zunehmen. Rechtliche Grenzen der Datenerhebung, -nutzung und -verarbeitung ergeben sich aus den allgemeinen datenschutzrechtlichen Vorschriften und für die Apotheker insbesondere aus dem Berufsrecht. Gleichzeitig besteht die Gefahr, dass neue Technologien wie das Internet mehr und mehr zum rechtsfreien Raum werden. Dem wird man nur durch ein effektives Kontrollverfahren durch die Datenschutzbeauftragten des Bundes und der Länder einerseits und durch die Apothekenkammern andererseits Rechnung tragen können. Darüber hinaus bedürfen bestimmte datenschutzrechtliche Aspekte, vor allem die der Berufsordnung, einer stärkeren Regulierung. Gegenwärtig scheinen Missachtungen der Datenschutzbestimmungen auf dem Apothekensektor – wegen des immateriellen Charakters der Verletzungen[412] – für die Entwicklung des Rechts kaum eine wesentliche Rolle zu spielen. Die Auswirkungen solcher Verletzungen können jedoch für den Verbraucher – man denke nur an versicherungsrelevante Aspekte – gravierend sein.

IV. Die strafrechtliche Verantwortlichkeit nach dem Betäubungsmittelgesetz

Betäubungsmittel (§ 13 Abs. 1 BtMG) dürfen nur im Rahmen des Betriebs einer Apotheke und nur gegen Vorlage einer Verschreibung (§ 13 Abs. 2 Satz 1 BtMG[413]) abgegeben werden. Dem Apotheker kommt folglich auch im Hinblick

[409] Die Garantenstellung ergibt sich in diesem Fall aus Gesetz (vor allem aus den besonderen Berufspflichten des Apothekers und hier insbesondere z.B. aus § 2 Abs. 1 ApoBerufsO BB – die apothekerliche Schweigepflicht – sowie aus den datenschutzrechtlichen Bestimmungen gemäß §§ 13, 14 Abs. 7, 16 Abs. 1 Nr. 2 Satz 2, 28 Abs. 7 BDSG).

[410] Offenkundige Daten unterfallen grundsätzlich nicht dem Datenschutz. Ein Straftatbestand nach §§ 203 f. StGB ist nur erfüllt, wenn es sich um geheime, also nicht offenkundige und nur einem beschränkten Personenkreis bekannte Daten handelt. Vgl. *Fischer/Tröndle*, § 203 StGB, Rdn. 4.

[411] Vgl. *Weichert*, NStZ 1999, S. 490 (492).

[412] Vgl. *Weichert*, NStZ 1999, S. 490 (492).

[413] Nur die in Anlage III zum Betäubungsmittelgesetz aufgeführten Betäubungsmittel dürfen verschrieben werden.

auf dem Umgang mit Betäubungsmitteln eine besondere Verantwortung zu. Ihm obliegt es, den Missbrauch von Betäubungsmitteln im Interesse der ordnungsgemäßen Arzneimittelversorgung und zum Schutz der öffentlichen Gesundheit zu verhindern. Verstöße gegen die Vorschriften des Betäubungsmittelgesetzes hat der Gesetzgeber in den §§ 29 ff. BtMG unter Strafe gestellt. Die Abgabe von Betäubungsmitteln in einer Apotheke entgegen § 13 Abs. 2 BtMG wird durch § 29 Abs. 1 Satz 1 Nr. 7 BtMG sanktioniert. Täter ist entweder der Apotheker oder das Apothekenpersonal. Allerdings ist der Apotheker im Gegensatz zu den Strafvorschriften des Arzneimittelgesetzes insofern privilegiert, als die versuchte[414] und die fahrlässige[415] unerlaubte Abgabe von Betäubungsmitteln nicht strafbar ist. Ist durch die unerlaubte Betäubungsmittelabgabe die Gesundheit mehrerer Menschen gefährdet, liegt ein besonders schwerer Fall vor (§ 29 Abs. 3 Nr. 2 BtMG).

§ 29 Abs. 1 Satz 1 Nr. 7 BtMG knüpft – wie § 96 Nr. 13 AMG – an den Verstoß durch Nichtbeachtung der Verschreibungspflicht an. Die Vorschrift soll gewährleisten, dass verschriebene Betäubungsmittel nur im Rahmen des Betriebs einer Apotheke und gegen die Vorlage[416] einer Verschreibung abgegeben werden (§ 13 Abs. 2 Satz 1 BtMG).[417] Strafbar ist daher die Abgabe verschreibungspflichtiger Betäubungsmittel ohne die Vorlage einer ärztlichen Verschreibung. In Ausnahmefällen[418] kann von der Vorlage der Verschreibung abgesehen werden. Nur die wirksame Verschreibung berechtigt zur Abgabe. Dem Apotheker obliegt insofern eine Pflicht sorgfältiger Prüfung[419], die jedoch nicht soweit reicht, dass die medizinische Begründetheit[420] in Frage gestellt werden kann.[421]

---

[414] Vgl. § 29 Abs. 2 BtMG, der eine Versuchsstrafbarkeit nur für §§ 29 Abs. 1 Satz 1 Nr. 1, 2, 5 und 6b BtMG vorsieht.

[415] Vgl. § 29 Abs. 4 BtMG, der nur für die Fälle des §§ 29 Abs. 1 Satz 1 Nr. 1, 2, 5, 6b, 10 und 11 BtMG eine Strafbarkeit wegen Fahrlässigkeit normiert.

[416] Unter Vorlage versteht man die körperliche Übergabe der ärztlichen Verschreibung an den Apotheker. Abgesehen von einem im Einzelfall begründeten dringenden Notfall, kann die Vorlage der Verschreibung auch nicht durch einen Rückruf beim behandelnden Arzt oder durch eine telefonische Verordnung ersetzt werden. Vgl. *Körner*, § 29 BtMG, Rdn. 1302 m.w.N.

[417] Zum Zweck des § 29 Abs. 1 Satz 1 Nr. 7 BtMG vgl. *Körner*, § 29 BtMG, Rdn. 949.

[418] Vgl. § 7 Abs. 3 Betäubungsmittelvergabeverordnung (BtMVV), wonach in den dort genannten Fällen ausnahmsweise „Betäubungsmittel für die Ausrüstung von Kauffahrteischiffen, die die Bundesflagge führen, von einer Apotheke zunächst ohne Verschreibung abgegeben werden" können.

[419] Die Angaben auf dem Betäubungsmittelrezept bestimmen sich nach § 12 BtMVV. Die Prüfpflicht ist im Einzelnen in § 17 Abs. 5 ApoBetrO geregelt.

[420] Die Verschreibung eines Betäubungsmittels ist medizinisch nicht begründet, wenn der mit der Verschreibung angestrebte Zweck durch andere Arzneimittel zu erreichen ist oder, wenn sich der verschreibende Arzt kein eigenes Bild vom Krankheitszustand des Patienten gemacht hat oder, wenn der Arzt mit der Verschreibung des Betäubungsmittels ein anderes Ziel verfolgt als die Erreichung eines therapeutischen Ziels oder, wenn das verordnete Betäubungs-

Dies lässt sich auf die strenge Trennung beider Heilberufe, nämlich die Heilkunde und die Heilmittelversorgung, zurückführen. Allerdings wurde von der Rechtsprechung wiederholt betont, dass „[w]enn auch in erster Linie der Arzt die Verantwortung für die sachliche Notwendigkeit einer Verschreibung und damit der ‚Abgabe' eines Betäubungsmittels durch die Apotheke trägt, so ist damit keineswegs der Apotheker von seiner besonderen Verantwortung für die ihm anvertrauten Betäubungsmittel befreit und seiner Berufspflicht enthoben, jeden Missbrauch von Betäubungsmitteln zu verhüten... Daher muß ... von dem Apotheker [verlangt werden], dass er die Abgabe von Betäubungsmitteln dann unterlässt, wenn er erkennt, dass die Verschreibung erschlichen ist oder dass sie ‚ihrem Inhalt nach der Umgehung der gesetzlichen Vorschriften dient'."[422] Diese Ansicht fand Zustimmung auch in der Literatur.[423] Erfolgt die Betäubungsmittelabgabe, ohne dass der Apotheker erkennt oder besondere Umstände darauf hinwiesen, dass die Verschreibung ärztlich nicht begründet ist, löst dies keine Strafbarkeit gemäß § 29 Abs. 1 Satz 1 Nr. 7 BtMG aus. Denn in der Regel begründet ein formal ordnungsgemäß ausgestelltes Rezept eine Vermutung dafür, dass es sich um eine sachlich notwenige Verordnung zu Heilzwecken und damit um eine ärztlich begründete Verschreibung handelt.[424] Zudem beschränkt sich die Prüfpflicht des Apothekers nur auf die Formerfordernisse der ärztlichen Verschreibung; nicht auf die Begründetheit der ärztlichen Verschreibung.[425] Es verbleibt jedoch die Möglichkeit einer Strafbarkeit wegen unerlaubten Handeltreibens (§ 29 Abs. 1 Satz 1 Nr. 1 Var. 3 BtMG), unerlaubter Abgabe (§ 29 Abs. 1 Satz 1 Nr. 1 Var. 7 BtMG) oder unerlaubten Inverkehrbringens (§ 29 Abs. 1 Satz 1 Nr. 1 Var. 8 BtMG) bzw. wegen der fahrlässigen Begehung dieser Tat-

---

mittel nach Art und Menge als Heilmittel nicht geeignet und für den Patienten nicht erforderlich ist. Vgl. *Hügel/Junge/Lander/Winkler*, § 29 BtMG, Rdn. 15.2.2, S. 66.

[421] Vgl. *Weber*, § 29 BtMG, Rdn. 1031; *Körner*, § 29 BtMG, Rdn. 957, *Hügel/Junge/Lander/Winkler*, § 29 BtMG, Rdn. 16.2; ferner *BGH*, Urt. v. 06.07.1956, Az.: 2 StR 87/55 = BGHSt 9, S. 370 ff.

[422] *BayObLG*, Urt. v. 24.03.1966, Az.: RReg. 4a St 149/65 = NJW 1966, S. 1878 f. Ferner *BGH*, Urt. v. 25.09.1951, Az.: 2 StR 287/51 = NJW 1951, S. 970 f.

[423] Vgl. *Körner*, § 29 BtMG, Rdn. 1303; *Hügel/Junge/Lander/Winkler*, § 29 BtMG, Rdn. 16.2., S. 85; *Weber*, § 29 BtMG, Rdn. 1031.

[424] Vgl. *Körner*, § 29 BtMG, Rdn. 1303.

[425] Vgl. *Körner*, § 13 BtMG, Rdn. 59. „Eine ärztlich begründete Verschreibung ... liegt nur vor, wenn sich der Arzt durch eine ärztliche Untersuchung von dem Bestehen, von der Art und der Schwere des behaupteten Krankheitszustandes eine eigene Überzeugung bildet und sodann aufgrund seiner Diagnose entscheidet, ob zur Heilung oder Linderung ein Medikament erforderlich ist, das Betäubungsmittel enthält." So *BayObLG*, Urt. v. 30.10.1969, Az.: RReg. 4 a St 150/69 = NJW 1970, S. 529. Zur Unbegründetheit ärztlicher Verschreibungen vgl. auch *BGH*, Urt.l v. 25.09.1951, Az.: 2 StR 287/51 = NJW 1951, S. 970 ff.

handlungen gemäß § 29 Abs. 4 BtMG.[426] Erkennt der Apotheker dagegen, dass die ärztliche Verschreibung nicht begründet ist, und gibt das Betäubungsmittel gleichwohl ab, macht er sich gemäß § 29 Abs. 1 Satz 1 Nr. 7 BtMG strafbar.[427]

Weist die Verschreibung formelle Mängel gemäß § 9 Abs. 1 BtMVV auf oder handelt es sich um eine erkennbar missbräuchliche Verschreibung oder eine gefälschte oder verfälschte Verschreibung[428] darf ein Betäubungsmittel nicht abgegeben werden. Ferner muss der Apotheker bei der Abgabe die sonstigen in § 12 BtMVV normierten Voraussetzungen prüfen. Bei der Betäubungsmittelabgabe, die auf einem Verstoß gegen die Prüfpflicht beruht, macht sich der Apotheker gemäß § 29 Abs. 1 Satz 1 Nr. 7 BtMG strafbar. Enthält die Verschreibung dagegen einen für den Abgebenden erkennbaren Irrtum, ist sie unleserlich oder entsprechen die Angaben der Verschreibung nicht den gesetzlichen Anforderungen (§ 9 BtMVV), ist die Abgabe nur zulässig, sofern diese Unklarheiten beseitigt sind (§ 12 Abs. 2 BtMVV). Erfolgt die Abgabe aufgrund einer unwirksamen Verschreibung, steht sie der Abgabe ohne Verschreibung gleich, so dass sich der gleichwohl das Betäubungsmittel abgebende Apotheker gemäß § 29 Abs. 1 Satz 1 Nr. 7 BtMG strafbar macht. Dies gilt auch dann, wenn der Apotheker verschriebene Betäubungsmittel der Anlage I oder II zum Betäubungsmittelgesetz abgibt.[429]

Werden dagegen Betäubungsmittel der Anlage I oder II zum Betäubungsmittelgesetz ohne Verschreibung oder ohne Vorlage einer Verschreibung abgegeben, bestimmt sich die Strafbarkeit des Apothekers nach § 29 Abs. 1 Satz 1 Nr. 1 BtMG. Strafgrund des § 29 Abs. 1 Satz 1 Nr. 1 BtMG ist der Verstoß gegen die Abgabepflicht und nicht – wie bei § 29 Abs. 1 Satz 1 Nr. 7 BtMG – der Verstoß gegen die Verschreibungspflicht. Daher ist der Tatbestand der Strafnorm bereits dann erfüllt, wenn die Betäubungsmittelabgabe entgegen den gesetzlichen Vorschriften erfolgt.

Erfolgt die Abgabe der Betäubungsmittel nicht im Rahmen des Betriebs der Apotheke, scheidet eine Strafbarkeit gemäß § 29 Abs. 1 Satz 1 Nr. 7 BtMG aus. Es kommt aber wiederum eine Strafbarkeit nach § 29 Abs. 1 Satz 1 Nr. 1 BtMG in Betracht. Adressat der Strafnorm ist jedermann. Grundsätzlich gilt für die Betäubungsmittelabgabe durch Apotheker die speziellere Vorschrift des § 29 Abs.

---

[426] *Körner*, § 29 BtMG, Rdn. 957; BayObLGSt 1966, S. 45. Zudem kann im Hinblick auf das Handeln des Apothekers eine Strafbarkeit wegen Beihilfe zur missbräuchlichen Verschreibung in Betracht kommen, und zwar gemäß §§ 29 Abs. 1 Satz 1 Nr. 6a i.V.m. 13 Abs. 1 BtMG i.V.m. § 27 StGB. Vgl. *RG* JW 1929, S. 2281.

[427] Vgl. *Weber*, § 29 BtMG, Rdn. 1032.

[428] Der Apotheker hat das Betäubungsmittelrezept auf auffällige Fälschungsmerkmale (Papier, Druck, Anschrift, Telefonnummer und Unterschrift des ausstellenden Arztes) zu prüfen und muss sich ggf. durch Rückfragen beim Arzt der Echtheit der Verschreibung vergewissern. Vgl. *Weber*, § 29, BtMG, Rdn. 1029; *Körner*, § 29 BtMG, Rdn. 955.

[429] *Körner*, § 29 BtMG, Rdn. 956.

1 Satz 1 Nr. 7 BtMG. Um jedoch auf die Strafnorm des § 29 Abs. 1 Satz 1 Nr. 7 BtMG, die sich an § 13 Abs. 2 Satz 1 BtMG orientiert, abzustellen, muss die Betäubungsmittelabgabe im Rahmen der Berufsausübung „in einer Apotheke" erfolgen. Dass die abgebende Person Apotheker ist, reicht dabei für die Erfüllung des Spezialstraftatbestandes nicht aus.

In subjektiver Hinsicht muss der Täter vorsätzlich handeln. Lediglich im Hinblick auf die unerlaubte Betäubungsmittelabgabe nach § 29 Abs. 1 Satz 1 Nr. 1 BtMG ist auch fahrlässiges Handeln strafbar (§ 29 Abs. 4 BtMG).

Unterliegt der Täter einem Tatbestandsirrtum gemäß § 16 Abs. 1 Satz 1 StGB scheidet eine Strafbarkeit gemäß § 29 Abs. 1 Satz 1 Nr. 7 BtMG aus. Zwar bleibt die Strafbarkeit wegen fahrlässigen Handelns grundsätzlich unberührt (vgl. § 16 Abs. 1 Satz 2 StGB), jedoch hat der Gesetzgeber § 29 Abs. 1 Satz 1 Nr. 7 BtMG nicht in § 29 Abs. 4 BtMG erwähnt, so dass das Handeln des Apothekers insoweit straflos ist. Erfüllt das Handeln des Apothekers dagegen den Straftatbestand des § 29 Abs. 1 Satz 1 Nr. 1 BtMG, führt ein Tatbestandsirrtum zur Möglichkeit einer Fahrlässigkeitsstrafbarkeit. Befindet sich der Apotheker demgegenüber in einem Verbotsirrtum, entfällt die Schuld nur, wenn er diesen Irrtum nicht vermeiden konnte (§ 17 StGB). Vermeidbar ist der Irrtum in der Regel dann, wenn der Apotheker die Notwendigkeit einer Verschreibung für unsinnig und sich für berechtigt hält, die Betäubungsmittel auch ohne Verschreibung abzugeben.[430]

Die Abgabe von Betäubungsmitteln ohne die Vorlage einer ärztlichen Verschreibung an Verbraucher im Ausland ist ebenfalls strafbar. Da ein unbefugter Vertrieb[431] von Betäubungsmitteln vorliegt, ergibt sich die Anwendbarkeit des deutschen Strafrechts aus § 6 Nr. 5 StGB.

V. Die strafrechtliche Verantwortlichkeit nach dem Markenrecht

Arzneimittel unterliegen der Kennzeichnungspflicht. Die Anforderungen ergeben sich im Einzelnen aus § 10 AMG (für Fertigarzneimittel)[432] sowie aus § 14 ApoBetrO (für in der Apotheke hergestellte Arzneimittel), die teilweise durch einzelne Verordnungen[433] ergänzt werden. Die Kennzeichnungsvorschrif-

---

[430] *Körner*, § 29 BtMG, Rdn. 961; *OLG Oldenburg*, Urt. v. 22.02.1966, Az.: 1 Ss 370/65 = NJW 1966, S. 1181.

[431] Unter *Vertrieb* ist jede Tätigkeit zu verstehen, durch die ein Betäubungsmittel entgeltlich in den Besitz eines anderen gebracht werden soll. Vgl. *Weber*, Vorbemerkungen zu §§ 29 ff. BtMG, Rdn. 96.

[432] Ferner sind in § 11 AMG zwingende Angaben auf der Packungsbeilage vorgesehen.

[433] Vgl. *Verordnung über die Bezeichnung der Art wirksamer Bestandteile von Fertigarzneimitteln* (BezeichnungsVO) vom 15.09.1980 (BGBl. I 1980, S. 1736), zuletzt geändert durch Art. 1 der Verordnung vom 14.12.2001 (BGBl. I 2001, S. 3751), *Arzneimittel-Warnhinweisverordnung* (AMWarnV) vom21.12.1984 (BGBl. I 1985, S. 22), zuletzt geändert durch die

ten sollen dem Verbraucher weitgehend lückenlose Produktinformationen ermöglichen.[434] Kennzeichnungsverletzungen werden als Ordnungswidrigkeiten gemäß § 97 AMG sowie gemäß § 34 Nr. 3d ApoBetrO mit Bußgeldern geahndet.

Darüber hinaus besteht bei vorsätzlicher Verletzung von Kennzeichenrechten aber auch ein strafrechtlicher Schutz gemäß § 143 Markengesetz (MarkenG). Die Strafnorm gewinnt vor allem im Rahmen von Arzneimittelfälschungen an Bedeutung. Der Internethandel mit gefälschten Arzneimitteln unter dem Namen der Originalpräparate nimmt stetig zu.[435] Häufig werden diese wirkungslosen oder gesundheitsgefährdenden Mittel ohne Originalverpackungen angeboten.[436] Aber auch Eingriffe in die Produktverpackung, wie das Verändern von Verpackungen, das Umverpacken von Arzneimitteln oder das Nachfüllen von Verpackungen werden strafrechtlich durch § 143 Abs. 1 MarkenG sanktioniert. Es gilt der Grundsatz, dass Produkt und Verpackung kennzeichenrechtlich eine Einheit bilden.[437] Das ausschließliche Kennzeichnungsrecht steht dem Markeninhaber zu (§ 14 Abs. 1 i.V.m. § 4 MarkenG). Einwirkungen durch Dritte, ohne Zustimmung des Markeninhabers[438], stellen einen Eingriff in das Kennzeichnungsrecht dar. Sinn der Kennzeichnung ist es, dem Verbraucher eine Garantie zu geben, dass das Produkt aus dem Geschäftsbetrieb des Markeninhabers stammt[439] (Ursprungsidentität) und er auf den Inhalt der Arzneimittelverpackung und den Originalzustand vertrauen kann. Daran muss auch bei der Beurteilung der Strafbarkeit des Apothekers bei Arzneimittelkennzeichenverletzungen angeknüpft werden. Die einzelnen Straftatbestände des § 143 Abs. 1 MarkenG werden deshalb durch die Bezugnahme auf die Verbotsnormen der §§ 14 und 15 MarkenG näher bestimmt. Dritten sind die in § 14 Abs. 2 und 4 MarkenG aufgeführten Handlungen untersagt. Sowohl § 143 Abs. 1 MarkenG als auch § 14 Abs. 2 und 4 MarkenG verlangen für einen markenrechtlichen Verstoß ein Handeln im geschäftlichen Verkehr, so dass allein wirtschaftliche Tätigkeiten darunter fal-

---

Verordnung vom 24.10.1987 (BGBl. I 1987, S. 2333) sowie die *Verordnung über die Anwendung der Guten Herstellungspraxis bei der Herstellung vom Arzneimitteln und Wirkstoffen und über die Anwendung über der Guten fachlichen Praxis bei der Herstellung von Produkten menschlicher Herkunft (Arzneimittel- und Wirkstoffherstellungsverordnung – AMWHV)* vom 03.11.2006 (BGBl. I 2006, S. 2523).

[434] *Tonner/Brieske*, BB 1996, S. 913 (916).

[435] *Martens*, S. 79.

[436] Bei den angebotenen Mitteln handelt es sich meist um so genannte Lifestyle-Medikamente wie Viagra oder solche, die teuer und gefragt sind, wie Reductil und Xenical (gegen Übergewicht), Zyban (Antiraucherpille) oder Propecia (gegen Haarausfall). Vgl. *Martens*, S. 79.

[437] *Fezer*, § 24 MarkenG, Rdn. 50.

[438] Der Markeninhaber kann Dritten grundsätzlich jede Veränderung der Verpackung, Kennzeichnungsmittel oder Umhüllung seines Produkts untersagen, vgl. § 24 MarkenG.

[439] *BGH*, Urt. v. 30.10.1981, Az.: I ZR 7/80 = GRUR 1982, S. 116.

len.[440] Die Markenrechtsverletzung muss widerrechtlich – d.h. insbesondere ohne Zustimmung des Berechtigten – erfolgen.

Im Rahmen des online Arzneimittelvertriebs sind vor allem die in § 143 Abs. 1 Nr. 1-3 MarkenG unter Strafe gestellten Handlungen von Bedeutung.[441] § 143 Abs. 1 Nr. 1 MarkenG verweist auf die Benutzungshandlungen gemäß § 14 Abs. 2 Nr. 1 und 2 MarkenG; § 143 Abs. 1 Nr. 2 MarkenG betrifft den in § 14 Abs. 2 Nr. 3 MarkenG geregelten Bekanntheitsschutz der Marke und § 143 Abs. 1 Nr. 3 MarkenG sanktioniert die markenrechtsverletzenden Vorbereitungshandlungen nach § 14 Abs. 4 MarkenG.

Nach § 14 Abs. 2 Nr. 1 MarkenG ist es Dritten untersagt, „ein mit der Marke identisches Zeichen für Waren oder Dienstleistungen zu benutzen, die mit denjenigen identisch sind, für die sie Schutz genießt". Die Vorschrift schützt die Marken- und die Produktidentität.[442] Werden Arzneimittel unter dem Namen einer bestimmten Marke und ohne Zustimmung des Markeninhabers im geschäftlichen Verkehr angeboten, liegt eine sog. Markenkollision vor. In der Regel handelt es sich hierbei in der Praxis um Fälle des Umverpackens von parallelimportierten Arzneimitteln. Das entsprechende Arzneimittel wird aus dem Ausland importiert, „die Original-Umverpackung mittels Aufkleber dem deutschen Markt entsprechend umkonfektioniert, der Packung ein neuer Beipackzettel beigefügt und unter der Bezeichnung [‚des Arzneimittels'] in Deutschland in Verkehr gebracht"[443]. Die Apotheker sind deshalb stets verpflichtet, den Markeninhaber von einer solchen Umverpackung zu informieren, um eine Zeichenverletzung auszuschließen. Mit kennzeichenrechtlichen Verletzungen hinsichtlich des Umverpackens von Arzneimitteln haben sich sowohl der EuGH[444] als

---

[440] *Ekey* in: *Ekey/Klippel*, §143 MarkenG, Rdn. 6.

[441] Es ist anzumerken, dass den Straftatbeständen des § 143 Abs. 1 Nr. 4 und 5 MarkenG, die das Benutzen einer geschäftlichen Bezeichnung unter Strafe stellen, im Zusammenhang mit dem Arzneimittelversandhandel wohl nur geringe Bedeutung zukommen. Jedenfalls soll in der vorliegenden Arbeit nur die markenrechtliche Verletzung in Bezug auf Arzneimittel behandelt werden. Auf § 143 Abs. 1 Nr. 4 und 5 MarkenG wird daher nicht näher eingegangen. Vgl. dazu aber: *Fezer*, § 143 MarkenG, Rdn. 18 f. sowie *Ekey* in: *Ekey/Klippel*, §143 MarkenG, Rdn. 12.

[442] *Fezer*, § 143 MarkenG, Rdn. 14.

[443] *OLG Hamburg*, Urt. v. 31.07.2003, Az.: 3 U 117/00 = NJOZ 2004, S. 858 (859). Zu den einzelnen Anforderungen im Rahmen des Umverpackens von Arzneimitteln vgl. auch *Fezer*, § 24 MarkenG, Rdn. 79. Zum Begriff des Umverpackens von Arzneimitteln vgl. auch *BGH*, Urt. v. 12.12.2002, Az.: I ZR 133/00 = GRUR 2003, S. 336 ff.

[444] *EuGH*, „Hofmann-La Roche", Urt. v. 23.05.1978, Az.: Rs 102/77 = Slg. 1978, S. 1039 ff. ; *EuGH*, „Bristol-Myers Squibb", Urt. v. 11.07.1999, Az.: Rs. C-427/93 = Slg. 1996 I-3457; *EuGH*, „Loendesloot", Urt. v. 11.11.1997, Az.: Rs. C-349/95 = Slg. 1997 I-6244. In den vorerwähnten Urteilen hat der EuGH Grundsätze zur Erschöpfung des Markenrechts bei Veränderung der Markenwaren beim Umverpacken von Arzneimitteln im innergemeinschaftlichen Warenverkehr entwickelt.

auch die deutschen Gerichte[445] in mehreren Entscheidungen auseinandergesetzt.[446] Bei unwesentlichen Eingriffen oder üblichen Begleiterscheinungen des normalen Geschäftsverkehrs, die der Markeninhaber hinnehmen muss,[447] scheidet eine Strafbarkeit des Apothekers grundsätzlich aus. Ein strafbarer Eingriff ist jedoch dann gegeben, wenn die für den Verkehr aufgrund der vorgenommenen Änderung der Verpackung übernommene Garantie des Herstellers für die Herkunft und Unversehrtheit des Arzneimittels nicht mehr gegeben ist, unabhängig davon, ob das Produkt beeinträchtigt wird.[448] Davon ist in folgenden Fällen auszugehen: Das Neuverpacken eines Arzneimittels, wobei die neue Verpackung ohne Erlaubnis des Markeninhabers mit dessen Kennzeichen versehen wird;[449] das Zupacken weiterer Originalware (z.B. Blister) in eine mit dem Warenzeichen des Markeninhabers gekennzeichnete Originalpackung von Arzneimitteln, um die Packungsgröße aufzustocken[450]; die Veränderung von Inhalt und Aussehen der Originalverpackung (z.B. durch Aufkleben von Etiketten und die Vornahme von Schwärzungen), wobei die vom Hersteller angebrachte Marke bestehen bleibt, ohne dass der Markeninhaber hiervon unterrichtet und ihm ein Muster der neu gestalteten Originalverpackung geliefert wurde[451], das Umhüllen einer Originalpackung eines Arzneimittels mit einer eigenen Außenverpackung, wobei nur das Warenzeichen der innen liegenden Originalpackung durch einen

---

[445] *BGH*, Urt. v. 12.12.2002, Az.: I ZR 133/00 = GRUR 2003, 336 ff.; *BGH*, Urt. v. 29.03. 2001, Az.: 1 ZR 263/98 = GRUR 2002, S. 57 ff.; *BGH*, Urt. v. 17.11.1983, Az.: I ZR 168/81 = GRUR 1984, S. 352 ff.; *OLG Hamburg*, Urt. v. 25.07.2002, Az.: 3 U 259/00; *OLG Köln*, Urt. v. 25.08.1991, Az.: 6 U 22/89 = GRUR 1991, S. 52 f.; *OLG Köln*, Urt. v. 21.02.1992, Az.: 6 U 183/91 = GRUR 1992, S. 398 ff.

[446] Obwohl die Entscheidungen Unterlassungs- und Schadensersatzansprüche betreffen, können die Urteilsgründe und Überlegungen zur Beurteilung des strafbaren Verhaltens der Apotheker herangezogen werden. Dies folgt aus § 143 Abs. 1 MarkenG, der ausdrücklich auf den Unterlassungsanspruch nach § 14 MarkenG und damit auf die dort geregelten Verletzungshandlungen verweist.

[447] Vgl. *OLG Köln*, Urt. v. 25.08.1991, Az.: 6 U 22/89 = GRUR 1991, S. 52 f.; Vgl. auch *Fezer*, § 24 MarkenG, Rdn. 52.

[448] Vgl. *Fezer*, § 24 MarkenG, Rdn. 53. Das Kriterium der Qualitätsbeeinträchtigung des Produkts wird als Abgrenzungskriterium abgelehnt. Denn anderenfalls könne der Markeninhaber nur dann gegen eine Kennzeichenverletzung vorgehen, wenn er eine Veränderung seines Produkts ermittelt und im Streitfall beweisen kann. Vgl. *EuGH*, „Hofmann-La Roche", Urt. v. 23.05.1978, Az.: Rs 102/77 = Slg. 1978, S. 1039 ff.; ferner *BGH*, Urt. v. 17.11.1983, Az.: I ZR 168/81 = GRUR 1984, S. 352 (353). Ist eine Erschöpfung des Markenrechts gemäß § 24 MarkenG gegeben, kommt ein markenrechtlicher Schutz nicht in Betracht. Zum Erschöpfungsgrundsatz im Markenrecht vgl. *Nauta*, GRURInt. 2004, S. 994 ff.

[449] Vgl. *BGH*, Urt. v. 17.11.1983, Az.: I ZR 168/81 = GRUR 1984, S. 352 ff.

[450] Vgl. *OLG Köln*, Urt. v. 25.08.1991, Az.: 6 U 22/89 = GRUR 1991, S. 52 f.

[451] Vgl. *BGH*, Urt. v. 12.12.2002, Az.: I ZR 133/00 = GRUR 2003, 336 ff.

Ausschnitt erkennbar ist[452] sowie jede sonstige unzulässige Manipulation der Verpackung eines Arzneimittels. Entscheidend ist, dass die Herkunfts- und Garantiefunktion, für die der Arzneimittelhersteller einsteht, nicht beeinträchtigt wird. Das Umverpacken oder sonstige Ändern der Verpackung von Arzneimitteln kann für den Hersteller typische Gefahren mit sich bringen. Er wird in der Regel nicht mehr garantieren können, dass z.B. die beigepackten Arzneimittel derselben Charge entstammen und dasselbe Verfallsdatum haben, die zeitweilig ausgepackten Arzneimittel nicht schädlichen Lichteinflüssen ausgesetzt waren oder mit zusätzlichen Fehlerquellen belastet sind, auf deren Beseitigung er keinen Einfluss hat, vollständige und richtige Beipackzettel verwendet werden oder vollständige und richtige Angaben auf der Verpackung oder den Blisterbeschriftungen gemacht werden.[453] Zur Gewährleistung der Arzneimittelsicherheit und zum Schutz des Verbrauchers vor gesundheitlichen Schäden ist es jedoch erforderlich, dass das Arzneimittel in gleichmäßiger und gleichbleibender Qualität auf den Markt gelangt.

§ 14 Abs. 2 Nr. 2 MarkenG betrifft dagegen den Verwechslungsschutz der Marke. Die Verbotsnorm untersagt es Dritten, ohne Zustimmung des Markeninhabers im geschäftlichen Verkehr eine geschützte Marke zu benutzen, die eine Verwechslungsgefahr wegen Identität oder Ähnlichkeit der kollidierenden Marke und Ware oder Dienstleistungen zur Folge hat.[454]

§ 14 Abs. 2 Nr. 3 MarkenG verbietet das Benutzen einer Marke, wenn dadurch die Unterscheidungskraft oder die Wertschätzung der geschützten Marke ausgenutzt oder beeinträchtigt wird. Gemäß § 143 Abs. 1 Nr. 2 MarkenG muss die Verletzung des Bekanntheitsschutzes der Marke allerdings absichtlich erfolgen. Damit sieht der Straftatbestand verschärfte Anforderungen an die Form des Vorsatzes vor.

§ 143 Abs. 1 Nr. 3 MarkenG verweist auf § 14 Abs. 4 MarkenG und stellt damit die markenrechtsverletzenden Vorbereitungshandlungen unter Strafe. Darunter fallen das Anbringen von identischen oder ähnlichen Zeichen einer geschützten Marken auf Aufmachungen oder Verpackungen oder auf Kennzeichnungsmitteln (§ 14 Abs. 4 Nr. 1 MarkenG), das Anbieten von mit identischen oder ähnlichen Zeichen versehenen Aufmachungen, Verpackungen oder Kennzeichnungsmitteln (§ 14 Abs. 4 Nr. 2 MarkenG) sowie das Einführen oder Ausführen von Aufmachungen, Verpackungen oder Kennzeichnungsmitteln, die mit

---

[452] *OLG Köln*, Urt. v. 21.02.1992, Az.: 6 U 183/91 = GRUR 1992, S. 398 ff. Außenverpackung und die innen liegende Originalpackung bilden insofern eine optische und gedankliche Einheit und sind als Gesamtverpackung zu betrachten.

[453] Vgl. *BGH*, Urt. v. 12.12.2002, Az.: I ZR 133/00 = GRUR 2003, 336 ff.; *OLG Köln*, Urt. v. 25.08.1991, Az.: 6 U 22/89 = GRUR 1991, S. 52 f.

[454] Zur Verwechslungsgefahr bei Arzneimittelmarken vgl. *Fezer*, § 14 MarkenG, Rdn. 155 f. m.w.N.

einem mit der Marke identischen Zeichen oder einem ähnlichen Zeichen versehen sind (§ 14 Abs. 4 Nr. 3 MarkenG).

Die Verletzungshandlungen, die § 143 Abs. 1 MarkenG unter Strafe stellt, müssen vorsätzlich begangen werden, wobei bedingter Vorsatz genügt. Für einzelne Straftatbestände des § 143 Abs. 1 MarkenG gelten jedoch – wie bereits oben angedeutet – verschärfte Anforderungen an die Form des Vorsatzes. So setzt die Strafbarkeit wegen Verletzung einer bekannten Marke gemäß § 143 Abs. 1 Nr. 2 (i.V.m. § 14 Abs. 2 Nr. 3) MarkenG oder einer bekannten geschäftlichen Bezeichnung gemäß § 143 Abs. 1 Nr. 5 (i.V.m. § 15 Abs. 3) MarkenG voraus, dass der Täter mit der Absicht handelt, die Unterscheidungskraft oder Wertschätzung der bekannten Marke auszunutzen oder zu beeinträchtigen. § 143 Abs. 1 Nr. 3b (i.V.m. § 14 Abs. 2 Nr. 3) MarkenG fordert im Hinblick auf den eigenständig Verpackungen, Aufmachungen und Kennzeichnungsmittel erfassenden Verletzungstatbestand des § 14 Abs. 4 MarkenG die Absicht, die Ausnutzung oder Beeinträchtigung der Unterscheidungskraft oder der Wertschätzung einer bekannten Marke zu ermöglichen.

§ 143 Abs. 2 MarkenG erhöht als Qualifikation den Strafrahmen für gewerbsmäßiges Handeln. Zweck der Vorschrift ist es, den Schutz der Marke und damit des geistigen Eigentums zu stärken sowie der Produktpiraterie vorzubeugen und sie einer generalpräventiven Bestrafung zuzuführen.[455] Gewerbsmäßig handelt, wer sich durch wiederholte Begehung einer Straftat aus deren Vorteilen eine fortlaufende Einnahmequelle von einigem Umfang und einiger Dauer verschafft.[456] Für die Annahme des gewerbsmäßigen Handelns reicht bereits die erste in Wiederholungsabsicht begangene Kennzeichenverletzung, da insbesondere der Wiederholungstäter bestraft werden soll.[457] Dagegen erfüllt schlicht verbotswidriges Handeln im Rahmen des Gewerbebetriebes nicht den Tatbestand des qualifizierten Delikts.[458]

Die Versuchsstrafbarkeit ergibt sich aus § 143 Abs. 3 MarkenG und bezieht sich auf alle Verletzungstatbestände. Während die Verletzungshandlungen des Grunddelikts (§ 143 Abs. 1 MarkenG) nur auf Antrag oder – bei Vorliegen des besonderen öffentlichen Interesses – von Amts wegen verfolgt werden, wird das qualifizierte Delikt (§ 143 Abs. 2 MarkenG) immer von Amts wegen verfolgt (§ 143 Abs. 4 MarkenG). Zudem besteht die Möglichkeit der Einziehung der Gegenstände, auf die sich die Straftat bezieht (§ 143 Abs. 5 MarkenG).

---

[455] *Fezer*, § 143 MarkenG, Rdn. 28; vgl. auch BT-Drucksache 11/4792 v. 15.06.1989, S. 24.
[456] *BGH*, Urt. v. 08.11.1951, Az.: 4 StR 563/51 = BGHSt 1, S. 383 f. Vgl. auch BT-Drucksache 11/4792 v. 15.06.1989, S. 24, wonach diese Definition auch für den Begriff „gewerbsmäßig" i.S.d. § 143 Abs. 2 MarkenG gelten soll.
[457] Vgl. BT-Drucksache 11/4792 v. 15.06.1989, S. 24. „Das Merkmal gewerbsmäßig soll demnach vor allem Wiederholungstäter erfassen, wobei jedoch die erste in Wiederholungsabsicht begangene Tat zur Erfüllung des Tatbestandes ausreicht."
[458] BT-Drucksache 11/4792 v. 15.06.1989, S. 24.

Kennzeichenverletzungen gemäß § 143 MarkenG können mit Straftaten nach dem Strafgesetzbuch zusammentreffen. In bestimmten Fällen kann die Benutzung einer geschützten Marke z.B. die Straftatbestände der §§ 246, 263, 267 StGB erfüllen.[459] Im Rahmen der Kennzeichenverletzung kann sich derjenige wegen Unterschlagung gemäß § 246 StGB strafbar machen, der fremde Verpackungen eines Markeninhabers benutzt und den Inhalt durch eigene Produkte ersetzt. Eine Strafbarkeit wegen Betruges gemäß § 263 StGB wird regelmäßig dann angenommen werden müssen, wenn ein Verbraucher für ein bestimmtes (von einer Marke geschütztes) Arzneimittel bezahlt und stattdessen ein anderes, wirkungsloses oder gefälschtes Arzneimittel[460] erhält. Ein Beispiel dafür ist der Vertrieb eines als Tamiflu ausgegebenen Produkts, dessen Inhaltsstoffe aus Laktose und Vitamin C bestanden.[461] Arzneimittelplagiate können jedoch in sehr unterschiedlichen Formen auftreten: die Arzneimittelfälschungen enthalten keinerlei Wirkstoffe;[462] das Arzneimittel enthält falsche Mengen der Wirkstoffe[463] oder das Arzneimittel enthält gänzlich falsche Wirkstoffe oder giftige Stoffe[464]. Darüber hinaus kommt eine Strafbarkeit wegen Betruges allenfalls bei der sog. Markenpiraterie in Betracht.[465] Besonders gefährdet sind umsatzstarke Pharmaprodukte. Darunter fallen primär Arzneimittelnachahmungen im Hinblick auf pa-

---

459 Obwohl die strafrechtliche Verantwortlichkeit des Apothekers nach dem Strafgesetzbuch bereits oben erläutert wurde, ist es an dieser Stelle – wegen des Zusammenhangs mit den markenrechtlichen Vorschriften – notwendig, kurz auf die diesbezügliche Strafbarkeit des Apothekers nach den Vorschriften des Strafgesetzbuches zurückzukommen. An dieser Stelle sei zudem darauf hingewiesen, dass § 246 StGB nur im Rahmen der Kennzeichenverletzung relevant ist, daher wurde auf die Strafnorm bei den obigen Ausführungen zur Verantwortlichkeit nach den Vorschriften des Strafgesetzbuches außer Betracht gelassen.

460 Es wird geschätzt, dass ca. 10% der auf dem Weltmarkt erhältlichen Arzneimittel Fälschungen sind. Vgl. *World Health Organisation (WHO)*, Counterfeit Medicines, Fact Sheet No. 275, Revised February 2006 [online] <http://www.who.int/mediacentre/factsheets/fs275/en/> (letzter Zugriff: 18.01.2007).

461 Gefälschte Tamiflu Produkte wurden u.a. in den Niederlanden und Großbritannien sichergestellt. Vgl. *World Health Organisation (WHO)*, Counterfeit Medicines, Fact Sheet No. 275, [online] a.a.O.; mit weiteren Beispielen zu Arzneimittelfälschungen.

462 1993 wollte ein Apotheker aus der Türkei Arzneimittel nach Afrika exportieren. Der „Wirkstoff" bestand aus Backpulver. Vgl. *Schweim*, Arzneimittelfälschungen – Counterfeit Drugs, [online] <http://www.bah-bonn.de/forum/veranstaltungen/Schweim.pdf> (letzter Zugriff: 18.01.2007).

463 1985 wurden in den USA 1,5 Millionen Anti-Babypillen beschlagnahmt, die zu wenig Wirkstoff enthielten. Vgl. *Schweim*, [online] a.a.O.

464 1995 starben auf Haiti 89 Menschen nach der Einnahme eines Diethylenglycol-haltigen Paracetamolsaftes (eine giftige Substanz aus Frostschutzmittel). Vgl. *Schweim*, [online] a.a.O.

465 Der Patentschutz gilt auch für Arzneimittel. In Deutschland beträgt der Patentschutz im Allgemeinen 20 Jahre, kann für Arzneimittel aber maximal um fünf Jahre verlängert werden (§ 16a PatG). Danach kann die Substanz von anderen Herstellern zur Herstellung und zum Vertrieb frei genutzt werden.

tentgeschützte Wirkstoffe (sog. Generika)[466]. Ein Beispiel für solche Produkte sind Acetylsalicylsäure (ASS)-haltige Präparate.[467] Da die nachgeahmten Wirkstoffe häufig im Ausland hergestellt und dann über Handelsunternehmen vertrieben werden,[468] wird eine Bestrafung des Apothekers in der Regel ausscheiden. Jedenfalls kommt eine Bestrafung nach dem Markengesetz nur dann in Betracht, wenn er selbst die Manipulationshandlung vornimmt (also den noch patentgeschützten Wirkstoff unberechtigt verwendet[469]) und/oder der Vertrieb solcher unberechtigt nachgemachter Arzneimittel – vorsätzliches Handeln vorausgesetzt – durch ihn erfolgt. Eine Kennzeichenverletzung, die zugleich eine Urkundenfälschung gemäß § 267 StGB darstellt, wird in aller Regel dann gegeben sein, wenn außer der geschützten Marke noch andere Erklärungen auf der Ware angebracht sind, denen Urkundeneigenschaft zukommt und die ggf. verfälscht werden. Bei Arzneimitteln ist dies insbesondere die Kontroll- und Chargennummer. Das Benutzen einer geschützten Marke für eine Ware einer anderen Marke stellt dagegen für sich genommen keine Urkundenfälschung dar.[470]

Eine strafbare Markenrechtsverletzung gemäß § 143 Abs. 1 MarkenG begeht, wer unter dem Namen einer geschützten Arzneimittelmarke nachgemachte Arzneimittel, Arzneimittel-Ersatzprodukte oder sonstige Mittel vertreibt. Illegale Internet-Apotheken bieten häufig Arzneimittelfälschungen an, teilweise sogar verpackt in (neutralen) Umschlägen oder ähnlichem. Die Internet-Apotheke „European Pharmacy“ wirbt sogar auf ihrer Webseite damit, dass „[d]ie Produkte [nicht] in ihrer Original-Verpackung verschickt [werden], sondern in einem neutralen, flachen Umschlag, der keinerlei Hinweise auf den Inhalt enthält“[471]. Befinden sich die originalverpackten Arzneimittel in einem solchen Umschlag,

---

466 Als Generika bezeichnet man die Nachahmung eines bereits auf dem Markt unter einem Markennamen befindlichen Arzneimittels, deren Patentschutz abgelaufen ist. Es handelt sich im Wesentlichen um eine wirkstoffgleiche Kopie des Originalpräparats.

467 Der ursprüngliche unter dem Namen Aspirin® vertriebene und von der Bayer AG (Leverkusen) entwickelte Wirkstoff Acetylsalicylsäure ist heute Bestandteil zahlreicher Generika wie etwa ASS-Ratiopharm.

468 Die Herstellung von nachgeahmten Stoffen erfolgt hauptsächlich im asiatischen Raum (z.B. Indien, China). In der Regel durchlaufen die nachgeahmten Arzneimittel ganze Ketten (meist innerhalb internationaler Verflechtungen), ehe sie an den Verbraucher abgegeben werden.

469 Im Hinblick auf das unberechtigte Verwendung von patentgeschützten Wirkstoffen sind die Vorschriften des Patentgesetzes zu beachten, auf diese hier jedoch nicht näher eingegangen werden soll.

470 *Fezer*, § 143 MarkenG, Rdn. 44.

471 *European Pharmacy*, [online] <http://www.europeanmed.com/> (letzter Zugriff: 18.01. 2007), „We do not ship the products in their original package, but in a much more discreet flat envelop, where the content is not indicated at all.“ Es ist davon auszugehen, dass eine solche Ankündigung auf der Webseite dieser Internet-Apotheke (wohl) primär dem Schutzbedürfnis des Patienten/Verbrauchers entgegenkommen soll, aber es darf nicht außer Acht gelassen werden, dass ein solches Vorgehen auch missbräuchlich sein kann.

liegt allerdings keine strafbare Kennzeichenverletzung vor. Die Verwendung einer neutralen Umhüllung stellt keinen markenrechtlichen Eingriff dar. Denn die (Original-) Verpackung des Arzneimittels bleibt unverändert. Das Kennzeichenrecht des Herstellers wird mithin nicht verletzt. Bildet der Umschlag dagegen als äußere Verpackung mit den innen liegenden gefälschten und mit dem Zeichen eines Herstellers versehenen Arzneimitteln (z.B. mehrere lose Blister-streifen[472]) eine optische und gedankliche Einheit, so dass man von einer Gesamtverpackung ausgehen muss, liegt eine strafbare kennzeichenrechtliche Verletzungshandlung vor.[473] Dies gilt auch dann, wenn auf dem Umschlag kein Kennzeichnen benutzt wird. Denn es kommt insofern auf den Gesamteindruck an, der bei einer solchen Verpackungsgestaltung nachhaltig beeinträchtigt wird. Entsteht (beim Verbraucher) der Eindruck, dass die Arzneimittel auf einem „Hinterhof" hergestellt und verpackt worden sind,[474] so ist der Gesamteindruck davon geprägt, dass es sich um nicht fachgemäß umverpackte oder gar gefälschte bzw. nicht vom Hersteller stammende Arzneimittel handelt. Nach dem für die Beurteilung des Kennzeichenrechts maßgeblichen Verbraucherleitbild kommt es darauf an, „welche Wirkung die ... Verpackungsgestaltung vom Standpunkt eines durchschnittlich informierten, aufmerksamen und verständigen Durchschnittsverbrauchers hervorzurufen geeignet ist"[475]. Der Aufmachung eines Arzneimittels wird der Verbraucher in aller Regel eine höhere Aufmerksamkeit widmen als anderen nicht die Gesundheit betreffenden Produkten. Der Verbraucher wird besonderen Wert auf die Qualität und die einwandfreie Beschaffenheit der Ware „Arzneimittel" legen, so dass die Aufmachung der Ware für ihn von größter Bedeutung ist.[476] Der durchschnittliche Verbraucher, der über keine genauen

---

[472] Die Kennzeichnung für Blisterstreifen bestimmt sich nach § 10 Abs. 8 AMG. Die Packungen sind mit dem Namen oder der Firma des pharmazeutischen Unternehmens, der Bezeichnung des Arzneimittels, der Chargenbezeichnung und dem Verfallsdatum zu versehen.

[473] Dies ist z.B. bei einer Umverpackung (durch einen neutralen Umschlag) mittels eines ausgeschnittenen Fensters gegeben, durch das man das auf den Arzneimittelfälschungen angebrachte Zeichen des Herstellers sieht. Das durch die Öffnung der äußeren Verpackung sichtbare Zeichen werde vom Verkehr (insbesondere durch den Durchschnittsverbraucher) als Bestandteil der äußeren Verpackung und damit als Kennzeichen der Gesamtverpackung angesehen. Vgl. dazu *BGH*, Urt. v. 10.04.1997, Az.: I ZR 65/92 = NJW 1997, S. 2449 (2451). Eine Markenverletzung liegt selbst dann vor, wenn ohne Zustimmung die Originalverpackung eines Arzneimittels mit einer eigenen Außenverpackung dergestalt umhüllt wird, dass durch einen Ausschnitt der Außenverpackung nur die Marke der innen liegenden Originalverpackung erkennbar ist, ohne dass es auf eine Veränderung der Originalverpackung oder der eigentlichen Ware ankommt. Vgl. *Fezer*, § 24 MarkenG, Rdn. 51; *OLG Köln*, Urt. v. 21.02.1992, Az.: 6 U 183/91 = GRUR 1992, S. 398 (400).

[474] Vgl. auch *Koenig/Engelmann/Sander*, GRURInt 2001, S. 919 (925).

[475] *OLG Köln*, Urt. v. 27.04.2001, Az.: 6 U 8/01 = NJOZ 2001, S. 1426 (1427).

[476] Vgl. *BGH*, Urt. v. 10.04.1997, Az.: I ZR 65/92 = NJW 1997, S. 2449 (2452). Der BGH führt in der Entscheidung an, dass für den Verbraucher die Aufmachung der Ware selbst dann von Bedeutung ist, „wenn bei verschreibungspflichtigen Arzneimitteln allein schon der Um-

Marktkenntnisse verfügt, muss sich sicher sein dürfen, dass kein Eingriff vorgenommen wurde, der den Originalzustand des Arzneimittels berührt hat.[477] Da der Aufmachung eine eigenständige wertbildende Funktion zukommt, wird zumindest der Ruf der Marke geschädigt, wenn nach der Verkehrsauffassung der Eingriff in die Verpackung nicht mehr unwesentlich ist oder keine übliche Begleiterscheinung des normalen geschäftlichen Verkehrs darstellt;[478] so z.B. wenn in einer äußeren Verpackung lose oder zerschnittene Blisterstreifen gepackt wurden. Werden Arzneimittel vertrieben, die Markenschutz genießen, darf die Herkunftsgarantie nicht verfälscht werden. In vergleichbaren Fällen handeln die Täter u. U. in dem Bewusstsein, „dass die kollidierende Marke mit der geschützten Marke gedanklich in Verbindung gebracht wird"[479]. Bezweckt wird bei solchem Vorgehen vor allem, die Verbraucher zum Kauf zu animieren. Dass die Pharmaunternehmen dadurch geschädigt werden, nehmen die Täter – hier: die Betreiber der Internet-Apotheken – dabei (billigend) in Kauf. Häufig handelt es sich sogar um weltweit operierende Firmengeflechte, die ihre Netzwerke verlagern, sobald die Ermittler ihnen auf die Spur kommen. Damit sichern sie sich – auf Kosten der Gesundheit der Verbraucher und der (finanziell und in ihrem Ruf) geschädigten Pharmaunternehmen – vor allem eine fortlaufende Einnahmequelle von einiger Dauer, so dass in der Regel auch der Qualifikationsstraftatbestand gemäß § 143 Abs. 2 MarkenG erfüllt ist.

Wird eine Gemeinschaftsmarke[480] verletzt, bestimmt sich die Strafbarkeit nach § 143a MarkenG. Mit dem ausdrücklichen Verweis auf die in Art. 9 Abs. 1 Satz 2 der Verordnung (EG) Nr. 40/94 des Rates vom 20.12.1993 über die Gemeinschaftsmarke (GMV)[481] normierten Verletzungshandlungen wird sichergestellt, dass „die Strafbewehrung nicht über die Reichweite der gemeinschaftsrechtlichen Rechtsgewährung hinausgeht"[482]. Zudem unterscheidet sich § 143a MarkenG in seinem Verbotscharakter nicht von § 143 Abs. 1 MarkenG.[483] Vielmehr ist die Vorschrift § 143 MarkenG nachgebildet. Dass der Schutzumfang

---

stand, dass das Präparat ärztlich verordnet ist, geeignet sein kann, beim Verbraucher ein gewisses Vertrauen in die Qualität der Ware zu erwecken".

[477] Vgl. *OLG Köln*, Urt. v. 21.02.1992, Az.: 6 U 183/91 = GRUR 1992, S. 398 (401).

[478] Vgl. *Fezer*, § 24 MarkenG, Rdn. 52.

[479] *Fezer*, § 143 MarkenG, Rdn. 15.

[480] Als Gemeinschaftsmarken werden alle eingetragenen Marken für Waren oder Dienstleistungen entsprechend den Voraussetzungen und Einzelheiten der Verordnung (EG) Nr. 40/94 des Rates vom 20.12.1993 über die Gemeinschaftsmarke (GMV) bezeichnet, vgl. Art. 1; ABl. EG 1994 Nr. L 11 S. 1.

[481] Verordnung (EG) Nr. 40/94 des Rates vom 20.12.1993 über die Gemeinschaftsmarke ABl. EG 1994 Nr. L 11 S. 1. § 143a Abs. 1 Nr. 1-3 MarkenG gibt insofern den Wortlaut des Art. 9 Abs. 1 Satz 2 GMV wieder.

[482] *Ekey* in: *Ekey/ Klippel*, § 143a MarkenG, Rdn. 6.

[483] *Fezer*, § 143a MarkenG, Rdn. 5.

dem der nationalen Marke entspricht, folgt insbesondere aus § 143a Abs. 2 MarkenG. Auf die Darstellung der einzelnen strafbaren Verletzungshandlungen soll hier verzichtet werden. Eine Strafbarkeit gemäß § 143a MarkenG kommt ohnehin nur dann in Betracht, wenn Gegenstand der Kennzeichenverletzung ein als Gemeinschaftsmarke eingetragenes Arzneimittel ist.[484]

Ferner können die Straftatbestände des § 144 MarkenG erfüllt sein, der die vorsätzliche, widerrechtliche Benutzung von geografischen Herkunftsangaben unter Strafe stellt. Geschützte geografische Herkunftsangaben (i.S.d. § 1 Nr. 3 i.V.m. § 126 Abs. 1, 1. Alt. MarkenG) sind unmittelbare Herkunftsangaben wie Namen von Orten, Gegenden, Gebieten oder Ländern sowie mittelbare Herkunftsangaben[485] (i.S.d. § 1 Abs. 1 Nr. 3 i.V.m. § 126 Abs. 1, 2. Alt. MarkenG), also sonstige Zeichen und Angaben. Die Herkunftsangaben müssen im geschäftlichen Verkehr zur Kennzeichnung der geografischen Herkunft von Waren oder Dienstleistungen benutzt werden. Ähnlich wie die Strafnorm des § 143 MarkenG verweisen die einzelnen Tatbestände des § 144 MarkenG auf Vorschriften über den Schutz geografischer Herkunftsangaben nach § 127 MarkenG, auf nach § 137 Abs. 1 MarkenG erlassene Rechtsverordnungen (§ 144 Abs. 1 MarkenG) sowie auf Rechtsvorschriften der Europäischen Gemeinschaft (§ 144 Abs. 2 MarkenG)[486]. § 144 MarkenG ist regelungstechnisch dem § 143 MarkenG nachgebildet, mit der Ausnahme, dass das Delikt stets von Amts wegen verfolgt wird. Die Strafbarkeit des Versuchs ergibt sich aus § 144 Abs. 3 MarkenG.

Im Zusammenhang mit dem Arzneimittelvertrieb kommt der Vorschrift allerdings nur geringe Bedeutung zu[487], und zwar allenfalls dann, wenn der Schutz der geografischen Herkunftsangabe vor Irreführung (§ 127 Abs. 1 MarkenG),

---

484 Insofern sind auch ergänzende Schutzzertifikate zu beachten; vgl. z.B. Verordnung (EWG) Nr. 1768/92 des Rates vom 18.06.1992 über die Schaffung eines ergänzenden Schutzzertifikats für Arzneimittel, ABl. L 182 v. 02.07.1992, S. 1; geändert durch die Akte über die Beitrittsbedingungen und die Anpassungen der Verträge – Beitritt der Republik Österreich, der Republik Finnland und des Königreichs Schweden, ABl. C 241 v. 29.08.1994, S. 21.

485 Darunter fallen auch gebräuchliche Kurzbezeichnungen, Abkürzungen, Bilder, Symbole, Schriftzeichen, Bauwerke, Wahrzeichen, Straßennamen, Landesfarben, Staats- und Ortswappen. Vgl. *Fezer*, § 126 MarkenG, Rdn. 7 f., mit Hinweisen zu Beispielen und weiteren Nachweisen.

486 § 144 Abs. 2 MarkenG regelt die Strafbarkeit der widerrechtlichen Benutzung geschützter geografischer Angaben und Ursprungsbezeichnungen nach der Verordnung (EWG) Nr. 2081/92 des Rates vom 14.07.1992 zum Schutz von geografischen Angaben und Ursprungsbezeichnungen für Agrarerzeugnisse und Lebensmittel, ABl. EG Nr. L 208 v. 24.07.1992, S. 1; seit 31.03.2006 abgelöst durch die Verordnung (EG) Nr. 510/2006 des Rates vom 20.03.2006 zum Schutz von geografischen Angaben und Ursprungsbezeichnungen für Agrarerzeugnisse und Lebensmittel, ABl. EU Nr. L 93 v. 31.03.2006, S. 11 ff.

487 Deshalb wird die Strafvorschrift hier nur kurz angesprochen. Allgemein und ausführlicher vgl. *Fezer*, § 144 MarkenG; *Ekey* in: *Ekey/Klippel*, §143 MarkenG sowie *v. Zumbusch* in: *Schultz*, § 144 MarkenG.

der Qualitätsschutz der geografischen Herkunftsangabe (§ 127 Abs. 2 MarkenG), der Bekanntheitsschutz der geografischen Herkunftsangabe (§ 127 Abs. 3 MarkenG) oder ein durch die vorgenannten Rechtsvorschriften bewirkter Schutz einzelner geografischer Herkunftsangaben verletzt ist. Die Verletzungshandlung kann sich sowohl auf im Ausland als auch auf im Inland hergestellte Arzneimittel beziehen. In der Regel wird die Bezeichnung eines Arzneimittels durch einen Handelsnamen[488] erfolgen. Geografische Herkunftsangaben eignen sich nicht als Bezeichnung für verschreibungspflichtige Arzneimittelmarken. Zudem besteht zumindest für die Eintragung von Marken und Gemeinschaftsmarken ein absolutes Eintragungshindernis, wenn die Marke ausschließlich aus Zeichen oder Angaben besteht, welche im Verkehr zur Bezeichnung der geografischen Herkunft dienen können (§ 8 Abs. 2 Nr. 2 MarkenG, Art. 7 Abs. 1c GMV).[489] Häufig sind jedoch freiverkäufliche Arzneimittel mit solchen Herkunftsangaben versehen, insbesondere Naturheilmittel oder Heilwasser[490]. Ein Beispiel hierfür sind die Arzneimittelprodukte des Herstellers Bad Heilbrunner, die unter diesem Namen vertrieben werden, wie Bad Heilbrunner Arzneimitteltees, Bad Heilbrunner Eukalyptus Erkältungsbalsam-S oder Bad Heilbrunner Meerwasser Nasenpray.

B. Ausländische Internet-Apotheken – Die strafrechtliche Verantwortlichkeit der Apotheker

Die Verbraucher haben das Internet als eine neue Form des „grenzenlosen" Einkaufs entdeckt. Der Arzneimittelversand unter Einschaltung des Internets hat sich in den letzten Jahren zu einer alternativen Form des Vertriebs im Apothekengeschäft entwickelt, wobei man sich nicht mehr nur auf die Angebote inländischer Unternehmen beschränkt, sondern häufig auf das – meist billigere – Angebot ausländischer Unternehmen zurückgreift. Dass es dabei zu Missbrauch

[488] Der Handelsname sollte den Richtlinien der Weltgesundheitsorganisation (*World Health Organisation*, WHO) entsprechen; insbesondere keine generische Stammsilbe beinhalten. Die WHO spielt eine entscheidende Rolle bei der Vergabe von Wirkstoffbezeichnungen; sie ist für die Koordination und Vergabe von International Nonproprietary Names (INN) zuständig. *World Health Organisation*, International Nonproprietary Name [online] <http://www.who.int/> (letzter Zugriff: 18.01.2007); vgl. Auch Guidelines on the Use of International Nonproprietary Names (INNs) for pharmaceutical substances (1997), [online] <http://whqlibdoc.who.int/hq/1997/WHO_PHARM_S_NOM_1570.pdf> (letzter Zugriff: 18.01.2007).

[489] Beispiele für eintragungsunfähige und eintragungsfähige Marken vgl. *Fezer*, § 8 MarkenG, Rdn. 179, 231 f., mit dem Hinweis, dass *Ravensburg* als eintragungsunfähig für Arzneimittel angesehen wurde; als eintragungsfähig wurde dagegen *DUOFILM* für ein Warzenentfernungsmittel angesehen.

[490] Gemäß § 10 Abs. 1 Nr. 12 AMG zählen auch Heilwasser zu den Arzneimitteln, wobei diese von der Apothekenpflicht ausgenommen sind (§ 44 Abs. 2 Nr. 1a und b AMG).

kommt, steht außer Frage. Doch während deutsche (Internet-)Apotheker strafrechtlich zur Verantwortung gezogen werden können, scheint es, dass man ausländische (Internet-) Apotheker strafrechtlich nicht verfolgen kann, weil entweder die Versandhandelsvorschriften nur deutsche Apotheker binden und für Apotheker im Ausland nicht gelten oder weil das an sich strafbare Verhalten im Hinblick auf den grenzüberschreitenden Versandhandel nicht in den Geltungsbereich des deutschen Strafrechts fällt. Die Strafverfolgung wird dadurch erheblich erschwert, wenn nicht gar unmöglich. In vielen Fällen wird es den Strafverfolgungsbehörden nicht einmal möglich sein, den Standort der ausländischen Internet-Apotheke überhaupt ausfindig zu machen. Untersuchungen haben ergeben, dass nur 10,7 % der Webseiten Angaben zur geografischen Lage (Staat/Ort) enthalten.[491] Die entscheidenden Fragen sind deshalb: Verstoßen ausländische Apotheker, die an deutsche Verbraucher über das Internet Arzneimittel vertreiben, gegen geltendes deutsches Recht und kann ein solcher Verstoß eine Strafbarkeit nach nationalem Recht begründen? Oder anders ausgedrückt: Können die Strafvorschriften des Arzneimittelgesetzes, Apothekengesetzes, Strafgesetzbuches, Betäubungsmittelgesetzes und/oder Markengesetzes überhaupt zur Beurteilung der Handlungen ausländischer Apotheker herangezogen werden? Und wenn ja, bestimmt sich die Zuständigkeit hinsichtlich der Strafverfolgung nach nationalem oder internationalem Recht? Kann ein ausländischer Apotheker für seine strafbaren Handlungen auch dann angeklagt und verurteilt werden, wenn eine Zuständigkeit nach nationalen Rechtsvorschriften nicht gegeben ist?

Unabhängig von der Beantwortung dieser einzelnen Fragen wäre es auch denkbar, den Arzneimittelversandhandel über das Internet auf internationaler Ebene zu regulieren. Aufgrund der begrenzten Strafverfolgungsmöglichkeiten sprechen sich bereits einige Staaten[492] zunehmend für eine Änderung der Zuständigkeitsvorschriften auf internationaler Ebene aus, um zu gewährleisten, dass sich die Inhaber von Internet-Apotheken nicht der Verantwortung für strafbares Handeln entziehen können. Die Schwierigkeit besteht jedoch darin, dass es unklar ist, wer solche Regelungen erlassen soll. Entscheidend ist dabei insbesondere, nicht nur die geografischen Grenzen zu überwinden, sondern sich vor allem trotz der unterschiedlichen politischen Ansichten auf einen adäquaten Lösungsvorschlag zu einigen.

Seit der Entwicklung des E-Commerce business bringen immer mehr Staaten ihr Interesse an einer gesetzlichen Regelung des neuen Mediums *Internet* zum Ausdruck. Zudem versuchen Ermittlungsbehörden, ihre begrenzten Zuständigkeiten hinsichtlich der Strafverfolgung auch auf internationaler Ebene auszudehnen. Grundsätzlich ist die Möglichkeit, Staatsangehörige eines anderen Staates strafrechtlich zu belangen, durch internationales Recht festgesetzt. Im inter-

---

[491] *Carlini*, [online], a.a.O.

[492] Dies gilt insbesondere für die USA. Vgl. *Cantrell*, [online], a.a.O.

nationalen Recht gilt jedoch das Prinzip, dass jeder Staat die Souveränität des anderen Staates zu respektieren hat. Aus diesem Grund sollten die Staaten in Fällen mit Auslandsbezug Zurückhaltung hinsichtlich der Strafverfolgung üben und jede unangemessene Beanspruchung der Zuständigkeit in der Sache vermeiden.[493] Die Strafverfolgung ausländischer Staatsangehöriger ist gemäß dem internationalen Recht grundsätzlich auf folgende Fälle begrenzt:

1.) die strafbare Handlung wurde auf dem Hoheitsgebiet des jeweiligen Staates begangen (Territorialitätsprinzip),
2.) die Strafverfolgung erfolgt zum Schutz der Interessen des Staates, sofern eine Handlung eine Bedrohung der nationalen Sicherheit darstellt, oder
3.) die Verfolgung der Straftat erscheint aufgrund besonderer Umstände als gerechtfertigt (universal jurisdiction)[494].

Ob sich damit eine Zuständigkeit zur Verfolgung ausländischer (Internet-)Apotheker begründen lässt, ist allerdings fraglich. Der Versandhandel wird in der Regel vom Hoheitsgebiet eines anderen Staates durchgeführt, so dass eine Zuständigkeit nach dem Territorialitätsprinzip nur dann in Frage kommt, wenn als Anknüpfungspunkt auch der Ort des Taterfolges ausreichend ist. Dies wird im Folgenden näher zu untersuchen sein. Zwar kann im Arzneimittelhandel unter Einschaltung des Internets eine Gefahr für die Sicherheit und Gesundheit der Bevölkerung gesehen werden, so dass eine Ausdehnung der Strafverfolgung zum Schutz der Interessen des jeweiligen Staates – Gewährleistung der Volksgesundheit – in Betracht käme. Allerdings widerspräche dies den geltenden Prinzipien der Strafverfolgung. Deshalb könnte man darin eine unangemessene Ausdehnung der Zuständigkeit eines Staates sehen. Das innerstaatliche Strafinteresse im Hinblick auf den Arzneimittelversandhandel wird sich in der Regel von Staat zu Staat unterscheiden. Dies hat zur Folge, dass rechtsstaatliche Einwände gegen eine solche uneingeschränkte Ausdehnung erhoben werden. Dadurch könnte es zu Streitigkeiten zwischen den einzelnen Staaten kommen, zumal der Begriff „Gefahr für die Bevölkerung" in diesem Zusammenhang zu unbestimmt ist. Zudem muss erst einmal geklärt werden, welche strafbare Handlung der Internet-Apotheken überhaupt eine Gefahr für die Gesundheit der Bevölkerung darstellen würde. Hierzu werden die Meinungen aufgrund der unterschiedlichen gesetzlichen Anforderungen zum Arzneimittelvertrieb bedingt durch das Gesundheitssystem der Staaten auseinandergehen. Bedenken ergeben sich aber auch aufgrund der Tatsache, dass der ausländische Souverän die auf seinem Territorium maßgeblichen Verhaltensregeln festlegt und den Umfang der dort gülti

---

[493] *Siddiqi*, (2001) New York International Law Review [online] <http://www.international.westlaw.com> (letzter Zugriff: 07.02.2002).

[494] In Fällen insbesondere der Sklaverei, der Piraterie, der Kriegsverbrechen, des Völkermordes, der Entführung und des ungesetzlichen Eindringens in den Luftraum.

gen Freiheitsrechte bestimmt.[495] Mit der Ausdehnung der Strafgewalt würde das jeweilige nationale Recht in Frage gestellt und gegen das Nichteinmischungsprinzip verstoßen. Eine Zuständigkeit nach dem Prinzip der universal jurisdiction scheidet in jedem Fall aus, da darauf nur bei schwerwiegenden Verbrechen abgestellt werden darf.[496] Unabhängig von diesen Grundsätzen besteht grundsätzlich die Möglichkeit, dass ein Gericht den Fall nach internationalem Recht verhandeln darf, wenn einer der am Prozess beteiligten Personen ein Staatsangehöriger des Staates ist, in dem der Prozess stattfindet (adjudicate jurisdiction). Allerdings ist dieses Prinzip nicht allgemein anerkannt, so dass man die Strafverfolgung darauf nicht stützen kann. Die Schwierigkeiten, denen die Strafverfolgungsbehörden auf internationaler Ebene entgegensehen, sind vor allem darauf zurückzuführen, dass das internationale Recht zu einer Zeit entwickelt wurde, als es das Medium *Internet* und den damit verbundenen online Versandhandel noch nicht gab. Im Folgenden soll nun geklärt werden, inwieweit die ausländischen Apotheker jedenfalls nach deutschem Recht strafrechtlich zur Verantwortung gezogen werden können.

I. Der Geltungsbereich des deutschen Strafrechts – Grundlegende Überlegungen in Bezug auf den Arzneimittelversandhandel unter Einschaltung des Internets

Sofern eine Person einen Straftatbestand erfüllt, stellt sich die Frage, ob ihr gegenüber überhaupt die Normen des deutschen Strafrechts gelten. Den Geltungsbereich des deutschen Strafrechts bestimmen die §§ 3-7, 9 StGB.[497] Dieses sog. *internationale Strafrecht* regelt, ob und unter welchen Voraussetzungen Sachverhalte mit Auslandsbezug der innerstaatlichen Strafgewalt unterliegen. Die konkrete Ausgestaltung findet sich in fünf einander ergänzenden Prinzipien: dem Territorialitätsprinzip, dem aktiven Personalitätsprinzip[498], dem Schutz-

---

[495] Vgl. *Scholten*, NStZ 1994, S. 266 (270).

[496] Sofern es sich um ein verschreibungspflichtiges Betäubungsmittel handelt, ergibt sich die Möglichkeit zur Strafverfolgung jedoch aus § 6 Nr. 5 StGB.

[497] Ausführlich vgl. u.a. *Tröndle/Fischer*, Vor § 3 ff. StGB; *Eser* in: *Schönke/Schröder*, Vorbem §§ 3-7 StGB, §§ 3 ff. StGB, *Jescheck*, Lehrbuch des Strafrechts, Allgemeiner Teil, § 18, S. 143 ff., *Köhler*, Strafrecht Allgemeiner Teil, S. 99 ff., jeweils m.w.N.

[498] Nach dem aktiven Personalitätsprinzip unterliegen deutsche Staatsangehörige auch dann der deutschen Strafgewalt, wenn sie eine Straftat im Ausland begangen haben. Das aktive Personalitätsprinzip, welches nicht uneingeschränkt gilt, sondern in den §§ 5 Nrn. 3a, 5b, 8, 9, 11a, 12, 14a und 15; 7 Abs. 2 Nr. 1 StGB niedergelegt ist, betont die Bindung des Einzelnen an die heimatliche Rechtsordnung. Anknüpfungspunkt ist – ausgehend von dem Satz „*res publica interest habere bonos subditos*" – die Berechtigung des Staates, Personalhoheit über seine Bürger auszuüben. Vgl. u.a. *Jescheck*, Lehrbuch des Strafrechts, Allgemeiner Teil, § 18, S. 151; *Stratenwerth/Kuhlen*, § 4, Rdn. 12 ff.; *Eser* in: *Schönke/Schröder*, Vorbem §§ 3-7 StGB, Rdn. 6.

prinzip[499], dem Weltrechtsprinzip und dem Grundsatz der stellvertretenden Strafrechtspflege.

1. Die Anwendung der deutschen Strafgewalt nach dem Territorialitätsprinzip

Ausgangspunkt ist das in § 3 StGB verankerte Territorialitätsprinzip (Gebietsgrundsatz). Danach gilt das deutsche Strafrecht für alle Taten, die innerhalb des Staatsgebiets unter Einschluss der Küstengewässer und des Luftraums über diesem Gebiet begangen werden, ohne Rücksicht auf die Nationalität des Täters oder des Verletzten.[500] Anknüpfungspunkt ist somit der Tatort. Allerdings müssen der Ort, an dem der Täter gehandelt hat (Tathandlungsort), und der Ort, an dem der Erfolg eingetreten ist (Taterfolgsort), nicht identisch sein. Gemäß § 9 Abs. 1 StGB ist es für die Anwendbarkeit des deutschen Strafrechts ausreichend, dass zumindest einer der beiden Orte im Inland liegt.[501]

Da das aktive Personalitätsprinzip an die Staatsangehörigkeit des Täters anknüpft, ist dieses Prinzip für die Strafrechtserstreckung auf Taten ausländischer Apotheker nicht anwendbar. Betreibt dagegen ein deutscher Apotheker im Ausland eine Internet-Apotheke und begeht er in diesem Zusammenhang eine Straftat im Ausland, die dort mit Strafe bedroht ist, besteht die Möglichkeit der Strafverfolgung nach § 7 Abs. 2 Nr. 1 StGB. Folgende Fallkonstellation kommt in Betracht: Ein deutscher Apotheker betreibt in Neuseeland eine Internet-Apotheke, ohne in Neuseeland als Apotheker zugelassen zu sein. Zudem hat er auch keine Erlaubnis zum Betrieb einer (Internet-) Apotheke nach neuseeländischem Recht. Der Arzneimittelversand ohne die erforderlichen Erlaubniserteilungen ist verboten und strafrechtlich sanktioniert. Sofern der Apotheker nach Deutschland zurückkehrt, kann er aufgrund des aktiven Personalitätsprinzips strafrechtlich nach deutschem Recht verfolgt und bestraft werden.

[499] Nach dem Schutzprinzip gilt deutsches Strafrecht auch für im Ausland begangene Taten, wenn inländische Rechtsgüter gefährdet oder verletzt würden, gleichgültig von welchem Täter oder an welchem Ort sie verletzt wurden. Es kommt vor allem in den §§ 5 Nrn. 1, 2, 3b, 4, 5a, 10-13 StGB zum Ausdruck; umstritten ist die Strafrechtsausdehnung durch das Schutzrechtsprinzip dagegen im Hinblick auf den Individualrechtsschutz von Inländern im Ausland (sog. passives Personalitätsprinzip). Vgl. *Eser* in: *Schönke/Schröder*, Vorbem §§ 3-7 StGB, Rdn. 7; ferner *Jescheck*, Lehrbuch des Strafrechts, Allgemeiner Teil, § 18, S. 151 f.; *Stratenwerth/Kuhlen*, § 4, Rdn. 16 ff.
Da im Rahmen des weltweiten Arzneimittelversandhandels keine durch die o.g. Paragraphen geschützten inländischen Rechtsgüter verletzt werden, kommt es insoweit auf das Schutzrechtsprinzip zur Begründung der Strafgewalt nicht an.

[500] Ergänzt wird das Territorialitätsprinzip hinsichtlich des Inlandsbegriffs durch das Flaggenprinzip (§ 4 StGB).

[501] Das deutsche Strafrecht folgt damit dem Ubiquitätsprinzip. Der Tatort wird durch § 9 StGB näher bestimmt, indem vier Anknüpfungspunkte genannt werden: der Ort, an dem der Täter im Inland gehandelt hat (§ 9 Abs. 1 Var. 1 StGB), der Ort, an dem der Täter im Falle des Unterlassens im Inland hätte handeln müssen (§ 9 Abs. 1 Var. 2 StGB), der Ort, an dem der zum Tatbestand gehörende Erfolg im Inland eingetreten ist (§ 9 Abs. 1 Var. 3 StGB), und

Wird daher das verschreibungspflichtige Arzneimittel aus einer ausländischen Internet-Apotheke an einen deutschen Verbraucher versandt, so wird häufig der Tathandlungsort im Ausland liegen, während der Taterfolg eher im Inland eintreten wird.[502] Beurteilt sich der Tatort nach dem „zum Tatbestand gehörenden Erfolg"[503] (§ 9 Abs. 1 Var. 3 StGB), ist zunächst in Bezug auf die in Betracht kommenden Strafvorschriften zu unterscheiden, ob es sich um ein Erfolgsdelikt (Verletzungs- oder konkretes Gefährdungsdelikt[504]) oder um ein abstraktes und potentielles bzw. abstrakt-konkretes Gefährdungsdelikt handelt. Während bei den Erfolgsdelikten der Erfolgsort dort liegt, wo es zur Verletzung bzw. zur konkreten Gefährdung des Schutzobjektes gekommen ist, fehlt es – nach einer verbreiteten Auffassung[505] – beim abstrakten und potentiellen Gefährdungsdelikt regelmäßig an einem Erfolgsort, da ein tatbestandsmäßiger Erfolg gerade nicht vorausgesetzt wird.[506] Es fehlt damit an einem klaren Anknüpfungspunkt, auch wenn die abstrakten Gefährdungsdelikte keine reinen Tätigkeitsdelikte[507] sind, sondern ein über die Tathandlung hinausgehendes tatbestandsmäßiges Ereignis enthalten.[508] Die Tatortbestimmung bei den abstrakten Gefährdungsdelikten ist deshalb jedenfalls dann problematisch, wenn die Tathandlung im Ausland erfolgt und es in Deutschland zu einer abstrakten Gefährdung kommt.[509] Beim (grenzüberschreitenden) Arzneimittelversandhandel unter

---

der Ort, an dem der zum Tatbestand gehörende Erfolg nach Vorstellung des Täters hätte eintreten sollen (§ 9 Abs. 1 Var. 4 StGB).

502 Man denke hier beispielsweise an folgenden Fall: Der Apotheker A ist Staatsangehöriger der USA. Er betreibt in Florida eine Internet-Apotheke, die Arzneimittel weltweit versendet. Der Verbraucher V, deutscher Staatsangehöriger, bestellt bei dieser Internet-Apotheke ein in Deutschland nicht zugelassenes Arzneimittel. A, der die Bestellung bestätigt, liefert das Arzneimittel an V. Nach Einnahme des Arzneimittels erleidet V ernsthafte Gesundheitsschäden.

503 Es ist anzumerken, dass irgendein (Verletzungs-)Erfolg nicht ausreicht. Es muss sich um einen zum Tatbestand gehörenden Erfolg handeln.

504 Beim konkreten Gefährdungsdelikt gehört der Eintritt der Gefahr zum Tatbestand, vgl. *BGH*, Beschl. v. 29.05.1991, Az.: StB 11/91, 3 StE 4/91 – 3 – geh StB 11/91 = NJW 1991, 2498. Der Erfolgsort bestimmt sich nach dem Ort, wo sich die gefährdeten Rechtsgüter bei Gefahreintritt befinden.

505 Vgl. *Tröndle/Fischer*, § 9 StGB, Rdn. 4, m.w.N., *BGH* (Verbreitung der Auschwitzlüge im Internet), Urt. v. 12.12.2000, Az.: 1 StR 184/00 = MMR 2001, S. 228 ff. mw.N.

506 Vgl. *Breuer*, MMR 1998, S. 141 (142); *Tröndle/Fischer*, § 9 StGB, Rdn. 4, m.w.N. zum inländischen Erfolgsort bei grenzüberschreitenden abstrakten Gefährdungsdelikten.

507 Bei einem schlichten Tätigkeitsdelikt ist ein Erfolg i.S.d. § 9 Abs. 1 StGB nicht gegeben. Tatort ist lediglich der Ort, an dem der Täter gehandelt hat. Dazu im Folgenden ausführlich.

508 *Weber*, Vorbemerkungen zu §§ 29 ff. BtMG, Rdn. 72.

509 Praktische Bedeutung hatte die Tatortbestimmung bei abstrakten Gefährdungsdelikten u.a. bei den im Ausland begangenen Verbreitungs- und Äußerungsdelikten, z.B. pornografische und nationalsozialistische Äußerungen auf ausländischen www-Servern; vgl. dazu *Siebert*, NJW 1999, S. 2065 ff.; *Derksen*, NJW 1997, S. 1878 ff.; *BGH* (Verbreitung der Auschwitzlü-

Einschaltung des Internets an Verbraucher in Deutschland kommen zahlreiche Strafvorschriften in Betracht, deren Deliktscharakter allerdings unterschiedlich ist. Ohne an dieser Stelle die strafrechtliche Beurteilung vorwegzunehmen, soll jedoch kurz für die einzelnen Vorschriften geklärt werden, worin der „zum Tatbestand gehörende Erfolg" i.S.d. § 9 Abs. 1 Var. 3 StGB zu sehen ist.

1.1. Erfolgsdelikte: Verletzungs- und konkrete Gefährdungsdelikte

Zu den Verletzungsdelikten zählen vor allem §§ 211 ff. StGB (Tötung) und §§ 223 ff. StGB (Körperverletzung). Wer aus einer ausländischen Internet-Apotheke ein verschreibungspflichtiges Arzneimittel an einen Verbraucher in Deutschland versendet und dadurch der Verbraucher nach Einnahme des Arzneimittels verstirbt oder einen Gesundheitsschaden erleidet, hat die Tat auch am Sterbe- bzw. Verletzungsort verübt. Darüber hinaus liegt der Tatort bei entsprechenden Auseinanderfallen von Handlungsort und Erfolgsort auch bei den Erfolgsdelikten der §§ 266 und 267 StGB im Inland. Den Charakter eines zumindest konkreten Gefährdungsdelikts haben demgegenüber § 263 StGB[510] und § 95 Abs. 3 AMG. Sofern sich in diesen Fällen (zumindest) eine konkrete Gefahr für das Vermögen des Verbrauchers in Deutschland (bei § 263 StGB) ergibt bzw. sich die Gefährdung auf eine große Zahl von Menschen erstreckt oder die Gefahr des Todes oder einer schweren gesundheitlichen Schädigung (bei § 95 Abs. 3 Nr. 1 und 2 AMG) besteht[511] – also die nicht fernliegende Möglichkeit der Verletzung –, liegt der Tatort gemäß §§ 3, 9 Abs. 1 Var. 3 StGB im Geltungsbereich des deutschen Rechts.[512]

---

ge im Internet), Urt. v. 12.12.2000, Az.: 1 StR 184/00 = MMR 2001, S. 228 ff.; ferner bei Internetglücksspielen vgl. dazu *Leupold/Bachmann/Pelz*, MMR 2000, S. 648 ff.

[510] Da auch die Vermögens*gefährdung* nach ständiger Rechtsprechung und herrschender Meinung als Schaden erfasst wird, führt dies zur Veränderung des Charakters des § 263 StGB zu einem konkreten Gefährdungsdelikt, vgl. dazu *Tröndle/Fischer*, § 263 StGB, Rdn. 1b, 31, m.w.N. Der Tatort liegt dann dort, wo sich das gefährdete Rechtsgut bei Eintritt der konkreten Vermögensgefahr befindet. Dies ist beim Betrug zum Nachteil des deutschen Verbrauchers in der Regel das Inland (Deutschland).

[511] Eine abstrakte Gefahr reicht nicht aus. Der Schaden braucht tatsächlich nicht eingetreten zu sein; die Begründung einer entsprechenden (konkrete) Gefahr reicht aus. Vgl. *Deutsch*, § 95 AMG, Rdn. 15; *Rehmann*, § 95 AMG, Rdn. 3; *Kloesel/Cyran*, § 95 AMG zu Abs. 3.

[512] Bei den konkreten Gefährdungsdelikten ist der Eintritt der Gefahr als Erfolg i.S.d. § 9 Abs. 1 Var. 3 StGB anzusehen. Vgl. dazu *Tröndle/Fischer*, § 9, Rdn. 4a; *Gribbohm* in: Leipziger Kommentar zum StGB, § 9, Rdn. 20; *Lemke* in: *Kindhäuser/Neumann/Paeffgen*, § 9, S. 287; *Eser* in: *Schönke/Schröder*, § 9 StGB, Rdn. 6; *BayObLG*, Urt. v. 09.05.1957, Az.: 3 St. 18/57 = NJW 1957, S. 1327 (1328); *OLG Köln*, Urt. v. 10.10.1967, Az.: Ss 284/67 = NJW 1968, S. 954.

1.2. Tätigkeitsdelikte

Bei § 23 ApoG (Betreiben einer Apotheke ohne die erforderliche Erlaubnis) sowie bei den §§ 143, 143a, 144 MarkenG (die in den Vorschriften im Einzelnen genannten Tathandlungen beziehen sich auf Kennzeichen, Gemeinschaftsmarken bzw. geografische Herkunftsangaben) handelt es sich dagegen um bloße Tätigkeitsdelikte, da der Unrechtstatbestand bereits verwirklicht wird, wenn die im Gesetz umschriebene Handlung vorgenommen wird, ohne dass es auf eine etwaige hiervon zu unterscheidende Beeinträchtigung des durch die Vorschrift geschützten Rechtsguts ankäme. Es fehlt an einem von der Tätigkeit räumlich-zeitlich abtrennbaren Erfolg, so dass die Taterfolgsortklausel des § 9 Abs. 1 Var. 3 StGB nicht zur Anwendung kommt.[513] Tatort ist demnach nur der Begehungsort (Ort der Handlung), nicht dagegen zusätzlich ein Ort, an dem eine Beeinträchtigung des geschützten Rechtsguts eintritt.[514]

1.3. Abstrakte Gefährdungsdelikte

Bei den Straftaten nach dem Betäubungsmittelgesetz handelt es sich in der Regel um abstrakte Gefährdungsdelikte. Der Gesetzgeber hat mit den §§ 29 ff. BtMG ein Verhalten mit Strafe bedroht, welches eine erhöhte Gefährdung der Gesundheit von Menschen bewirkt, unabhängig davon, ob im Einzelfall tatsächlich eine Gefahr geschaffen wurde.[515] Beim Regelbeispiel gemäß § 29 Abs. 3 Nr. 2 BtMG sowie beim qualifizierten Tatbestand des § 29a BtMG soll dagegen die konkrete Gefahr maßgebend sein. Aber auch die §§ 95 Abs. 1 Nr. 1 und Nr. 4 sowie 96 Nr. 13 AMG gehören zu den abstrakten Gefährdungsdelikten. Der Gesetzgeber hat die Strafbarkeit auf der gesetzlichen Vermutung basierend normiert, dass bestimmte Verhaltensweisen für ein Schutzgut – die Sicherheit im Arzneimittelverkehr zum Schutz der Gesundheit der Bevölkerung (vgl. § 1 AMG) – generell gefährlich sind. Verstöße gegen die Tatbestände des § 95 Abs. 1 Nr. 1 und Nr. 4 AMG gefährden die Gesundheit im besonders hohen Maße; aber auch die Tatbestände des § 96 AMG dienen der Vermeidung gesundheitlicher Risiken.[516] Zu einer Schädigung der Gesundheit eines Menschen muss es bei den in §§ 95 Abs. 1 Nr. 1 und Nr. 4, 96 Nr. 13 AMG genannten Handlungen

---

[513] Vgl. *Hilgendorf*, NJW 1997, S. 1873 (1875).

[514] *Lemke* in: *Kindhäuser/Neumann/Paeffgen*, § 9 StGB, S. 287; *OLG München*, Beschl. v. 17.04.1990, Az.: 2 Ws 339/90 = StV 1991, S. 505 (506); *OLG Stuttgart*, Beschl. v. 30.10. 2003, Az.: 1 WS 288/03 = NStZ 2004, S. 402 (403); *BGH*, Beschl. v. 17.07.2002, Az.: 2 Ars 164/02 = NJW 2002, S. 3486 (3487).

[515] Vgl. dazu auch *Körner*, § 29 BtMG, Rdn. 141.

[516] *Körner*, zum AMG, Rdn. 106.

allerdings nicht kommen, da bereits die Herbeiführung einer (abstrakten) Gefahr strafwürdiges Unrecht darstellt.[517]

§ 132a Abs. 1 Nr. 2 StGB ist ebenfalls ein abstraktes Gefährdungsdelikt. Auch hier erschöpft sich der Unrechtstatbestand in der bloßen Handlung des Täters; der abstrakt gefährdete Bereich lässt sich nicht eingrenzen. Zweck des § 132a StGB ist in erster Linie der Schutz der Allgemeinheit vor dem Auftreten von Personen, die sich durch den unbefugten Gebrauch von Bezeichnungen den Schein besonderer Funktion, Fähigkeiten und Vertrauenswürdigkeit geben.[518] Da die abstrakte Gefahr nicht Bestandteil des zum Tatbestand gehörenden Erfolges ist, auch nicht, wenn diese in eine konkrete Gefahr umschlägt,[519] genügt die Taterfolgsortklausel des § 9 Abs. 1 Var. 3 StGB nicht, um den Geltungsbereich des deutschen Strafrechts auf diese Delikte zu erstrecken, sofern sie im Ausland begangen werden. Doch während – worauf noch ausführlich eingegangen wird – im Hinblick auf die Verfolgung der Straftaten nach dem Betäubungsmittelgesetz das Weltrechtsprinzip gemäß § 6 Nr. 5 StGB gilt, kommt es bei der Beurteilung der Strafbarkeit der ausländischen Apotheker nach den Vorschriften des Arzneimittelgesetzes sowie nach § 132a Abs. 1 Nr. 2 StGB entscheidend darauf an, ob der Anwendungsbereich des deutschen Rechts überhaupt nach den §§ 3 ff. StGB begründet werden kann. Als Anknüpfungspunkt dienen zunächst die Tathandlungen: das Inverkehrbringen bedenklicher Arzneimittel bei § 95 Abs. 1 Nr. 1 AMG, das unzulässige Handeltreiben oder die unzulässige Abgabe gegen Vorlage einer Verschreibung von verschreibungspflichtigen Arzneimitteln bei § 95 Abs. 1 Nr. 4 AMG und das Abgeben von verschreibungspflichtigen Arzneimitteln ohne die erforderliche Verschreibung bei § 96 Nr. 13 AMG sowie das unbefugte Führen von Berufsbezeichnungen bei § 132a Abs. 1 Nr. 2 StGB. Dass das tatbestandsmäßige Handeln generell zu Folgen und in diesem Sinne gewissermaßen zu einem *Erfolg* führt, ist dabei unerheblich. Derartige Tatfolgen wirken nicht tatortbegründend, da es nach dem insoweit klaren Wortlaut des § 9 Abs. 1 Var. 3 StGB nur auf den im jeweiligen Tatbestand umschriebenen Erfolg ankommt.[520] Ob abstrakte Gefährdungsdelikte einen tatbestandsmäßigen Erfolg

---

[517] Vgl. *Sander*, § 95 AMG, zu Absatz 3, S. 8.

[518] Vgl. *BGH*, Beschl. v. 13.05.1982, Az.: 3 StR 118/82 = BGHSt 31, S. 61 (62); *BGH*, Urt. v. 24.10.1989, Az.: 1 StR 504/89 = BGHSt 36, S. 277 (279). Die in § 132a Abs. 1 Nr. 2 StGB abschließend aufgeführten Berufsbezeichnungen beanspruchen „als formalisierte Zuschreibung herausgehobener Funktionen, Fähigkeiten oder Verdienste von Personen in der Öffentlichkeit besonderes Vertrauen; sie repräsentieren Garantien in die Qualität, Lauterkeit und Vorhersehbarkeit von Verhalten oder Leistungen in bestimmten sozialen Funktionen." So *Tröndle/Fischer*, § 132a StGB, Rdn. 3 f. m.w.N.

[519] Vgl. *Eser* in: *Schönke/Schröder*, § 9 StGB, Rdn. 6; *Lemke* in: *Kindhäuser/Neumann/ Paeffgen*, § 9 StGB, S. 287. Es sei noch einmal ausdrücklich darauf hingewiesen, dass auch eine später eintretende konkrete Gefahr für ein geschütztes Rechtsgut nicht tatortbegründend wirkt. Vgl. *Hilgendorf*, NJW 1997, S. 1873 (1875).

[520] *Hilgendorf*, NJW 1997, S. 1873 (1875).

als Anknüpfungspunkt für die Geltung deutschen Strafrechts aufweisen, ist äußerst umstritten. Nach verbreiteter Auffassung besitzen abstrakte Gefährdungsdelikte keinen Gefahrerfolg i.S. der allgemeinen Tatbestandslehre, da der Gesetzgeber weder die Verletzung noch die konkrete Gefährdung des durch die Norm geschützten Rechtsguts zu einem Tatbestandsmerkmal gemacht hat.[521] Es geht hier nicht um die Herbeiführung einer Gefahrenlage, sondern um die Gefährlichkeit der Handlung. Nach dieser Auffassung scheidet der Erfolgsort als Anknüpfungspunkt – auch wenn ein der Tathandlung nachfolgender Gefahr- oder Verletzungserfolg begründet wird – aus,[522] weil weder § 95 Abs. 1 Nr. 1 und 4 AMG sowie § 96 Nr. 13 AMG noch § 132a Abs. 1 Nr. 2 StGB einen zum Tatbestand gehörenden Erfolg verlangen. Tatort ist damit ausschließlich der Ort der abstrakt gefährlichen Handlung.

Demgegenüber nimmt die „extensive" Gegenmeinung an, dass bei den abstrakten Gefährdungsdelikten überall dort ein Erfolgsort gegeben ist, wo sich die abstrakte Gefahr realisieren kann.[523] Begründet wird dies damit, dass tatbestand-

---

[521] Vgl. etwa *Wang*, S. 145; *Lemke* in: *Kindhäuser/Neumann/Paeffgen*, § 9 StGB, S. 287; *Gribbohm* in: Leipziger Kommentar zum StGB, § 9 StGB, Rdn. 20; *Sieber*, NJW 1999, S. 2065 (2066 f.); *Breuer*, MMR 1998, S. 141 (142); *Leupold/Bachmann/Pelz*, MMR 2000, S. 648 (653 f.); *Hilgendorf*, NJW 1997, S. 1873 (1875); *Ambos/Ruedenberg* in: Münchner Kommentar zum StGB, § 9 StGB, Rdn. 19; *Tröndle/Fischer*, § 9 StGB, Rdn. 4a.

[522] Es ist anzumerken, dass die Erfolgsortsanknüpfung für die Wettbewerbsdelikte, und zwar im Zusammenhang mit den nach dem Heilmittelwerbegesetz bestehenden Werbeverboten, und daraus resultierende Unterlassungsansprüche bejaht wurde. Argumentiert wurde mit der im Wettbewerbsrecht allgemein befürwortete Marktortanknüpfung. Vgl. dazu *LG Berlin*, Urt. v. 07.11.2000 = MMR 2001, S. 249 ff.; *KG Berlin*, [online], a.a.O.; *KG Berlin*, Urt. v. 29.05. 2001, Az.: 5 U 10150/00 = NJW-RR 2002, S. 113 ff.; *LG Frankfurt am Main*, Urt. v. 09.11. 2000 = K&R 2001, S. 153 ff.; ferner *Mand*, MMR 2003, S. 77 f.

[523] *BGH*, Urt. v. 22.08.1996, Az.: 4 StR 217/96 = BGHSt 42, S. 235 (242 f.), wobei sich die Entscheidung des Gerichts auf den (Gefährdungs-)Erfolg des § 323a StGB (Vollrausch) bezieht; der BGH geht jedoch darauf ein, dass „was im Sinne des § 9 StGB unter dem Merkmal ‚zum Tatbestand gehörender Erfolg' zu verstehen ist, nicht ausgehend von der Begriffsbildung der allgemeinen Tatbestandslehre ermittelt werden [kann]... [Deutsches] Strafrecht [soll] – bei Vornahme der Tathandlung im Ausland – Anwendung finden, sofern es im Inland zu der Schädigung von Rechtsgütern oder zu Gefährdungen kommt, deren Vermeidung Zweck der jeweiligen Strafvorschrift ist."; ferner *BGH*, Urt. v. 03.10.1989, Az.: 1 StR 372/89 = NStZ 1990, S. 36 (37); *OLG Köln*, Urt. v. 10.10.1967, Az.: 284/67 = NJW 1968, S. 954, wo es im Urteil heißt: „Als Erfolg gilt jede tatbestandliche Wirkung..., so dass bei Gefährdungsdelikten die Tat auch dort begangen ist, wo die Gefahr eintritt."; *BayObLG*, Urt. v. 09.05. 1957, Az.: 3 St. 18/57 = NJW 1957, S. 1328, wo es in der Entscheidungsbegründung heißt: „Bei den echten Gefährdungsdelikten ist der Eintritt der Gefahr die tatbestandsmäßige Wirkung oder der Erfolg im Rechtssinn.". Es ist in diesem Zusammenhang anzumerken, dass diese Auffassung von der wohl herrschenden Meinung u.a. im Hinblick auf das Veranstalten von Glücksspielen im Internet zugrunde gelegt wird, wobei der Taterfolg dann in Deutschland begründet wird, wenn ein Spielangebot in Deutschland abgerufen werden kann. Vgl. dazu *Leupold/Bachmann/Pelz*, MMR 2000, S. 648 (653). Ferner wird diese Ansicht im Einzelnen auch

licher Erfolg die Schaffung des Verletzungsrisikos sei, denn „mit dem abstrakten Gefährdungsdelikt [werde] etwas bestraft, das über den bloßen Vollzug der Tathandlung hinausreiche“[524]. Ausschlaggebendes Kriterium für die Strafbarkeit sei die Gefährlichkeit der Tat.[525] Nach dieser Meinung läge der Erfolgsort beim grenzüberschreitenden Arzneimittelversand nach Deutschland wegen der potentiellen Möglichkeit der Gefährdung der öffentlichen Gesundheit in Deutschland. Den Erfolgsort und den abstrakten Gefährdungsort gleichzusetzen, führt zu einer sehr weiten Anwendung des deutschen Strafrechts, was zwar kriminalpolitisch wünschenswert, jedoch völkerrechtlich wegen des Nichteinmischungsgrundsatzes problematisch ist.[526] Völkerrechtliche Einwände werden sich vor allem dann ergeben, wenn das gleiche Verhalten nach deutschem und ausländischem[527] Strafrecht unterschiedlich bewertet wird. Zudem käme es zu einer erheblichen Mehbelastung der bei Inlandstaten uneingeschränkt dem Legalitätsprinzip verpflichteten deutschen Strafjustiz.[528] Zudem wird die Anwendbarkeit des deutschen Strafrechts bei Sachverhalten mit Auslandsbezug nur bei Vorliegen einer inländischen Anknüpfung an den Erfolgsort anerkannt.[529] Einen solchen Anknüpfungspunkt weisen grenzüberschreitende abstrakte Gefährdungsdelikten gerade nicht auf. Vielmehr besteht die abstrakte Gefahr überall auf der Welt gleichermaßen.[530] Die „extensive“ Ansicht verkennt, dass es zur Tatbestandserfüllung nicht auf die abstrakte Gefahr ankommt, zumal die Möglichkeit einer

für sonstige im Internet (auf Servern gespeicherte) verfügbare Angebote wie z.B. pornografische Schriften, nationalsozialistische Äußerungen oder nach Deutschland gemailte beleidigende Erklärungen bejaht. Vgl dazu *Sieber*, NJW 1999, S. 2065 (2067).

[524] Im Gegensatz zu den reinen Tätigkeitsdelikten verlangen die abstrakten Gefährdungsdelikte mehr als die bloß tatbestandlich umschriebene Handlung. Vgl. *Satzger*, NStZ 1998, S. 112 (115).

[525] *Satzger*, NStZ 1998, S. 112 (115).

[526] *Sieber*, NJW 1999, S. 2065 (2067); *Satzger*, NStZ 1998, S. 112 (116); *Leupold/Bachmann/Pelz*, MMR 2000, S. 648 (654).

[527] Damit sind die in Betracht kommenden Strafvorschriften eines anderen Staates gemeint.

[528] *Jeßberger*, JR 2001, S. 429 (434). *Jeßberger* gibt zu bedenken, dass „[d]urch die Anknüpfung an den (bei einschlägigen Straftaten stets weltweit eintretenden) ‚Erfolg' aus ubiquitärer Territorialität echte Universalität [wird].“

[529] Vgl. *Breuer*, MMR 1998, S. 141 (143); *Leupold/Bachmann/Pelz*, MMR 2000, S. 648 (654); *BGH*, Urt. v. 11.12.1998, Az.: 2 Ars 499/98 = NStZ 1999, S. 236; der BGH begründet das Erfordernis eines legitimierten inländischen Anknüpfungspunktes wie folgt: „Andernfalls wäre die völkerrechtlich gebotene Beachtung der Souveränität anderer Staaten (Nichteinmischungsprinzip) kaum zu gewährleisten und die inländische Strafjustiz mit der prinzipiellen, nur durch § 153c I Nr. 1 StPO eingeschränkten Verpflichtung zu ‚weltweiter' Verfolgung von Straftaten auch überfordert.“ Ferner *BGH*, Beschl. v. 11.02.1999, Az.: 2Ars 51/99 = StV 1999, S. 240.

[530] *Cornils*, JZ 1999, S. 394 (395).

Rechtsgutsverletzung bei den abstrakten Gefährdungsdelikten nur gering ist.[531] Der Gesetzgeber hat den Erfolgsbegriff in § 9 Abs. 1 Var. 3 StGB präzisiert, so dass nur der Erfolg, der Bestandteil des tatbestandsmäßigen Unrechts ist, einen Taterfolgsort begründen kann.

Vereinzelt wird die Ansicht vertreten, den Begriff des zum Tatbestand gehörenden Erfolgs erweiternd auszulegen, so dass auch der sog. Tathandlungserfolg, d.h. jede vom Täter verursachte, ihm zurechenbare und im einschlägigen Tatbestand genannte Folge seiner Handlung, vom Erfolgsbegriff des § 9 Abs. 1 Var. 3 StGB erfasst werde.[532] Für die Anwendung des deutschen Strafrechts ist es danach ausreichend, wenn sich die vom Tatbestand beschriebene Handlung des im Ausland handelnden Täters im Inland realisiert.[533] Gegen diese Ansicht wird eingewandt, dass sich die Erweiterung des Erfolgsbegriffs – die ebenfalls kriminalpolitisch zu wünschenswerten Ergebnissen führt – nicht auf die Erfolgsdelikte übertragen lasse und es damit zu Wertungswidersprüchen komme.[534]

Andere schlagen vor, die Anwendbarkeit des deutschen Strafrechts vom *finalen Interesse* des Handelnden abhängig zu machen und die deutsche Zuständigkeit zu bejahen, wenn der Täter zielgerichtet mit direktem Vorsatz (über das Internet) in Deutschland wirken will.[535] Diese Ansicht ist aber bereits deshalb abzulehnen, weil der Tatort nicht Bestandteil des Unrechtstatbestandes ist[536] und es deshalb auf den diesbezüglichen Tätervorsatz nicht ankommen kann.

Eine weitere Auffassung verlangt als zusätzliche Voraussetzung zur Anknüpfung an den Erfolgsort einen objektiv erkennbaren Inlandsbezug (sog. territoriale Spezifizierung).[537] Auch diese Ansicht wird zu Recht kritisiert. So müsse die territoriale Spezifizierung in jedem Einzelfall festgestellt werden, „was nicht nur

---

531 *Hilgendorf*, NJW 1997, S. 1873 (1876). *Satzger* verweist darauf, dass „es bei einigen abstrakten Gefährdungsdelikten generell unmöglich [ist], die Gefährdung eines Rechtsguts mit Sicherheit auszuschließen". Jedoch folgte daraus nicht, „die Gefährlichkeit des Verhaltens zum materiellen Tatbestand und damit zum tatbestandlichen Erfolg zu erheben... Vielmehr ist der Tatbestand des abstrakten Gefährdungsdelikts voll verwirklicht, wenn das dort umschriebene, typischerweise gefährliche Verhalten vom Täter an den Tag gelegt wird." Vgl. *Satzger*, NStZ 1998, S. 112 (115).

532 So *Sieber*, NJW 1999, S. 2065 (2067); *Satzger*, NStZ 1998, S. 112 ff.

533 Vgl. *Sieber*, NJW 1999, S. 2065 (2069); *Ambos/Ruegenberg* in: Münchner Kommentar zum StGB, § 9, Rdn. 34.

534 *Leupold/Bachmann/Pelz*, MMR 2000, S. 648 (653).

535 *Collardin*, CR 1995, S. 618 (621); *Engel*, AfP 1996, S. 220 (260).

536 Vgl. *Gribbohm* in: Leipziger Kommentar zum StGB, Einleitung; §§ 1 bis 31, § 9 StGB, Rdn. 49; *Eser* in: *Schönke/Schröder*, § 9 StGB, Rdn. 15; *Leupold/Bachmann/Pelz*, MMR 2000, S. 648 (654); *Breuer*, MMR 1998, S. 141 (143).

537 So *Hilgendorf*, NJW 1997, S. 1873 (1876).

mangelnde Rechtssicherheit zur Folge hätte, sondern auch wenig praktikabel wäre"[538].

Die Frage nach der Reichweite der deutschen Strafgewalt ist damit insofern bislang nicht abschließend geklärt. Vielmehr wird vor allem im Bereich der Internetdelikte[539] versucht, die Anwendbarkeit des deutschen Strafrechts über den Wortlaut des § 9 Abs. 1 Var. 3 StGB hinaus auszudehnen.[540] Ob die in § 3 StGB i.V.m. § 9 Abs. 1 Var. 3 StGB verankerte Taterfolgsortklausel im Hinblick auf den im Ausland handelnden Täter zu weit gefasst ist und einer Einschränkung bedarf oder der Erfolgsbegriff vielmehr erweiternd auszulegen ist, bedarf weiterer Klärung in Literatur und Rechtsprechung[541]. Die bislang vorgebrachten Argumente für die Anwendbarkeit des § 9 Abs. 1 Var. 3 StGB auf abstrakte Gefährdungsdelikte überzeugen nicht. Die Ausweitung des Anwendungsbereichs des deutschen Strafrechts danach zu bemessen, ob die Gefährdung in dem betreffenden Tatbestand ausdrücklich genannt ist, wird zu keinem sachgerechten Ergebnis führen. *Koch*[542], der die Entscheidung über die Anwendbarkeit des deutschen Strafrechts bei grenzüberschreitenden (Kommunikations-)Delikten als

---

538 Vgl. *Leupold/Bachmann/Pelz*, MMR 2000, S. 648 (654); *Breuer*, MMR 1998, S. 141 (144).

539 Unter dem Begriff „Internetdelikte" soll hier verstanden werden: Straftaten, für deren Begehung der Computer, insbesondere das Internet, benutzt wird. Klassische Internetdelikte sind Pornografie- und Gewaltdarstellung, Volksverhetzung, Beleidigung oder unerlaubtes Glücksspiel im Internet.

540 So z.B. der BGH in seinem Urteil zur im Internet begangenen Volksverhetzung. Angeklagt war ein australischer Staatsangehöriger, der von ihm verfasste Äußerungen, die den Tatbestand der Volksverhetzung i.S.d. § 130 Abs. 1 und Abs. 3 StGB erfüllen („Auschwitzlüge"), auf einem ausländischen Server in das Internet gestellt hatte, der Internetbenutzern in Deutschland zugänglich war. Der BGH urteilte – wenn auch im Hinblick auf abstrakt-konkrete Gefährdungsdelikte –, dass sich „[die] Auslegung des Merkmals ‚zum Tatbestand gehörender Erfolg' an der ratio legis des § 9 StGB ausrichten [muss]. Nach dem Grundgedanken der Vorschrift soll deutsches Strafrecht – auch bei Vornahme der Tathandlung im Ausland – Anwendung finden, sofern es im Inland zu der Schädigung von Rechtsgütern oder zu Gefährdungen kommt, deren Vermeidung Zweck der jeweiligen Strafvorschrift ist." Ausdrücklich offen ließ der BGH jedoch, welche Grundsätze bei rein abstrakten Gefährdungsdelikten gelten sollen. Vgl. *BGH*, Urt. v. 12.12.2000, Az.: 1 StR 184/00 = BGHSt 46, S. 212 ff.

541 Dass sich die Rechtsprechung des BGH zur Anwendbarkeit des deutschen Strafrechts bei abstrakt-konkreten Gefährdungsdelikten – *BGH*, Urt. v. 12.12.2000, Az.: 1 StR 184/00, NStZ 2001, S. 3005 ff. – auch auf die „rein" abstrakten Gefährdungsdelikte ohne weiteres übertragen lässt, wird vor allem wegen der völkerrechtlichen Konsequenzen und der Schwierigkeiten der Umsetzung der höchstrichterlichen Vorgaben in der Strafverfolgungspraxis eher kritisch betrachtet. Vgl. *Jeßberger*, JR 2001, S. 429 (432 ff.); *Hörnle*, NStZ 2001, S. 305 (309 ff.).

542 *Koch*, GA 2002, S. 703 ff., insbesondere S. 708 ff.

rechtspolitische Grundsatzfrage sieht, plädiert dafür, dem Gesetzgeber die Aufgabe zu übertragen, die „gegenwärtige Rechtsunsicherheit" zu beseitigen.[543]

Die Konsequenz, die sich aus dem Wortlaut des § 9 Abs. 1 Var. 3 StGB ergibt, ist, dass der im Ausland handelnde Täter, der eine Rechtsgutsgefährdung im Hinblick auf ein in Deutschland pönalisiertes abstraktes Gefährdungsdelikt bewirkt, nicht nach deutschem Strafrecht bestraft werden kann. Im Ergebnis bleibt daher festzuhalten, dass sich für die abstrakten Gefährdungsdelikte eine eingeschränkte Tatortbestimmung ergibt. Mithin scheidet bei diesen Delikten der Erfolgsort als Anknüpfungspunkt aus, weil weder § 95 Abs. 1 Nr. 1 und Nr. 4 AMG noch § 96 Nr. 13 AMG noch § 132a StGB einen zum Tatbestand gehörenden Erfolg verlangen. Zur Anwendung kommt ausschließlich § 9 Abs. 1 Var. 1 und Var. 2 StGB. Tatort ist damit der Ort der abstrakt gefährlichen Handlung.

Liegt die auf die Tatbestandsverwirklichung gerichtete Tätigkeit ausschließlich im Ausland, ist der Geltungsbereich des deutschen Rechts folglich nicht eröffnet. Die §§ 95 Abs. 1 Nr. 1 und Nr. 4, 96 Nr. 13 AMG[544] verweisen allerdings auf unterschiedliche Tathandlungen: das Inverkehrbringen, das Handeltreiben und die Abgabe[545]. Während der Begriff *Inverkehrbringen*[546], der die *Abgabe an andere* umfasst, in § 4 Abs. 17 AMG legal definiert ist, ist der Begriff des *Handeltreibens* so zu verstehen wie im Betäubungsmittelrecht.[547] Beim (grenzüberschreitenden) Arzneimittelversand liegt ein Inverkehrbringen im Geltungsbereich des Arzneimittelgesetzes vor, unabhängig davon, ob der Versand

---

[543] Ein Eingreifen des Gesetzgebers fordern auch: *Hilgendorf*, NJW 1997, S. 1873 (1877); *ders.* ZStW 113 (2001), S. 650 (674); *Jeßberger*, JR 2001, S. 429 (435); *Hörnle*, NStZ 2001, S. 305 (310).

[544] Die Strafvorschriften verweisen insofern auf die Versand- und Einfuhrbeschränkungen der §§ 43, 73 AMG, die – wie bereits ausgeführt – auf den Versand aus dem Ausland anwendbar sind.

[545] Die Tathandlungen des § 95 Abs. 1 Nr. 4 AMG sind voneinander abzugrenzen. Das *Handeltreiben* bezieht sich auf die Verbotsnorm des § 43 Abs. 1 Satz 2 AMG, während sich die *Abgabe* auf die Verbotsnormen des § 43 Abs. 2 und Abs. 3 Satz 1 AMG bezieht. Vgl. dazu die Ausführungen im *4. Kapitel, A., I., 2., „Der Anwendungsbereich der Strafvorschriften des Arzneimittelgesetzes"*.

[546] Inverkehrbringen ist das Vorrätighalten zum Verkauf oder zur sonstigen Abgabe, das Feilhalten, das Feilbieten und die Abgabe an andere (§ 4 Abs. 17 AMG). Vorliegend soll es ausschließlich auf die Variante *Abgabe an andere* ankommen, da nur insoweit ein Verstoß gegen die deutschen Arzneimittelvorschriften durch den ausländischen Apotheker begründet werden kann. Für die anderen in § 4 Abs. 17 AMG aufgezählten Varianten, die lediglich Vorbereitungshandlungen darstellen, liegt der Handlungsort offensichtlich im Ausland, so dass der Geltungsbereich des deutschen Rechts gemäß § 9 Abs. 1 StGB ohnehin nicht eröffnet ist. Zum Begriff des Inverkehrbringens: *Horn*, NJW 1977, S. 2329 ff.

[547] Vgl. *BGH*, Urt. v. 03.07.2003, Az.: 1 StR 453/02 = NStZ 2004, S. 457 (458).

per Post oder durch Zustellung per Boten erfolgt.[548] Allerdings erfordern die in § 11a ApoG normierten (Qualitätssicherungs-)Anforderungen eine Direktzustellung an den Verbraucher.[549] Da die Definition des Inverkehrbringens als eigentliche Verfügungshandlung die Abgabe an andere benennt, kommt es zur Begründung eines im Inland liegenden Handlungsorts darauf an, wie der Begriff der Abgabe zu verstehen ist. Die Abgabe setzt einen Wechsel der Verfügungsgewalt durch körperliche Überlassung des Arzneimittels voraus; die Besitzeinräumung (am Arzneimittel) im Sinne einer Übertragung der tatsächlichen Verfügungsgewalt.[550] Im Unterschied zur Arzneimittelabgabe in der Präsenzapotheke, wo das Arzneimittel dem Verbraucher unmittelbar in den Apothekenräumen ausgehändigt wird, veranlasst und organisiert der Apotheker erst die Zustellung des Arzneimittels. Der Verbraucher erlangt die Verfügungsgewalt über das Arzneimittel dann mit Aushändigung. Entscheidend ist der tatsächliche, ungehinderte Zugang zum Arzneimittel. Der Verbraucher muss ohne Schwierigkeiten darüber verfügen können. Eine tatsächliche Verfügungsgewalt des Verbrauchers ist

[548] So übereinstimmend: *LG Berlin*, Urt. 07.11.2000, Az.: 103 O 192/00 = MMR 2001, S. 249 ff.; *KG Berlin*, [online], a.a.O.; *LG Frankfurt am Main*, Urt. 09.11.2000, Az.: 2-03 O 365/00 = K&R 2001, S. 153 ff.

[549] Nicht erlaubt ist die Einschaltung anderer Unternehmen, z.B. Sammelstellen, an die die Arzneimittel zur Abholung (in den Geschäfträumen des Unternehmens) durch den Verbraucher geliefert werden. Dies stellt keine Zustellung an den Verbraucher dar. Die Arzneimittelsicherheit und der Verbraucherschutz, worauf es beim Arzneimittelversand zwingend ankommt, wären nicht mehr gewährleistet. Das Interesse und der Service dieser Unternehmen werden sich von dem der Apotheken unterscheiden. Zudem ist solchen Unternehmen die Teilnahme am Arzneimittelverkehr untersagt. Die Arzneimittelversorgung der Bevölkerung bleibt ausschließlich den Apotheken vorbehalten. Vgl. auch *VG Düsseldorf*, Beschl. v. 25.02.2005, Az.: 16 L 3117/04 = BeckRS 2005 26000 [online] <http://beck2-gross.digibib.net/> (letzter Zugriff: 18.01.2007).

Anders ist es zu beurteilen, wenn das Arzneimittel an eine andere Apothekenfiliale in der unmittelbaren Umgebung des Verbrauchers geliefert wird und der Verbraucher sich dann dort das Arzneimittel abholt. Insofern erfolgt die Abgabe in Apothekenbetriebsräumen unter Aufsicht eines Apothekers.

Das VG Düsseldorf lehnt – zu Recht – den Versand unter Einschaltung eines Logistikunternehmens ab, wenn dadurch keine Direktzustellung an den Verbraucher erfolgt, sondern der Verbraucher sich das Arzneimittel bei diesem Unternehmen in den Geschäftsräumen abholen muss. Zur Argumentation führt das Gericht § 11a ApoG an, wonach die kostenlose Zweitzustellung gewährleistet sein muss, was „denknotwendig den fehlgeschlagenen Versuch einer Erstzustellung“ beinhaltet. Vgl. *VG Düsseldorf*, Beschl. v. 25.02.2005, Az.: 16 L 3117/04 = BeckRS 2005 26000 [online], a.a.O. Da der grenzüberschreitende Arzneimittelversand aus einer Internet-Apotheke eines Mitgliedstaates der EU entsprechend den deutschen Vorschriften erfolgen muss, ist als Vertriebsweg nur der Direktversand zulässig.

[550] Vgl. u.a. *Pabel*, NJW 1989, S. 759 (760); *BGH*, Urt. v. 03.07.2003, Az.: 1 StR 453/02 = NStZ 2004, S. 457 (458); *VG Düsseldorf*, Beschl. v. 25.02.2005, Az.: 16 L 3117/04 = BeckRS 2005 26000 [online], a.a.O.; *OLG Düsseldorf*, Beschl. v. 21.04.1982, Az.: 5 Ss (OWi) 160/82 = NStZ 1982, S. 340.

jedoch noch nicht gegeben, wenn der Apotheker das Arzneimittelpaket zum Versand bei einem Logistikunternehmen aufgibt oder es einem Boten zur Zustellung übergibt und der Verbraucher es erst noch (zu einem späteren Zeitpunkt) übernehmen soll. Mit der körperlichen Übergabe des Arzneimittels an das Logistikunternehmen bzw. den Boten (Zusteller) wurde die tatsächliche Verfügungsgewalt, die der Apotheker (noch) ausübt, weder auf den Zusteller noch auf den Verbraucher übertragen. Der Zusteller wird insofern nur als Werkzeug zur Ausübung des Versandgeschäfts benutzt, und zwar zur Ausübung von Diensten.[551] Trotz der Innehabung der Sache kann der Zusteller darüber nicht verfügen, als wäre es seine eigene Sache,[552] worauf es bei der Verfügungsgewalt (im arzneimittelrechtlichen Sinne) aber gerade ankommt.[553] Folglich sind die Tatbestandsmerkmale *Inverkehrbringen* sowie *Abgabe* i.S.d des § 95 Abs. 1 Nr. 1 und Nr. 4 Alt. 2 AMG erst dann erfüllt, wenn das Arzneimittel beim Verbraucher in Deutschland eingetroffen ist.[554] Der Handlungsort liegt damit in Deutschland. Der Geltungsbereich des deutschen (Straf-)Rechts ist mithin gemäß §§ 3, 9 Abs. 1 Var. 1 StGB eröffnet.

Das *Handeltreiben* – die andere Tatbestandsalternative des § 95 Abs. 1 Nr. 4, 1. Alt. AMG – ist im Gegensatz zur *Abgabe*[555] eine eigennützige, auf Umsatz

---

[551] Vgl. *OLG Düsseldorf*, Beschl. v. 21.04.1982, Az.: 5 Ss (OWi) 160/82 = NStZ 1982, S. 340.

[552] Vgl. *BGH*, Urt. v. 17.04.1952, Az.: 3 StR 77/52 = NJW 1952, S. 754.

[553] Auf die Art des Versandgeschäfts, und zwar, ob der Versand durch eine zugelassene Internet-Apotheke oder eine illegale Internet-Apotheke erfolgte, kommt es nicht an. Für das Erlangen der tatsächlichen Verfügungsgewalt ist es gleichgültig, ob ein Rechtsgeschäft zugrunde liegt; vgl. *BGH*, Beschl. v. 04.12.1981, Az.: 3 StR 408/81 = BGHSt 30, S. 277-279 zur Erlangung der tatsächlichen Verfügungsgewalt bei Betäubungsmitteln. Ferner ist anzumerken, dass der Abschluss eines schuldrechtlichen Vertrages über das Arzneimittel zwischen Apotheker und Verbraucher, der nur die Verpflichtung zur Übertragung der Verfügungsgewalt zum Gegenstand hat, nicht genügt, um bereits von einer Übertragung der tatsächlichen Verfügungsgewalt auszugehen. Durch ein solches Verpflichtungsgeschäft ist noch kein Tatbestandsmerkmal des § 95 Abs. 1 Nr. 1 oder Nr. 4 AMG erfüllt. Die Übertragung der tatsächlichen Verfügungsgewalt erfolgt erst durch das Erfüllungsgeschäft aufgrund willensmäßiger Übereinstimmung des Apothekers und Verbrauchers. Vgl. auch *BGH*, Urt. 07.07.1994, Az.: 1 StR 313/94 = BGHSt 40, S. 208; *Weber*, § 29 BtMG, Rdn. 714.

[554] So auch *KG Berlin*, [online], a.a.O.; *KG Berlin*, Urt. v. 29.05.2001, Az.: 5 U 10150/00 = NJW-RR 2002, S. 113 ff. Mit der Aushändigung ist das *Inverkehrbringen* bzw. die *Abgabe* abgeschlossen. Vollendung und Beendigung fallen stets zusammen, da vorausgesetzt wird, dass das Arzneimittel in die tatsächliche Verfügungsgewalt des Verbrauchers gelangt ist.

[555] Die Abgabe ist kein Unterfall des Handeltreibens; so *BGH*, Urt. v. 03.07.2003, Az.: 1 StR 453/02 = NStZ 2004, S. 457 (458). Es sind jedoch Fälle denkbar, in denen sowohl der Tatbestand des *Handeltreibens* als auch der Tatbestand der *Abgabe* erfüllt sind. Davon ist dann auszugehen, wenn der online Arzneimittelversand mit der Absicht der Gewinnerzielung betrieben wird. Denn „[w]ährend eine Arzneimittelabgabe nur dann vorliegt, wenn einem anderen die tatsächliche Verfügungsgewalt über das Medikament verschafft wird, wobei es darauf ankommt, ob damit Gewinn erzielt werden soll, verlangt das Handeltreiben gerade die Absicht

gerichtete Tätigkeit.[556] Zur Erfüllung des Tatbestandes genügt bereits der Abschluss eines Kaufvertrages (Verpflichtungsgeschäft); ein Erfüllungsgeschäft mit dem Übergang der Verfügungsgewalt wird grundsätzlich nicht verlangt.[557] Dass das Arzneimittel noch im Herrschaftsbereich des Apothekers bleibt, hindert nicht die Vollendung des Handeltreibens. Allerdings ist zu beachten, dass, sofern das Arzneimittel an den deutschen Verbraucher versandt wird, das Handeln des Apothekers in den deutschen Hoheitsbereich hinein reicht. Das Handeltreiben ist erst dann beendet, wenn der Erfolg – die mit dem Verkauf beabsichtigte Gewinnerzielung – eingetreten ist, so dass das Handeltreiben jedenfalls auch noch die Zeitspanne erfasst, während der das Arzneimittel zum Verbraucher gelangt oder bis etwaige Reklamationen abgeschlossen sind.[558] Beim grenzüberschreitenden Arzneimittelversand fallen Vollendung und Beendigung damit auseinander. Während die Vollendung – bedingt durch die weite Auslegung des Begriffs *Handeltreiben*[559] – im Ausland erfolgt, wird die Beendigung im Inland erfolgen. Der Handlungsort liegt damit auch in Deutschland. Die Anwendbarkeit des deutschen Strafrechts gemäß §§ 3, 9 Abs. 1 Var. 1 StGB ist gegeben. Obwohl der Täter, und zwar der das Arzneimittel versendende Apotheker, (auch) der eigenen Strafgewalt seines Staates unterliegt, besteht in Bezug auf sein Handeln demnach auch eine Berechtigung des deutschen Staates, den konkreten Fall nach deutschem Strafrecht zu beurteilen.

Die Tathandlung bei § 132a Abs. 1 Nr. 2 StGB ist das unbefugte Führen der Berufsbezeichnung „Apotheker". Zum Führen einer Berufsbezeichnung bedarf es einer sich gegenüber der Umwelt äußernden aktiven Inanspruchnahme des Titels für sich im sozialen Leben, und zwar in einer Weise, durch welche die Interessen der Allgemeinheit tangiert werden können.[560] Es ist ein aktives Verhalten

---

zur Gewinnerzielung." Vgl. *BGH*, Urt. v. 03.07.2003, Az.: 1 StR 453/02 = NStZ 2004, S. 457 (458).

[556] Vgl. *BGH*, Beschl. v. 26.10.2005, Az.: GSSt 1/05 = NJW 2005, S. 3790 (3791); *BGH*, Urt. v. 03.07.2003, Az.: 1 StR 453/02 = NStZ 2004, S. 457 (458); ferner *Körner*, § 29 BtMG, Rdn. 140 m.w.N. Ein Umsatzgeschäft liegt dabei vor, wenn der rechtsgeschäftliche Übergang eines Arzneimittels von einer Person auf eine andere bewirkt werden soll, wobei es auf die örtliche Verlagerung nicht ankommt. Vgl. *Weber*, § 3 BtMG, Rdn. 28.

[557] Das *Handeltreiben* ist kein Unternehmensdelikt. Vgl. *BayObLG*, Beschl. v. 19.03.1984, Az.: RReg. 4 St 37/84 = NStZ 1984, S. 320. *LG Kleve*, Urt. v. 03.02.1997, Az.: 1 Kls 69/96 = NStZ-RR 1997, S. 211.

[558] Vgl. *Weber*, § 29 BtMG, Rdn. 305.

[559] Vgl. dazu insbesondere *BGH - Großer Senat für Strafsachen*, Beschl. v. 26.10.2005, Az.: GSSt 1/05 = NJW 2005, S. 3790 ff.

[560] *Tröndle/Fischer*, § 132a StGB, Rdn. 21; *LG Mannheim*, Urt. v. 24.08.2001, Az.: 7 O 189/01 = NJW-RR 2002, S. 1580 (1582). Zweck des § 132a StGB ist in erster Linie der Schutz der Allgemeinheit vor dem Auftreten von Personen, die sich durch den unbefugten Gebrauch von Bezeichnungen den Schein besonderer Funktion, Fähigkeiten und Vertrauenswürdigkeit

erforderlich. In der Regel werden Internet-Apotheken eine Domain-Adresse[561] verwenden, aus der der Verbraucher bzw. Internet-Nutzer entnimmt, dass die darüber abrufbare Homepage von einem Apotheker stammt, also maßgeblich von ihm gestaltet und verantwortet wird. Darüber hinaus wird der Verbraucher erwarten, dass ihm über diese Homepage Dienstleistungen zugänglich sind, die von einem Apotheker im Rahmen der ordnungsgemäßen Berufsausübung erbracht werden. Allerdings gilt es zu beachten, dass die Nutzung der Internet-Adresse – wie z.B. *http://www.dieinternetapotheke.de* – selbst noch kein unbefugtes Führen der Berufsbezeichnung „Apotheker" darstellt. Enthält die Domain dagegen Branchen- oder Berufsbezeichnungen – wie z.B. *http://www.der-apotheker.de* – können diese Bezeichnungen nach § 132a StGB geschützt sein.[562] Um den Tatbestand des § 132a StGB zu erfüllen, muss bei den Internet-Nutzern die Vorstellung erweckt werden, der im Internet auftretenden Person komme die Berufsbezeichnung zu; diese Person muss für sich in Anspruch nehmen, ein Apotheker zu sein und die Domain nicht nur zur Hinterlegung von Informationen zu nutzen.[563] Bei einem Internet-Auftritt einer Apotheke wird man in der Regel davon ausgehen können, dass dieser nicht ausschließlich zur Information der Verbraucher über Arzneimittel, sondern primär zum Arzneimittelvertrieb erfolgt. Die Dienstleistungen, insbesondere der Versandhandel mit verschreibungspflichtigen Arzneimitteln, müssen – um den rechtlichen Anforderungen zu entsprechen – von einem Apotheker erbracht werden. Findet sich daher die Bezeichnung „Apotheker" auf der Homepage, muss der die Bezeichnung führenden Person die Erlaubnis hierzu erteilt worden sein. Dies wird durch den Zweck gerechtfertigt, das Vertrauen der Verbraucher in die Zuverlässigkeit der apothekerlichen Berufsbezeichnung zu schützen. Ist das Führen der Bezeichnung „Apotheker" nach dem jeweiligen nationalen Recht erlaubnispflichtig und wurde die Erlaubnis (noch) nicht erteilt oder versagt, ist bereits mit dem Internetauftritt die äußere aktive Inanspruchnahme der Berufsbezeichnung erfolgt.

Allerdings ist es im Hinblick auf die Anwendung des deutschen Strafrechts erforderlich, dass der Tathandlungsort in Deutschland liegt, denn es gilt – wie oben ausgeführt – für die abstrakten Gefährdungsdelikte eine eingeschränkte Tatortbestimmung. Die strafrechtlich relevante Handlung stellt das Einspeisen

---

geben. Vgl. *BGH*, Beschl. v. 13.05.1982, Az.: 3 StR 118/82 = BGHSt 31, S. 61 (62); *BGH*, Urt. v. 24.10.1989, Az.: 1 StR 504/89 = BGHSt 36, S. 277 (279).

561 Z.B. http://www.versandapo.com, http://www.deutscheinternetapotheke.de oder http://www.apotheke.de.

562 Vgl. zur Nutzung der Internet-Domain www.rechtsanwalt.com: *OLG Hamburg*, Urt. v. 02.05.2002, Az.: 3 U 303/01 = NJW-RR 2002, S. 1582; *OLG Nürnberg*, Urt. v. 06.11.2001, Az.: 3 U 2393/01 = MDR 2002, S. 406; a.A. *LG Mannheim*, Urt. v. 24.08.2001, Az.: 7 O 189/01 = NJW-RR 2002, S. 1580 (1582).

563 Vgl. so zur Nutzung einer Internet-Domain www.rechtsanwalt.com: *LG Mannheim*, Urt. v. 24.08.2001, Az.: 7 O 189/01 = NJW-RR 2002, S. 1580 (1582).

der Berufsbezeichnung in das Internet dar. Eindeutig liegt der Fall bei vom Inland aus handelnden Personen, die unbefugt die Bezeichnung „Apotheker" führen und diesbezüglich entsprechende Daten ins Internet stellen.[564] Bei Sachverhalten mit Auslandsbezug wird die Bereitstellung von abrufbaren Daten allerdings regelmäßig aus dem Ausland erfolgen. Handlungsort ist dann – nach traditionellem Verständnis – der Aufenthaltsort des Täters.[565] Täter im Ausland, die bei ihrem Internet-Auftritt unbefugt die Bezeichnung „Apotheker" führen, unterfallen damit nicht der deutschen Strafgewalt.[566] Deshalb wird vereinzelt vertreten, dass bei Internetdelikten der Handlungsbegriff – jedenfalls bei den abstrakten Gefährdungsdelikten – erweiternd auszulegen sei.[567] Dies führt zu unterschiedlichen Lösungsansätzen. Da der Handlungsort i.S.d. § 9 Abs. 1 Var. 1 StGB in Anlehnung an den Anwesenheitsort des Täters definiert wird, sei aufgrund der Struktur des Internets das Merkmal „Anwesenheit" als „virtuelle Anwesenheit" zu verstehen. Danach sei derjenige, der Daten ins Internet stellt, in dem Staat „virtuell anwesend", in dem die Daten abgerufen werden (können).[568] Die Folge wäre, dass praktisch alle weltweit verfügbaren Daten mit kriminellem Inhalt dem deutschen Strafrecht unterfallen.

Was kriminalpolitisch wünschenswert sein mag, ist jedoch völkerrechtlich problematisch. Es käme zu einer weltweiten Kollision von Strafansprüchen, denn die Handlung wäre stets in allen an das Internet angeschlossenen Staaten begangen und – sofern ein Verstoß gegen die jeweilige nationale Rechtsordnung vorliegt – als Inlandstat zu verfolgen.[569] Damit einhergehend wären die deutschen Behörden zur weltweiten Verfolgung verpflichtet. Die tatsächliche Anwesenheit durch die „virtuelle Anwesenheit" zu ersetzen, ist daher kein geeigneter Anknüpfungspunkt zur Bestimmung anwendbaren Strafrechts. Das Internet ist eine weltweite Vernetzung voneinander unabhängiger Computersysteme, die weder hierachisch konzipiert sind noch über eine zentrale Verwaltung verfü-

---

[564] Dies gilt auch dann, wenn der Server im Ausland liegt, da die eigentliche Handlung in Deutschland erfolgte. Vgl. *Tröndle/Fischer*, § 9 StGB, Rdn. 5 m.w.N.

[565] Vgl. *Leupold/Bachmann/Pelz*, a.a.O. [Fn. 533], MMR 2000, S. 648 (652); *Cornils*, JZ 1999, S. 394 (396); *Sieber*, NJW 1999, S. 2065 (2072). Vgl. zur Problematik auch *Kuner*, CR 1996, S. 453 ff.; *Dieselhorst*, ZUM 1998, S. 293 ff.

[566] Abstrakte Gefährdungsdelikte haben keinen Erfolgsort. Eine weite Auslegung des Erfolgsorts, mit dem Ergebnis, dass sich die Tathandlung im Inland – beim Abrufen der Daten durch einen deutschen Verbraucher – realisiert, ist mit der herrschenden Meinung abzulehnen. Auf eine ausführliche Darstellung des Meinungsstreits soll hier verzichtet werden; vgl. dazu jedoch *Leupold/Bachmann/Pelz*, MMR 2000, S. 648 ff.; *Sieber*, NJW 1999, S. 2065 ff.; *Eser* in: *Schönke/Schröder*, § 9 StGB, Rdn. 9; *Tröndle/Fischer*, § 9 StGB, Rdn. 7 f. jeweils m.w.N.

[567] Vgl. *Cornils*, JZ 1999, S. 394 ff. m.w.N. Ferner *Eser* in: *Schönke/Schröder*, § 9 StGB, Rdn. 7b, der darauf hinweist, dass „[j]e strengere Anforderungen … an den Erfolgsort … gestellt werden, desto größere Bedeutung … dem Tätigkeitsort [zuwächst]".

[568] *Kuner*, CR 1996, S. 453 (454).

[569] *Cornils*, JZ 1999, S. 394 (396).

gen.[570] Durch die weltweite Vernetzung von Dokumenten, multimedialen Dateien und anderen Internetdiensten, die auf den verschiedenen Servern abgespeichert und durch Hyperlinks[571] miteinander verknüpft sind, sowie aufgrund der technischen Unterschiede in der Datenübertragung werden viele Datenübertragungen im Internet über mehrere Staaten laufen,[572] so dass der Täter – der mitunter gar nicht weiß, wie die Datenübertragung im Einzelnen erfolgt – stets mit der Möglichkeit der Strafverfolgung im Ausland und der damit verbundenen Gefahr der mehrfachen Strafverfolgung[573] rechnen muss. Um der Strafverfolgung zu entgehen, müsste der Täter seine Handlung dem Recht aller Staaten oder zumindest der strengsten nationalen Strafrechtsordnung anpassen, was praktisch unmöglich ist.[574] Diese Ansicht ist daher abzulehnen.

Andere vertreten, dass als Handlungsort wegen der besonderen technischen Funktionsweise des Internets neben dem Aufenthaltsort des Täters auch der Standort des Servers in Betracht kommt, auf dem der Täter seine Daten für den Nutzer gezielt und kontrolliert zum Abruf bereitstellt.[575] Begründet wird dies damit, dass die Handlung des Täters erst mit dem Abspeichern der Daten auf dem Server ihre soziale Schädlichkeit und tatbestandliche Gefährlichkeit erlangt, da der Täter erst dann das Geschehen aus der Hand gibt.[576] Die tatbestandsmäßige Handlung werde auf zwei miteinander verbundenen Computern gleichzeitig begangen und sei mit den Teilakten bei einem mehraktigen Delikt – für das anerkannt ist, dass die an verschiedenen Orten begangenen Tathandlungen als Einheit betrachtet werden[577] – vergleichbar.[578] Dementsprechend wird auch der Tä

---

570 *Sieber*, JZ 1996, S. 429.

571 Ein Hyperlink bzw. Link ist ein Querverweis zu auf demselben oder einem anderen Server abgelegten Dokumenten. Durch Aktivieren (Anklicken) des Links wird eine Verbindung zur angegebenen Adresse aufgebaut. Vgl. ausführlich *Schauer*, Electronic Commerce in der EU, S. 28.

572 Die Datenübertragung erfolgt auf Grundlage des TCP/IP (eine Kombination des Transmission Control Protocol und des Internet Protocol), einem Standardprotokoll, das die Netzwerkkommunikation vereinheitlicht und den Transport von Daten zwischen den Netzwerken sichern soll. Vgl. zur Datenübertragung *Kuner*, CR 1996, S. 453 (454).

573 Das in Art. 103 Abs. 2 GG verankerte Verbot der Doppelbestrafung gilt nur für die mehrmalige Behandlung einer Strafsache durch deutsche Gerichte, nicht dagegen für die Aburteilung des Täters im Ausland. Vgl. *BVerfG*, Beschl. v. 31.03.1987, Az.: 2 BvM 2/86 = BVerfGE 75, S. 1 (21); *BGH*, Urt. v. 21.05.1954, Az.: 2 StR 118/51 = BGHSt 6, S. 176 (177); *BGH*, Urt. v. 08.04.1987, Az.: 3 StR 11/87 = BGHSt 34, S. 334 (340).

574 *Kuner*, CR 1996, S. 453 (456).

575 Vgl. *Cornils*, JZ 1999, S. 394 (396); *Eser* in: *Schönke/Schröder*, § 9 StGB, Rdn. 7b; *Lemke* in: *Kindhäuser/Neumann/Paeffgen*, § 9 StGB, S. 286.

576 Vgl. *Eser* in: *Schönke/Schröder*, § 9 StGB, Rdn. 7b.

577 Vgl. u.a. *Stree* in: *Sternberg-Lieben* in: *Schönke/Schröder*, Vorbem zu den §§ 52 ff. StGB, Rdn. 12 ff.; *Eser* in: *Schönke/Schröder*, § 9 StGB, Rdn. 4; *Jescheck/Weigand*, Lehrbuch des Strafrechts AT, S. 178, 711.

578 Vgl. *Cornils*, JZ 1999, S. 394 (399).

ter erfasst, der vom Ausland aus ins Netz gestellte Daten, die den Tatbestand des § 132a Abs. 1 Nr. 2 StGB erfüllen, auf einem inländischen Server abspeichert. Liegt der Standort des Servers dagegen im Ausland, so scheidet die Anwendbarkeit des deutschen Strafrechts mangels Anknüpfungspunkt aus. Die Auffassung wird jedoch als dogmatisch nicht haltbar kritisiert, da das Speichern auf dem Server „nur ein äußeres Resultat der Tätigkeit, d.h. bloße Tatwirkung, nicht aber (Teil einer einheitlichen) Tathandlung"[579] sei.[580] Den Standort des Servers als Anknüpfungspunkt für die Beurteilung der Strafrechtserstreckung in Betracht ziehen, setzt voraus, dass der Täter die Daten dort gezielt und kontrolliert abspeichert. Allerdings wird der Täter das Geschehen nur im Hinblick auf die unmittelbare Eingabe der Daten über die Tastatur steuern können. Um die Daten jedoch zielgerichtet auf einem bestimmten Server abzuspeichern, müssen dem Täter die Speicherungsabläufe im Internet bekannt sein. Da es sich beim Internet nicht um ein Kommunikationsmittel handelt,[581] bei dem eine Direktverbindung zwischen dem Täter und dem Nutzer hergestellt wird, wie es z.B. beim Telefon der Fall ist, sondern die Daten von der dem Internet zugrunde liegenden Software TCP/IP in kleine Datenpakete zerlegt und über verschiedene Routen verbreitet werden und erst im Computer des Nutzers wieder zusammengefügt ankommen,[582] wird man von einem gezielten Abspeichern wohl nicht ausgehen können. Hinzu kommt, dass die Daten auf einer Vielzahl von Servern abgespeichert werden, um einen schnelleren Zugriff zu ermöglichen oder Kontrollmaßnahmen zu umgehen.[583] Zudem wäre die Ausweitung des Handlungsbegriffs nur sinnvoll, wenn sich der Begriff auch auf Straftaten, die nicht im Internet begangen werden, übertragen ließe. Dies wird jedoch bislang bestritten, da mit der Ausdehnung des Begriffs die Unterscheidung von Handlungs- und Erfolgsort aufgegeben werde bzw. verloren gehe.[584]

Zum Teil wird auch vertreten, dass das deutsche Strafrecht auch dann zur Anwendung komme, wenn der Server, auf dem der ausländische Täter seine Daten abgespeichert hat, im Ausland liegt.[585] Hiergegen ist jedoch einzuwenden,

---

[579] *Leupold/Bachmann/Pelz*, MMR 2000, S. 648 (652).

[580] Kritisch auch *Ambos/Ruegenberg* in: Münchner Kommentar zum StGB, § 9, Rdn. 29, wobei die Verfasser anmerken, dass die Auffassung, dass es bei durch Datenübertragung begangenen abstrakten Gefährdungsdelikten mangels Erfolgsort im klassischen Sinne ausschließlich auf den Handlungsort ankomme, in die richtige Richtung weise und ihr grundsätzlich zuzustimmen sei.

[581] Es sei allerdings darauf hingewiesen, dass Telefonieren inzwischen auch über das Medium *Internet* möglich ist.

[582] Zur Übertragung im Internet vgl. Ausführungen bei *Kuner*, CR 1996, S. 453 (454).

[583] Vgl. *Hilgendorf*, ZStW 113 (2001), S. 650 (666).

[584] Vgl. *Hilgendorf*, ZStW 113 (2001), S. 650 (666). *Leupold/Bachmann/Pelz*, MMR 2000, S. 648 (652).

[585] So z.B. der BGH in seiner Entscheidung zu Äußerungen im Internet, die den Tatbestand des § 130 Abs. 1 und 3 StGB erfüllen; vgl. *BGH*, Urt. v. 12.12.2000, Az.: 1 StR 184/00 =

dass die Handlung des Täters – unabhängig davon, ob man im Hinblick auf die Bestimmung des Handlungsortes auf die Anwesenheit des Täters oder auf den Standort des Servers abstellt – im Ausland begangen wurde. Zur Handlung des Täters können nur solche Vorgänge gerechnet werden, die innerhalb seiner Kontrolle und Einflussmöglichkeit liegen. Automatische Speichervorgänge oder Vorgänge, die auf dem selbständigen Handeln eines Dritten beruhen, wie z.B. der Zugriff eines Internet-Nutzers auf seine Homepage, sind nicht auf sein Handeln zurückzuführen und können deshalb auch keinen Handlungsort i.S.d. § 9 Abs.1 Var. 1 StGB begründen.[586]

Im Ergebnis sind die vorgenannten Auffassungen abzulehnen. Der Handlungsort i.S.d. § 9 Abs. 1 Var. 1 StGB wird damit ausschließlich durch den Aufenthaltsort des Täters bestimmt. Ausländische Täter, die bei ihrem Internet-Auftritt unbefugt die Bezeichnung „Apotheker" führen, unterfallen damit nicht der deutschen Strafgewalt.

1.4. Abstrakt-konkrete Gefährdungsdelikte

Einen Sonderfall bilden die sog. abstrakt-konkreten Gefährdungsdelikte, bei denen zwar eine generelle Gefährlichkeit der konkreten Handlung zum Tatbestand gehört, nicht aber der Eintritt einer konkreten Gefahr.[587] Dazu gehören die Vorschriften gemäß §§ 203, 204 StGB (unbefugtes Offenbaren bzw. Verwerten fremder Geheimnisse)[588], die nach einhelliger Auffassung in Rechtsprechung und Lehre dem Schutz der Privat- und Geheimnissphäre des Einzelnen dienen,[589] wobei die Tathandlung bei genereller Betrachtung gefahrgeeignet[590] sein muss. Zur Anwendbarkeit des deutschen Rechts kommt man nur, wenn man auf eine erfolgsortbegründende Gefährdung abstellt. Die konkrete Tat muss dann im Hinblick auf das im Tatbestand gemeinte Rechtsgut im Inland einen Erfolg entfalten. Auch bei der Vornahme der Tathandlung im Ausland kann es im Inland zur Schädigung von Rechtsgütern oder zu Gefährdungen kommen, deren Ver

---

NStZ 2001, S. 305 ff. Allerdings ist anzumerken, dass der BGH die deutsche Strafgewalt nicht über den Handlungsort i.S.d. § 9 Abs. 1 Var. 1 StGB begründet, sondern über den Erfolgsort i.S.d. § 9 Abs. 1 Var. 3 StGB, wobei er für die Anwendbarkeit des deutschen Strafrechts außerdem einen völkerrechtlich legitimierten Anknüpfungspunkt verlangt.

[586] *Cornils*, JZ 1999, S. 394 (397).

[587] Vgl. *Tröndle/Fischer*, Vor § 13 StGB, Rdn. 13a m.w.N.; *Hilgendorf*, NJW 1997, S. 1873 (1875).

[588] Es ist anzumerken, dass beide Delikte zugleich Sonderdelikte sind. Der Täter muss zu dem im Gesetz umschriebenen Personenkreis gehören.

[589] Vgl. *Tröndle/Fischer*, § 203 StGB, Rdn. 1b m.w.N.; *Rogoll*, NStZ 1983, S. 1 (5).

[590] Vgl. dazu *BGH*, Urt. v. 25.03.1999, Az.: 1 StR 493/98 = NJW 1999, S. 2129 f. (zu § 34 Abs. 2 Nr. 3 Außenwirtschaftsgesetz (AWG)) sowie *BGH*, Urt. v. 12.01.2000, Az.: 1 StR 184/00 = BGHSt 46, S. 212 ff. (zur Volksverhetzung nach § 130 Abs. 1 und Abs. 3 StGB).

meidung der Zweck der jeweiligen Strafvorschrift ist.[591] Bei §§ 203, 204 StGB ist das die Eignung zur Beeinträchtigung der Privatheit, wobei allerdings nicht jede Geheimnisverletzung den Tatbestand der Vorschriften erfüllt. Die Tathandlungen können auch durch das bloße Zugänglichmachen im Internet verwirklicht werden. Es kommt dann darauf an, dass die Daten auch in Deutschland zur Kenntnis genommen werden können.[592] „Offenbaren" i.S.d. § 203 StGB ist jedes Mitteilen. Auch das Abspeichern von Daten des Verbrauchers auf der Webseite oder jedes sonstige Ermöglichen des unberechtigten Zugriffs z.B. durch sog. Cookies fällt darunter. Da das Internet ein globales Massenmedium ist, ist es ohne weiteres vorstellbar, dass auch Verbraucher in Deutschland zum Betroffenenkreis im Hinblick auf das Offenbaren und Verwerten von Geheimnissen gehören. Werden also datenrechtlich geschützte, personenbezogene und medizinische Angaben des Verbrauchers in Deutschland z.B. von einer deutschen Krankenkasse zwecks Erstellung eines (Gesundheits-)Profils zum Abschluss einer Krankenversicherung von der Webseite einer ausländischen Internet-Apotheke abgerufen, ist wegen der Gefährdung der Rechtsgüter des Verbrauchers im Hinblick auf das Bereitstellen der Daten im Internet durch den ausländischen (Internet-)Apotheker (auch) ein Tatort im Inland gegeben. Die Anwendbarkeit des deutschen Strafrechts folgt – nach der Rechtsprechung des BGH[593] zum Erfolgsort bei abstrakt-konkreten Gefährdungsdelikten – aus §§ 3, 9 Abs. 1 Var. 3 StGB.

1.5. Unterlassungsdelikte

Wenn dem Apotheker ein Unterlassen (§ 13 StGB) vorzuwerfen ist,[594] tritt an die Stelle des Handlungsortes der Ort, an dem der Apotheker hätte handeln müssen (§ 9 Abs. 1 Var. 2 StGB). Der Apotheker ist verpflichtet, die ordnungsgemäße Arzneimittelversorgung der Bevölkerung zu gewährleisten. Im Rahmen dieser gesetzlichen Verpflichtung hat er rechtlich dafür einzustehen, dass der in

[591] So der BGH zur „Verbreitung der Auschwitzlüge im Internet"; vgl. *BGH*, Urt. v. 12.12. 2000, Az.: 1 StR 184/00 = NStZ 2001, S. 3005 ff.

[592] Vgl. auch *BGH*, Urt. v. 12.12.2000, Az.: 1 StR 184/00, NStZ 2001, S. 3005 ff.

[593] *BGH*, Urt. v. 12.12.2000, Az.: 1 StR 184/00, NStZ 2001, S. 3005 ff.

[594] Es sei von folgender Fallkonstellation ausgegangen: Der Apotheker (A) ist Staatsangehöriger der USA. Er betreibt in Florida eine Internet-Apotheke, die Arzneimittel weltweit versendet. Der Verbraucher (V), deutscher Staatsangehöriger, bestellt bei dieser Internet-Apotheke ein verschreibungspflichtiges Arzneimittel, ohne ein Rezept hierfür vorzulegen. A, der im Rahmen der ihm auferlegten öffentlich-rechtlichen Verantwortlichkeit, die sich nach dem jeweiligen nationalen (Berufs-)Recht beurteilt, verpflichtet ist, hat Kenntnis von der Bestellung. A unterlässt es jedoch, das Inverkehrbringen eines gefährlichen Arzneimittels (vgl. § 95 Abs. 1 Nr. 1 AMG) zu unterbinden. Einer seiner Angestellten versendet das Arzneimittel nach Deutschland.

der jeweiligen Strafnorm normierte Erfolg nicht eintritt (§ 13 StGB); er hat folglich eine Erfolgsabwendungspflicht gegenüber dem Verbraucher. Im Gegensatz zu § 9 StGB ist der Begriff *Erfolg* hier weit auszulegen, so dass darunter nicht nur der „zum Tatbestand gehörende Erfolg" zu verstehen ist, sondern jedes tatbestandsmäßige Geschehen, das eine Strafbestimmung für die Tatvollendung voraussetzt.[595] Nach herrschender Meinung können deswegen auch schlichte Tätigkeitsdelikte und abstrakte Gefährdungsdelikte durch Unterlassen begangen werden.[596] Erfolg i.S.d. § 13 StGB ist danach auch die Verwirklichung eines Gefährdungstatbestandes.[597] Der Tatort lässt sich dabei jedoch nicht ohne weiteres bestimmen. Während man bei der Präsenzapotheke regelmäßig auf die Apothekenräume als Ort der Apothekertätigkeit abstellen kann, wird man bei den Internet-Apotheken größere Schwierigkeiten haben, vor allem deshalb, weil die Internet-Apotheke gewissermaßen nur in der virtuellen Welt zu existieren scheint. Da jedoch auch im virtuellen (Apotheken-)Verkaufsraum letztlich die gleichen Anforderungen wie bei der Arzneimittelabgabe in der Präsenzapotheke gelten, ist der Tatort bei Unterlassungsdelikten der Ort, von dem aus die Internet-Apotheke tatsächlich betrieben wird, wenn dort der Täter zur rechtzeitigen Abwendung des tatbestandlichen Erfolges hätte handeln können und müssen (vgl. § 9 Abs. 1 Var. 2 StGB). Denkbar wären mehrere Anknüpfungspunkte. Stellt man auf den virtuellen Verkaufsraum ab und damit auf den Ort, an dem sich der Server der Internet-Apotheke befindet, oder auf den Ort, von dem aus gehandelt wird, also von dem aus der Versand stattfindet? Oder kommt vielmehr der Ort in Betracht, an dem der Apotheker, der die Zulassung zum Betreiben einer (Internet-)Apotheke erhält, seinen Wohnsitz hat oder der Ort, an dem die Präsenzapotheke – sofern ein Internetauftritt gegeben ist – laut behördlicher Genehmigung betrieben wird?

---

[595] Vgl. *Stree* in: *Schönke/Schröder*, § 13 StGB, Rdn. 3.

[596] Es wird darauf verzichtet, auf die dazu vertretenen Ansichten näher einzugehen. Vgl. *BGH*, Urt. v. 12.12. 2000, Az.: 1 StR 184/00 = BGHSt 46, S. 222; *Geidies*, NJW 1989, S. 821; *Sieber*, NJW 1999, S. 2065 (2068); *Satzger*, NStZ 1998, S. 112 ff.; *Lackner*/Kühl, § 13 StGB, Rdn. 6; *Tröndle/Fischer*, § 13 StGB, Rdn. 3; *Stree* in: *Schönke/Schröder*, § 13 StGB, Rdn. 3; a.A., wonach Unterlassung nur für Erfolgsdelikte im engeren Sinne strafbar ist: *RGSt* 45, S. 210 (213); *Jescheck* in: Leipziger Kommentar, § 13 StGB, Rdn. 2.; zur vermittelnden Ansicht, wonach es für die Strafbarkeit eines abstrakten Gefährdungsdelikts/schlichten Tätigkeitsdelikts durch Unterlassen auf die sprachliche Auslegung ankommen soll, vgl. *Geidies*, NJW 1989, S. 821; *Steiner*, MDR 1971, S. 261 f.

[597] Worin im Einzelnen der „zum Tatbestand gehörende Erfolg" zu sehen ist, wurde oben erläutert. Anzumerken ist jedoch, dass die hier relevanten Strafvorschriften des Arzneimittelgesetzes und des Betäubungsmittelgesetzes abstrakte Gefährdungsdelikte sind, die tatbestandlich keinen Erfolg benennen, jedoch als Schutzgut auf die Arzneimittelsicherheit zum Schutz der öffentlichen Gesundheit abstellen. Im Rahmen der Unterlassungsdelikte hat der Apotheker folglich dafür zu sorgen, dass eine solche Gefährdung nicht eintritt.

Entscheidend ist die Art und Weise des Arzneimittelvertriebs. Steht hinter der Internet-Apotheke eine Präsenzapotheke, die lediglich eine weitere Abgabe- bzw. Vertriebsmöglichkeit nutzt, oder handelt es sich um eine „rein“ virtuelle Apotheke? Bei dem Internetauftritt einer (zugelassenen) Präsenzapotheke[598] wird der Arzneimittelversand „aus“ den Apothekenräumen erfolgen. Der Arzneimittelversand ist hier dem klassischen Apothekenbetrieb angegliedert. Anknüpfungspunkt ist dann der Ort, an dem die Präsenzapotheke betrieben wird. Denn dies ist der Ort, an dem sich der Apotheker während der Dauer seiner Handlungs- oder Erfolgsabwendungspflicht aufhält und gebotsentsprechend handeln kann und muss. Internet-Apotheken sind ihrer ganzen Struktur nach auf elektronische Kommunikation angelegt,[599] so dass die Bestellung durch Aufrufen eines entsprechenden Bestellformulars über das Internet erfolgt.[600] Das Inverkehrbringen, Handeltreiben oder Abgeben eines Arzneimittels dagegen erfolgt in der „physisch realen“ Welt auf Veranlassung des Apothekers entweder durch das Ausliefern aus den Apothekenbetriebsräumen per Botenzustellung oder durch Versand per Post. Tatort sind beim grenzüberschreitenden Arzneimittelversand folglich die sich im Ausland befindenden Apothekenräume. Auch wenn hinter der Internet-Apotheke keine (zugelassene) Präsenzapotheke steht, sondern eine rein „virtuelle“ Internet-Apotheke[601], wird man auf den Ort abstellen müssen, von dem aus die eigentliche Abgabe erfolgt, und zwar auf den Ort, an dem die Arzneimittel gelagert, verpackt und versendet werden.[602]

---

[598] Unerheblich ist es, ob ausschließlich eine Zulassung zum Betreiben der Präsenzapotheke oder zugleich auch eine Zulassung zum Betreiben einer Internet-Apotheke erteilt wurde. Ob der Internetauftritt einer Präsenzapotheke von einer sog. doppelten behördlichen Genehmigung abhängig ist (wie es das deutsche Recht in § 11a ApoG voraussetzt), richtet sich nach dem jeweiligen nationalen Recht. Nach neuseeländischem Recht z.B. ist der Arzneimittelversand unter Einschaltung des Internets bereits dann zulässig, wenn die hinter der Internet-Apotheke stehende Präsenzapotheke behördlich genehmigt ist; eine (zusätzliche) Versandhandelsgenehmigung wird nicht verlangt.

[599] *OLG Frankfurt am Main*, Urt. v. 31.05.2001, Az.: 6 U 240/00 = MMR 2001, S. 751 (757).

[600] Der Nachweis der ärztlichen Verschreibung ist in diesem Kommunikationsmodell nicht integriert, so dass der Verbraucher bei der Bestellung eines verschreibungspflichtigen Arzneimittels das Rezept einsenden muss.

[601] Eine rein „virtuelle“ Internet-Apotheke kann über eine Internetadresse ohne größeren Kapitaleinsatz und -bindung eingerichtet werden, und zwar von jedem. Vgl. *KG Berlin*, Urt. v. 29.05.2001, Az.: 5 U 10150/00 = MMR 2001, S. 759 (763).

[602] Fallen auch diese Orte auseinander, so kommt es darauf an, ob mehrere Tätigkeitsakte vorliegen. Ist das der Fall, kommen mehrere Tatorte in Betracht. Vgl. dazu *Tröndle/Fischer*, § 9 StGB, Rdn. 3. Es ist von folgender Fallkonstellation auszugehen: Der Apotheker (A) ist Staatsangehöriger der USA. Er betreibt in Florida eine Internet-Apotheke, die Arzneimittel weltweit versendet. Die zum Versand bestimmten Arzneimittel werden jedoch nicht ordnungsgemäß gelagert, so dass es zu Kontaminierungen kommt. Der Verbraucher (V), deutscher Staatsangehöriger, bestellt bei dieser Internet-Apotheke ein verschreibungspflichtiges Arzneimittel, ohne ein Rezept hierfür vorzulegen. A, der im Rahmen der ihm auferlegten öf-

Dieser Anknüpfungspunkt ist jedoch nicht immer zwingend. Bei Unterlassungsdelikten kommt darüber hinaus jeder Ort in Betracht, von dem der Unterlassende zur rechtzeitigen Abwendung des tatbestandsmäßigen Erfolges hätte handeln können und müssen, oder auch der Ort, zu dem er sich zur Abwendung des Erfolges hätte begeben müssen.[603] In Bezug auf den weltweiten Arzneimittelversand wird man nun allerdings von dem Apotheker nicht erwarten können, dass er sich zur Abwendung des Erfolges zum jeweiligen (sich im Ausland befindenden) Aufenthaltsort des Verbrauchers begibt. Insoweit fehlt es in aller Regel schon an der Zumutbarkeit normgemäßen Verhaltens. Man wird jedoch erwarten können, dass der Apotheker seine beruflichen Pflichten gewissenhaft erfüllt. Mit anderen Worten: Er hat dafür zu sorgen, dass kein falsches, kontaminiertes oder ein nicht ordnungsgemäß hergestelltes, geprüftes, gelagertes oder gekennzeichnetes Arzneimittel zugestellt wird, sowie dass kein verschreibungspflichtiges Arzneimittel ohne die Vorlage einer ärztlichen Verschreibung abgegeben oder ein solches Arzneimittel unsachgemäß zugestellt wird. Kommt bei Verletzung einer dieser Pflichten eine Strafbarkeit des Apothekers wegen Unterlassens in Betracht, hat dies zur Folge, dass die deutsche Strafgewalt zumindest nicht gemäß §§ 3, 9 Abs. 1 Var. 2 StGB begründet werden kann. Denn der Ort, an dem der Apotheker hätte handeln müssen – und auf den es gerade bei den Unterlassungsdelikten ankommt –, liegt hier jeweils im Ausland. Dies scheint auch im Ergebnis grundsätzlich sinnvoll. Denn gemäß dem Gedanken des Territorialitätsprinzips hat jeder die Gesetze des Staates zu respektieren, in dem er sich aufhält.[604] Eine unbegrenzte Ausdehnung der deutschen Strafgewalt auf im Ausland begangene Unterlassungsdelikte würde die Souveränität der innerstaat-

---

fentlich-rechtlichen Verantwortlichkeit, die sich nach dem jeweiligen nationalen (Berufs-) Recht beurteilt, verpflichtet ist, hat Kenntnis von der Lagerung der Arzneimittel und von der Bestellung des V. A unterlässt es jedoch, das Inverkehrbringen des gefährlichen Arzneimittels (vgl. § 95 Abs. 1 Nr. 1 AMG) zu unterbinden. Das entsprechende Arzneimittel wird von den Lagerräumen zur Versandstelle der Internet-Apotheke gebracht und anschließend von einem Angestellten des Apothekers nach Deutschland versendet. In diesem Fall hätte der Apotheker an beiden Orten zur rechtzeitigen Abwendung des tatbestandsmäßigen Erfolges handeln können und müssen. Ihn trifft sowohl am Ort der Lagerung als auch am Ort, von dem aus das Arzneimittel an den Verbraucher versendet wird, eine Handlungs- bzw. Erfolgsabwendungspflicht. Einerseits hätte er verhindern müssen (und können), dass die Arzneimittel nicht ordnungsgemäß gelagert werden, andererseits hätte er diese nicht ordnungsgemäß gelagerten Arzneimittel nicht zum Versand freigeben dürfen.

Zu einem anderen Ergebnis würde man allenfalls dann kommen, wenn man darauf abstellt, dass den Apotheker zwar auch im Hinblick auf die Lagerung (und Verpackung) eine Pflicht zum Handeln trifft, sich der Ort des Versendens jedoch durch größere Tatnähe als die ihm im Geschehensablauf zeitlich vorgelagerten Lager- und Verpackungsorte auszeichnet. Dann käme es, fallen diese Orte auseinander, auf den Ort des Versendens an.

[603] *Schönke/Schröder*, § 9 StGB, Rdn. 5 m.w.N., *Tröndle/Fischer*, § 9 StGB, Rdn. 9, *Satzger*, NStZ 1998, S. 112 (113),

[604] *Stratenwerth/Kuhlen*, § 4, Rdn. 11.

lichen Gesetzgebung des jeweiligen ausländischen Staates verletzen und würde unter Umständen dazu führen, dass Unterlassungsstraftaten zu verfolgen wären, die im Ausland nicht als strafwürdig gelten.

Nun ist dieses Ergebnis allerdings unannehmbar, wenn das Unterlassen im Ausland zu einem Erfolgseintritt im Inland führt. Kommt der ausländische Apotheker der gebotenen und für ihn möglichen Pflicht nicht nach und führt dies bei einem Verbraucher im Inland z.B. zu einem Gesundheitsschaden, so begründet der Ort, an dem der tatbestandsmäßige Erfolg[605] eintritt, den Tatort.[606] Es gelten insofern die gleichen Grundsätze wie für die Begehungsdelikte,[607] mit der Folge, dass bei grenzüberschreitenden Unterlassungsdelikten der Erfolgseintritt im Inland ein Recht zur Anwendung des deutschen Strafrechts begründet (§§ 3, 9 Abs. 1 Var. 3 StGB), selbst dann, wenn der Ort, an dem der Apotheker hätte handeln müssen, im Ausland liegt.

1.6. Die Versuchsstrafbarkeit

Beim Versuch dagegen tritt der Ort des beabsichtigten an die Stelle des tatsächlichen Erfolgseintritts. Folgende Fallkonstellation kommt in Betracht:

> Der ausländische Apotheker (A) versendet ein bedenkliches, in Deutschland nicht zugelassenes Arzneimittel an den Verbraucher (V) in Deutschland. A, der die Bedenklichkeit des Arzneimittels kennt, beabsichtigt zwar nicht, den V an der Gesundheit zu schädigen, jedoch nimmt er einen solchen Verletzungserfolg billigend in Kauf. Eine Einnahme dieses Arzneimittels würde auch tatsächlich zu Gesundheitsschäden führen. Die Zustel-

---

605 Hier sei auf die obigen Ausführungen zum tatbestandlichen Erfolg bei den in Betracht kommenden Delikten verwiesen. Zwar fehlt es bei den abstrakten Gefährdungsdelikten und schlichten Tätigkeitsdelikten an einem „zum Tatbestand gehörenden Erfolg" i.S.d. § 9 Abs. 1 Var. 3 StGB, jedoch liegt der Erfolg i.S.d. § 13 StGB in der Verwirklichung des Gefährdungstatbestandes. Anzumerken ist ferner, dass beim Auseinanderfallen von Handlungs- und Erfolgsort als tatbestandsmäßiger Erfolg grundsätzlich auch der Erfolg in Betracht kommt, der durch die Beendigung der Tat herbeigeführt wird, beim konkreten Gefährdungsdelikt der Eintritt des Schadens bzw. der Gefahr sowie beim unechten Unterlassungsdelikt der Eintritt der Verletzung oder Gefährdung, die der Täter aufgrund seiner Garantenpflicht hätte verhindern müssen. Vgl. *Jescheck*, § 18, S. 160 f. m.w.N. Sofern eine Strafbarkeit nach den Vorschriften des Betäubungsmittelgesetzes in Betracht kommt, ist § 6 Nr. 5 StGB zu beachten, worauf im Folgenden aber noch näher eingegangen wird.

606 Es sei von folgender Fallkonstellation ausgegangen: Der Apotheker (A) einer ausländischen Internet-Apotheke unterlässt es, das Inverkehrbringen eines gefährlichen Arzneimittels zu unterbinden, wodurch die öffentliche Gesundheit gefährdet wird. Einer seiner Angestellten versendet das Arzneimittel an den deutschen Verbraucher (V). Infolge der Einnahme des Arzneimittels erleidet V ernsthafte Gesundheitsschäden und muss sich wegen der Folgen in ärztliche Behandlung begeben.

607 *Eser* in: *Schönke/Schröder*, § 9 StGB, Rdn. 8.

lung des Arzneimittels scheitert jedoch, da das Paket bei der zollamtlichen Kontrolle beschlagnahmt wird.

Ob ein im Ausland begangener Versuch nach deutschem Recht strafbar ist, hängt ebenfalls vom Deliktscharakter der versuchten Straftat ab. Für die Anwendbarkeit des deutschen Strafrechts muss eine Inlandsberührung gegeben sein. Es kommt folglich darauf an, ob entweder der Erfolg nach der Vorstellung des Täters im Inland eintreten soll, oder die Versuchshandlung eine Inlandsberührung aufweist. Unproblematisch ist dies für Verletzungsdelikte, da der Taterfolg[608] dann stets gegenüber dem Verbraucher in Deutschland eintreten soll. Im zugrunde gelegten Fall bestimmt sich die Anwendbarkeit des deutschen Strafrechts z.B. im Hinblick auf die Strafbarkeit gemäß § 223 Abs. 1 StGB nach §§ 3, 9 Abs. 1 Var. 3 StGB, da der Ort, an dem der zum Tatbestand gehörende Erfolg (die Körperverletzung) nach der Vorstellung des Täters eintreten sollte, im Inland liegt.

Problematischer ist die Geltungserstreckung dagegen für die abstrakten Gefährdungsdelikte des Arzneimittel- und Betäubungsmittelgesetzes, da diese Deliktsformen keinen tatbestandsmäßigen Erfolg als Anknüpfungspunkt für eine Inlandsgeltung aufweisen.[609] Sofern im o.g. Beispielsfall auch eine Strafbarkeit wegen versuchten Inverkehrbringens bedenklicher Arzneimittel gemäß § 95 Abs. 1 Nr. 1 AMG in Betracht kommt, kommt es – wegen des Deliktscharakters – auf die Versuchshandlung an. Der Versuchsbeginn ist mit der Aufgabe der Arzneimittelsendung bei dem Logistikunternehmen zur Weiterleitung an den Verbraucher gegeben. Die Tat befindet sich auch nicht mehr im straflosen Vorbereitungsstadium. Durch das Versenden des entäußerten Arzneimittels hat der Apotheker nach seiner Vorstellung alles getan, damit das Arzneimittel den erwünschten Adressaten erreicht. Er hat dadurch die Möglichkeit zu einem Wechsel der Verfügungsgewalt geschaffen. Da das Versuchsstadium also bereits mit der ernsthaften und endgültigen Entäußerung beginnt und die Tathandlung – das Inverkehrbringen – erst mit der Zustellung an den Verbraucher vollendet ist, liegt ein Versuch i.S.d. § 95 Abs. 1 Nr. 1, Abs. 2 AMG vor, wenn das Arzneimittel an der Grenze entdeckt und sichergestellt wird.[610] Zu diesem Zeitpunkt ist

---

608 Dazu, welcher Taterfolg das im Einzelnen ist, vgl. die obigen Ausführungen.

609 Zur Existenz eines Erfolgsortes vgl. obige Ausführungen. Auf die Strafvorschriften des Betäubungsmittelgesetzes soll hier nicht näher eingegangen werden, da sich die Geltungserstreckung bereits aus § 6 Nr. 5 StGB ergibt. Es ist jedoch anzumerken, dass sich die Geltungserstreckung gemäß § 6 Nr. 5 StGB nicht auf Versuchsdelikte bezieht. Vgl. insofern *Schrader*, NJW 1986, S. 2874 (2875). Insofern sei jedoch auf die Ausführungen im Hinblick auf die abstrakten Gefährdungsdelikte nach dem Arzneimittelgesetz verwiesen, da es sich bei den Straftaten nach dem Betäubungsmittelgesetz in der Regel auch um solche Delikte handelt.

610 Vgl. insofern zumindest zum versuchten Inverkehrbringen von Betäubungsmitteln *Körner*, § 29 BtMG, Rdn. 697. Ähnlich der BGH zum an der Grenze entdeckten Import von Arznei-

auch eine Inlandsberührung gegeben, so dass sich die Geltungserstreckung des deutschen Strafrechts auf diese Fälle aus §§ 3, 9 Abs. 1 Var. 1 StGB ergibt.[611]

1.7. Die Teilnahmestrafbarkeit

Kommt dagegen eine Strafbarkeit des Apothekers nur als Teilnehmer in Betracht, so bestimmt sich der Tatort nach § 9 Abs. 2 StGB. Tatort ist entweder der Ort der Haupttat oder der Ort, an dem der Teilnehmer gehandelt hat oder im Falle des pflichtwidrigen Unterlassens hätte handeln müssen, oder bei versuchter Beteiligung dort, wo nach Vorstellung des Teilnehmers die Tat begangen werden sollte (Teilnahmeort).[612] Dies ist insofern problematisch, als die Anstiftung und die Beihilfe sowohl am Ort der Teilnahmehandlung als auch am Ort der zugehörigen Haupttat begangen werden können und damit auch Personen dem deutschen Strafrecht unterworfen werden, die sich zum Zeitpunkt der Tat nicht im Inland aufgehalten haben. Dies widerspricht dem Gedanken des Territorialitätsprinzips, wonach ein Staat nur solche Handlungen seiner Strafgewalt unterwerfen darf, die auf seinem eigenen Staatsgebiet begangen wurden.[613] Folgende Fallkonstellation sei zugrunde gelegt:

> Der Apotheker (A) ist Staatsangehöriger der USA. Er betreibt in Florida eine Internet-Apotheke, die Arzneimittel weltweit versendet. Zu dem bei ihm beschäftigten Apothekenpersonal gehört der pharmazeutische Assistent (P), ebenfalls Staatsangehöriger der USA. Der Verbraucher (V), deutscher Staatsangehöriger, bestellt von Deutschland aus bei dieser Internet-Apotheke ein verschreibungspflichtiges Arzneimittel, ohne ein Rezept hierfür vorzulegen. P, der weiß, dass verschreibungspflichtige Arzneimit-

---

mitteln zum Anlegen eines Vorrates: *BGH*, Urt. v. 10.06.1998, Az.: 5 StR 72/98 = StV 1998, S. 663 f.

611 Entsprechendes gilt für die Abgabe von Arzneimitteln i.S.d. § 95 Abs. 1 Nr. 4 Alt. 2 AMG. Die Tathandlung ist erst mit Übertragung der tatsächlichen Verfügungsgewalt vollendet, so dass in den Fällen des Transports, insbesondere der missglückten Zustellung beim Versandhandel lediglich von versuchter Abgabe auszugehen ist. Die Tathandlung muss jedoch eine Inlandsberührung aufweisen, damit der Geltungsbereich des deutschen Strafrechts eröffnet ist. Daran fehlt es z.B., wenn das Arzneimittelpaket auf dem Postweg verloren geht und sich der Versandweg nicht feststellen lässt bzw. es unklar ist, ob das Arzneimittel noch im Ausland oder bereits in Deutschland verloren gegangen ist.
Da im Hinblick auf das Handeltreiben gemäß § 95 Abs. 1 Nr. 4 Alt. 1 AMG bereits ernsthafte Verkaufsbemühungen des Verkäufers zur Vollendung des Tatbestandes ausreichen, wird der Versuch des Handeltreibens durch den Apotheker keine Inlandsberührung aufweisen. Die Versuchshandlung wird im Ausland liegen, mit der Folge, dass deutsches Recht im Hinblick auf das versuchte Handeltreiben im Rahmen des grenzüberschreitenden Arzneimittelversandes gemäß § 95 Abs. 1 Nr. 4 Alt. 1, Abs. 2 AMG nicht anwendbar ist.

612 *Eser* in: *Schönke/Schröder*, § 9 StGB, Rdn. 11.

613 Vgl. *Stratenwerth/Kuhlen*, § 4, Rdn. 11.

tel nur gegen Vorlage eines gültigen Rezepts abgegeben werden dürfen, wird von A überzeugt, das bestellte Arzneimittel dennoch an V zu versenden. Infolge der Einnahme des Arzneimittels erleidet V ernsthafte Gesundheitsschäden.

Die Anwendbarkeit des deutschen Strafrechts im Hinblick auf die Haupttat – die Straftat des P gegenüber V[614] – ergibt sich aus §§ 3, 9 Abs. 1 Var. 3 StGB. Ausreichend für die Begründung der deutschen Strafgewalt ist es, dass der Erfolgsort im Inland liegt. Gemäß §§ 3, 9 Abs. 2 Satz 1 Var. 1 StGB kommt es daher für die Bestrafung des Teilnehmers nicht darauf an, dass die Teilnahmehandlung (wie im obigen Fall die von dem A) im Ausland begangen wurde. Diese Ausdehnung der deutschen Strafgewalt auf die Teilnehmerstrafbarkeit ist auch aufgrund der Beziehung der Teilnahmetat zur Haupttat gerechtfertigt. Für die Teilnahmestrafbarkeit, selbst wenn die Teilnahmehandlung im Ausland begangen wurde, gilt der Grundsatz der Akzessorität. Erst durch die vorsätzliche, rechtswidrige Haupttat wird die Strafbarkeit der Teilnahme überhaupt begründet. Aus diesem Grund kommt der Teilnahmehandlung keine eigenständige Bedeutung zu, da sie nur eine Mitwirkung an einer fremden Rechtsgüterverletzung darstellt, wie sie in der Tatbestandsverwirklichung durch den Haupttäter zum Ausdruck kommt.[615] Der enge Zusammenhang zwischen (Haupt-)Tat und Teilnahme zeigt sich auch darin, dass der verbrecherische Wille des Teilnehmers dahin geht, einen anderen zu dessen Haupttat zu bestimmen, respektive die Haupttat eines anderen zu unterstützen. Angesichts dessen ist auch die Ausdehnung der deutschen Strafgewalt auf die im Ausland begangene Teilnahmehandlung zu einer Inlandstat durchaus gerechtfertigt.[616]

1.8. Fazit zur Anwendbarkeit der deutschen Strafgewalt nach dem Territorialitätsprinzip

Die Anwendung der deutschen Strafgewalt auf Sachverhalte des weltweiten Arzneimittelversandhandels an Verbraucher in Deutschland lässt sich somit in aller Regel schon mit dem Territorialitätsprinzip begründen. Denn trotz des internationalen Einschlags – wegen des (in der Regel) ausländischen Handlungsorts oder der ausländischen Staatsangehörigkeit des Täters – kommt es letztlich

---

[614] Die in Betracht kommenden Strafvorschriften mögen für die Betrachtung der Frage der deutschen Strafgewalt zunächst unbeachtet bleiben. Ausführlich dazu an späterer Stelle. Sofern es auf den Handlungs- bzw. Erfolgsort ankommt, vgl. die obigen Ausführungen.

[615] Vgl. *Cramer/Heine* in: *Schönke/Schröder*, Vorbem §§ 25 ff. StGB, Rdn. 17.

[616] Für eine Anwendung des deutschen Strafrechts auf eine Teilnahmehandlung im Ausland zu einer (Haupt-)Tat im Inland gemäß §§ 3, 9 Abs. 2 Satz 1 StGB hat sich schon das Reichsgericht ausgesprochen. Vgl. *RG*, Urt. v. 02.03.1933, Az.: II 834/32 = RGSt 67, S. 130 (139).

auf den durch den Ort der Tathandlung oder des Eintritts des Taterfolges hergestellten Inlandsbezug an.

Zum besseren Verständnis mag die folgende Übersicht dienen:

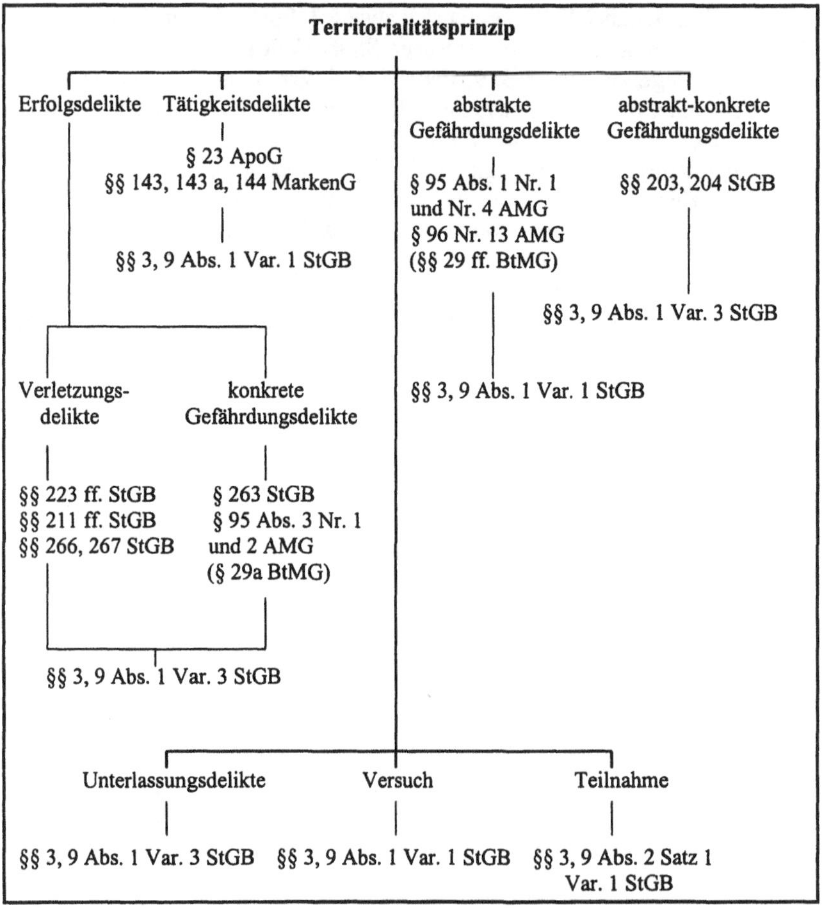

2. Die Anwendung der deutschen Strafgewalt nach dem Weltrechtsprinzip

Kann die Geltungserstreckung auf ausländische Taten ausnahmsweise nicht mit dem Territorialitätsprinzip begründet werden, kann sich die deutsche Strafgewalt nur noch unter den Voraussetzungen der §§ 5-7 StGB ergeben. Dabei ist im Rahmen des Arzneimittelversandhandels vor allem das aus dem Gedanken der internationalen Solidarität entwickelte Weltrechtsprinzip (Universalprinzip) von Bedeutung, das in dem im vorliegenden Zusammenhang relevanten § 6 Nr. 5 StGB seinen Ausdruck gefunden hat. Hiernach unterliegen Auslandstaten der in § 6 StGB genannten Art dem inländischen Strafrecht, wenn sie sich gegen international geschützte Rechtsgüter richten, gleichgültig, ob die Tat von einem In- oder Ausländer oder gegen in- oder ausländische Interessen oder im In- oder Ausland begangen wurde.[617] Jenes Prinzip ermächtigt den Staat zur Strafverfolgung nach dem am Ergreifungsort des Täters geltenden Strafrecht.

Einige verschreibungspflichtige Arzneimittel werden zugleich als Betäubungsmittel klassifiziert und unterfallen damit den gesetzlichen Bestimmungen des Betäubungsmittelgesetzes. Der unerlaubte Vertrieb von Betäubungsmitteln – jede Tätigkeit, durch die ein solches Mittel entgeltlich in den Besitz eines anderen gebracht werden soll[618] – führt zur Auslandserstreckung des deutschen Strafrechts.[619] Der Gesetzgeber ordnet mit § 6 Nr. 5 StGB die Geltung des deutschen Strafrechts – unabhängig vom Recht des Tatorts – für die Fälle an, in denen sich eine Inlandsberührung der Tat ergibt.[620] Wegen der grenzüberschreitenden (abstrakten) Gefährlichkeit des Betäubungsmittelhandels besteht ein berechtigter Anlass für die deutschen Strafverfolgungsbehörden, auch gegen ausländische Täter vorzugehen.[621] Nachhaltig werden schutzwürdige Inlandsbelange insbesondere dann verletzt, wenn der Betäubungsmittelversand an deutsche Staatsangehörige oder an einen in Deutschland lebenden ausländischen Verbraucher erfolgt und Betäubungsmittel somit in das Gebiet der Bundesrepublik eingeführt werden. Diese Verletzung schutzwürdiger deutscher Interessen reicht zur Anknüpfung bei der Anwendung des § 6 Nr. 5 StGB vollkommen aus, zumal das

---

[617] *Eser* in: *Schönke/Schröder*, Vorbem §§ 3-7 StGB, Rdn. 8. Dem Weltrechtsprinzip unterstehen nach § 6 StGB: Kernenergie-, Sprengstoff- und Strahlungsverbrechen; Angriffe auf den Luft- und Seeverkehr; Menschenhandel; unbefugter Vertrieb von Betäubungsmitteln; Verbreitung pornografischer Schriften i.S.d. §§ 184a, 184 b Abs. 1-3, § 184c Satz 1 StGB; Münzdelikte; die Fälschung von Vordrucken für Euroschecks und Euroscheckkarten; Subventionsbetrug sowie Taten, die aufgrund eines für die Bundesrepublik Deutschland verbindlichen zwischenstaatlichen Abkommens auch dann zu verfolgen sind, wenn sie im Ausland begangen werden.

[618] *Eser* in: *Schönke/Schröder*, § 6 StGB, Rdn. 6; *Tröndle/Fischer*, § 6 StGB, Rdn. 5; *Weber*, Vor §§ 29 ff. BtMG, Rdn. 96; *Körner*, § 29 BtMG, Rdn. 139; *OLG Düsseldorf*, Urt. v. 10.04. 1984, Az.: 2 Ss 42/84-23/84 III = NStZ 1985, S. 268.

[619] Der legitimierende Anknüpfungspunkt, der für die Anwendung des § 6 Nr. 5 StGB erforderlich ist, ergibt sich aus der in dem internationalen Suchtstoffübereinkommen im Interesse der Gesundheit und des Wohls der Menschheit vereinbarten weltweiten Zusammenarbeit bei der Bekämpfung der Rauschgiftkriminalität. Vgl. *Weber*, Vorbem §§ 29 ff. BtMG, Rdn. 94; ausführlich *BGH*, Urt. v. 20.10.1976, Az.: 3 StR 298/76 = BGHSt 27, S. 30 (33 f.); *BGH*, Urt. v. 08.04.1987, Az.: 3 StR 11/87 = BGHSt 34, S. 334 (336 ff.), jeweils m.w.N.

[620] *BGH*, Urt. v. 08.04.1987, Az.: 3 StR 11/87 = BGHSt 34, S. 334 (338).

[621] *BGH*, Urt. v. 22.01.1986, Az.: 3 StR 472/85 = BGHSt 34, S. 1 (3).

Weltrechtsprinzip völkerrechtlich anerkannt ist und insbesondere nicht gegen das Prinzip der Nichteinmischung[622] verstößt.[623] Die Ausdehnung der deutschen Strafgewalt ist insoweit jedenfalls nicht rechtsmissbräuchlich.

Die Strafgewalterstreckung gilt allerdings nicht ausnahmslos.[624] Erfasst werden nur die (strafbaren) Tätigkeiten gemäß §§ 29 Abs. 1 Nr. 1, 5-14 i.V.m. Abs. 2-6, 30 BtMG. Die missbräuchliche Abgabe von verschreibungspflichtigen Betäubungsmitteln in einer Apotheke wird durch § 29 Abs. 1 Nr. 7 BtMG sanktioniert. Vertreiben nun ausländische Apotheker unter Einschaltung des Internets solche Betäubungsmittel an Verbraucher in Deutschland, ist die Geltungserstreckung des deutschen Strafrechts auf diese Tat gemäß § 6 Nr. 5 StGB gegeben. Die Strafverfolgung ist dann stets gegeben, und zwar nicht nur, wenn der Täter auf dem Staatsgebiet – bei Einreise in die Bundesrepublik oder beim Aufenthalt in der Bundesrepublik – ergriffen werden konnte oder wenn der Täter nach internationaler Fahndung zur Strafverfolgung von einem anderen ausländischen Staat (Drittstaat) ausgeliefert worden ist und in seinem Heimatstaat nicht mehr verfolgt werden kann;[625] die Geltungserstreckung endet auch dann nicht, wenn der Heimatstaat zur Übernahme der Strafverfolgung bereit ist oder wenn der Täter bereits für die Tat von seinem Heimatstaat abgeurteilt wurde; nicht ausreichend ist dagegen, wenn sich der von der Tat Betroffene oder der durch die Tat Geschädigte in Deutschland aufhält.[626] Da die Ausübung des Strafverfolgungsrechts letztlich den *(unbefugten) Vertrieb von Betäubungsmitteln*[627] und folglich

[622] Nach dem Prinzip der Nichteinmischung ist „es jedem Staat untersagt, sich in Angelegenheiten einzumischen, die der inneren Jurisdiktion eines anderen Staates unterstehen". Vgl. *BGH*, Urt. v. 08.04.1987, Az.: 3 StR 11/87 = BGHSt 34, S. 334 (336).

[623] Vgl. *BGH*, Urt. v. 08.04.1987, Az.: 3 StR 11/87 = BGHSt 34, S. 334 (339).

[624] In diesem Zusammenhang sei darauf hingewiesen, dass das Weltrechtsprinzip in der Praxis nicht als starrer Grundsatz wirkt. Es kommt insbesondere auf die Umstände des Einzelfalles an, was der Staatsanwaltschaft ein Verfolgungsermessen lässt. So kann gemäß § 153c Abs. 1 Ziff. 1 StPO von der Verfolgung der Straftat abgesehen werden, wenn die Tat außerhalb des Geltungsbereichs der Strafprozessordnung begangen wurde oder durch eine im Ausland vollstreckte Strafe ausreichend geahndet wurde. Vgl dazu *Körner*, § 29 BtMG, Rdn. 196; ferner *BGH*, Urt. v. 08.04.1987, Az.: 3 StR 11/87 = BGHSt 34, S. 334 (340 f.).

[625] *Tröndle/Fischer*, § 6 StGB, Rdn. 5 m.w.N.; ferner *BGH*, Urt. v. 08.04.1987, Az.: 3 StR 11/87 = BGHSt 34, S. 334 (337); krit. *Rüter/Vogel*, JR 1988, S. 136 ff.

[626] *Weber*, Vor §§ 29 ff. BtMG, Rdn. 92. Einen allgemeinen Grundsatz, dass ein Staat die in derselben Sache ergangenen ausländischen Strafurteile zu respektieren hat und deshalb die Verfolgbarkeit der Tat nach deutschem Recht ausgeschlossen ist, gibt es nicht; vgl. dazu *BGH*, Urt. v. 08.04.1987, Az.: 3 StR 11/87 = BGHSt 34, S. 334 (340).

[627] Unter *Vertrieb von Betäubungsmitteln* ist jede Tätigkeit zu verstehen, durch die ein Betäubungsmittel entgeltlich in den Besitz eines anderen gebracht werden soll. Darunter fallen auch die Fälle des Handeltreibens. Vgl. dazu *Tröndle/Fischer*, § 6 StGB, Rdn. 5; *Weber*, Vor §§ 29 ff. BtMG, Rdn. 96; *Körner*, § 29 BtMG, Rdn. 139; *Schrader*, NJW 1986, S. 2874.

eine Inlandsberührung bezüglich der Tathandlung[628] oder des Taterfolges[629] voraussetzt, bietet § 6 Nr. 5 StGB zwar eine ausreichende Grundlage, um eine umfassende Strafverfolgung im Hinblick auf (grenzüberschreitende) Betäubungsmitteldelikte zu gewährleisten. Dennoch leidet die Praktikabilität des Weltrechtsprinzips vor allem darunter, dass es ohne Ergreifung oder Auslieferung des Täters zu keiner Strafverfolgung kommt, so dass der die verschreibungspflichtigen Betäubungsmittel versendende ausländische Apotheker wohl kaum mit einer Anklage und Verurteilung nach deutschem Recht konfrontiert sein wird.

3. Die Anwendung der deutschen Strafgewalt nach dem Prinzip der stellvertretenden Strafrechtspflege

Subsidiär ist die Anwendbarkeit des deutschen Strafrechts auch dann gegeben, wenn die an sich territorial zuständige ausländische Strafgewalt aus tatsächlichen oder rechtlichen Gründen an der Durchsetzung ihres Strafanspruchs gehindert ist (vgl. § 7 StGB).[630] Das hierdurch zum Ausdruck kommende Prinzip der stellvertretenden Strafrechtspflege verlangt jedoch, dass der Täter im Inland betroffen ist. Dies ist dann der Fall, wenn der Täter im Inland ergriffen wurde und aus tatsächlichen oder rechtlichen Gründen nicht an das Ausland ausgeliefert werden kann.[631] Diese Ausdehnung der deutschen Strafgewalt setzt jedoch voraus, dass die Tat am Tatort mit Strafe bedroht ist oder der Tatort keiner Strafgewalt unterliegt. Das Prinzip der stellvertretenden Strafrechtspflege hat im Hinblick auf den Arzneimittelversand keine praktische Bedeutung, da in der Regel die Betroffenheit des Täters im Inland fehlen wird.

---

[628] Da es sich bei den in § 29 Abs. 1 Nr. 1 und Nr. 7 BtMG erfassten Delikten jeweils um ein abstraktes Gefährdungsdelikt handelt, ist eine Inlandsberührung für die in Betracht kommenden Tathandlungen, also das *Handeltreiben*, die *Abgabe* und das *Inverkehrbringen*, gegeben; insofern sei auf die Ausführungen zu den arzneimittelrechtlichen Strafvorschriften verwiesen, vgl. dazu *4. Kapitel, A., I, 2., „Der Anwendungsbereich der Strafvorschriften des Arzneimittelgesetzes"* sowie zum Geltungsbereich des deutschen Strafrechts im Hinblick auf abstrakte Gefährdungsdelikte vgl. *4. Kapitel, B., I.,1.,1.3., „Abstrakte Gefährdungsdelikte"*.

[629] Sofern es sich bei der Strafnorm des Betäubungsmittelrechts um ein konkretes Gefährdungsdelikt handelt, z.B. § 29 Abs. 3 Nr. 2 BtMG.

[630] *Eser* in: *Schönke/Schröder*, Vorbem §§ 3-7 StGB, Rdn. 9.

[631] *Jescheck*, Allgemeiner Teil, § 18, S. 153.

4. Fazit zur Anwendung der deutschen Strafgewalt auf den grenzüberschreitenden Arzneimittelversandhandel unter Einschaltung des Internets

Die §§ 3-7, 9 StGB sind nur auf bestimmte Einzelfälle des online Arzneimittelversandhandels anwendbar. Weder mit dem Weltrechtsprinzip noch mit dem Prinzip der stellvertretenden Strafrechtspflege lässt sich ein primärer Strafschutz im Hinblick auf die Taten ausländischer Apotheker gegenüber Verbrauchern in Deutschland begründen. Das Territorialitätsprinzip wird – unter Anknüpfung an den Erfolgsort – in aller Regel die Grundlage der Strafrechtserstreckung auf diese Auslandstaten bilden.

II. Die strafrechtliche Verantwortlichkeit der ausländischen Apotheker im Einzelnen

Während sich die Strafbarkeit der deutschen Apotheker aus den Vorschriften des Arzneimittelgesetzes, des Apothekengesetzes, des Strafgesetzbuches, des Betäubungsmittelgesetzes sowie des Markengesetzes ergibt, stellt sich die Frage, ob die strafrechtliche Verantwortlichkeit der ausländischen Apotheker ebenfalls aus diesen oder aber anderen nationalen Vorschriften hergeleitet werden kann. Dabei sind zunächst die unterschiedlichen Regelungen auf nationaler Ebene zu beachten, auf denen das Konzept des Arzneimittelversandhandels beruht. Dass grundsätzlich der Schutz der öffentlichen Gesundheit und damit eng verbunden der Schutz der Verbraucher verfolgt wird, steht außer Frage. Dennoch sind die Anforderungen, die der jeweilige Gesetzgeber aufstellt, unterschiedlich. Die Voraussetzungen, die die jeweiligen nationalen gesetzlichen Vorschriften an den online Arzneimittelversand knüpfen, reichen von streng bis weniger streng. Eine Internet-Apotheke, die zwar den Genehmigungs- und Zulassungserfordernissen eines Staates entspricht, kann durchaus zugleich gegen geltendes Recht eines anderen Staates verstoßen.

Ein erlaubter grenzüberschreitender Arzneimittelversandhandel wird deshalb grundsätzlich nur dann möglich sein, wenn für die ausländischen Internet-Apotheken vergleichbare Sicherheitsstandards gelten[632] oder die Internet-Apotheken in ihrem Heimatstaat strengeren Voraussetzungen unterliegen als sie der

[632] Dem deutschen Recht vergleichbare Sicherheitsstandards bestehen bei den Internet-Apotheken der Niederlande und des Vereinigten Königreichs, so dass grundsätzlich ein Arzneimittelversand von einer niederländischen Internet-Apotheke an einen deutschen Verbraucher erlaubt ist. Vgl. Pressemitteilung des Bundesministeriums für Gesundheit und Soziales, „Den Niederlanden und dem Vereinigten Königreich ist der Versandhandel mit Arzneimitteln nach Deutschland erlaubt", vom 21.06.2005, [online] <http://www.bmg.bund.de/cln_041/nn_599776/DE/Presse/Pressemitteilungen/Archiv/Presse-BMGS-3-2005/PM-21-06-2005-8085,param=.html__nnn=true> (letzter Zugriff: 18.01.2007).

Staat des Verbrauchers für den online Versand fordert. Entscheidend ist daher, inwieweit die weltweit unterschiedlichen Regelungen mit der jeweiligen nationalen Gesetzeslage vergleichbar sind. Fehlt es an dieser Vergleichbarkeit, stellt sich zunächst die Frage, ob die ausländischen Apotheker zur Einhaltung der nationalen Rechtsvorschriften zwingend verpflichtet sind oder verpflichtet werden können. Dies ist schon insofern problematisch, als die Zulassung des Versandhandels grundsätzlich eine nationale Angelegenheit darstellt und auch hier das Prinzip der Nichteinmischung gilt.

Andererseits hat jeder Staat das Recht und wohl auch die Pflicht, vor allem im Hinblick auf die bestehenden Gefahren bei der Arzneimittelversorgung, einen umfassenden Schutz der Gesundheit der Bevölkerung zu gewährleisten und dieses Schutzniveau auch gesetzlich festzuschreiben.[633] Dies gilt umso mehr, als es bisher keine einheitlichen internationalen Regelungen für die Abgabe von verschreibungspflichtigen Arzneimitteln gibt. Zumindest vor diesem Hintergrund erscheint es, ohne an dieser Stelle bereits eine rechtliche Bewertung vorwegzunehmen, auch gerechtfertigt, die ausländischen Internet-Apotheken den jeweiligen nationalen, strengeren Voraussetzungen zu unterwerfen.

In diesem Zusammenhang gilt es ferner zu klären, welche Möglichkeiten hinsichtlich der Strafverfolgung bestehen. Dies wird letztlich von der Beantwortung der Frage abhängen, ob das strafrechtlich relevante Verhalten überhaupt in den Anwendungsbereich der – vor allem arzneimittel- und apothekenrechtlichen – Strafvorschriften fällt. Die in Betracht kommenden deutschen Vorschriften sind als Bundesrecht auf das Territorium der Bundesrepublik beschränkt. Dies ergibt sich aus dem Grundsatz der Gebietshoheit eines Staates[634], die Ausdruck seiner Souveränität ist. Zwar scheint der Geltungsbereich des deutschen Strafrechts – wie im vorangehenden Abschnitt dargestellt – aufgrund des Territorialitätsprinzips in aller Regel eröffnet, jedoch würde eine *Verfolgung* der betreffenden Taten bereits dann scheitern, wenn die gesetzlichen Bestimmungen, auf die sich die betreffenden Straftatbestände beziehen, ausschließlich für deutsche Apotheker gelten. Eine solche ausschließliche Anwendbarkeit lässt sich jedoch weder aus dem Wortlaut der Gesetze noch aus den Erwägungen des Gesetzgebers entnehmen, mit Ausnahme der Vorschriften für das Betreiben einer Internet-Apo-

---

[633] Vgl. zur Rechtfertigung des Verbots des Versandes von verschreibungspflichtigen Arzneimitteln *EuGH*, „Deutscher Apothekerverband e.V./DocMorris NV u. Jaques Waterval", Urt. v. 11.12.2003, Az.: Rs. C-322/01 = MMR 2001, S. 149 ff.

[634] „Die Gebietshoheit eines Staates... verbietet grundsätzlich das hoheitliche Tätigwerden anderer Staaten oder Träger hoheitlicher Gewalt auf dem Territorium des betroffenen Staates." Vgl. *BVerfG*, Beschl. v. 05.11.2003, Az.: 2 BvR 1243/03 = HRR-Strafrecht, S. 247 (248), [online] <http://www.hrr-strafrecht.de/hrr/archiv/03-12/index.php3> (letzter Zugriff: 18.01.2007).

theke *in Deutschland*.[635] Für den Arzneimittelvertrieb in das Gebiet der Bundesrepublik dagegen gelten die Vorschriften für deutsche und ausländische Apotheker gleichermaßen.

1. Die strafrechtliche Verantwortlichkeit nach dem Arzneimittelgesetz

Der Arzneimittelversandhandel wird im Wesentlichen durch das Arzneimittelgesetz geregelt. Mit den §§ 95 Abs. 1 Nr. 1, Nr. 4, Abs. 2, 3 und 4 sowie 96 Nr. 13 AMG hat der deutsche Gesetzgeber Regelungen erlassen, die ein bestimmtes, gesetzwidriges Verhalten des Apothekers[636] bestrafen. Vereinzelt ist im Arzneimittelgesetz vom „Geltungsbereich dieses Gesetzes" die Rede.[637] Im Hinblick auf den online Arzneimittelvertrieb bestimmt § 73 Abs. 1 Satz 1 Nr. 1a AMG, dass zulassungs- oder registrierungspflichtige Arzneimittel nur in den Geltungsbereich dieses Gesetzes verbracht werden dürfen, „wenn sie zum Verkehr im Geltungsbereich dieses Gesetzes zugelassen oder registriert oder von der Zulassung oder der Registrierung freigestellt sind und im Falle des Versandes an den Endverbraucher das Arzneimittel zur Anwendung am oder im menschlichen Körper bestimmt ist und von einer Apotheke eines Mitgliedstaates der Europäischen Union oder eines anderen Vertragsstaates des Abkommens über den Europäischen Wirtschaftsraum, welche für den Versandhandel nach ihrem nationalen Recht, soweit es dem deutschen Apothekenrecht im Hinblick auf die Vorschriften zum Versandhandel entspricht, oder nach dem deutschen Apothekengesetz befugt ist, entsprechend den deutschen Vorschriften zum Versandhandel oder zum elektronischen Handel versandt wird".[638] Das Verbringen

[635] Vgl. § 2 Abs. 1 Nr. 1 ApoG, wonach die Erlaubnis dem Antragsteller nur zu erteilen ist, wenn dieser „Deutscher i.S.d. Art. 116 GG, Angehöriger eines der übrigen Mitgliedstaaten der Europäischen Gemeinschaft oder eines anderen Vertragsstaates des Abkommens über den Europäischen Wirtschaftsraum oder heimatloser Ausländer i.S.d. Gesetzes über die Rechtsstellung heimatloser Ausländer ist". Zum Zugang zum Apothekenberuf vgl. *3. Kapitel, A., I., 2., „Der Zugang zum Apothekenberuf"*.

[636] Gemäß § 17 Abs. 1 i.V.m. § 3 Abs. 3 ApoBetrO unterliegen auch das pharmazeutische Personal und in bestimmten Fällen die in § 43 AMG genannten Personen sowie Nichtbefugte, sofern diese mit verschreibungspflichtigen Arzneimitteln Handel treiben, dem Geltungsbereich des AMG. Vgl. dazu *4. Kapitel, A., I., 2., „Der Anwendungsbereich der Strafvorschriften des Arzneimittelgesetzes"*.

[637] Vgl. u.a. §§ 29 Abs. 4, 63b Abs. 8, 64 Abs. 6 oder 73 AMG. Diese Vorschriften bestimmen, dass bestimmte Handlungen, die in diesem Geltungsbereich stattfinden, nur unter bestimmten Voraussetzungen erfolgen dürfen und/oder zu bestimmten Rechtsfolgen führen.

[638] Dies gilt nicht für Arzneimittel, die in eine Freizone des Kontrolltyps I oder ein Freilager verbracht werden; § 73 Abs. 1 Satz 1 AMG. Welche Arzneimittel zulassungs- oder registrierungsfähig sind, ergibt sich aus den §§ 21 und 38 AMG.

von Arzneimitteln aus dem sonstigen Ausland[639] nach Deutschland wird dagegen in § 73 Abs. 1 Satz 1 Nr. 2 AMG geregelt. Während sich § 73 Abs. 1 Satz 1 Nr. 1a AMG an den durch die bundesdeutschen Behörden erteilten Genehmigungen orientiert, verlangt § 73 Abs. 1 Satz 1 Nr. 2 AMG die Erteilung einer Einfuhrerlaubnis. Darüber hinaus ist das Verbringen im Wege des Versandes ausdrücklich nur den Apotheken aus dem EU-Ausland[640] erlaubt. Damit hat der Gesetzgeber an den Arzneimittelvertrieb aus dem nicht-europäischen Ausland strengere Anforderungen geknüpft. Zweck der Regelungen in § 73 Abs. 1 Satz 1 Nr. 1a und Nr. 2 AMG ist es, dass die aus dem Ausland[641] eingeführten Arzneimittel den deutschen arzneimittelrechtlichen Vorschriften entsprechen.

Für den Arzneimittelversandhandel aus ausländischen Apotheken muss man deshalb folgende Fallkonstellationen in Betracht ziehen:

1) Eine Internet-Apotheke mit Sitz im EU-Ausland vertreibt Arznei mittel an Verbraucher in Deutschland und
2) Eine Internet-Apotheke mit Sitz im sonstigen Ausland vertreibt Arzneimittel an Verbraucher in Deutschland.

Diese beiden Konstellationen bilden zugleich die Ausgangspunkte für die Beurteilung der strafrechtlichen Verantwortlichkeit der Apotheker.

1.1. Die strafrechtliche Verantwortlichkeit der Apotheker aus dem EU-Ausland

Der grenzüberschreitende Arzneimittelversand innerhalb der EU ist im Rahmen der in § 73 Abs. 1 Satz 1 Nr. 1a AMG normierten Anforderungen zulässig. Dem deutschen Recht vergleichbare Versandhandelserfordernisse und Sicherheitsstandards bestehen derzeit nur in den Niederlanden und im Vereinigten Königreich,[642] mit der Folge, dass der Arzneimittelversand aus Internet-Apotheken

---

[639] Darunter fällt der Arzneimittelvertrieb aus einem Land, das weder Mitgliedstaat der Europäischen Gemeinschaft noch ein anderer Vertragsstaat des Abkommens über den Europäischen Wirtschaftsraum ist. Dabei kann es sich sowohl um europäische Staaten als auch nicht-europäische Staaten handeln.

[640] Klarstellend sei noch einmal darauf hingewiesen, dass mit „EU-Ausland" die Mitgliedstaaten der Europäischen Gemeinschaft oder ein anderer Vertragsstaat des Abkommens über den Europäischen Wirtschaftsraum gemeint sind.

[641] Mit Ausland ist an dieser Stelle das EU-europäische Ausland sowie das Nicht-EU-Ausland gemeint.

[642] Vgl. Pressemitteilung des Bundesministeriums für Gesundheit und Soziales, [online], a.a.O. mit der Anmerkung: „Für die Niederlande gilt dies, soweit Versandapotheken gleichzeitig eine Präsenzapotheke unterhalten." Gemäß § 73 Abs. 1 Satz 3 AMG veröffentlicht das Bundesministerium in regelmäßigen Abständen eine aktualisierte Übersicht über diejenigen Mitgliedstaaten der Europäischen Union und die anderen Vertragsstaaten des europäischen Wirtschaftsraumes, in denen für den Versandhandel und den elektronischen Handel mit Arzneimitteln dem deutschen Recht vergleichbare Sicherheitsstandards bestehen.

anderer EU-Mitgliedstaaten bzw. anderer Vertragsstaaten des europäischen Wirtschaftsraumes nach Deutschland per se unzulässig ist und einen Verstoß gegen § 73 Abs. 1 Satz Nr. 1a AMG darstellt.

Ob ein solcher Verstoß strafrechtlich verfolgt werden kann, ist allerdings fraglich. Die Strafvorschriften des Arzneimittelgesetzes – §§ 95, 96 AMG – verweisen nicht auf § 73 Abs. 1 Satz 1 Nr. 1a AMG. Im deutschen Recht gilt bekanntlich der Grundsatz *nulla poena sine lege*, Art. 103 Abs. 2 GG, § 1 StGB. Eine Tat kann danach nur bestraft werden, wenn sie zur Zeit ihrer Begehung mit Strafe bedroht war. Zudem verbietet das Gebot einer *lex stricta* die Strafbegründung über den Weg der Analogie. Aufgrund der fehlenden Strafandrohung scheidet wohl eine Strafbarkeit der (EU-ausländischen) Apotheker aus. Um dies zu verifizieren, muss allerdings zunächst die internationale Reichweite der Vorschrift bestimmt werden. Anknüpfungspunkt ist der in § 1 AMG verankerte Zweck.[643] Die Vorschriften des Arzneimittelgesetzes sollen den Arzneimittelverkehr in Deutschland umfassend regeln. Dies gilt insbesondere für den Import von Arzneimitteln aus dem Ausland, denn der Schutz der öffentlichen Gesundheit wird dadurch nicht weniger tangiert als bei einem rein inländischen Arzneimittelvertrieb.[644] Die Versand- und Verbringungsbeschränkungen der §§ 43 und 73 AMG statuieren insoweit ein staatliches Eingriffsrecht.[645] Die Strafvorschriften sichern die einzelnen Verbote ab. Aufgrund der unmittelbaren Auswirkungen auf die Arzneimittelversorgung in der Bundesrepublik finden daher die Vorschriften des Arzneimittelgesetzes – bis auf einige ausdrücklich in den Gesetzesvorschriften genannte Ausnahmen – auch auf ausländische Apotheker Anwendung, die verschreibungspflichtige Arzneimittel an Verbraucher nach Deutschland versenden. Dies entspricht der einhelligen Auffassung in Rechtsprechung und Literatur.[646]

---

643 Vgl. dazu Ausführungen des *3. Kapitels, A., II., 1., „Der Zweck des Arzneimittelgesetzes"*.

644 *Mand*, MMR 2003, S. 77 (79).

645 *Mand*, MMR 2003, S. 77 (79).

646 Dies wird u.a. durch das Urteil des EuGH im Vorabentscheidungsverfahren zum (damals geltenden) deutschen Versandhandelsverbot für apothekenpflichtige Arzneimittel in Sachen der niederländischen Internet-Apotheke *DocMorris* deutlich. Darüber hinaus gingen die sich mit diesem Sachverhalt befassenden deutschen Gerichte – zu Recht – von der Anwendbarkeit der §§ 43 Abs. 1, 73 Abs. 1 und 2 Nr. 6a AMG aus. Auch wenn sich die Gerichte nicht zur Anwendung der Strafvorschriften äußerten, so wurde doch eine grundsätzliche Geltung des deutschen Arzneimittelrechts für ausländische Personen und Unternehmen angenommen. Dies fand einhellige Zustimmung in der Literatur. Vgl. *EuGH*, „Deutscher Apothekerverband e.V./DocMorris NV u. Jaques Waterval", Urt. v. 11.12.2003, Az.: Rs. C-322/01 = MMR 2001, S. 149 ff.; *LG Frankfurt am Main*, Urt. v. 09.11.2000, Az.: 2-03 O 365/00 = K&R 2001, S. 153 ff.; *OLG Frankfurt am Main*, Urt. v. 31.05.2001, Az.: 6 U 240/00 = NJW-RR 2001, S. 1408 ff.; *LG Berlin*, Urt. v. 07.11.2000, Az.: 103 O 192/00 = MMR 2001, S. 249 ff.; *KG Berlin*, Urt. v. 29.05.2001, Az.: 5 U 10150/00 = NJW-RR 2002, S. 113 ff.; *KG Berlin*, [online], a.a.O.; Schlussanträge der Frau Generalanwalt Christine Stix-Hackl, [online], a.a.O.;

Mit der Neufassung des § 73 AMG hat der Gesetzgeber sich ausdrücklich für eine Kollisionsregel entschieden.[647] § 73 Abs. 1 Satz 1 Nr. 1a AMG beinhaltet ein Verbringungsverbot, welches gewährleisten soll, dass das deutsche Schutzniveau im Hinblick auf die Arzneimittel nicht unterschritten wird.[648] § 73 Abs. 1 Satz 1 Nr. 1a AMG fordert deshalb, dass die versendende (Internet-)Apotheke zum Versandhandel befugt ist und dass die für den Versandhandel geltenden Gesetze zwingend eingehalten werden müssen. Zweck dieser Vorschrift ist es, „die Anforderungen des Versandhandels innerhalb der EU mit Arzneimitteln an den in Deutschland geltenden Anforderungen auszurichten"[649]. Fehlen entsprechende nationale Regelungen, richtet sich der Versandhandel nach § 43 Abs. 1 Satz 1 AMG i.V.m. §§ 11a, 11b, 21 ApoG, § 17 Abs. 1 ApoBetrO. § 73 Abs. 1 Satz 1 Nr. 1a AMG kann folglich nicht von diesen Vorschriften losgelöst betrachtet werden. Im Fall des grenzüberschreitenden Versandhandels innerhalb der EU knüpft das Verbringungsverbot unmittelbar an das Versandhandelsverbot an. In der amtlichen Begründung zur Neufassung des § 73 AMG wird darauf verwiesen, dass § 73 AMG die Folgeänderung zu der Änderung des § 43 Abs. 1 AMG ist.[650] Damit ist die Befugnis zum Versand (Apothekerversanderlaubnis) und die Einhaltung der für den Versand geltenden Vorschriften zwingende Voraussetzung. Der Versandhandel vom EU-Ausland an Verbraucher in Deutschland bestimmt sich deshalb nach §§ 43 Abs. 1 Satz 1, 73 Abs. 1 Satz 1 Nr. 1a AMG.[651] Für die Strafbarkeit der (ausländischen) Apotheker gilt deshalb folgendes:

Fehlt es an der Befugnis zum Versand und/oder den für den Arzneimittelhandel gebotenen Sicherheitsstandards (Versandhandelsanforderungen), begründet dies einen Verstoß gegen §§ 43 Abs. 1, 73 Abs. 1 Satz 1 Nr. 1a AMG, und zwar unabhängig davon, ob die eingebrachten Arzneimittel in Deutschland zugelassen oder registriert sind. Die Strafbarkeit der Apotheker ergibt sich dann aus § 95

Ruffert, Jura 2005, S. 258 ff.; *Koch*, B. EuZW 2004, S. 50 f.; *Marwitz*, MMR 2004, S. 218 ff.; *Koenig*, ApoR 2001, S. 32 ff.; *Meyer*, ApoR 2001, S. 37 ff.; *Rolfes*, MMR 2003, S. 571 ff.; *Arhold/Wimmer*, K&R 2004, S. 126 ff.; *Eichler*, K&R 2001, S. 144 ff.; *Ernst*, WRP 2001, S. 893 ff.; *Mand*, MMR 2003, S. 77 ff.

647 Vgl. *Dettling*, PharmR 2003, S. 401 (405).

648 Vgl. *KG Berlin*, [online], a.a.O.

649 Begründung zum Gesetzesentwurf der Fraktion SPD und Bündnis 90/Die Grünen, BT-Drucksache 15/1525 vom 16.06.2003, S.166.

650 Begründung zum Gesetzesentwurf der Fraktion SPD und Bündnis 90/Die Grünen, BT-Drucksache 15/1525 vom 16.06.2003, S.166.

651 In der amtlichen Begründung zur Neufassung des § 43 AMG heißt es u.a.: „Bei dem Versandhandel und elektronischen Handel mit Arzneimitteln dürfen in der Regel nach Deutschland nur solche Arzneimittel verbracht werden, die in Deutschland nach den Vorschriften des § 73 AMG in Verkehr gebracht werden dürfen. Dies heißt, dass sie den von einer deutschen Apotheke abgegebenen Arzneimitteln entsprechen und somit auch die Kennzeichnung und Packungsbeilage in deutscher Sprache enthalten müssen."

Abs. 1 Nr. 4 und/oder § 95 Abs. 1 Nr. 1 AMG. Dafür sprechen folgende Gründe:[652]

Die Arzneimittelabgabe ist nur zugelassenen (Internet-)Apotheken vorbehalten. Da der Versand nach deutschem Recht aus einer Präsenzapotheke erfolgen muss (§ 11a ApoG), ist die reine Versandapotheke weiterhin unzulässig.[653] Verschreibungspflichtige Arzneimittel unterliegen zudem der Apothekenpflicht. Fehlt die Versandhandelsbefugnis, fehlt auch die Berechtigung zur Arzneimittelabgabe. Fehlt den abgegebenen Arzneimitteln darüber hinaus die Verkehrsfähigkeit für Deutschland, liegt ferner ein Verstoß gegen § 95 Abs. 1 Nr. 1 AMG vor.

Für die Bestrafung ist zudem entscheidend, ob der ausländische Apotheker vorsätzlich (§ 95 Abs. 1 AMG) oder fahrlässig (§ 95 Abs. 4) gehandelt hat oder ihm ein Unterlassen vorzuwerfen ist (§ 13 StGB), oder die Tat nur versucht wurde (§ 95 Abs. 2 AMG) oder nach den Voraussetzungen des § 95 Abs. 3 AMG ein besonders schwerer Fall vorliegt. In Betracht kommen im Einzelfall auch Irrtümer (§§ 16, 17 StGB) und Rechtfertigungsgründe. Insofern gilt das zur Strafbarkeit der deutschen Apotheker Gesagte entsprechend.[654]

Besitzt die EU-europäische Internet-Apotheke dagegen die Versandhandelsbefugnis, gilt die nunmehr generelle Zulässigkeit des Arzneimittelversandes. Eine Strafbarkeit des Apothekers gemäß § 95 Abs. 1 Nr. 4 AMG scheidet damit aus. Allerdings normiert § 96 AMG weitere Straftatbestände, die nicht an die Versandhandelsbefugnis, sondern vielmehr an die Versandhandelsanforderungen anknüpfen. In Betracht kommt insbesondere § 96 Nr. 13 AMG, der den Verstoß gegen die Verschreibungspflicht unter Strafe stellt. § 73 Abs. 1 Satz 1 Nr. 1a AMG stellt ausdrücklich fest, dass die Verkehrsfähigkeit für Deutschland gegeben sein muss. Folglich kommt es nicht darauf an, ob das jeweilige Arzneimittel im Herkunftsland als verschreibungspflichtig oder als nicht-verschreibungspflichtig eingestuft wurde. Die ausländische Internet-Apotheke darf in Deutschland verschreibungspflichtige Arzneimittel[655] deshalb nur gegen Vorlage einer entsprechenden Verschreibung an Verbraucher im Inland abgeben. Insoweit besteht – wenn von dem ausländischen Apotheker hiergegen verstoßen wird – ebenfalls kein Unterschied zur Strafbarkeit der deutschen Apotheker.[656]

---

[652] Ausführlich zur Strafbarkeit gemäß § 95 Abs. 1 Nr. 4 AMG *4. Kapitel, A., I., „Die strafrechtliche Verantwortlichkeit nach dem Arzneimittelgesetz"*. Die Ausführungen zur Strafbarkeit der deutschen Apotheken gelten entsprechend.

[653] Vgl. *KG Berlin*, [online], a.a.O.; *Arhold/Wimmer*, K&R 2004, S. 126 (131).

[654] Vgl. ausführlich *4. Kapitel, A., I., „Die strafrechtliche Verantwortlichkeit nach dem Arzneimittelgesetz"*.

[655] Dies gilt jedoch nur für in Deutschland verkehrsfähige verschreibungspflichtige Arzneimittel.

[656] Vgl. dazu *4. Kapitel, A., I., „Die strafrechtliche Verantwortung nach dem Arzneimittelgesetz"* und die folgenden Abschnitte.

Werden dagegen nicht zugelassene oder nicht registrierte Arzneimitteln nach Deutschland versendet[657], begründet dies zwar einen Verstoß gegen § 73 Abs. 1 Satz 1 Nr. 1a AMG, jedoch kann der Apotheker in dieser Hinsicht strafrechtlich nicht zur Verantwortung gezogen werden. Die §§ 95, 96 AMG stellen lediglich den Verstoß gegen das Versandhandelsverbot (§ 43 AMG), insbesondere den Verstoß gegen die Apothekenpflicht und gegen die Verschreibungspflicht unter Strafe, nicht jedoch den Verstoß gegen das Verbringungsverbot. Über ihren Wortlaut hinaus können §§ 95, 96 AMG nicht angewendet werden. Wäre der deutsche Gesetzgeber bestrebt, den Verstoß gegen das Verbringungsverbot, welches insoweit schon aus § 73 Abs. 1 Halbsatz 1 AMG folgt, strafrechtlich zu ahnden, hätte er nach der Neuregelung des GKV-Modernisierungsgesetzes (GMG)[658] § 73 Abs. 1 Satz 1 Nr. 1a AMG im Katalog der Strafvorschriften berücksichtigt. Dass § 73 Abs. 1 Satz 1 Nr. 1a AMG seit seiner Neufassung den grenzüberschreitenden Versandhandel innerhalb der EU als spezielle Vorschrift regelt, steht dem nicht entgegen. Mit der Änderung wurde vielmehr klargestellt, dass das bislang geltende Verbringungsverbot nunmehr für jede Vertriebshandlung gelten soll.

Die deutschen Versandhandelsanforderungen und Sicherheitsstandards müssen demnach auch von den EU-ausländischen Internet-Apotheken zwingend eingehalten werden. Bleibt das jeweilige nationale Recht hinter diesen Anforderungen zurück, gilt das Verbringungs- und Versandhandelsverbot auch für den grenzüberschreitenden Arzneimittelversandhandel innerhalb der EU.[659] Dass der Verstoß gegen das Versandhandelsverbot zudem strafrechtlich sanktioniert ist, ist lediglich eine weitere Ausgestaltung des Verbots, zu der der deutsche Gesetzgeber zur Gewährleistung des Schutzes der öffentlichen Gesundheit berechtigt ist.

---

[657] Diese Fallkonstellation kommt jedoch nur in Betracht, wenn die EU-europäische Internet-Apotheke die Versandhandelsbefugnis besitzt und auch sonst die (geforderten) Versandhandelsvoraussetzungen erfüllt.

[658] *Gesetz zur Modernisierung der gesetzlichen Krankenkassen* (GKV-Modernisierungsgesetz – GMG) vom 14.11.2003, in Kraft getreten am 1.1.2004, BGBl. I 2003, S. 2190 ff., insbesondere S. 2249-2258.

[659] Ohne dass es für die Strafbarkeit der (europäischen) Apotheker darauf ankommt, ist anzumerken, dass die weitgehenden deutschen Versandhandelsanforderungen und Sicherheitsstandards zum Schutz von Gesundheit und Leben der Verbraucher im Hinblick auf das europäische Recht gerechtfertigt sind (Art. 30 EGV). Da der EuGH sogar ein absolutes nationales Versandverbot für verschreibungspflichtige Arzneimittel als gerechtfertigt ansah, ist der deutsche Gesetzgeber umso freier, den Versandhandel nach Deutschland eigenständig zu regeln. Vgl. auch *KG Berlin*, [online], a.a.O.

1.2. Die strafrechtliche Verantwortlichkeit der Apotheker aus dem Nicht-EU-Ausland[660]

Für den Arzneimittelhandel aus dem Nicht-EU-Ausland besteht auch nach der Neuregelung des Arzneimittelgesetzes ein Versandhandelsverbot für verschreibungspflichtige Arzneimittel.[661] Der Arzneimittelversand durch eine Internet-Apotheke aus dem Nicht-EU-Ausland nach innerhalb des Geltungsbereichs des Arzneimittelgesetzes stellt somit einen Verstoß gegen §§ 43 Abs. 1, 73 Abs. 1 Satz 1 Nr. 2 AMG dar. Die Strafbarkeit ergibt sich aus §§ 95 Abs. 1 Nr. 1 und Nr. 4, 96 Nr. 13 AMG.[662]

1.3. Fazit

Die in § 43 Abs. 1 AMG normierte Versandhandelserlaubnis erlaubt nunmehr den Arzneimittelvertrieb unter Einschaltung des Internets. Diese Erlaubnis findet jedoch für den grenzüberschreitenden Arzneimittelversandhandel eine Beschränkung in § 73 Abs. 1 Satz 1 Nr. 1a und Nr. 2 AMG. Während der Versandhandel innerhalb der EU unter bestimmten Voraussetzungen erlaubt ist, bleibt es weiterhin beim (strikten) Verbot für den Arzneimittelversand aus dem Nicht-EU-Ausland. Verstöße gegen diese Vorschriften können unter die Straftatbestände der §§ 95 Abs. 1 Nr. 1 und Nr. 4 sowie § 96 Nr. 13 AMG subsumiert werden. Die Strafbarkeit der ausländischen Apotheker nach den Vorschriften des Arzneimittelgesetzes ist grundsätzlich gegeben.

2. Die strafrechtliche Verantwortlichkeit nach dem Apothekengesetz

2.1. Das deutsche Apothekenrecht und die EU-ausländische Apotheke

Eine Strafbarkeit der ausländischen Apotheker nach dem Apothekengesetz (ApoG) wird in der Regel ausscheiden. § 23 ApoG gilt primär für Apotheker, die eine entsprechende Zulassung zum Betreiben einer Internet-Apotheke innerhalb des Geltungsbereichs des Gesetzes beantragen können (§§ 2 Abs. 1 Nr. 1, 11a ApoG). Die Regulierung der (Internet-)Apotheken obliegt grundsätzlich

---

660 Klarstellend sei darauf hingewiesen, dass dem Begriff *Nicht-EU-Ausland* sowohl die Internet-Apotheken des europäischen Auslands – alle Staaten, die nicht Mitglied der EU sowie nicht Vertragsstaat des Abkommens über den Europäischen Wirtschaftsraum sind – sowie des sonstigen Auslands unterfallen.

661 Vgl. die Ausführungen im *3. Kapitel, A., II., 3., „Der Vertrieb von verschreibungspflichtigen Arzneimitteln unter Einschaltung des Internets"*.

662 Um Wiederholungen zu vermeiden, sei im Übrigen auf die Ausführungen zur Strafbarkeit der deutschen Apotheker bei den jeweiligen Straftatbeständen verwiesen. Vgl. *4. Kapitel, A., I., „Die strafrechtliche Verantwortlichkeit nach dem Arzneimittelgesetz"*.

dem jeweiligen Staat. Eine Ausdehnung der Regelungskompetenz über die territorialen Grenzen hinaus erscheint nicht zulässig. Jedoch hat der Gesetzgeber im Hinblick auf den Arzneimittelversandhandel innerhalb der EU in § 73 Abs. 1 Satz 1 Nr. 1a AMG normiert, dass, sofern die EU-ausländische Internet-Apotheke nicht bereits nach dem jeweiligen nationalen Recht zugelassen ist, sie eine Befugnis zum Versand nach dem deutschen Apothekenrecht (§ 11a ApoG) erwerben kann. Eine Strafbarkeit der EU-ausländischen Apotheker im Hinblick auf ein fahrlässiges oder ein vorsätzliches Betreiben einer Internet-Apotheke ohne Genehmigung gemäß § 23 ApoG scheint somit möglich zu sein. Allerdings hat der Gesetzgeber folgendes übersehen: Für den Erwerb der reinen Versandhandelserlaubnis einer EU-ausländischen Apotheke nach dem deutschen Apothekenrecht fehlt es an einer zuständigen Behörde. Die nationalen Zulassungsbedingungen gelten nur für (Internet-)Apotheken, die ihren Sitz in Deutschland haben, d.h. eine Präsenzapotheke innerhalb der Bundesrepublik betreiben. Die Versandhandelserlaubnis ist zwingend an die Erlaubnis zum Betrieb eine Präsenzapotheke geknüpft (§§ 11a, 2 ApoG). Folglich muss die Internet-Apotheke an eine Präsenzapotheke angegliedert sein; rein „virtuelle" Apotheken sind unzulässig. Einem Angehörigen eines Mitgliedstaates der Europäischen Gemeinschaft oder eines anderen Vertragsstaates des Abkommens über den Europäischen Wirtschaftsraum kann folglich eine Versandhandelserlaubnis nur dann erteilt werden, wenn er eine Erlaubnis zum Betrieb einer Präsenzapotheke in Deutschland hat.[663] Eine Strafbarkeit des (ausländischen) Apothekers gemäß § 23 ApoG kommt daher nur für folgende Fallkonstellation in Betracht:

> Der ausländische Apotheker (A) betreibt auf dem Gebiet der Bundesrepublik eine zugelassene Präsenzapotheke, wobei der Arzneimittelvertrieb über das Internet ohne Versandhandelserlaubnis erfolgt (§ 11a ApoG) oder im Falle einer erteilten Versandshandelserlaubnis die Internet-Apotheke nicht vom Apothekenbetreiber geführt wird (§ 1 Abs. 2 und 3 ApoG).

[663] Zuständige Behörde ist dann die Behörde, die bereits die Apothekenbetriebserlaubnis erteilt hat, und zwar die Apothekenkammer des jeweiligen Bundeslandes.

2.1.1. Die aktuelle Problematik – DocMorris N.V.

Erneut beschäftigt die vom niederländischen Gesundheitsministerium kontrollierte Internet-Apotheke *DocMorris* die deutschen Gerichte.[664] *DocMorris* eröffnete am 03.07.2006 in Saarbrücken eine Filialapotheke mit Versandhandelserlaubnis. Die Erlaubnis wurde ihr durch Erlaubnisurkunden des Ministeriums für Justiz, Gesundheit und Soziales des Saarlandes vom 28.06.2006 bzw. 29.06.2006 erteilt. Filialleiterin der Präsenzapotheke ist eine deutsche Apothekerin. Während die Kläger bzw. Antragsteller[665] – deutsche Apotheker – darin einen Verstoß gegen die Vorschriften des Apothekengesetzes sehen, argumentiert *DocMorris*, dass die deutschen Vorschriften zur Erteilung einer Zulassung zum Apothekenbetrieb gegen die durch den EG-Vertrag geschützte Niederlassungsfreiheit (Art. 43 ff. EG-Vertrag) verstoßen.

a. Die Rechtmäßigkeit der Erteilung der Erlaubnis zum Betrieb einer Apotheke

Sowohl das LG Saarbrücken als auch das VG des Saarlandes haben in der Erteilung der Apothekenbetriebserlaubnis für *DocMorris* einen Verstoß gegen das im deutschen Apothekenrecht geltende Fremdbesitzverbot[666] gesehen. Die Apothekenbetriebserlaubnis wurde *DocMorris* entgegen dem Wortlaut der §§ 1, 2, 7 und 8 ApoG erteilt. Danach darf die Erlaubnis zum Betrieb einer Apotheke bzw. Filialapotheke nur natürlichen Personen erteilt werden, die eine Approbation als Apotheker besitzen. Dies folgt insbesondere aus §§ 1 Abs. 3, 2 Abs. 1 Nr. 3 ApoG. Zudem verpflichtet die Erlaubnis zur persönlichen Leitung der Apotheke in eigener Verantwortung (§ 7 Satz 1 ApoG). Zwar bestimmt § 8 Satz 1 ApoG,

---

[664] Vgl. dazu *LG Saarbrücken*, Urt. 09.08.2006, Az.: 7 I O 77/06, [online] <http://www.rechtsprechung.saarland.de/>; *VG des Saarlandes*, Beschl. v. 12.09.2006, Az.: 3 F 38/06 sowie Beschl. v. 18.09.2006, Az.: 3 F 39/06, [online] <http://www.ovg.saarland.de/>, *OVG des Saarlandes*, Pressemitteilung v. 27.09.2006, Beschl. v. 26.09.2006, Az.: 3 W 14/06, 3 W 15/06, [online] <http://www.rechtsprechung.saarland.de> (letzter Zugriff: 09.10.2006) und *OVG des Saarlandes*, Pressemitteilung v. 22.01.2007, Beschl. v. 22.01.2007, Az.: 3 W 14/06 und 3 W 15/06, [online] <http://www.ovg.saarland.de/10711_10786.htm> (letzter Zugriff: 25.01.2007).

[665] Die Entscheidungen in der Hauptsache stehen noch aus. Bislang wurden nur die Anträge auf einstweiligen Rechtsschutz entschieden. Vgl. dazu *LG Saarbrücken*, Urt. 09.08.2006, Az.: 7 I O 77/06, [online], a.a.O.; *VG des Saarlandes*, Beschl. v. 12.09.2006, Az.: 3 F 38/06 sowie Beschl. v. 18.09.2006, Az.: 3 F 39/06, [online], a.a.O., *OVG des Saarlandes*, Pressemitteilung v. 27.09.2006, Beschl. v. 26.09.2006, Az.: 3 W 14/06, 3 W 15/06, [online], a.a.O. und *OVG des Saarlandes*, Pressemitteilung v. 22.01.2007, Beschl. v. 22.01.2007, Az.: 3 W 14/06 und 3 W 15/06, [online], a.a.O.

[666] Mit „Besitz" im Sinne des Fremdbesitzverbots ist die „gewerbliche Inhaberschaft" gemeint. Unter Fremdbesitz sollen im Apothekenwesen die Fälle verstanden werden, in denen der Inhaber einer Apotheke kein approbierter Apotheker ist. Vgl. dazu *Taupitz*, S. 14 m.w.N.

dass mehrere Personen zusammen eine Apotheke betreiben können, jedoch nur in der Rechtsform einer Gesellschaft bürgerlichen Rechts oder einer offenen Handelsgesellschaft. *DocMorris* ist jedoch eine nach niederländischem Recht gegründete Kapitalgesellschaft, deren Gesellschafter keine Apotheker sind. Der Verstoß gegen das Fremdbesitzverbot begründet jedoch nicht ohne weiteres eine Strafbarkeit gemäß § 23 ApoG. Solange die zuständige Behörde die Erlaubnis nicht zurücknimmt (§ 4 Abs. 1 ApoG), liegen die Tatbestandsvoraussetzungen der Strafvorschrift nicht vor. Die Erlaubnis stellt einen Verwaltungsakt[667] dar, der aufgrund des Verstoßes gegen die bestehenden Rechtsvorschriften zwar rechtswidrig, aber nicht nichtig ist.[668] Die Nichtigkeit eines Verwaltungsaktes-setzt voraus, dass er an einem besonders schwerwiegenden Fehler leidet und dies bei verständiger Würdigung aller in Betracht kommenden Umstände offensichtlich ist (§ 44 Abs. 1 VwVfG). Besonders schwerwiegend ist ein Fehler, der in einem so schwerwiegenden Widerspruch zur geltenden Rechtsordnung und den ihr zugrunde liegenden Wertvorstellungen der Gemeinschaft steht, dass es unerträglich wäre, wenn der Verwaltungsakt die mit ihm intendierten Rechtswirkungen hätte.[669] Allerdings lässt die Verletzung einer wichtigen Rechtsbestimmung den Fehler noch nicht als schwerwiegend erscheinen.[670] Ein Verstoß führt nur dann zwingend zur Nichtigkeit, wenn er über die unrichtige Anwendung der Rechtsvorschriften hinausgeht und für die Rechtsordnung unerträglich erscheint; mit anderen Worten, Art und Ausmaß des Verstoßes müssen so groß sein, dass von niemanden erwartet werden kann, den Verwaltungsakt als ver

---

[667] Ein Verwaltungsakt ist jede Verfügung, Entscheidung oder andere hoheitliche Maßnahme, die eine Behörde zur Regelung eines Einzelfalls auf dem Gebiet des öffentlichen Rechts trifft und die auf unmittelbare Rechtswirkung nach außen gerichtet ist (§ 35 Abs. 1 VwVfG). Die Voraussetzungen sind gegeben. *DocMorris* wird das Betreiben einer Filialapotheke – also ein bestimmtes Verhalten – durch die zuständige Behörde gestattet.

[668] Während nichtige Verwaltungsakte von Anfang an keine Rechtswirkung entfalten und allgemein unbeachtlich sind, sind schlicht rechtswidrige (aber nicht nichtige) Verwaltungsakte trotz ihres Fehlers wirksam (Umkehrschluss des § 43 Abs. 3 VwVfG). Vgl. dazu *Sachs* in: *Stelkens/Bonk/Sachs*, § 43 VwVfG, Rdn. 207; *Kopp/Ramsauer*, § 43 VwVfG, Rdn. 46. Die Nichtigkeit eines Verwaltungsakts wird in der Regel ein Gericht feststellen müssen. Zu einem Gerichtsverfahren kommt es jedoch nur dann, wenn ein antrags- bzw. klagebefugter Dritter sich gegen die Entscheidung der Behörde wendet, indem er geltend macht, durch die Erlaubnis in seinen Rechten verletzt zu sein. Da die Vorschriften des Apothekengesetzes in Bezug auf die Erteilung einer Erlaubnis zum Betrieb einer Apotheke nicht drittschützend sind, muss sich der Antragsteller/Kläger auf eine mögliche Grundrechtsverletzung berufen. Vgl. insofern *VG des Saarlandes*, Beschl. v. 18.09.2006, Az.: 3 F 39/06, [online], a.a.O.

[669] *BVerwG*, Urt. v. 18.10.1983, Az.: 1 C 13/81 = NVwZ 1984, S. 578; *BVerwG*, Urt. v. 22.02.1985, Az.: 8 C 107/83 = NJW 1985, S. 2658; *Kopp/Ramsauer*, § 44 VwVfG, Rdn. 8.

[670] *BVwerG*, Urt. v. 26.08.1977, Az.: VII C 71.74 = MDR 1978, S. 79 (80); *Sachs* in: *Stelkens/Bonk/Sachs*, § 44 VwVfG, Rdn. 100; *Kopp/Ramsauer*, § 44 VwVfG, Rdn. 8.

bindlich anzusehen.[671] Zudem muss der Fehler offenkundig sein, d.h. die schwere Fehlerhaftigkeit muss ohne weiteres ersichtlich sein, sich geradezu aufdrängen.[672] In ihren Entscheidungen haben sowohl das LG Saarbrücken als auch das VG des Saarlandes darauf verwiesen, dass der Verstoß gegen das Apothekengesetz als solcher nicht zur Nichtigkeit des Verwaltungsaktes führt. Ferner fehle es an der Offenkundigkeit, da ein Verstoß des Fremdbesitzverbots gegen das Gemeinschaftsrecht nicht völlig auszuschließen sei. Die Verwaltungsbehörde dürfe nationale Rechtsvorschriften nicht anwenden, wenn diese gegen das Gemeinschaftsrecht verstoßen.[673]

b. Die Gemeinschaftsrechtskonformität des Fremdbesitzverbots des deutschen Apothekenrechts

a.a. Die Beschränkung der Niederlassungsfreiheit

Die Niederlassungsfreiheit gibt natürlichen und juristischen Personen das Recht, in einem anderen Mitgliedstaat eine dauerhafte selbstständige (Erwerbs-) Tätigkeit zu den gleichen Bedingungen wie Inländer auszuüben, sowie das Recht zur Gründung und Leitung von Unternehmen und Zweigniederlassungen in einem anderen Mitgliedstaat (Art. 43 Abs. 2 EG-Vertrag).[674] Art. 43 Abs. 2

---

671 *OVG Münster*, Urt. v. 21.04.1999, Az.: 3 A 2964/95 = NVwZ-RR 2000, S. 462 (463); *LG Saarbrücken*, Urt. v. 09.08.2006, Az.: 7 I O 77/06 [online], a.a.O. Ferner *Sachs* in: *Stelkens/Bonk/Sachs*, § 44 VwVfG, Rdn. 101; *Kopp/Ramsauer*, § 44 VwVfG, Rdn. 8. Es ist anzumerken, dass es nicht auf den Rang der Rechtsvorschriften ankommt, gegen die der Verwaltungsakt verstößt.

672 Vgl. *VG des Saarlandes*, Beschl. v. 12.09.2006, Az.: 3 F 38/06 sowie Beschl. v. 18.09. 2006, Az.: 3 F 39/06, [online], a.a.O.; *Kopp/Ramsauer*, § 44 VwVfG, Rdn. 12 m.w.N. sowie *Sachs* in: *Stelkens/Bonk/Sachs*, § 44 VwVfG, Rdn. 117 ff. m.w.N.

673 *LG Saarbrücken*, Urt. 09.08.2006, Az.: 7 I O 77/06, [online], a.a.O.; *VG des Saarlandes*, Beschl. v. 12.09.2006, Az.: 3 F 38/06 sowie Beschl. v. 18.09.2006, Az.: 3 F 39/06, [online], a.a.O. Ob das Fremdbesitzverbot für Apotheker gemeinschaftsrechtswidrig ist, wurde im Eilverfahren offengelassen, da „die sich stellenden schwierigen europarechtlichen Rechtsfragen keiner eindeutigen Beantwortung in dem einen oder anderen Sinne zugänglich sind". Ein Verstoß des Fremdbesitzverbots gegen die gemeinschaftliche Niederlassungsfreiheit sei zumindest nicht vollkommen auszuschließen und bedürfe der eingehenden Prüfung. Für die Strafbarkeit der Internet-Apotheke – wenn man einmal davon ausgeht, dass die vorläufige Schließung des Apothekenbetriebs nicht angeordnet wurde – komme es deshalb darauf an, wie diese Frage beantwortet wird. Vgl. ferner *OVG des Saarlandes*, Pressemitteilung v. 22.01.2007, Beschl. v. 22.01.2007, Az.: 3 W 14/06 und 3 W 15/06, [online], a.a.O. Das *OVG des Saarlandes* weist darauf hin, dass der Vorrang des Europarechts bereits im behördlichen Genehmigungsverfahren zu beachten sei. Eine Behörde könne nicht gezwungen werden, vor dem Europarecht die Augen zu verschließen.

674 Zum Begriff „Niederlassung" vgl. *EuGH*, „Factortame", Urt. v. 25.07.1991, Rs. C-221/89 = Slg. 1991, S. 3905; *EuGH*, „Gebhard", Urt. v. 30.11.1995, Rs. C-55/94 = Slg. 1995, S. 4165; *EuGH*, „Sodemare", Urt. v. 17.06.1997, Rs. C-70/95 = Slg. 1997, S. 3395.

EG-Vertrag enthält neben dem Diskriminierungsverbot[675] ein allgemeines Beschränkungsverbot. Nach ständiger Rechtsprechung des EuGH steht Art. 43 EG-Vertrag jeder nationalen Regelung entgegen, die – wenn auch nicht aus Gründen der Staatsangehörigkeit – die Ausübung der durch den EG-Vertrag garantierten Niederlassungsfreiheit behindert oder weniger attraktiv macht.[676] Das apothekenrechtliche Fremdbesitzverbot beschränkt die Beteiligung und Errichtung von Präsenzapotheken auf Apotheker oder juristische Personen, die aus Apothekern bestehen. Diese Beschränkung verhindert, dass Wirtschaftsteilnehmer[677], insbesondere aus anderen Mitgliedstaaten, im konkreten Fall *DocMorris* (eine in der Form einer Kapitalgesellschaft im Ausland betriebene Apotheke), weder eine Apotheke betreiben noch sich an einer Apotheke beteiligen können. Durch diese Regelung ist *DocMorris* in seinem Zugang zum deutschen (Apotheken-)Markt behindert; das Niederlassungsrecht innerhalb der Europäischen Gemeinschaft ist beeinträchtigt. Das Verbot für Kapitalgesellschaften, Apotheken zu erwerben, widerspricht zudem dem Gedanken des Art. 48 EG-Vertrag, der die Gleichstellung von juristischen und natürlichen Personen normiert. Ein Verstoß gegen Art. 43, 48 EG-Vertrag liegt vor. Auch steht Art. 47 Abs. 3 EG-Vertrag der Anwendbarkeit der Niederlassungsfreiheit auf Apotheken nicht entgegen. Die Vorschrift hat nicht die Wirkung, die dort genannten Berufe von der Anwendung des Art. 43 EG-Vertrag freizustellen.[678]

---

[675] Eine Diskriminierung liegt nach der Rechtsprechung des EuGH dann vor, wenn „vergleichbare Sachverhalte rechtlich unterschiedlich oder unterschiedliche Sachverhalte rechtlich gleich behandelt werden" (*EuGH*, Urt. v. 13.11.1984, Rs. 283/83 = Slg. 1984, S. 3791), ohne dass für die Gleich- bzw. für die Ungleichbehandlung ein objektiver Rechtfertigungsgrund besteht (vgl. ständige Rechtsprechung *EuGH*, „Ueberschaer", Urt. v. 08.10.1980, Rs. 810/79 = Slg. 1980, S. 2747; *EuGH*, Urt. v. 16.10.1980, Rs. C-147/79 = Slg. 1980, S. 3005; *EuGH*, Urt. v. 12.03.1998, Rs. C-187/96 = Slg. 1998, S. 1095).

[676] Vgl. *EuGH*, „Kraus", Urt. v. 31.03.1993, Rs. C-19/92 = Slg. 1993, S. 1663; *EuGH*, „Kommission/Niederlande", Urt. v. 14.10.2004, Rs. 299/02 = Slg. 2004, S. 9761; *EuGH*, „Gebhard", Urt. v. 30.11.1995, Rs. C-55/94 = Slg. 1995, S. 4165.

[677] Dies sind sowohl natürliche Personen, die keine Apothekerqualifikation besitzen, als auch juristische Personen, die nicht aus Apothekern bestehen.

[678] Vgl. *Streinz/Herrmann*, EuZW 2006, S. 455 (456) m.w.N, die darauf hinweisen, dass, obwohl der EuGH in seinen Entscheidungen betreffend die Beschränkung der Niederlassungsfreiheit in den nicht harmonisierten Bereichen nicht ausdrücklich auf Art. 47 Abs. 3 EG-Vertrag eingegangen ist, sich aus der Verurteilung der Mitgliedstaaten ergibt, dass Art. 43 EG-Vertrag auch auf die in Art. 47 Abs. 3 EG-Vertrag genannten Berufe anwendbar ist. Dies findet Zustimmung in der Literatur; vgl. etwa *Geiger*, EUV/EGV, Art. 43, Rdn. 5; *Müller-Graff* in: *Streinz*, EUV/EGV, Art. 43, Rdn. 6, *Bröhmer* in: *Calliess/Ruffert*, EUV/EGV, Art. 43, Rdn. 10.

b.b. Die Rechtfertigung der Beschränkung der Niederlassungsfreiheit

Nichtdiskriminierende Beschränkungen der Niederlassungsfreiheit sind jedoch zulässig, wenn sie aus zwingenden Gründen des Allgemeininteresses erfolgen, zur Erreichung des verfolgten Ziels geeignet sind und nicht über das hinausgehen, was zur Erreichung dieses Ziels erforderlich ist (Grundsatz der Verhältnismäßigkeit).[679] Als Rechtfertigung kommt der Schutz der Gesundheit der Bevölkerung in Betracht.[680] Der EuGH hat in seinem Urteil in dem Rechtsstreit *Deutscher Apothekerverband e.V./DocMorris NV u. Jaques Waterval* ausdrücklich darauf hingewiesen, dass „die Gesundheit und das Leben von Menschen den ersten Rang [einnehmen] und es Sache der Mitgliedstaaten ist, in den durch den Vertrag gesetzten Grenzen zu bestimmen, auf welchem Niveau sie deren Schutz gewährleisten wollen“[681].

(1). Der Hintergrund des Apothekengesetzes

Das deutsche Apothekenrecht basiert auf dem Leitbild des „Apothekers in seiner Apotheke“[682] und auf dem grundrechtlich verankerten staatlichen Versorgungsauftrag. Dieses Leitbild spiegelt sich vor allem in § 7 Satz 1 ApoG wider, wonach die Erlaubnis zur persönlichen Leitung der Apotheke in eigener Verantwortung verpflichtet. Ferner kommt es in § 8 ApoG zum Ausdruck, der die Rechtsformbeschränkungen beim Betrieb einer Apotheke normiert. Der Gesetzgeber hält – ausgehend von der Erkenntnis der Besonderheit der Ware „Arzneimittel“, der Gewährleistung der Arzneimittelsicherheit und des Schutzes der öffentlichen Gesundheit – die Erfüllung der dem Apotheker übertragenen wichtigen öffentlichen Aufgabe (u.a. in § 1 ApoG normiert) am besten für gewährleistet, wenn die allseitige Verantwortung für den Betrieb der Apotheke in *einer* Hand liegt und der Apotheker auch Eigentümer der Apotheke ist.[683] Damit woll-

[679] Vgl. *EuGH*, „Gebhard“, Urt. v. 30.11.1995, Rs. C-55/94 = Slg. 1995, S. 4165; *EuGH*, „Centros“, Urt. V. 09.03.1999, Rs. C-212/97 = Slg. 1999, 1495; *EuGH*, “Mac Quen”, Urt. V. 01.02.2001, Rs. C-108/96 = Slg. 2001, S. 837.

[680] Der Schutz der Gesundheit der Bevölkerung ist als Rechtfertigungsgrund vom EuGH anerkannt. Vgl. *EuGH*, „Deutscher Apothekerverband e.V./DocMorris NV u. Jaques Waterval“, Urt. v. 11.12.2003, Az.: Rs. C-322/01 = MMR 2001, S. 152; *EuGH*, “Mac Quen”, Urt. v. 01. 02.2001, Rs. C-108/96 = Slg. 2001, S. 837.

[681] *EuGH*, „Deutscher Apothekerverband e.V./DocMorris NV u. Jaques Waterval“, Urt. v. 11. 12.2003, Az.: Rs. C-322/01 = MMR 2001, S. 152.

[682] *BVerfG*, Urt. v. 13.02.1964, Az.: 1 BvL 17/61, 1 BvR 494/60, 1 BvR 128/61 = BVerfGE 17, S. 232 (233); *BVerwG*, Urt. v. 11.03.1993, Az.: 3 C 90/90 = BVerwGE 92, S. 172. Um unnötige Wiederholungen zu vermeiden, vgl. auch die Ausführungen zum Berufsbild des Apothekers im *3. Kapitel, A., I., 1., „Das Berufsbild des Apothekers“*.

[683] *BVerfG*, Urt. v. 13.02.1964, Az.: 1 BvL 17/61, 1 BvR 494/60, 1 BvR 128/61 = BVerfGE 17, S. 232 (233). „Der Gesetzgeber will es vermeiden, daß die Erfüllung der mit dem Betrieb

te der Gesetzgeber vermeiden, dass Apotheken lediglich aus wirtschaftlichen Zwecken errichtet werden und es dadurch zu einer Aufspaltung der Verantwortung des Apothekers in eine gesundheitliche und eine wirtschaftliche Leitung kommt.[684] Die Versorgung der Bevölkerung mit Arzneimitteln soll in der Hand eines selbstständigen Apothekers liegen. Der freiberufliche Charakter des Apothekerstandes soll nicht dadurch gefährdet werden, dass Apotheken aus bloßen Gründen der Kapitalanlage bzw. Kapitalnutzung errichtet werden.[685] Der Apotheker muss eigenbestimmt handeln. Abhängigkeiten gegenüber Dritten beeinträchtigen die persönliche Leitung der Apotheke in *eigener* Verantwortung.[686] Der Schutzzweck des Apothekengesetzes gegenüber den Rechtsgütern Leben und Gesundheit wird dann nicht mehr gewährleistet, wenn Personen, die keine Verantwortung im Hinblick auf die Arzneimittelversorgung der Bevölkerung tragen, (beherrschenden) Einfluss auf die Führung von Apotheken haben.[687] Während der Gesetzgeber das Mehrbesitzverbot in begrenztem Umfang gelockert hat, wurde das Fremdbesitzverbot ausdrücklich aufrechterhalten. Die Beibehaltung des Fremdbesitzverbots wurde damit begründet, dass „mit Fremdbesitz von öffentlichen Apotheken in einem Gesundheitssystem wie dem deutschen keine verlässlichen Erfahrungen vorliegen, die im Hinblick auf den Verbraucherschutz, die Arzneimittelsicherheit und die Versorgungssicherheit notwendig sind".[688]

---

einer Apotheke verbundenen öffentlichen Aufgaben und das privatrechtliche Eigentum und der Besitz an dem Apothekenbetrieb auseinanderfallen." Vgl. ferner *BVerwG*, Urt. v. 11.03. 1993, Az.: 3 C 90/90 = BVerwGE 92, S. 172; *OVG für das Land Nordrhein-Westfalen*, Beschl. v. 14.02.1997; Az.: 13 B 2312/96 = Juris, Rdn. 14.

[684] *BGH*, Urt. v. 25.04.2002, Az.: 4 StR 152/01 = NJW 2002, 2724, 2725; *OVG Bautzen*, Urt. 08.06.2004, Az.: 2 B 468/03 = Juris; Rdn. 57; *OVG Münster*, Urt. 07.04.1997, Az.: 13 B 2312/96 = Juris, m.w.N.; *VG des Saarlandes*, Beschl. v. 12.09.2006, Az.: 3 F 38/06 sowie Beschl. v. 18.09.2006, Az.: 3 F 39/06, [online], a.a.O.; *OVG für das Land Nordrhein-Westfalen*, Beschl. v. 07.04.1995, Az.: 13 A 689/93 = Juris, Rdn. 1.

[685] Vgl. *OVG für das Land Nordrhein-Westfalen*, Beschl. v. 14.02.1997; Az.: 13 B 2312/96 = Juris, Rdn. 16.

[686] Vgl. *OVG Bautzen*, Urt. 08.06.2004, Az.: 2 B 468/03 = Juris; Rdn. 56.

[687] *VGH Mannheim*, Beschl. v. 24.09.1993, Az.: 9 S 1742/93 = DVBl. 1994, 485 m.w.N.; *VG des Saarlandes*, Beschl. v. 12.09.2006, Az.: 3 F 38/06 sowie Beschl. v. 18.09.2006, Az.: 3 F 39/06, [online], a.a.O. Vgl. ferner Gesetzesbegründung zur Änderung von § 2 Abs. 4 und 5 ApoG, BT-Drucksache 15/1525, S. 71 (160), wo es heißt: „Damit soll auch weiterhin die persönliche Verantwortung des Apothekers für seine Apotheken geschützt werden und die Beeinflussung durch Dritte verhindert werden."

[688] Vgl. BT-Drucksache 15/1525, S. 71 (160). „Der Mehrbesitz von öffentlichen Apotheken wird in einem eng begrenzten Umfang ermöglicht; [a]us den oben genannten Gründen soll die Regelung den Fremdbesitz von öffentlichen Apotheken verhindern."

(2). Die Argumente zur Gemeinschaftsrechtskonformität des Fremdbesitzverbots

Die Auffassungen, ob ein Verstoß gegen das Gemeinschaftsrecht vorliegt, gehen auseinander.[689] Für die Gemeinschaftskonformität des Fremdbesitzverbots wird vorgebracht, dass es, angesichts des Fehlens einer Harmonisierung der Vorschriften über das Apothekenwesen und der Vorschriften über den Vertrieb von Arzneimitteln, den Mitgliedstaaten obliege, zu bestimmen, in welchem Umfang der Schutz der öffentlichen Gesundheit gewährleistet werde. Beschränkungen aus Gründen des Allgemeininteresses seien zulässig. Der Gesetzgeber habe sich für den in §§ 7, 8 ApoG normierten Vorbehalt entschieden, um den Vorrang des öffentlichen Interesses an der Erhaltung der Volksgesundheit, und damit der gesundheitlichen Interessen des einzelnen Verbrauchers vor den wirtschaftlichen Interessen der Apotheker, zu verdeutlichen. Die erste Aufgabe des Apothekers sei die geordnete, sachgerechte Arzneimittelversorgung, welche nicht durch wirtschaftliche Interessen, insbesondere das Streben nach Gewinn, oder durch Abhängigkeit von Dritten beeinträchtigt werden dürfe. Entscheidend sei der heilberufliche Auftrag, der jedoch juristischen Personen, die nicht aus Apothekern bestehen, fremd sei. Der Betrieb einer Apotheke sei kein kommerzielles Unternehmen. Fachlich und charakterlich ungeeignete Personen sollen am Betreiben von Apotheken gehindert werden. Dies wiederum könne nur durch das Approbationsgebot für die (Apotheken-)Eigentümer gewährleistet werden, mit dem bezweckt wird, dass für den Eigentümer dieselben ethischen Maßstäbe, beruflichen Anforderungen, Pflichten, Sanktionen und Risiken gelten wie für den angestellten Apotheker. Selbst wenn durch die persönliche Anwesenheit des angestellten Apothekers sichergestellt wird, dass die Arzneimittel von einer qualifizierten Person an den Verbraucher abgegeben werden, ist wegen dessen Abhängigkeit nicht ausgeschlossen, dass sachfremde Einflussmöglichkeiten den Versorgungsauftrag bestimmen und damit finanzielle Interessen im Widerstreit zu einer sachgerechten Arzneimittelversorgung treten. So könne z.B. ein durch den Eigentümer beeinflusster Mehrgebrauch oder Missbrauch von Arzneimitteln zu (schweren) Gesundheitsschäden oder gar zum Tod des Verbrauchers führen. Die Gesundheit der Bevölkerung sei jedoch ein hohes Rechtsgut, mit dem nicht vorschnell oder gar leichtfertig umgegangen werden darf. Mit dem Beteiligungsverbot sollen Interessenkonflikte vermieden und mit der Niederlassungsbeschränkung eine bessere Kontrolle der Arzneimittel abgebenden Personen gewährleistet werden.

[689] Vgl. – auch zum Folgenden – insofern die Vorträge der Parteien im Rechtsstreit *DocMorris* zur Erteilung der Erlaubnis zum Betrieb einer Apotheke: *LG Saarbrücken*, Urt. 09.08. 2006, Az.: 7 I O 77/06, [online], a.a.O.; *VG des Saarlandes*, Beschl. v. 12.09.2006, Az.: 3 F 38/06 sowie Beschl. v. 18.09.2006, Az.: 3 F 39/06, [online], a.a.O.

Dagegen wird eingewandt, dass das apothekenrechtliche Fremdbesitzverbot eine nicht erforderliche und unverhältnismäßige Beschränkung der Niederlassungsfreiheit darstelle, da der Schutz der öffentlichen Gesundheit auch anders zu erreichen sei. Für die Arzneimittelabgabe an den Verbraucher und die Bestandsverwaltung genüge es, die Anwesenheit eines Apothekers vorzuschreiben. Es sei nicht ersichtlich, dass ein selbstständiger Apotheker seinen Beruf gewissenhafter und in einer dem Gemeinwohl besonders verpflichtenden Weise ausübe als der approbierte, aber angestellte Apotheker. Zudem sei nicht nachvollziehbar, warum das Gewinnstreben eines Apothekers als Inhaber einer Apotheke weniger ausgeprägt sei als das eines Fremdbesitzers. Die Anwesenheit eines fachlich qualifizierten Apothekers – wie es auch bei Filialapotheken gemäß § 2 Abs. 5 Nr. 2 ApoG vorgesehen ist – müsse ausreichen, um eine sachgerechte Arzneimittelabgabe sicherzustellen.

(3). Die Rechtsprechung des EuGH

Eine Entscheidung des EuGH zur Vereinbarkeit der deutschen Vorschriften des Apothekenrechts mit dem Gemeinschaftsrecht gibt es bisher nicht. Allerdings hat der EuGH einige Entscheidungen[690] zum Beschränkungsverbot erlassen. Die für den Rechtsstreit *DocMorris* wohl bedeutendste Entscheidung ist das Urteil in der Rechtssache *Kommission der Europäischen Gemeinschaft gegen Republik Griechenland* (sog. Optiker-Entscheidung).[691] Diese Entscheidung betraf u.a. das in Griechenland geltende Verbot des Besitzes mehrerer Optikergeschäfte für Optiker als natürliche Personen sowie den Vorbehalt, dass die Beteiligung an und die Errichtung von Optikergeschäften für juristische Personen von bestimmten Voraussetzungen[692] abhängig gemacht werden, wobei das Betreiben

[690] Auf die einzelnen Entscheidungen soll hier nur insoweit eingegangen werden, als sie für die weiteren Ausführungen von Bedeutung sind. Vgl. jedoch *EuGH*, „Gebhard", Urt. v. 30.11. 1995, Rs. C-55/94 = Slg. 1995, S. 4165; *EuGH*, Urt. v. 12.07.1984, Rs. C-107/83 = Slg. 1984, S. 2971 ff.; *EuGH*, Urt. v. 30.04.1986, Rs. 96/85 = Slg. 1986, 1475 ff.

[691] *EuGH*, „Kommission der Europäischen Gemeinschaft gegen Republik Griechenland" Urt. v. 21.04.2005, Rs. C-140/03 = Slg. 2005, S. 3177 ff.

[692] Für die Eröffnung eines Optikergeschäfts in Form einer juristischen Gesellschaft in Griechenland galten folgende Voraussetzungen: die Genehmigung für die Errichtung und den Betrieb des Optikergeschäfts wird auf den Namen eines anerkannten Optikers als natürliche Person ausgestellt, die Person, die die Erlaubnis für den Betrieb des Geschäfts besitzt, ist mit mindestens 50% am Gesellschaftskapital sowie an den Gewinnen und Verlusten der Gesellschaft beteiligt, die Gesellschaft hat nur die Form einer offenen Handelsgesellschaft oder einer Kommanditgesellschaft und der betreffende Optiker ist höchstens noch an einer anderen Gesellschaft beteiligt, die Eigentümerin eines Optikergeschäfts ist, vorausgesetzt, dass die Genehmigung für die Errichtung und den Betrieb des Geschäfts auf den Namen eines anderen anerkannten Optikers ausgestellt ist. Vgl. *EuGH*, „Kommission der Europäischen Gemein-

eines Optikergeschäfts in Form einer juristischen Person nur als offene Handelsgesellschaft oder Kommanditgesellschaft zulässig war. Der EuGH stellte die Unvereinbarkeit der griechischen Vorschriften für Optiker mit der Niederlassungsfreiheit fest. Die festgestellten Beschränkungen sind nach Auffassung des Gerichts nicht zu rechtfertigen. Den Einwand Griechenlands, dass die Verbote aus Gründen des Allgemeininteresses, die sich aus dem Schutz der öffentlichen Gesundheit herleiten, zwingend erforderlich seien, wies das Gericht mit dem Argument zurück, „dass das Ziel des Schutzes der öffentlichen Gesundheit [auch] mit Maßnahmen erreicht werden kann, die die Niederlassungsfreiheit sowohl natürlicher als auch juristischer Personen weniger einschränken, z.B. durch das Erfordernis, dass in jedem Optikergeschäft als Arbeitnehmer oder als Gesellschafter diplomierte Optiker anwesend sein müssen sowie durch Bestimmungen, die eine Berufshaftpflichtversicherung vorschreiben“[693].

c.c. Stellungnahme

Die Überlegungen des EuGH zieht nunmehr auch die Kommission der Europäischen Gemeinschaft (Europäische Kommission) heran, die jüngst Vertragsverletzungsverfahren gegen Italien, Österreich und Spanien wegen der Unvereinbarkeit der apothekenrechtlichen Vorschriften in Bezug auf die Beteiligung an und die Errichtung von Apotheken mit der Niederlassungsfreiheit eingeleitet hat.[694] Die Europäische Kommission macht geltend, dass die nationalen Vorschriften für Apotheken eine Beschränkung der Niederlassungsfreiheit und damit einen Verstoß gegen Art. 43 ff. EG-Vertrag darstellen. Das Fremdbesitzverbot sei zur Wahrung der öffentlichen Gesundheit nicht notwendig, da ein ausreichender Verbraucherschutz auch durch die Anwesenheit eines qualifizierten Apothekers gewährleistet werden könne. Dass bislang kein Verfahren gegen die Bundesrepublik Deutschland eingeleitet wurde, erstaunt, dürfte aber nur eine

---

schaft gegen Republik Griechenland“ Urt. v. 21.04.2005, Rs. C-140/03 = Slg. 2005, S. 3177 ff.

[693] Vgl. *EuGH*, „Kommission der Europäischen Gemeinschaft gegen Republik Griechenland“ Urt. v. 21.04.2005, Rs. C-140/03 = Slg. 2005, S. 3177 ff.

[694] Vgl. *Kommission der Europäischen Gemeinschaft*, Pressemittelung v. 28.06.2006, Reference: IP/06/858, „Vertragsverletzungsverfahren gegen Italien, Österreich und Spanien – Vorschriften für Apotheken sind unvereinbar mit dem Binnenmarkt“, [online] <http://europa.eu/rapid/pressReleasesAction.do?reference=IP/06/858&format=HTML&aged=0&language=DE&guiLanguage=en> (letzter Zugriff: 18.01.2007). Im Vertragsverletzungsverfahren gegen Italien hat die Kommission der Europäischen Gemeinschaft Klage beim EuGH eingereicht; im Hinblick auf die Vertragsverletzungsverfahren gegen Österreich und Spanien hat die Kommission zunächst beschlossen, beiden Staaten eine mit Gründen versehene Stellungnahme zu übermitteln.

Frage der Zeit sein, zumal auch das Fremdbesitzverbot des deutschen Apothekenrechts eine Beschränkung der Niederlassungsfreiheit darstellt.

Während die deutschen Gerichte an der Rechtsauffassung der Europäischen Kommission nicht gebunden sind, müssen sie die bisherige Rechtsprechung des EuGH beachten. Dass die „Optiker-Entscheidung" des EuGH ohne weiteres auch auf das Fremdbesitzverbot des deutschen Apothekenrechts übertragen werden kann, entschied jüngst das OVG des Saarlandes.[695] Die Niederlassungsfreiheit setze sich gegen das (nationale) Fremdbesitzverbot durch. Zwingende Gründe für die Beschränkung der Niederlassungsfreiheit seien nicht ersichtlich.[696] Dagegen werden allerdings Bedenken geäußert.[697] Bei der Abgabe von Arzneimitteln bestehe eine weitaus höhere Gefahr für die öffentliche Gesundheit als beim Betrieb eines Optikergeschäfts. Beide Berufe seien nur bedingt vergleichbar. Der Apothekerberuf sei im Gegensatz zum handwerklich geprägten Beruf des Optikers ein Heilberuf, der eine akademische Ausbildung voraussetzt. Darüber hinaus sei das Apothekenwesen als Teil der Gesundheitsfürsorge in einem eigenen Gesetz – dem Apothekengesetz – geregelt.

Unbestritten ist, dass mit dem Verbot des Fremdbesitzes legitime Ziele – der Schutz der Volksgesundheit und wirtschaftspolitische Zwecke, nämlich die Vermeidung der Kommerzialisierung des Apothekenbetriebs und die Verhinderung von Kartellen und Monopolen – verfolgt werden. Zudem hat der EuGH entschieden, dass Beschränkungen möglich sind, um ein hohes Niveau des Gesundheitsschutzes zu gewährleisten. Es kommt also darauf an, ob ein Apotheker zwingend der Inhaber der Apotheke sein muss, um eine möglichst hohe Sicherheit im Umgang mit und bei der Abgabe von Arzneimitteln an den Verbraucher zu gewährleisten.

Das Fremdbesitzverbot besteht nicht in allen Mitgliedstaaten. Das belgische, englische, irische, schwedische und niederländische Apothekenwesen kennt ein

---

[695] Vgl. *OVG des Saarlandes*, Pressemitteilung v. 22.01.2007, Beschl. v. 22.01.2007, Az.: 3 W 14/06 und 3 W 15/06, [online], a.a.O., wo es heißt: „Vergleichbare europäische Rechtsprechung liegt dazu bereits vor, und zwar mit dem Optiker-Urteil des EuGH. ...Wegen des hohen Rangs der Niederlassungsfreiheit und der Gleichheit der Problemlage ist das Optiker-Urteil auch auf Apotheken übertragbar."

[696] Vgl. *OVG des Saarlandes*, Pressemitteilung v. 22.01.2007, Beschl. v. 22.01.2007, Az.: 3 W 14/06 und 3 W 15/06, [online], a.a.O. Das Gericht führt hierzu folgendes aus: „Verbote der Niederlassungsfreiheit sind nach der europäischen Rechtsprechung nur aus zwingenden Gründen möglich. Solche zwingenden Gründe für ein Niederlassungsverbot liegen bei Apotheken nicht vor. Bestehenden Gesundheitsgefahren bei der Abgabe von Medikamenten ist durch qualifiziertes Personal vorzubeugen; ein Gesundheitsschutz allein vor der Rechtsform der Apotheke leuchtet nicht ein. Bestehenden Kommerzialisierungsgefahren ist nach der anderwietig vorliegenden europäischen Rechtsprechung durch Kontrollen zu begegnen, nicht durch ein Niederlassungsverbot für Kapitalgesellschaften."

[697] Vgl. dazu und auch im Folgenden *VG des Saarlandes*, Beschl. v. 12.09.2006, Az.: 3 F 38/06 sowie Beschl. v. 18.09.2006, Az.: 3 F 39/06, [online], a.a.O.

solches Verbot nicht. Zwar kommt es in der Europäischen Gemeinschaft nicht darauf an, den Schutz von Allgemeininteressen auf den „kleinsten gemeinsamen Nenner" zu bringen, sondern ein hohes Schutzniveau zu gewährleisten, jedoch ist der Umstand, dass in anderen Mitgliedstaaten weniger restriktive Regelungen existieren und der Schutz der öffentlichen Gesundheit nicht in Frage gestellt wird bei der Beurteilung der Verhältnismäßigkeit der Beschränkung durchaus mit zu berücksichtigen.[698] Als Hauptargument für das Fremdbesitzverbot wird stets die Gewährleistung der Qualität und Sicherheit der Arzneimittelversorgung angeführt, obwohl es keine empirischen Belege dafür gibt,[699] dass durch die Aufhebung des Verbots der Verbraucherschutz nicht mehr oder nicht in der gebotenen Art und Weise gewährleistet werden kann. Ein solcher befürchteter Qualitätsverlust bei der Arzneimittelversorgung konnte jedoch in den Staaten, in denen der Fremdbesitz von Apotheken gestattet wird, nicht festgestellt werden. Zudem können umfassende, gesetzliche Bestimmungen dieser Gefahr entgegenwirken.

Sollte die Aufhebung des Fremdbesitzverbots zu Gesetzeslücken oder zu Rechtsunsicherheit führen, muss der Gesetzgeber entsprechend reagieren. Es ist nicht ersichtlich, dass mit einer Gesetzesänderung die Sicherheit im Umgang und bei der Abgabe von Arzneimitteln nicht mehr bzw. nicht im gleichen hohen Maße gewährleistet werden kann wie mit den bestehenden Vorschriften. Fraglich ist nur, ob und inwieweit die gegenwärtigen Rechtsvorschriften überarbeitet werden müssen. Zum Schutz der öffentlichen Gesundheit genügt es, die Anwesenheit des Apothekers in der Apotheke vorzuschreiben. Dieser könne ebenso gut den Verbraucher mit ausreichender Sachkunde beraten und für einen sachgerechten Umgang mit Arzneimitteln, einschließlich der richtigen Lagerung, sorgen wie ein Apotheker, der die Apotheke als Eigentümer betreibt. Dass die Anwesenheit des angestellten Apothekers ausreicht, um das Schutzniveau zu erfüllen, folgt bereits aus der Tatsache, dass der Gesetzgeber den (begrenzten) Mehrbesitz zugelassen hat. Gemäß § 2 Abs. 5 Nr. 2 ApoG hat der Apotheker, dem die Erlaubnis zum Betrieb mehrerer Apotheken erteilt wurde nur *eine* Apotheke (nämlich die Hauptapotheke) persönlich zu führen; für jede andere (Filialapotheke) hat er einen Apotheker als Verantwortlichen zu benennen, der die normierten apothekerlichen Pflichten bzw. Verpflichtungen zu erfüllen hat. Damit erkennt das deutsche Apothekenrecht durchaus an, dass der Arzneimittel abgebende Apotheker nicht zwingend der betreibende (eigenbesitzende) Apotheker sein muss.

---

698 *Taupitz*, S. 99.

699 Selbst der Gesetzgeber hat in der Gesetzesbegründung zur Änderung des Apothekengesetzes darauf hingewiesen, dass „mit Fremdbesitz von öffentlichen Apotheken in einem Gesundheitssystem wie dem deutschen keine verlässlichen Erfahrungen vorliegen, ...". Vgl. BT-Drucksache, 15/1525, S. 71 (161).

Der Gesetzgeber hat daher mit der Neuregelung des Filialbesitzes das bisherige Leitbild des „Apothekers in der Apotheke“ bereits teilweise aufgegeben. Ähnliches ergibt sich aus den Vorschriften zur Verpachtung einer Apotheke (§ 9 ApoG) sowie zur Verwaltung einer Apotheke (§ 13 ApoG). Danach ist die Apothekerqualifikation nicht unbedingt unerlässlich für den Erwerb einer Apotheke, da erbberechtigte Ehegatten oder Lebenspartner oder Kinder eines verstorbenen Erlaubnisinhabers dessen Apotheke weiterführen dürfen, auch wenn sie keine Apotheker sind. Ein Fremdbesitz ist auch für den Betrieb einer Krankenhausapotheke anerkannt (§ 14 ApoG). So ist dem Träger eines Krankenhauses die Erlaubnis zum Betrieb einer Krankenhausapotheke zu erteilen, wenn er die Anstellung eines Apothekers nachweist, der die Voraussetzungen nach §§ 2 Abs. 1 Nr. 1 bis Nr. 4, 7 und 8 sowie § 14 Abs. 3 ApoG erfüllt (§ 14 Abs. 1 Nr. 1 ApoG). Der Gesetzgeber hat jedoch sichergestellt, dass die persönliche Leitung der Krankenhausapotheke dem angestellten Apotheker obliegt (§ 7 Satz 3 ApoG). Diese Überlegungen lassen sich auch auf den angestellten Apotheker einer von Nicht-Apothekern[700] betriebenen Apotheke übertragen, um die Wahrung der Berufsethik im Interesse der Gesundheit der Verbraucher sicherzustellen.

Dass angestellte Apotheker dem gesetzgeberischen Zweck der ordnungsgemäßen Arzneimittelversorgung aufgrund der Abhängigkeit vom Eigentümer zuwiderhandeln, ist unwahrscheinlich, denn auch für die Leitung einer Apotheke im Angestelltenverhältnis ist die Approbation Voraussetzung. Selbst wenn sich der angestellte Apotheker dem kommerziellen Gewinnstreben des Eigentümers beugt, z.B. aus Angst vor dem Verlust des Arbeitsplatzes, droht ihm bei einem Verstoß gegen die beruflichen Anforderungen und Verpflichtungen der Verlust der Approbation, mit der Folge, dass selbst die Ausübung des Apothekerberufs als Angestellter nicht mehr möglich ist. Damit ist die Sicherung der fachlichen und charakterlichen Eignung der Arzneimittel abgebenden Person gewährleistet. Durch gesetzliche Regelungen kann zudem sichergestellt werden, dass die Verantwortung für die Arzneimittelsicherheit, insbesondere die Haftung für Fehler bei der Berufsausübung sowie das Verhalten eines Dritten und die Beratungsqualität nicht zu Lasten der Verbraucher beschränkt werden darf.

Dass mit dem Betrieb einer Apotheke wirtschaftliche Zwecke verfolgt werden, ist unbestritten. Umstritten ist jedoch, ob sich das Gewinnstreben des Apothekers vom Gewinnstreben des Nicht-Apothekers erheblich, insbesondere in einer die öffentliche Gesundheit gefährdenden Weise unterscheidet. Nicht-Berufsangehörigen wird ein übersteigertes Gewinnstreben vorgeworfen, welches aufgrund ihres Einflusses auf den angestellten Apotheker übertragen wird. Ei-

[700] Der Begriff „Nicht-Apotheker“ bezieht sich hier auf natürliche Personen, die keine Apothekerqualifikation besitzen, sowie auf juristische Personen, die nicht aus Apothekern bestehen.

genbesitzende Apotheker dagegen würden ihre wirtschaftlichen Interessen zugunsten der Gesundheit des Verbrauchers zurückstellen. Wer das größere Verantwortungsbewusstsein hat, lässt sich jedoch nicht aufgrund der Stellung des Apothekers bestimmen. Die Annahme, dass der eigenbesitzende Apotheker verantwortungsbewusster ist als der angestellte Apotheker, ist schon deshalb nicht haltbar, weil auf beiden ein gewisser existenzieller Druck lastet. Während der angestellte Apotheker mit einer Kündigung rechnen muss, ihm diesbezüglich aber der Schutz des Arbeitsrechts zugute kommt, mag der eigenbesitzende Apotheker für den Erwerb der Apotheke, einschließlich der Einrichtung, ein Darlehen aufgenommen haben.[701] Zudem zeigt sich, dass sich eigenbesitzende Apotheker zunehmend selbst vom wirtschaftlichen Gewinnstreben leiten lassen. Oft werden dem Verbraucher teure (nicht-verschreibungspflichtige) Arzneimittel empfohlen. Darüber hinaus nimmt die Zahl der falschen Abrechnungen mit den Krankenkassen zu.[702] Unabhängig davon riskieren beide ihre berufliche Existenz, wenn sie gegen die gesetzlichen Vorschriften verstoßen. Der Entzug der Approbation schreckt deshalb nicht nur den eigenbesitzenden Apotheker ab, sein Handeln gewinnstrebend auszurichten, sondern auch den angestellten Apotheker, dem Umsatzdruck – sofern überhaupt vorhanden – nachzugeben.

Für einen Nicht-Apotheker dagegen besteht kein „Gegengewicht" zum wirtschaftlichen Interesse. Allerdings kann der Apothekenbetreiber Arzneimittel nur mittels eines in der Apotheke anwesenden angestellten Apothekers vertreiben. Wird dem angestellten Apotheker jedoch die Approbation entzogen, wirkt sich dies auch auf den Apothekeninhaber aus. Um die Apotheke weiter betreiben zu können, muss er einen neuen Apotheker anstellen. Zudem wird er mit Kontrollen des Apothekenbetriebs durch die zuständige Behörde rechnen müssen, wenn sich der zuvor angestellte Apotheker bereits wegen überzogenen Gewinnstrebens als charakterlich ungeeignet erwiesen hat. Darüber hinaus kann durch gesetzliche Regelungen sichergestellt werden, dass wirtschaftliche Interessen nicht vorrangig vor gesundheitlichen Interessen verfolgt werden. Von ähnlichen Erwägungen hat sich der Gesetzgeber auch bei § 8 ApoG leiten lassen, wonach Vereinbarungen, bei denen die Vergütung für dem Erlaubnisinhaber gewährte Darlehen oder sonst überlassene Vermögenswerte am Umsatz oder am Gewinn der Apotheke ausgerichtet ist, unzulässig sind.

Kapitalgesellschaften sind vom Arzneimittelmarkt ausgeschlossen, um die Gefahr einer vollständigen Kommerzialisierung auszuschließen. Durch die Aufhebung des Fremdbesitzverbots würden Kartelle und Monopole auf dem Arznei-

[701] Vgl. auch *Streinz/Hermann*, EuZW 2006, S. 455 (458).

[702] Derzeit laufen bundesweit Ermittlungen gegen Apotheker wegen Verdachts des Betruges bei der Abrechnung mit Krankenkassen. Der Schaden wird auf einen zweistelligen Millionenbetrag geschätzt. Vgl. *Der Spiegel*, „Apotheken – Schmu auf Kassenkosten", Nr. 39/2006, S. 89.

mittelmarkt entstehen, die ihre Marktposition vor allem im Hinblick auf die Preisgestaltung für Arzneimittel ausnutzen würden. Dieser Gefahr entgegenzuwirken, ist Aufgabe der Monopolkommission[703] und des Bundeskartellamts[704]. Durch diese Instrumentarien der Kontrolle können missbräuchliche Verhaltenswiesen überprüft und untersagt werden. Ferner können Auflagen erteilt oder Geldbußen verhängt werden. Zudem zeigen die Erfahrungen mit der Liberalisierung des Apothekenmarkts in anderen Staaten, dass Einsparungen von 1 bis 2 Milliarden Euro erwartet werden können.[705] Durch die mit der Aufhebung verbundene Veränderung der Marktstruktur würde ein effizienterer Preiswettbewerb zugunsten der Verbraucher stattfinden. Sofern Bedenken bestehen, dass der Preiswettbewerb zu überhöhten Arzneimittelpreisen oder ständigen Preiserhöhungen führt, mit der Folge, dass sich der Verbraucher (verschreibungspflichtige) Arzneimittel nicht mehr leisten kann, kann der Gesetzgeber durch den Erlass von Preisgesetzen regulierend eingreifen. Dass durch die Bildung von Apothekenketten die flächendeckende Versorgung mit Arzneimitteln gefährdet ist, weil sich die Unternehmen in strukturstarken Gegenden ansiedeln, ist nicht zu erwarten. Bei der Standortentscheidung orientieren sich Apotheken grundsätzlich an Umsatzerwartungen, so dass die Apothekendichte zwischen Stadt und Land bereits unterschiedlich ist.[706] Dass die Veränderung der Marktstruktur zu

---

[703] Die Monopolkommission ist ein unabhängiges Beratungsgremium auf den Gebieten der Wettbewerbspolitik und Regulierung. Die Aufgaben sind in §§ 44-48 des Gesetzes gegen Wettbewerbsbeschänkungen (GWB) geregelt. Die Monopolkommission erstellt Gutachten, in denen der Stand und die absehbare Entwicklung der Unternehmenskonzentration in der Bundesrepublik beurteilt sowie die Anwendung der Vorschriften über die Zusammenschlusskontrolle gewürdigt werden und zu sonstigen aktuellen wettbewerbspolitischen Fragen Stellung genommen wird. Vgl. Monopolkommission [online] <http://www.monopolkommission.de/>. Der Monopolkommission könnte der gesetzliche Auftrag erteilt werden, auch für den Bereich des Apothekenmarktes Gutachten zu erstellen und zur Wettbewerbsentwicklung Stellung zu nehmen. Ein solcher Auftrag wurde ihr bereits für den Telekommunikationsmarkt, den Markt des Postwesens, den Markt der leitungsgebundenen Versorgung mit Elektrizität und Gas sowie im Bereich der Eisenbahnen erteilt.

[704] Die Aufgaben des Bundeskartellamtes bestehen in der Durchsetzung des Kartellverbots, der Durchführung der Zusammenschlusskontrolle sowie in der Ausübung der Missbrauchsaufsicht über marktbeherrschende Unternehmen. Vgl. Bundeskartellamt [online] <http://www.bundeskartellamt.de/>.

[705] Vgl. *Glaeske/Klauber/Lankers/Selke*, „Stärkung des Wettbewerbs in der Arzneimittelversorgung zur Steigerung von Konsumentennutzen, Effizienz und Qualität", Gutachten im Auftrag des Bundesministeriums für Gesundheit und Soziale Sicherung (BMGS) – Kurzfassung v. 29.12.2003, [online] <http://www.bmg.bund.de/> (letzter Zugriff: 10.10.2006).

[706] Vgl. Bundestagsfraktion des Bündnis 90/Die Grünen, „Reform des Apothekenrechts überfällig", vom 28.09.2006, [online] <http://www.gruene-bundestag.de/> (letzter Zugriff: 10.10. 2006). Die Abgeordneten haben im Übrigen auch im Bundestag einen Antrag zur Aufhebung des Fremd- und Mehrbesitzverbots für Apotheken gestellt. Vgl. Deutscher Bundestag, 16. Wahlperiode, Antrag der Abgeordneten Birgitt Bender, Matthias Berninger, Kerstin Andreae,

einer Einschränkung in oder gar einem Zusammenbruch der Arzneimittelversorgung in den ländlichen bzw. strukturschwachen Gegenden führt, lässt sich nicht feststellen. Es ist jedenfalls nicht auszuschließen, dass sich auch weiterhin Apotheker in diesen Gegenden niederlassen, zumal dort die Wettbewerbsintensität geringer ist.[707]

Das Fremdbesitzverbot mit dem Leitgedanken des „Apothekers in der Apotheke“ aufrechtzuerhalten, hieße, die Entwicklungen im Apothekerberuf sowie auf dem Apothekenmarkt und in der Arzneimittelversorgung zu ignorieren. Man darf bei den Betrachtungen nicht außer Acht lassen, dass dieses Leitbild vom Bundesverfassungsgericht in seinem Urteil vom 13.02.1964 als Berufsausübungsregel erachtet wurde.[708] Das Bild des Apothekers hat sich im Laufe der Zeit geändert, nicht zuletzt deshalb, weil in den Apotheken fast ausschließlich industriell hergestellte Arzneimittel abgegeben werden und der Apotheker die Arzneimittelherstellung nicht mehr oder nur noch in Ausnahmefällen selbst vornimmt. Änderungen im Leitbild des eigenverantwortlichen Apothekers werden auch durch die Änderungen des Apothekengesetzes, insbesondere durch die teilweise Aufhebung des Mehrbesitzverbots deutlich. Von dem ursprünglichen Regelungsziel, dass ein Apotheker die Apotheke unter persönlicher Anwesenheit leitet und überwacht, wurde abgerückt. Wenn es auf die persönliche Leitung der Apotheke nicht mehr ausschließlich ankommen soll, kann der Betrieb einer Apotheke auch einer Kapitalgesellschaft gestattet werden, die sich zur Wahrnehmung der pharmazeutischen Tätigkeit eines angestellten Apothekers bedient. Solange die Arzneimittelversorgung mit dem zu erwartenden Verantwortungsbewusstsein gegenüber der öffentlichen Gesundheit erfolgt, wird es auch für den Verbraucher keinen Unterschied machen, wer der Betreiber der Apotheke ist. Die Qualität der von der Apotheke erbrachten Dienstleistungen sollte nicht von der Wahl der Rechtsform einer Apotheke abhängig sein,[709] sondern durch Sicherheits- und Qualitätsanforderungen, ausgerichtet am Anforderungsprofil von Apotheken, und durch Kontrollen sichergestellt werden.

Dr. Thea Dückert, Markus Kurth, Brigitte Pothmer, Margareta Wolf und der Fraktion Bündnis 90/Die Grünen vom 05.09.2006, BT-Drucksache 16/2506.

[707] Vgl. Bundestagsfraktion des Bündnis 90/Die Grünen, „Reform des Apothekenrechts überfällig“, vom 28.09.2006, [online] <http://www.gruene-bundestag.de/cms/bundestagsreden/dok/153/153159.htm> (letzter Zugriff: 10.10.2006).

[708] Vgl. *BVerfG*, Urt. v. 13.02.1964, Az.: 1 BvL 17/61, 1 BvR 494/60, 1 BvR 128/61 = BVerfGE 17, S. 232 ff.

[709] Vgl. auch *Kommission der Europäischen Gemeinschaft*, Pressemittelung v. 28.06.2006, Reference: IP/06/858, „Vertragsverletzungsverfahren gegen Italien, Österreich und Spanien – Vorschriften für Apotheken sind unvereinbar mit dem Binnenmarkt“, [online] <http://europa.eu/rapid/pressReleasesAction.do?reference=IP/06/858&format=HTML&aged=0&language=DE&guiLanguage=en> (letzter Zugriff: 18.01.2007).

Das Fremdbesitzverbot verstößt demnach gegen Art. 43 ff. EG-Vertrag. Wie die deutschen Gerichte zu dieser Frage entscheiden werden,[710] und ob sich die Parteien mit der richterlichen Rechtsauffassung abfinden oder den Rechtsweg ausschöpfen werden, bleibt abzuwarten. Die Aufhebung des Fremdbesitzverbots ist jedoch bereits jetzt durch eine juristische und politische Diskussion geprägt. Aufgabe des Gesetzgebers wird es sein, das deutsche Apothekenrecht gemeinschaftsrechtskonform auszugestalten.

2.1.2. Das deutsche Apothekenrecht und die EU-ausländische Apotheke ohne nationale Versandhandelserlaubnis

Ist die Apotheke dagegen (nur) im EU-Ausland zugelassen, besteht aber nach dem jeweiligen nationalen Recht keine Möglichkeit, eine Versandhandelserlaubnis zu erlangen[711] oder entsprechen die jeweiligen nationalen Vorschriften nicht dem deutschen Recht[712], darf eine Versandhandelserlaubnis (auch) nach deutschem Apothekenrecht nicht erteilt werden. Dies ergibt sich bereits aus dem Wortlaut des § 73 Abs. 1 Satz 1 Nr. 1a AMG i.V.m. §§ 2 Abs. 1, 11 a ApoG. Danach müssen die nationalen Versandhandelsvorschriften dem deutschen Apothekenrecht entsprechen, d.h. es muss sich um eine nach dem Recht des Heimatstaates zugelassene Präsenzapotheke handeln, die aufgrund behördlicher Genehmigung unter bestimmten Voraussetzungen zum Versandhandel berechtigt ist. Fehlt die Zulassung zum Versandhandel im Heimatstaat, kann die Berechtigung zwar noch nach dem deutschen Apothekengesetz erlangt werden, aber dies setzt wiederum voraus, dass eine Präsenzapotheke auf dem Gebiet der Bundesrepublik betrieben wird. Auch wenn § 23 ApoG nur im Zusammenhang mit den für die Erlaubniserteilung relevanten Vorschriften verstanden werden darf, scheidet

[710] Zwar hat das OVG des Saarlandes die „Optiker-Entscheidung" des EuGH auch auf das Fremdbesitzverbot des deutschen Apothekenrechts für übertragbar erklärt, jedoch stehen die Entscheidungen in der Hauptsache noch aus, worauf das OVG auch ausdrücklich hinweist: „Ebenso ist der Vorrang des Gemeinschaftsrechts im hier vorliegenden gerichtlichen Verfahren zu beachten. Deshalb war unter Abweichung von der Entscheidung des Verwaltungsgerichts die Niederlassungserlaubnis im vorläufigen Verfahren zu bestätigen. Damit kann die DocMorris-Filialapotheke bis zur unanfechtbaren Entscheidung über die noch beim Verwaltungsgericht anhängigen Klagen vorläufig weiter betrieben werden. Vgl. *OVG des Saarlandes*, Pressemitteilung v. 22.01.2007, Beschl. v. 22.01.2007, Az.: 3 W 14/06 und 3 W 15/06, [online], a.a.O.

[711] Z.B. wenn der Arzneimittelversandhandel nach nationalem Recht nicht erlaubt ist.

[712] In den Niederlanden ist der Arzneimittelversand z.B. nicht an den Betrieb einer öffentlichen Apotheke gekoppelt. Vgl. *KG Berlin*, [online], a.a.O. Ferner besteht in den Niederlanden keine Apothekenpflichtigkeit, so dass auch verschreibungspflichtige Arzneimittel auf Bestellung den Kunden zugesandt werden. Darüber hinaus müssen die Internet-Apotheken nicht von approbierten Apothekern geführt werden; auch Kapitalgesellschaften können Internet-Apotheken betreiben. Vgl. *Arhold/Wimmer*, K&R 2004, S. 126 (127).

in diesem Fall eine Strafbarkeit des Apothekers aus. Die Ausgestaltung des Apothekenrechts, insbesondere der Zulassungsanforderungen von (Internet-)Apotheken obliegt dem jeweiligen Staat im Rahmen seiner Souveränität. Das Apothekenrecht gilt nicht über die territorialen Grenzen hinaus. Fehlt der EU-ausländischen Apotheke die Versandhandelserlaubnis nach dem nationalen Recht des Heimatstaates, liegt – sofern strafrechtlich sanktioniert – eine Straftat vor. Das deutsche Apothekengesetz findet jedenfalls keine Anwendung, auch dann nicht, wenn Arzneimittel an Verbraucher in Deutschland versendet werden. Ein Verstoß gegen die deutschen Zulassungsvoraussetzungen, auf die sich § 23 ApoG bezieht, liegt nur vor, wenn die Apotheke ihren Sitz auf dem Gebiet der Bundesrepublik hat.

2.2. Das deutsche Apothekerecht und die Nicht-EU-ausländische Apotheke

Apotheker aus dem Nicht-EU-Ausland können grundsätzlich keine Apothekenbetriebserlaubnis nach dem deutschen Apothekengesetz erhalten. Dies ergibt sich aus § 2 Abs. 1 Nr. 1 ApoG. Eine Strafbarkeit gemäß § 23 ApoG scheidet somit mangels Verstoßes gegen §§ 2 Abs. 1, 11a ApoG aus. Eine Strafbarkeit wegen Betreibens einer Internet-Apotheke ohne die erforderliche behördliche Genehmigung käme allenfalls nach den jeweiligen Vorschriften des Heimatstaates in Betracht.

Wegen unerlaubten Betreibens einer Internet-Apotheke können ausländische Apotheker strafrechtlich demnach nicht zur Verantwortung gezogen werden, wenn sie den Zulassungsanforderungen des Heimatlandes unterliegen. § 23 ApoG stellt nur den Verstoß gegen die in §§ 2 Abs. 1, 11a ApoG normierten Voraussetzungen unter Strafe.

3. Die Verantwortlichkeit nach dem Strafgesetzbuch

3.1. Körperverletzungs- und Tötungsdelikte

Die Strafbarkeit des ausländischen Apothekers nach den Vorschriften des Strafgesetzbuches (StGB) richtet sich nach dem konkreten Verletzungserfolg. Führt die Arzneimittelabgabe an einem Verbraucher in Deutschland zu einem konkreten Körperverletzungs- oder Tötungserfolg, bestimmt sich die Strafbarkeit des ausländischen Apothekers nach den §§ 223 ff., 211 ff. StGB, wobei der Erfolg vorsätzlich oder fahrlässig und durch Tun oder Unterlassen herbeigeführt worden sein kann.

Folgende vier (Fall-)Konstellationen sind dabei denkbar:

1.) Vorsätzliches Handeln:
Der ausländische Apotheker (A) versendet wissentlich und willentlich ein bedenkliches[713] Arzneimittel an einen Verbraucher (V) in Deutschland; dieser erleidet Körperverletzungen i.S.d. §§ 223 ff. StGB oder tödliche Verletzungen i.S.d. §§ 211 ff. StGB.

2.) Vorsätzliches Unterlassen:
Der ausländische Apotheker (A) unterlässt im Rahmen der ihn treffenden öffentlich-rechtlichen Verpflichtungen eine objektiv gebotene und erforderliche Handlung, z.B. die Überprüfung der ärztlichen Verschreibung auf offensichtliche Fehler, und lässt das verschreibungspflichtige Arzneimittel an den Verbraucher (V) in Deutschland von einem Angestellten abgeben, der aufgrund der Einnahme dieses Arzneimittels Körperverletzungen i.S.d. §§ 223 ff. StGB oder tödliche Verletzungen i.S.d. §§ 211 ff. StGB erleidet.[714]

3.) Fahrlässiges Handeln:
Der ausländische Apotheker (A) lässt bei der Arzneimittelabgabe an den Verbraucher (V) in Deutschland die im Verkehr erforderliche Sorgfalt[715] außer Acht, etwa indem er ein verschreibungspflichtiges Arzneimittel versendet, ohne die für die Lagerung und den Transport geltenden Bestimmungen zu beachten[716].
Die Einnahme des Arzneimittels führt zur Köperverletzung (§ 229 StGB) oder zum Tod (§ 222 StGB) des V.

---

[713] Wann ein Arzneimittel bedenklich ist, wird in § 5 Abs. 2 AMG erläutert. Ein Arzneimittel ist danach als bedenklich zu beurteilen, wenn von schädlichen Wirkungen ausgegangen wird, die bei bestimmungsgemäßen Gebrauch drohen. Die Wirkungen können unmittelbarer oder mittelbarer Art sein. Vgl. dazu *Kloesel/* Cyran, § 5 AMG, Anm. 15. Darunter soll hier verstanden werden: Arzneimittel, die eine schädliche Wirkung haben, insbesondere Arzneimittel, die unwirksame Inhaltsstoffe enthalten, gefälscht, unsachgemäß (vom Apotheker) her- oder zusammengestellt oder unhygienisch abgepackt und gelagert, falsch etikettiert oder kontaminiert sind, keine oder keine aktuellen Beipackzettel oder Dosieranweisungen enthalten oder für das Gesundheitsbild des Verbrauchers nicht geeignet sind, sowie Arzneimittel, die ohne gültige Verschreibung abgegeben werden.

[714] Die Garantenpflicht ergibt sich insbesondere aus Gesetz (apotheken-, arzneimittel- und berufsrechtliche Vorschriften), Vertrag (Kaufvertrag über das Arzneimittel) oder vorangegangenem gefährdenden Tun (z.B. die Herstellung von bedenklichen Arzneimitteln oder die versäumte Überprüfung der ärztlichen Verschreibung).

[715] Der Inhalt der Sorgfaltspflicht ergibt sich in den Fällen der Arzneimittelabgabe aus den Rechtsvorschriften des Arzneimittelgesetzes und des Apothekengesetzes, einschließlich der in diesem Zusammenhang erlassenen Rechtsverordnungen.

[716] Einige Arzneimittel müssen z.B. bei einer bestimmten Temperatur gelagert werden. Der Versand von Insulin etwa muss bei einer konstanten Temperatur von 8°C erfolgen.

4.) Fahrlässiges Unterlassen:
Der sorgfaltswidrig handelnde ausländische Apotheker (A) unterlässt trotz Handlungspflicht die Erfolgsabwendung, wobei diese Untätigkeit ihrerseits auf einer Sorgfaltswidrigkeit beruht, etwa indem A es versäumt, das ausgestellte Rezept genau zu lesen und ein völlig anderes, vom Namen ähnlich lautendes Arzneimittel an den Verbraucher (V) in Deutschland von einem Angestellten abgeben lässt. Bei genauerem Hinsehen hätte A den Fehler erkennen können. Nach Einnahme des Arzneimittels erleidet V Körperverletzungen i.S.d. §§ 223 ff. StGB oder verstirbt.[717]

Ist die Tat nicht vollendet, also insbesondere wenn der Erfolg nicht eingetreten ist, kommt im Hinblick auf die Vorsatz-Begehen-Konstellation und die Vorsatz-Unterlassen-Konstellation eine Strafbarkeit wegen Versuchs in Betracht. Irrt sich der Apotheker bei der durch die Arzneimittelabgabe verursachten (vorsätzlichen) Körperverletzung (gemäß §§ 223 ff. StGB) oder (vorsätzlichen) Tötung (gemäß §§ 211 ff. StGB) über ein Tatbestandsmerkmal, kann dies den Vorsatz gemäß § 16 StGB ausschließen;[718] die Strafbarkeit wegen fahrlässiger Begehung bleibt jedoch unberührt (§ 16 Abs. 1 Satz 2 StGB). Handelt der Apotheker in Fällen einer Körperverletzung in der (irrigen) Annahme der tatsächlichen Voraussetzungen einer Einwilligung, liegt ein Erlaubnistatbestandsirrtum[719] vor. Unterliegt der Apotheker dagegen einem Verbotsirrtum, insbesondere wenn er über das Verbotensein seines Verhaltens deswegen irrt, etwa weil er sich (irrtümlich) für befugt hält, das Arzneimittel abzugeben, entfällt bei Unvermeidbarkeit des Irrtums die Schuld (§ 17 StGB).[720]

Die Arzneimittelabgabe durch den Apotheker geschieht häufig in Zusammenarbeit mit anderen Personen (z.B. Ärzten), so dass grundsätzlich auch eine Strafbarkeit des Apothekers wegen Mittäterschaft oder Teilnahme an diesen Taten in Betracht zu ziehen wäre. Hierbei wird man jedoch unter Berücksichtigung

---

[717] Zur Garantenpflicht vgl. Ausführungen Fn. 714.

[718] Folgendes Fallbeispiel sei zugrunde gelegt: Der ausländische Apotheker (A) gibt an den deutschen Verbraucher (V) ein in Deutschland noch nicht zugelassenes und deshalb als bedenklich geltendes Arzneimittel zur Gewichtsreduzierung (sog. Appetitzügler) ab. A glaubt, das Arzneimittel sei – wegen seiner überwiegend pflanzlichen Inhaltsstoffe – „harmlos". Nach der Einnahme des Arzneimittels leidet V zunehmend an Nervosität, Angstzuständen, erhöhtem Blutdruck und Herzrasen, so dass er sich in ärztliche Behandlung begeben muss. Die Strafbarkeit des A ergibt sich aus §§ 223 Abs. 1, 224 Abs. 1 Nr. 1 Alt. 2 StGB („Beibringung andere gesundheitsschädlicher Stoffe"). Da A jedoch die Umstände, aus denen sich die Gesundheitsschädlichkeit des Arzneimittels ergibt, nicht kennt, unterliegt er einem Tatbestandsirrtum i.S.d. § 16 Abs. 1 Satz 1 StGB, der zum Vorsatzausschluss führt.

[719] Vgl. hierzu die Ausführungen zu *4. Kapitel, A., I., 3., 3.1., „Der Arzneimittelversandhandel durch staatlich zugelassene Apotheken"*; insbesondere das Fallbeispiel in Fn. 354.

[720] Vgl. hierzu die Ausführungen im *4. Kapitel, A., I., 3., 3.1., „Der Arzneimittelversandhandel durch staatlich zugelassene Apotheken"*.

der Tätigkeit des Apothekers danach unterscheiden müssen, auf wessen Verhalten der Körperverletzungs- bzw. Tötungserfolg unmittelbar zurückzuführen ist. In der Regel wird es für die Mittäterschaft am erforderlichen Tatbeitrag und/ oder Täterwillen des Apothekers fehlen; für die Teilnahme wird es dagegen an einer Teilnahmehandlung und/oder regelmäßig am Teilnehmervorsatz fehlen.[721] Zudem darf nicht außer Acht gelassen werden, dass eine gesundheits- oder das Leben beeinträchtigende Arzneimittelabgabe bereits regelmäßig eine *eigene* Strafbarkeit des Apothekers gemäß §§ 223 ff., 211 ff. StGB als Täter gemäß § 25 Abs. 1 StGB begründet. Eine mögliche Teilnahmestrafbarkeit scheidet dann ohnehin aus bzw. tritt unter Konkurrenzgesichtspunkten zurück.

3.2. Betrugs- und Untreuedelikte

Seit der Zulassung des grenzüberschreitenden Arzneimittelhandels aus dem EU-Ausland besteht zumindest die rechtliche Möglichkeit, verschreibungspflichtige Arzneimittel aus dem EU-Ausland zu beziehen. Eine Kostenübernahme für die Leistungserbringung[722] an den Verbraucher[723] durch die deutschen Krankenkassen kann der die Internet-Apotheke betreibende ausländische Apotheker grundsätzlich nicht verlangen. Die Kostenübernahme setzt einen gemäß § 129 Abs. 2 SGB V abgeschlossenen Rahmenvertrag über die Arzneimittelversorgung zwischen den Apothekerverbänden und den Krankenkassenverbänden voraus. Wegen der öffentlich-rechtlichen Natur des Rahmenvertrages, insbesondere aber wegen der Möglichkeit, Sanktionen festzuschreiben (§ 129 Abs. 4 Satz 2 SGB V), handelt es sich hierbei um ein innerstaatliches, territorial begrenztes Recht, mit der Folge, dass eine im Ausland (EU-Ausland oder Nicht-EU-Ausland) betriebene Apotheke zur Leistungserbringung zu Lasten der deutschen Krankenkassen weder zugelassen noch ermächtigt werden kann.[724] Selbst wenn sich die ausländischen Apotheken nach deutschem Recht als Leistungserbringer qualifizieren würden, dürften die deutschen Krankenkassen grundsätzlich keine Sachleistungen im Ausland erbringen; dies folgt aus § 16 Abs. 1 Nr. 1 SGB

---

[721] Um Wiederholungen zu vermeiden, sei insoweit auf die Ausführungen im *4. Kapitel, A. I., 3., „Die verschiedenen Fallgruppen des Arzneimittelversandhandels unter Einschaltung des Internets und ihre rechtliche Relevanz"* verwiesen; diese Überlegungen gelten auch im Hinblick auf die Strafbarkeit des ausländischen Apothekers.

[722] Arzneimittel sind als Bestandteil der Krankenbehandlung grundsätzlich als Sachleistungen zu erbringen (§§ 27 Abs. 1 Satz 2 Nr. 3, 31, 32 SGB V).

[723] Dies setzt natürlich voraus, dass der in Deutschland lebende Verbraucher bei einer deutschen Versicherung krankenversichert ist.

[724] *Krombacher-Bachern/Fischer*, Die Sozialversicherung 2001, S. 253. Ausländische Apotheken gehören weder einem deutschen Apothekerverband an noch können sie dem Rahmenvertrag nach § 129 SGB V beitreten.

V.[725] Dies entspricht auch dem EU-Recht, wonach die Mitgliedstaaten zur Ausgestaltung ihrer Systeme der sozialen Sicherheit berechtigt sind.[726]

Da der Arzneimittelbezug aus ausländischen Internet-Apotheken als Sachleistung nicht in Betracht kommt und somit eine Kostenübernahme der deutschen Krankenkassen von vornherein ausscheidet, besteht allenfalls die Möglichkeit, dass die Krankenkassen die Arzneimittelkosten im Wege der Kostenerstattung tragen (§ 13 Abs. 4 SGB V). Der Abschluss solcher Verträge ist den Krankenkassen zumindest mit Leistungserbringern im Geltungsbereich des Vertrags zur Gründung der europäischen Gemeinschaft und des Abkommens über den europäischen Wirtschaftsraum[727] nach Maßgabe des Dritten Kapitels des SGB V unter Anwendung des im Inland geltenden Sachleistungsprinzips gestattet (§ 140e SGB V).[728] Als Basis der Rechnungslegung werden die in Deutschland gültigen Preise nach der Arzneimittelverordnung herangezogen, wobei die Rabatte nach den §§ 130 und 130a SGB V[729] verrechnet werden. Zuzahlungen der Versicherten der gesetzlichen Krankenkassen gemäß §§ 31 Abs. 3, 61 Satz 1 SGB V werden von den Apotheken eingezogen und gemäß § 43b SGB V mit den Vergütungsansprüchen gegenüber den Krankenkassen verrechnet.[730]

---

[725] § 16 Abs. 1 Nr. 1 SGB V bestimmt, dass „[d]er Anspruch auf Leistungen ruht, solange Versicherte sich im Ausland aufhalten, und zwar auch dann, wenn sie dort während eines vorübergehenden Aufenthalts erkranken, soweit in diesem Gesetzbuch nichts Abweichendes bestimmt ist,…". Vgl. dazu *Krombacher-Bachern/Fischer*, Die Sozialversicherung 2001, S. 253.

[726] Eine Ermächtigungsgrundlage zum Abschluss von Rahmenverträgen zwischen deutschen Krankenkassen und ausländischen (Internet-)Apotheken (Leistungserbringer), die zu einer Kostenübernahme nach erbrachter Sachleistung berechtigen würde, ist im europäischen Recht nicht vorgesehen. Dies ergibt sich insbesondere aus den Verordnungen (EWG) Nr. 1408/71 und (EWG) 574/72. Der EuGH hat durch seine Rechtsprechung bestätigt, dass, sofern die Systeme der sozialen Sicherheit der Mitgliedstaaten mit den Grundfreiheiten des EG-Vertrages vereinbar sind, kein Verstoß gegen Europarecht gegeben ist; vgl. insofern *EuGH*, in den Rechtssachen „Decker" (EuGH RS C-120/95 = Slg. 1998, I-1831) und „Kohll" (EuGH RS C-156/96 = Slg. 1998, I-1931), Urteile v. 28.04.1998.

[727] Im Folgenden: (EU-)Leistungserbringer.

[728] Gegenwärtig haben mehrere deutsche Krankenkassen Verträge zur Versorgung ihrer Versicherten gemäß § 140e SGB V mit niederländischen Internet-Apotheken (u.a. *DocMorris*) abgeschlossen. § 140e SGB V wurde mit dem am 01.01.2004 in Kraft getretenen GKV-Modernisierungsgesetz eingefügt. Während bis zum Inkrafttreten des GKV-Modernisierungsgesetzes nur seit dem 01.01.1999 freiwillig Versicherte sowie ihre nach § 10 SGB V versicherten Familienangehörigen zur Kostenerstattung berechtigt waren, wenn sie anstelle der Sach- und Dienstleistungen Kostenerstattung gewählt haben, können nunmehr alle Versicherten statt Sach- und Dienstleistungen die Kostenerstattung wählen.

[729] Dabei handelt es sich um die gesetzlich festgelegten Rabatte der Apotheken und der pharmazeutischen Unternehmen.

[730] Vgl. zum Vorgang der Abrechnung etwa *Gaßner/Reich-Malter*, PharmR 2004, S. 342.

Eine *prima facie* in Betracht kommende Betrugsstrafbarkeit gemäß § 263 Abs. 1 StGB und eine Untreuestrafbarkeit gemäß § 266 Abs. 1 StGB wegen Abgabe verschreibungspflichtiger Arzneimittel an den Verbraucher in Deutschland auf der Grundlage einer ordnungsgemäß ausgestellten ärztlichen Verschreibung und der anschließenden ordnungsgemäßen Abrechung des leistungserbringenden EU-ausländischen (Internet-)Apothekers zu Lasten der deutschen Krankenkassen scheiden demnach insoweit aus. Aufgrund § 140e i.V.m. § 13 Abs. 4 Satz 1 und 2 SGB V darf der versicherte Verbraucher die EU-Internet-Apotheke als Leistungserbringer im Wege der Kostenerstattung in Anspruch nehmen.

Anders zu beurteilen ist die Rechnungslegung des (EU-)Apothekers für nicht abgegebene Arzneimittel oder die Geltendmachung überhöhter Arzneimittelkosten[731]. Wird der abgerechnete (fällige) Betrag von der Krankenkasse erstattet, ist der Betrug vollendet. Um unnötige Wiederholungen zu vermeiden, sei insoweit auf die obigen Ausführungen zur Strafbarkeit der deutschen Apotheker verwiesen.[732] Verändert der Apotheker die ausgestellten Rezepte, begeht er zusätzlich eine Urkundenfälschung gemäß § 267 Abs. 1 StGB.

Während der deutsche Gesetzgeber den EU-Internet-Apotheken die Geltendmachung eines Kostenerstattungsanspruchs gemäß § 140e i.V.m. § 13 Abs. 4 SGB V grundsätzlich erlaubt, besteht für die Nicht-EU-Internet-Apotheken keinerlei Möglichkeit, die Arzneimittelkosten gegenüber den deutschen Krankenkassen abzurechnen. Eine Strafbarkeit wegen Betruges, Untreue und Urkundenfälschung wird deshalb regelmäßig schon aus praktischen Gründen ausscheiden.[733]

3.3. Sonstige Delikte nach dem Strafgesetzbuch

Führt der ausländische Apotheker unbefugt die Bezeichnung „Apotheker", kann dies den Straftatbestand des § 132a Abs. 1 Nr. 2 StGB erfüllen. Allerdings ist eine Strafverfolgung nicht möglich. § 132a StGB hat als abstraktes Gefähr-

---

[731] Die Geltendmachung überhöhter Preise für verschreibungspflichtige Arzneimittel wird jedoch kaum in Betracht kommen, da die Verträge der deutschen Krankenkassen mit der Internet-Apotheke mit Sitz im EU-Ausland die Geltung der (deutschen) Arzneimittelpreisverordnung vorsehen werden.

[732] Vgl. die Ausführungen im *4. Kapitel, A., I., 3., 3.2., „Der Arzneimittelversandhandel durch Internet-Apotheken nach erfolgter ärztlicher online Konsultation"*.

[733] Der Fall, dass sich eine Nicht-EU-Internet-Apotheke als eine EU-Internet-Apotheke ausgibt und die Leistungserbringung gegenüber der deutschen Krankenkassen abrechnet, ist so gut wie nicht möglich. Denn die Abrechnung setzt grundsätzlich den Abschluss eines Rahmenvertrages zwischen den Spitzenverbänden der Krankenkasse und den Spitzenorganisationen der Apotheke voraus. Ohne einen solchen Vertrag erfolgt keine Kostenerstattung. Allenfalls käme ein Versuchsdelikt in Betracht.

dungsdelikt keinen Erfolgsort i.S.d § 9 Abs. 1 Var. 3 StGB. Handlungsort i.S.d. § 9 Abs. 1 Var. 1 StGB ist der im Ausland liegende Aufenthaltsort des Täters.[734]

Der Verbraucher ist in der virtuellen Welt nicht auf eine Internet-Apotheke festgelegt, sondern kann auf das weltweite Angebot zurückgreifen. Der vermeintlich diskrete und unkomplizierte Service birgt jedoch die Gefahr der unberechtigten Datenerhebung und -verwertung, der sich der Verbraucher oftmals nicht bewusst ist.[735] Obwohl der Apotheker aufgrund seiner beruflichen Verpflichtung zur Einhaltung der (nationalen) datenschutzrechtlichen Bestimmungen verpflichtet ist, ist der Arzneimittelversandhandel wegen illegaler Geschäftpraktiken in die Kritik geraten. Zwar sollte jedem Verbraucher bewusst sein, dass (online) übermittelte personenbezogene Daten sowie Gesundheitsdaten missbraucht werden können, jedoch ist die Gefahr des Missbrauchs keine ausschließlich dem online Arzneimittelversand anhaftende Gefahr. Für die deutschen Apotheker hat der Gesetzgeber die Datenerhebung ausführlich in zahlreichen Bestimmungen geregelt und einen Verstoß in §§ 203, 204 StGB sanktioniert.[736] Auch wenn der ausländische Apotheker im Hinblick auf die Berufsausübung an die jeweiligen (im Vergleich zu den deutschen Vorschriften entweder strengeren oder weniger strengen) nationalen datenschutzrechtlichen Vorschriften gebunden sein mag, kann auch er strafrechtlich gemäß §§ 203, 204 StGB zur Verantwortung gezogen werden.[737] Voraussetzung ist zunächst, dass die Daten eines bei der Internet-Apotheke bestellenden deutschen Verbrauchers überhaupt einem generellen Verwertungsverbot unterliegen. Denn ähnlich wie der deutsche Gesetzgeber wird der ausländische Gesetzgeber nicht jede unbefugte Datenerhebung, -verarbeitung und/oder -verwertung strafrechtlich sanktionieren wollen.[738] Ohne an dieser Stelle auf die einzelnen ausländischen Datenschutzbestimmungen näher einzugehen,[739] wird man davon ausgehen können, dass gesundheits- und personenbezogene Daten aufgrund der durch den Missbrauch entstehenden Nachteile für den Verbraucher[740] auch in anderen Rechtssystemen als besonders schützenswerte Daten angesehen werden. Verstößt der (ausländi-

[734] Vgl. dazu die obigen Ausführungen.

[735] Vgl. hierzu ausführlich *2. Kapitel, B., „Vorteile und Gefahren Arzneimittelhandels unter Einschaltung des Internets"*.

[736] Vgl. dazu ausführlich *4. Kapitel, A., I., 3., 3.3., „Der Arzneimittelversandhandel durch nicht zugelassene Internet-Apotheken"*.

[737] Der Anwendungsbereich des deutschen Rechts ist nach §§ 3, 9 Abs. 1 Var. 3 StGB gegeben. Vgl. dazu die obigen Ausführungen.

[738] Zu beachten ist wiederum, dass die Intentionen der Gesetzgeber und ihre Vorstellungen, was im Einzelnen sanktionswürdig erscheint, auseinander gehen.

[739] Für die Beurteilung der Strafbarkeit ausländischer Apotheker gemäß §§ 203, 204 StGB kommt es letztlich nur darauf an, ob rechtlich geschützte gesundheits- und personenbezogene Daten des Verbrauchers unbefugt offenbart oder verwertet werden.

[740] Insofern vgl. *2. Kapitel., B., „Vorteile und Gefahren des Arzneimittelhandels unter Einschaltung des Internets"*.

sche) Apotheker im Rahmen des Arzneimittelversandhandels ebenfalls gegen die geltenden (nationalen) Datenschutzbestimmungen, erfüllt er die Deliktstatbestände gemäß §§ 203 Abs. 1 Nr. 1, 204 Abs. 1 StGB, wenn er infolge des Verstoßes ein ihm in seiner Tätigkeit als Apotheker anvertrautes Geheimnis offenbart oder verwertet. In den Fällen jedoch, in denen das Verhalten des Apothekers zwar tatbestandsmäßig i.S.d. §§ 203 Abs. 1 Nr. 1, 204 Abs. 1 StGB ist, ohne aber zugleich gegen das jeweilige nationale Datenschutzrecht zu verstoßen, scheidet eine Strafbarkeit des Apothekers grundsätzlich aus. Der Täter handelt dann in aller Regel in Unkenntnis der Verbotsnorm. Wer sich im Rahmen der (nationalen) datenschutzrechtlichen Vorschriften verhält, wird sein in Wahrheit verbotenes Verhalten als rechtlich zulässig ansehen. Fehlt ihm die Einsicht, Unrecht zu tun, so entfällt bei Unvermeidbarkeit des Irrtums die Schuld, § 17 StGB.

4. Die strafrechtliche Verantwortlichkeit nach dem Betäubungsmittelgesetz

Der Apotheker ist berechtigt, neben den „klassischen"[741] verschreibungspflichtigen Arzneimitteln, auch verschreibungspflichtige Betäubungsmittel unter Beachtung der Vorschriften des Betäubungsmittelgesetzes an den Verbraucher abzugeben. Die Strafbarkeit bei Verstößen gegen das Betäubungsmittelgesetz bestimmt sich insbesondere nach § 29 Abs. 1 Nr. 1 und Nr. 7, Abs. 3 Nr. 3, Abs. 4 BtMG.[742]

---

[741] Der Begriff „klassische" verschreibungspflichtige Arzneimittel ist so zu verstehen, dass darunter alle verschreibungspflichtigen Arzneimittel im Sinne der §§ 48, 49 AMG i.V.m. den Vorschriften der Verordnung über verschreibungspflichtige Arzneimittel fallen, die nicht zugleich als verschreibungspflichtige Betäubungsmittel im Sinne der Anlage III zum Betäubungsmittelgesetz klassifiziert werden.

[742] Zu den einzelnen Strafnormen sei – um Wiederholungen zu vermeiden – auf die Ausführungen zur Strafbarkeit der deutschen Apotheker verwiesen; vgl. *4. Kapitel, A., IV., „Die strafrechtliche Verantwortlichkeit nach dem Betäubungsmittelgesetz"*. Bei den Strafvorschriften handelt es sich in der Regel um abstrakte Gefährdungsdelikte. Eine Ausnahme hierzu bilden §§ 29 Abs. 3 Nr. 2, 29a BtMG, die als konkrete Gefährdungsdelikte einzuordnen sind, mit der Folge, dass es für deren Anwendbarkeit auf den Erfolgsort ankommt. Vgl. dazu die obigen Ausführungen.

Der Versandhandel ist eine Form des Vertriebs[743] von Arznei- und (im konkreten Fall) Betäubungsmitteln. In diesem Fall bestimmt sich die Anwendbarkeit des deutschen Strafrechts zur Verfolgung von Betäubungsmitteldelikten nach § 6 Nr. 5 StGB (sog. Weltrechtsprinzip),[744] so dass die Strafverfolgung der ausländischen Apotheker bei Verstößen gegen § 29 Abs. 1 Nr. 1 und Nr. 7, Abs. 3 Nr. 2, Abs. 4 BtMG bereits aufgrund dieser speziellen Vorschrift gegeben ist. Das deutsche Strafrecht gilt gemäß § 6 Nr. 5 StGB unabhängig davon, ob die Tat im Inland oder im Ausland erfolgt. Die Anknüpfung erfolgt vor allem unter dem Aspekt des Schutzes international anerkannter Rechtsgüter. Umstritten ist, ob über den Wortlaut der Vorschrift hinaus, ein legitimierender Anknüpfungspunkt erforderlich ist.[745] Der BGH will das Erfordernis eines legitimierenden Inlandsbezuges aus dem Nichteinmischungsprinzip ableiten.[746] Als Anknüpfungspunkt dafür genüge bereits die im internationalen Suchtstoffübereinkommen vereinbarte weltweite Zusammenarbeit zur Bekämpfung der Rauschgiftkriminalität im Interesse der Gesundheit und des Wohls der Menschheit.[747] Im Hinblick auf den Versandhandel von verschreibungspflichtigen Betäubungsmitteln unter Einschaltung des Internets werden deutsche Interessen verletzt, da das Betäubungsmittel durch die Abgabe an den Verbraucher in Deutschland gelangt. Andere dagegen vertreten die Auffassung, dass für die Anwendbarkeit des deut-

---

[743] Unter Vertrieb ist jede Tätigkeit zu verstehen, durch die ein Betäubungsmittel entgeltlich in den Besitz eines anderen gebracht werden soll. Vgl. *Weber*, Vor §§ 29 ff. BtMG, Rdn. 96; *Körner*, § 29 BtMG, Rdn. 139; *OLG Hamm*, Beschl. v. 29.05.1978, Az.: 3 Ws 283/78 = NJW 1978, S. 2346. Kritisch *Schrader*, NJW 1986, S. 2874 ff. *Schrader* vertritt die Auffassung, dass eine zu weite Auslegung des Begriffs „Vertreiben" vorgenommen werde, um die Anwendbarkeit des deutschen Strafrechts begründen zu können. § 6 Nr. 5 StGB, der nicht auf festumrissene Straftatbestände des Strafgesetzbuches oder eines Strafnebengesetzes verweist, sollte deshalb eindeutiger formuliert werden – durch Verweise auf einzelne Vorschriften im Betäubungsmittelgesetz –, um Zweifel im Hinblick auf die Anwendbarkeit des deutschen Strafrechts auszuräumen.

[744] Vgl. dazu *4. Kapitel, B., I., 2., „Die Anwendung der deutschen Strafgewalt nach dem Weltrechtsprinzip"*.

[745] Vgl. *Weber*, Vor §§ 29 ff. BtMG; Rdn. 93; *Eser* in: *Schönke/Schröder*, Vorbem §§ 3-7 StGB, Rdn. 8; *BVerfG*, Beschl. v. 12.12.2000, Az.: 2 BvR 1290/99 = NJW 2001, S. 1848 (1852); ferner der BGH zu § 6 Nr. 1 StGB: vgl. *BGH*, Beschl. v. 13.02.1994, Az.: 1 BGs 100/94 = NStZ 1994, S. 232 mit Anmerkung *Oehler*, NStZ 1994, S. 485; *BGH*, Urt. v. 30.04.1999, Az.: 3 StR 215/98 = BGHSt 45, S. 64 (66); *BGH*, Beschl. v. 11.12.1998, Az.: 2 Ars 499/98 = NStZ 1999, S. 236 sowie *BGH*, Beschl. v. 11.12.1999, Az.: 2 Ars 51/99 = StV 1999, S. 240; ferner zu § 6 Nr. 5 StGB: vgl. *BGH*, Urt. v. 08.04.1987, Az.: 3 StR 11/87 = BGHSt 34, S. 334 (336).

[746] Vgl. *BGH*, Urt. v. 08.04.1987, Az.: 3 StR 11/87 = BGHSt 34, S. 334 (336); *BGH*, Urt. v. 30.04.1999, Az.: 3 StR 215/98 = BGHSt 45, S. 64 (66); *BGH*, Beschl. v. 13.02.1994, Az.: 1 BGs 100/94 = NStZ 1994, S. 232; *BGH*, Beschl. v. 11.12.1999, Az.: 2 Ars 51/99 = StV 1999, S. 240.

[747] *BGH*, Urt. v. 08.04.1987, Az.: 3 StR 11/87 = BGHSt 34, S. 334 (336).

schen Strafrechts bereits der dem § 6 Nr. 5 StGB zugrunde liegende allgemeine Anknüpfungspunkt – der Schutz in allen Kulturstaaten anerkannter Rechtsgüter, hier die Volksgesundheit, (Gedanke internationaler Solidarität)[748] – genüge.[749]

Die Geltungserstreckung des § 6 Nr. 5 StGB bezieht sich jedoch nicht auf Versuchsdelikte. In Betracht kommt insofern allenfalls eine Strafbarkeit des ausländischen Apothekers gemäß § 29 Abs. 1 Nr. 1, Abs. 2 BtMG. Die Anwendbarkeit des deutschen Strafrechts richtet sich dann nach dem Deliktscharakter der Vorschrift. Bei der Strafvorschrift handelt es sich um ein abstraktes Gefährdungsdelikt, so dass sich die Strafbarkeit des ausländischen Täters nach dem Begehungsort bestimmt. Tatort ist daher der Ort der abstrakt gefährlichen Handlung, wobei es auf die Versuchshandlung ankommt.[750] § 29 Abs. 1 Nr. 1, Abs. 2 BtMG normiert im Hinblick auf den grenzüberschreitenden Vertrieb verschiedene Tathandlungen: u.a. das (unerlaubte) *Handeltreiben*, die (unerlaubte) *Abgabe* und das (unerlaubte) *Inverkehrbringen.*[751] Obwohl die Abgabe und das Inverkehrbringen erfordern, dass dem Verbraucher die tatsächliche Verfügungsgewalt übertragen wird, und auch das Handeltreiben erst beendet ist, wenn das (Betäubungs-)Mittel zum Verbraucher gelangt, liegt der Versuchsbeginn in der Aufgabe der Betäubungsmittelsendung zwecks Zustellung an den Verbraucher. Dadurch hat der Apotheker die Möglichkeit zum Wechsel der Verfügungsgewalt eröffnet.[752] Die Geltungserstreckung des deutschen Rechts ergibt sich für diesen Fall aus §§ 3, 9 Abs. 1 Var. 1 StGB.

5. Die strafrechtliche Verantwortlichkeit nach dem Markengesetz

Um die Arzneimittelsicherheit zu gewährleisten, besteht eine Kennzeichnungspflicht, die auch ausländische Apotheker trifft, sofern sie Arzneimittel nach Deutschland vertreiben. Vollständige Transparenz und Kontrolle des Arzneimittelmarktes ist damit jedoch nicht gewährleistet. Das Internet erweist sich dabei als ein neuer – und anscheinend mangels faktischer Strafverfolgungsmöglichkeit – sicherer Absatzmarkt für die gefälschten Produkte. Fast täglich werden gefälschte Arzneimittel aus der offiziellen Handelskette sichergestellt.[753]

---

[748] Vgl. dazu *Eser* in: *Schönke/Schröder*, Vorbem §§ 3-7 StGB, Rdn. 8; *Collardin*, CR 1995, S. 618 (620).

[749] *Eser* in: *Schönke/Schröder*, § 6 StGB, Rdn. 1 m.w.N.

[750] Zur Anwendbarkeit des deutschen Strafrechts bei abstrakten Gefährdungsdelikten sowie bei versuchten Delikten vgl. obige Ausführungen.

[751] Auf die anderen in § 29 Abs. 1 Nr. 1 BtMG genannten Tathandlungen soll es hier nicht ankommen.

[752] Insofern gilt das zur Anwendbarkeit des deutschen Strafrechts im Hinblick auf das versuchte Inverkehrbringen von Arzneimitteln Gesagt; vgl. obige Ausführungen.

[753] 2004 wurden zehn Millionen gefälschte Tabletten sichergestellt. *Der Spiegel*, „Kontrolle über jede Pille“, 33/2005, S. 71.

Die Verletzung von Kennzeichenrechte ist dabei immanent;[754] führt jedoch nicht zur Strafbarkeit ausländischer Täter gemäß §§ 143, 144 MarkenG. Die Anwendbarkeit des deutschen Strafrechts ist nicht gegeben, da der Täter im Ausland handelt.[755]

6. Die strafrechtliche Verantwortlichkeit nach der Abgabenordnung und dem Umsatzsteuergesetz

Mit Aufnahme des Arzneimittelversands nach Deutschland wurde der niederländischen Internet-Apotheke *DocMorris* vorgeworfen, anfallende deutsche Steuern durch Tarnung eines Versandhandelsgeschäftes als Abholgeschäft zu vermeiden[756] und zudem vom Mehrwertsteuervorteil zu profitieren, weil nur die niederländische Umsatzsteuer in Höhe von 6 Prozent anstatt der deutschen Umsatzsteuer in Höhe von 16 Prozent abgeführt werde[757].[758] Die Umsätze von Arznei-, Heil- und Hilfsmitteln sind in Deutschland steuerpflichtig, soweit Entgelte dafür von den gesetzlichen Versicherungsträgern, den Ersatzkassen, den Krankenkassen der selbständigen Handels- und Gewerbebetriebe und den Landes- und Betriebsfürsorgeverbänden oder vom Käufer direkt zu zahlen sind.[759] Näheres regeln die Vorschriften des Umsatzsteuergesetzes (UStG). Beim grenzüberschreitenden Versandhandel an deutsche Verbraucher stellt sich jedoch die Frage, welches Umsatzsteuerrecht überhaupt anwendbar ist. Denn, hat das ausländische Unternehmen in Deutschland keine Umsatzsteuern zu entrichten, kommt

---

[754] Um unnötige Wiederholungen zu vermeiden, sei im Hinblick auf die einzelnen in Betracht kommenden Straftatbestände auf die Ausführungen zur Strafbarkeit der deutschen Apotheker verwiesen; *4. Kapitel, A., V., „Die strafrechtliche Verantwortlichkeit nach dem Markengesetz"*.

[755] Bei den §§ 143, 144 MarkenG handelt es sich um bloße Tätigkeitsdelikte. Tatort ist der Begehungsort (Ort der Handlung). Zur Anwendbarkeit des deutschen Strafrechts vgl. die obigen Ausführungen *4. Kapitel, B., I., 1., 1.2. „Tätigkeitsdelikte.*

[756] Nachricht über die Strafanzeige des Bundesverbandes Deutscher Apotheker gegen DocMorris, *Berliner Zeitung* vom 29.08.2002.

[757] Vgl. *Pharmazeutische Zeitung*, „DocMorris erwirkt einstweilige Verfügung", [online] <http://pharmazeutische-zeitung.de> (letzter Zugriff: 25.01.2006).

[758] *DocMorris* erwirkte daraufhin vor dem LG Hamburg eine einstweilige Verfügung gegen fünf Landesapothekenverbände bzw. -kammern (Hessen, Brandenburg, Thüringen, Westpfahlen-Lippe und Nordrhein), in der den Verfügungsbeklagten unter Androhung eines Ordnungsgeldes verboten wurde, zu behaupten oder zu verbreiten, dass DocMorris Arzneimittel auch deswegen billiger als deutsche Apotheken anbieten könne, weil sie lediglich die niedrigere niederländische Umsatzsteuer statt der höheren deutschen Umsatzsteuer auf die Arzneimittel zahlt. *DocMorris* konnte vor Gericht vortragen, dass in Deutschland Umsatzsteuern für den Arzneimittelversand gezahlt werden. Vgl. *Frankfurter Allgemeine Sonntagszeitung* vom 19.03.2003, „Juristischer Sieg für Internet-Apotheke DocMorris", [online] <http://www.faz.net> (letzter Zugriff: 25.01.2006).

[759] *Hügel/Fischer/Kahn*, S. 629.

eine Strafbarkeit nach den Vorschriften der Abgabenordnung (§§ 369 ff. AO) von vornherein nicht in Betracht. Ausschlaggebend ist zunächst, ob es sich um einen EU-grenzüberschreitenden oder Nicht-EU-grenzüberschreitenden Arzneimittelversand handelt. Trotz der Harmonisierung des Umsatzsteuerrechts innerhalb der EU[760] gibt es Unterschiede bei der Bestimmung der Umsatzsteuer für ausländische Unternehmen.

6.1. Der grenzüberschreitende Arzneimittelversand innerhalb der EU

Beim Verkauf innerhalb der EU gilt das Ursprungslandprinzip, d.h. die Umsatzsteuer fällt im Verkaufsland an. Beim Versandhandel gelten jedoch Ausnahmen. Für die weitere Betrachtung wird folgende Fallkonstellation zugrunde gelegt:

Eine niederländische Internet-Apotheke verkauft (durch den Apotheker (A)) im Wege des Versandhandels Arzneimittel an einen Verbraucher (V) in Deutschland. Dabei wird unterstellt, dass der Apotheker als Versandhändler Unternehmer i.S.d. § 2 Abs. 1 Satz 1 UStG und der Verbraucher Privatperson ist.

Der Arzneimittelversandhandel stellt eine Lieferung gegen Entgelt i.S.d. § 3 Abs. 1 UStG dar, wobei im Vordergrund steht, dem Käufer (Verbraucher) die Verfügungsgewalt zu verschaffen. Ferner bestimmt § 3c UStG, dass beim Versenden von Waren umsatzsteuerlich der Ort der Lieferung im Inland liegt (sog. Bestimmungslandprinzip). Die Besteuerung des Umsatzes fällt dann dort an, wo der Verbraucher seinen gewöhnlichen Aufenthalt hat, also in Deutschland[761]. Die niederländische Internet-Apotheke müsste folglich die Umsatzsteuer in Deutschland entrichten.[762] Entscheidend ist jedoch, wie der Liefergegenstand an seinen Bestimmungsort gelangt. Denn diese Regelung gilt nur dann, wenn der Versandhändler als liefernder Unternehmer die Arzneimittel befördert[763] oder

---

[760] Die Harmonisierung der Umsatzsteuer erfolgte erstmals über die Richtlinie vom 11.04. 1967 (EWG 227/67), welche in der Folgezeit mehrfach geändert und erweitert wurde, insbesondere durch die Richtlinien vom 09.12.1969 (EWG 463/69) und vom 17.05.1977 (EWG 388/77). Zweck der Richtlinien war die Einführung eines gemeinsamen Mehrwertsteuersystems beruhend auf dem Grundsatz, dass die Mitgliedstaaten Regelungen über die Umsatzsteuer treffen, welche die Wettbewerbsbedingungen nicht verfälschen und den freien Verkehr von Waren und Dienstleistungen im Gemeinsamen Markt nicht behindern. Zu beachten ist, dass die Richtlinien keine unmittelbaren Regelungen enthalten, sondern lediglich zur Harmonisierung der nationalen Umsatzsteuergesetze führten.

[761] Die Zuständigkeit des Finanzamtes bestimmt sich nach § 21 Abs. 1 AO.

[762] Es sei darauf hingewiesen, dass die Internet-Apotheke auch auf ihren Rechnungen an die deutschen Verbraucher die derzeit in Deutschland geltende Umsatzsteuer (19 %) aufzuführen hat.

[763] Befördern ist jede Fortbewegung eines Gegenstandes (§ 3 Abs. 6 Satz 2 UStG).

diese von einem von ihm beauftragten Dritten befördern oder versenden[764] lässt.[765] Holt der in Deutschland lebende Verbraucher die Arzneimittel bei der niederländischen Internet-Apotheke ab oder lässt diese dort abholen, um sie in das Gebiet der Bundesrepublik zu verbringen, richtet sich der Ort der Lieferung nicht nach § 3c Abs. 1 UStG, sondern nach § 3 Abs. 6 UStG. Dies gilt auch dann, wenn der Unternehmer im Namen und für Rechnung des Kunden einen Dritten mit der Beförderung beauftragt, sofern ihn der Kunde hierzu bevollmächtigt hat.[766] In diesem Fall bleibt es bei der Besteuerung im Ursprungsland, also in den Niederlanden. Der Arzneimittelversandhändler kann folglich durch Wahl seines Geschäftssitzes und des Übergabeortes der Arzneimittel Einfluss auf die Höhe der zu entrichtenden Umsatzsteuer nehmen. Für das zugrunde gelegte Fallbeispiel bedeutet dies, dass, sofern sich der Ort der Lieferung nach § 3c Abs. 1 UStG bestimmt, eine Umsatzsteuer in Höhe von 19 % zu entrichten wäre; bestimmt sich der Ort der Lieferung dagegen nach § 3 Abs. 6 UStG, wäre lediglich eine Umsatzsteuer in Höhe von 6% zu entrichten.

Eine weitere Ausnahme gilt beim nur „geringfügigen" Arzneimittelversandhandel. Es gilt dann eine bestimmte Umsatzgrenze (sog. Lieferschwelle). Diese liegt bei gegenwärtig 100.000 Euro (§ 3c Abs. 3 Nr. 1 UStG). Liefert die niederländische Internet-Apotheke in einem Jahr Arzneimittel an deutsche Verbraucher, die einen Betrag von 100.000 Euro nicht überschreiten, sind die Umsätze im Bestimmungsland (Sitz der Internet-Apotheke) zu versteuern;[767] es fällt dann eine Umsatzsteuer in Höhe von 6 % an. Überschreitet die Internet-Apotheke die sog. Lieferschwelle, kommt die Versandhandelsregelung zur Anwendung; es gelten dann die o.g. Bestimmungen.

Strafbar macht sich der ausländische Apotheker insoweit nur, wenn er zur Entrichtung der Umsatzsteuer in Deutschland verpflichtet ist und unrichtige (nicht der Wahrheit entsprechende) oder unvollständige (neben den angegebenen steuerlich erheblichen Tatsachen werden andere steuerlich erhebliche Tatsachen verschwiegen) Angaben über steuerlich erhebliche Tatsachen macht (§ 370 Abs. 1 Nr. 1 AO)[768] oder pflichtwidrig[769] steuerlich erhebliche Tatsache ver-

---

764 Versenden liegt vor, wenn jemand die Beförderung durch einen selbstständigen Beauftragen ausführen oder besorgen lässt (§ 3 Abs. 6 Satz 3 UStG).

765 *Martin* in: *Sölch/Ringleb*, § 3c UStG, Rdn. 3.

766 *Wallis* in: *Bunjes/Geist*, § 3c UStG, Rdn. 3. In diesem Fall ist nicht der Unternehmer, sondern der Kunde Auftraggeber der Beförderung.

767 In diesem Fall hat die Internet-Apotheke auf der Rechnung des Verbrauchers die in ihrem Land geltende Umsatzsteuer in Rechnung zu stellen.

768 Der Tatbestand des § 370 Abs. 1 Nr. 1 AO ist nur dann erfüllt, wenn der Apotheker unberechtigt eine Umsatzsteuer in seiner Erklärung ausweist; die Nichtanmeldung der Umsatzsteuer erfüllt den Tatbestand des § 370 Abs. 1 Nr. 1 AO nur dann, wenn der nach § 14 Abs. 3 UStG geschuldete Betrag als Steuer i.S.d. § 3 AO zu qualifizieren ist. Strittig vgl. *Gast-de Haan* in: *Klein*, § 370 AO, Rdn. 29, m.w.N.

schweigt (§ 370 Abs. 1 Nr. 2 AO)[770] und dadurch Steuern verkürzt[771] oder für sich oder einen anderen nicht gerechtfertigte Steuervorteile[772] erlangt. Die Strafbarkeit des Versuchs ergibt sich aus § 370 Abs. 2 AO. § 370 Abs. 3 AO sieht eine Strafverschärfung für besonders schwere Fälle vor; das Vorliegen eines Regelbeispiels bedarf jedoch einer Entscheidung nach den Umständen des Einzelfalles. Für den Arzneimittelversand kommt demnach nur § 370 Abs. 3 Satz 2 Nr. 1 AO in Betracht, wonach der Täter aus grobem Eigennutz[773] handeln und im großen Ausmaß Steuern verkürzen oder nicht gerechtfertigte Steuervorteile erlangen muss. Dies wird man allenfalls bei einer Umsatzsteuerhinterziehung in Millionenhöhe annehmen können.[774] Wird die Steuerhinterziehung in den Fällen des § 370 AO gewerbs-[775] oder bandenmäßig begangen, bestimmt sich die Strafbarkeit nach § 370a AO. Im Gegensatz zu § 370 Abs. 3 AO muss der Täter bei der gewerbsmäßigen oder bandenmäßigen Steuerhinterziehung nicht aus grobem Eigennutz handeln. Es müssen lediglich Steuern im großen Ausmaß verkürzt werden. Davon wird man ausgehen können, wenn eine Hinterziehung in Millionenhöhe erfolgt (vgl. oben).

Die Möglichkeit zur Strafverfolgung ergibt sich aus § 370 Abs. 7 AO, der das Territorialitätsprinzip des § 3 StGB ersetzt, welches grundsätzlich für Steuerstraftaten gilt (§ 369 Abs. 2 AO). § 370 Abs. 7 AO stellt ausdrücklich klar, dass auch die Taten eines Ausländers, die den Tatbestand der Steuerhinterziehung gemäß § 370 Abs. 1 bis Abs. 6 AO verwirklichen, nach deutschem Steuerstrafrecht verfolgt und bestraft werden können, die außerhalb des Geltungsbereichs der Abgabenordnung begangen wurden, und zwar unabhängig vom Recht des Tatorts.[776] Da die Hinterziehungstatbestände des § 370 Abs. 1 bis Abs. 5 AO nur für

---

769 Pflichtwidrig handelt, wer eine Rechtspflicht zur Offenbarung steuerlich erheblicher Tatsachen verletzt. Vgl. *Gast-de Haan* in: *Klein*, § 370 AO, Rdn. 40.

770 Bei dieser Tatbestandsalternative handelt es sich um ein Unterlassungsdelikt.

771 Steuern sind verkürzt, wenn sie nicht, nicht in voller Höhe oder nicht rechtzeitig festgesetzt worden sind. Vgl. *Scheurmann-Kettner* in: *Koch/Scholz*, § 370 AO, Rdn. 77. § 370 Abs. 4 Satz 1 AO enthält eine Definition für besonders wichtige Fälle.

772 Steuervorteile sind nicht gerechtfertigt, wenn die gesetzlichen Voraussetzungen für die Gewährung nicht vorgelegen haben oder wenn die Voraussetzungen bei Gewährung des auf Dauer wirkenden Vorteils gegeben waren, später aber weggefallen sind. Vgl. *Scheurmann-Kettner* in: *Koch/Scholz*, § 370 AO, Rdn. 40.

773 Grober Eigennutz liegt vor, wenn der Täter aus einem besonders anstößigen Gewinnstreben handelt. Vgl. *Scheurmann-Kettner* in: *Koch/Scholz*, § 370 AO, Rdn. 59.

774 Ob man eine Steuerverkürzung im großen Ausmaß an der Höhe des verkürzten Betrages bemessen kann, ist strittig und bedarf der Beurteilung nach den Umständen des Einzelfalls; vgl. *Gast-de Haan* in: *Klein*, § 370 AO, Rdn. 68, § 370a, Rdn. 14 m.w.N.

775 Gewerbsmäßig handelt der Täter, wenn er in der Absicht handelt, sich durch wiederholte Tatbegehung eine fortlaufende Einnahmequelle von einiger Dauer und einigem Umfang zu verschaffen. Vgl. *Scheurmann-Kettner* in: *Koch/Scholz*, § 370 AO, Rdn. 147.

776 Auf den Deliktscharakter der Strafvorschrift, der zur Bestimmung des Tathandlungsorts bzw. des Erfolgsorts gemäß §§ 3, 9 StGB notwenig wäre, kommt es wegen des in § 370 Abs.

Steuern gelten, die aufgrund deutscher Steuergesetze geschuldet werden,[777] kommt die Strafbarkeit des ausländischen Apothekers nur in Betracht, wenn er in Deutschland tatsächlich Steuern entrichten muss.

Ferner besteht die Möglichkeit der Strafbarkeit nach dem Umsatzsteuergesetz. Wer die Umsatzsteuer nicht oder nicht vollständig entrichtet, handelt gemäß § 26b UStG (zwar nur) ordnungswidrig; die gewerbs- oder bandenmäßige Begehung des § 26b UStG ist jedoch gemäß § 26c UStG eine Straftat. Mit der Einführung des § 26c UStG wurde eine Regelungslücke für die Fälle geschlossen, in denen eine Bestrafung gemäß § 370 AO mangels Erfüllung des objektiven Tatbestandes[778] und folglich auch eine Strafbarkeit gemäß des Qualifikationstatbestandes § 370a AO ausscheidet.

§ 1 Abs. 1 UStG beschränkt die Erhebung der Umsatzsteuer grundsätzlich auf das Inland. Aus § 1 Abs. 2 und Abs. 2a UStG ergibt sich, was unter dem Begriff „Inland" zu verstehen ist. Das *Inland* umfasst auch das Gemeinschaftsgebiet und die übrigen Mitgliedstaaten der EG (vgl. § 1 Abs. 2a UStG). Was der Besteuerung unterliegt, folgt aus § 3 UStG. Umsätze aus dem EU-grenzüberschreitenden Arzneimittelversandhandel unterliegen dem deutschen Umsatzsteuerrecht nur, wenn der Ort der Lieferung bzw. der Ort der Leistung – wie oben ausgeführt – im Inland liegt (§ 3c UStG). Wird die Umsatzsteuer nicht entrichtet, gilt die Tat als im Inland begangen. Die Anwendbarkeit der Umsatzsteuerstrafvorschriften ist damit gegeben (§§ 3, 9 Abs. 1 Var. 1 StGB).

---

7 AO verankerten Weltstrafprinzips nicht an. Geschütztes Rechtsgut ist „der Anspruch des Staates auf den vollen und rechtzeitigen Ertrag aus jeder einzelnen Steuer"; vgl. dazu *Scheuermann-Kettner*, in: *Koch/Scholz*, § 370 AO, Rdn. 8; ferner *Gast-de Haan* in: *Klein*, § 370 AO, Rdn. 2 jeweils m.w.N. Es ist jedoch anzumerken, dass der Deliktscharakter des § 370 AO umstritten ist. Einerseits wird vertreten, es handele sich um ein konkretes Gefährdungsdelikt. Zur Begründung wird § 370 Abs. 4 Satz 1 AO angeführt, wonach Steuern dann verkürzt sind, wenn sie nicht, nicht rechtzeitig oder nicht in voller Höhe festgesetzt werden. Nach dieser Formulierung scheint es nicht darauf anzukommen, ob eine Steuer überhaupt geschuldet, noch nicht fällig oder schon gezahlt ist. Vgl. Tiedemann, JZ 1975, S. 185 (186). Andere vertreten die Auffassung, dass die Steuerhinterziehung ein Verletzungsdelikt sei, da die Steuerhinterziehung erst vollendet ist, wenn ein Schaden eingetreten ist (der Umfang der verkürzten Steuern muss feststehen). Vgl. *Scheuermann-Kettner* in: *Koch/Scholz*, § 370 AO, Rdn. 19; ferner *Gast-de Haan* in: *Klein*, § 370 AO, Rdn. 50; *Beckemper*, NStZ 2002, S. 518 (520 f.). Zu abweichenden Ansichten vgl. *Dörn*, wistra 1992, S. 129 ff. m.w.N.; *FG Bremen*, Urt. v. 13.02.1990, Az.: II 49/ 86 K.

[777] Es sei denn, eine Erweiterung des Schutzes ist ausdrücklich im Gesetz normiert, z.B. § 370 Abs. 6 AO.

[778] Vgl. *Klenk* in: *Sölch/Ringleb*, § 26c UStG, Rdn. 2.

6.2. Der grenzüberschreitende Arzneimittelversand von außerhalb der EU

Werden Arzneimittel von Staaten außerhalb der EU nach Deutschland eingeführt, bestimmt sich die Umsatzsteuer nach dem sog. Bestimmungslandprinzip. Zugrunde gelegt sei folgende Fallkonstellation:

> Ein Verbraucher (V) in Deutschland bestellt (elektronisch) bei der amerikanischen Internet-Apotheke ein verschreibungspflichtiges Arzneimittel. Der ausländische Apotheker (A) gibt das Arzneimittel an V ab, das V im Wege des Postversands geliefert wird.

Nach § 1 Abs. 1 Nr. 4 i.V.m. § 3 Abs. 8 UStG unterliegt die Einfuhr von Gegenständen aus einem Drittlandgebiet (§ 1 Abs. 2a Satz 3 UStG) in das Inland der Umsatzsteuer in Deutschland (sog. Einfuhrumsatzsteuer). Dies hat zur Folge, dass alle Nicht-EU-Internet-Apotheken stets die Umsatzsteuer in Deutschland für den Versand von Arzneimitteln an deutsche Verbraucher zu entrichten haben. Insofern bestehen keine Unterschiede zum Arzneimittelversandhandel innerhalb der EU. Für die Strafbarkeit der Apotheker gilt mithin das zur Strafbarkeit der Apotheker in der EU Gesagte entsprechend. Da der Ort der Lieferung im Inland liegt, ergibt sich die Strafrechtserstreckung aus §§ 3, 9 Abs. 1 Var. 1 StGB.

7. Fazit

Bei der Beurteilung der strafrechtlichen Verantwortlichkeit der ausländischen Apotheker muss man – wenn auch nur in bestimmten Fällen – zwischen dem grenzüberschreitenden Arzneimittelversandhandel innerhalb der EU und von außerhalb der EU unterscheiden. Aufgrund der innerhalb der EU angestrebten Harmonisierung in vielen Rechtsgebieten hat der deutsche Gesetzgeber in bestimmten Vorschriften ausdrücklich auf den innerhalb der EU grenzüberschreitenden Versandhandel hingewiesen, während der Versandhandel von außerhalb der EU keine explizite Erwähnung findet. Teilweise ergeben sich dadurch Unklarheiten bei der Beurteilung eventueller Strafbarkeit, die sich häufig nur unter Rückgriff auf Sinn und Zweck der Gesetzesvorschriften beseitigen lassen. Der wesentliche Unterschied besteht darin, dass der deutsche Gesetzgeber mit der Neufassung der gesetzlichen Arzneimittelvorschriften nunmehr auch den EU-ausländischen Versandhandel zulässt, sich jedoch weiterhin für ein (striktes) Versandhandelsverbot für Importe aus dem Nicht-EU-Ausland ausspricht. Auf die Strafbarkeit der Apotheker hat dies allerdings kaum Auswirkungen, denn im Ergebnis finden die Strafvorschriften des Arzneimittelgesetzes – soweit sich die Strafbarkeit aus §§ 95 Abs. 1 Nr. 1, 96 Nr. 13 AMG ergibt –, Betäubungsmittelgesetzes, Markengesetzes, Umsatzsteuergesetzes und der Abgabenordnung weitestgehend gleichermaßen Anwendung.[779] Unterschiede ergeben sich bei der Strafbarkeit der Apotheker nach § 95 Abs. 1 Nr. 4 AMG. Für den Versandhandel von verschreibungspflichtigen Arzneimitteln unter Einschaltung des Internets von außerhalb der EU besteht ein Versandhandelsverbot. Der Verstoß gegen § 43 Abs. 1 AMG begründet daher stets eine Strafbarkeit gemäß § 95 Abs. 1 Nr. 4 AMG.[780] Der Arzneimittelversandhandel innerhalb der EU ist dagegen zulässig, sofern dem Apotheker eine dem deutschen Recht entsprechende Befugnis zum Versand erteilt wurde und die für den Versandhandel geltenden (ebenfalls dem deutschen Recht entsprechenden) Anforderungen eingehalten werden. Eine Strafbarkeit des Apothekers scheidet dann aus. Im Hinblick auf den Arzneimittelversand durch Nicht-EU-Internet-Apotheken scheidet dagegen die Strafbarkeit der Apotheker nach §§ 263, 266, 267 StGB regelmäßig aus. § 23 ApoG schließlich findet auf das Handeln ausländischer Apotheker gar keine Anwendung, da das deutsche Apothekenrecht nicht über die territorialen Grenzen hinaus gilt.

III. Fazit zur Strafverfolgung ausländischer Apotheker nach deutschem Recht

Grundlage für die Strafverfolgung bei Straftaten im Hinblick auf den grenzüberschreitenden Arzneimittelversandhandel bildet das Territorialitätsprinzip. Ob dadurch eine effektive Strafverfolgung auf internationaler Ebene gewährleistet werden kann, scheint dennoch fraglich. Obwohl einige Staaten bereits hinsichtlich der Regulierung des online Arzneimittelhandels zusammenarbeiten,[781] konnten bislang nur geringe Erfolge erzielt werden. Daher erscheint es notwendig, entweder international gültige Rechtsvorschriften im Bereich des Arzneimittelversandhandels zu erlassen oder die Zuständigkeit der Strafverfolgungsbehörden und Gerichte für ein Tätigwerden auf internationaler Ebene neu zu regeln.[782] Es bieten sich dabei insbesondere zwei Möglichkeiten an: eine allgemeingültige (völker-) vertragliche Regelung oder die Schaffung von Regelungen *sui generis*. Eine vertragliche Regelung hätte den Vorteil, dass über die Zuständigkeit hinaus der virtuelle (Internet-Apotheken-)Markt, wie z.B. hinsichtlich der Fragen eines Lizenzsystems, der Verkaufspraktiken, der Strafbarkeit der

---

[779] Vgl. dazu im Einzelnen die obigen Ausführungen.

[780] Vgl. dazu obige Ausführungen.

[781] Es ist anzumerken, dass bereits eine Zusammenarbeit zwischen den Ermittlungsbehörden der USA, Kanadas, Großbritanniens, Spaniens, Deutschlands, Belgiens, der Niederlande, Irlands, Brasiliens, Singapurs und anderen Staaten besteht. Vgl. *Hubbard*, „Statement before the Subcommittee on Oversight and Investigations Committee on Commerce U.S. House of Representatives" vom 25.05.2000 [online] <http://www.fda.gov/ola/2000/internetsale.html> (letzter Zugriff: 10.02.2002).

[782] Dies kann hier allerdings nur kurz angedeutet werden.

Apotheker und aller sonst am Versandhandel beteiligten Personen, geregelt werden könnte. Zudem wären die Staaten an diese Regelungen gebunden und Streitigkeiten darüber, welcher Staat für die Strafverfolgung und die Anklage zuständig ist, würden entfallen. Da es bei solchen multilateralen Verträgen auf den übereinstimmenden Willen der vertragsschließenden Staaten ankommt, werden sich die Verhandlungen allerdings über einen zu langen Zeitraum hinziehen, zumal unterschiedliche Rechtsauffassungen hinsichtlich des online Arzneimittelvertriebs vertreten werden. Jeder Staat würde seine eigenen Interessen durchzusetzen versuchen. Gegenwärtig sind überhaupt nur einige Staaten an einer Regulierung des Arzneimittelversandhandels interessiert. Der Arzneimittelversand ist jedoch ohne territoriale Eingrenzung möglich, so dass es erforderlich erscheint, dass möglichst viele Staaten in die Diskussion einbezogen werden. Unter den gegebenen Umständen erscheinen internationale Regelungen bzw. Verträge zur Kontrolle der Internet-Apotheken allerdings in weiter Ferne. Dennoch sollte diese Möglichkeit nicht außer Acht gelassen werden.

Die Möglichkeit, die Strafverfolgung auf internationaler Ebene über ein neues Zuständigkeitsprinzip zu regeln, erscheint ebenfalls keine schnellere oder bessere Lösung zu bieten. Zwar sprechen sich einige in diesem Zusammenhang für eine Regelung *sui generis* aus,[783] andere befürworten jedoch, dass das Internet ungeregelt bleibt.[784] Es kann davon ausgegangen werden, dass die gegenwärtigen Regelungen des internationalen Rechts hinsichtlich der Zuständigkeit für die Strafverfolgung nicht ausreichend sein werden. Die sich ständig weiterentwickelnde Technologie und insbesondere das Internet als globales Medium führen dem Gesetzgeber ständig vor Augen, dass das gegenwärtige Recht nicht anwendbar ist oder dass einige Fallkonstellationen von dem geltenden Recht nicht mehr adäquat erfasst werden. Es müssen neue Gesetzesvorschriften entwickelt oder die bestehenden Vorschriften überarbeitet und neu gefasst werden, um das Internet nicht zu einem vollkommen rechtsfreien Raum werden zu lassen. Das Ziel der Gesetzgeber sollte es dabei sein, die Sicherheit des Verkaufs von Arzneimitteln über das Internet zu gewährleisten. Mit der Neufassung der Vorschriften des Arzneimittelgesetzes hat der deutsche Gesetzgeber bewiesen, dass er sich der Problematik bewusst ist. Dennoch wird diese Überarbeitung kaum ausreichen, um den internationalen Arzneimittelversand kontrollieren zu können. Weitere Gesetzesänderungen werden unerlässlich sein.

---

783 *Siddiqi*, [online], a.a.O. Vgl. Auch *Ghosh*, (1999) Journal of Intellectual Property Law [online] <http://www.westlaw.com> (letzter Zugriff: 07.02.2002).

784 Vgl. *Siddiqi*, [online], a.a.O.

5. Kapitel: Zusammenfassung und Gesetzgebungsvorschläge

Die Zukunft der Arzneimittelversorgung wird in einem wesentlichen Ausmaß von der Entwicklung der Apotheken bestimmt. Das äußere Erscheinungsbild der Apotheke und die Versorgungsstruktur haben bereits einen Wandel vollzogen. Diese Untersuchung hat sich mit den strafrechtlichen Problemen des Arzneimittelversandes unter Einschaltung des Internets beschäftigt und die Strafbarkeit der deutschen und ausländischen Apotheker bei der Abgabe von und dem Umgang mit Arzneimitteln im Inland und im Ausland dargelegt. Als wesentliches Ergebnis mag festgehalten werden, dass die strafrechtliche Verantwortlichkeit weitestgehend auf den gleichen Strafnormen beruht, wobei allerdings verschiedene Konstellationen unterschieden werden müssen, zumal der Arzneimittelversand sehr komplex ist und Internet-Apotheken in unterschiedliche Kategorien unterteilt werden können. Unklarheiten bei der Beurteilung der Strafbarkeit der Apotheker sowie bei der Anwendbarkeit des deutschen Strafrechts lassen sich in aller Regel durch den Rückgriff auf den Sinn und Zweck der Vorschriften sowie durch die Bestimmung des Deliktscharakters beseitigen.

Nach einer kurzen Zusammenfassung der Ergebnisse sollen, von diesen Erkenntnissen ausgehend, Änderungen des Arzneimittelgesetzes, des Apothekengesetzes, der Apothekenbetriebsordnung sowie des Strafgesetzbuches vorgeschlagen werden, durch die es zu einer weiteren Verbesserung des Schutzes der Verbraucher kommen kann.

A. Zusammenfassung der Ergebnisse

Seit der Aufhebung des Versandhandelsverbots hat der Arzneimittelversand auch auf dem deutschen Gesundheitssektor an Bedeutung gewonnen. Apotheker, Krankenkassen und Verbraucher profitieren grundsätzlich von der Möglichkeit, Arzneimittel unter Einschaltung des Internets zu vertreiben. Doch illegale Geschäftspraktiken gefährden die ordnungsgemäße Arzneimittelversorgung und die Gesundheit der Verbraucher. Daher kommt den Vorschriften, die den Versandhandel mit Arzneimitteln regeln, eine wichtige Bedeutung zu. Nur durch umfassende Regelungen ist der grundrechtlich garantierte Versorgungsauftrag und der Schutz der öffentlichen Gesundheit zu gewährleisten. Der Gesetzgeber hat sich deshalb bewusst dafür entschieden, ausschließlich den innerdeutschen und den grenzüberschreitenden Arzneimittelversandhandel innerhalb der EU zuzulassen (§ 43 Abs. 1 i.V.m. § 73 Abs. 1 Satz 1 Nr. 1a AMG i.V.m. §§ 1, 2, 11a ApoG). Der Arzneimittelversandhandel von außerhalb der EU bleibt verboten. § 73 Abs.

1 Satz 1 Nr. 2 AMG blieb nach der Aufhebung des Versandhandelsverbots unverändert, was dafür spricht, dass der Gesetzgeber keinen Korrekturbedarf gesehen hat und ein Versandhandelsverbot für Arzneimittel aus dem Nicht-EU-Ausland nach wie vor der Grundsatz sein soll. Der rechtliche Rahmen für das Arzneimittelrecht ist in Deutschland und anderen Staaten nicht derselbe, häufig nicht einmal vergleichbar. Anders im Hinblick auf die Mitgliedstaaten der EU, wo eine vergleichbare Rechtslage aufgrund der Harmonisierung in vielen Bereichen des Arzneimittel- und Apothekenrechts gegeben ist und die Zulässigkeit des EU-grenzüberschreitenden Arzneimittelversandhandels – zumindest für nicht-verschreibungspflichtige Arzneimittel – nicht zuletzt durch die Rechtsprechung des EuGH bestätigt wurde.

Mit Neufassungen, Folgeänderungen sowie Neueinfügungen hat der Gesetzgeber die Sicherheits- und Qualitätsanforderungen neu festgelegt und dadurch versucht, die rechtliche und tatsächliche Entwicklung des Arzneimittelversandhandels miteinander in Einklang zu bringen. Vor allem das Erfordernis der doppelten Erlaubniserteilung verdeutlicht jedoch einmal mehr das primäre Ziel, die ordnungsgemäße Arzneimittelversorgung und den Schutz der Gesundheit der Bevölkerung unabhängig von der Form des Vertriebs zu gewährleisten.

Es ist offensichtlich, dass das Recht bisher stets hinter den Neuerungen des Arzneimittelvertriebs und damit hinter den möglichen Entwicklungen im Bereich des Gesundheitswesens zurückbleibt. Es ist praktisch unmöglich, den grenzüberschreitenden Arzneimittelversandhandel an die vom Gesetzgeber vorgegebenen Ziele anzupassen oder im Falle des Versandhandels von außerhalb der EU, diesen vollständig zu unterbinden. Droht der präventive Schutz zu versagen, gewinnt das Strafrecht an Bedeutung. Zahlreiche der einschlägigen Verbote sind strafbewehrt, ohne sich jedoch explizit auf Internet-Apotheken zu beziehen. Auf der Grundlage des deutschen Rechts wurde die strafrechtliche Verantwortlichkeit der (inländischen und ausländischen) Apotheker einer eingehenden Prüfung unterzogen. Dabei kam es primär auf die Reichweite und die Bedeutung aller straf- und nebenstrafrechtlichen Vorschriften an, wobei sich gezeigt hat, dass die in Betracht kommenden Straftatbestände grundsätzlich nicht auf jede Art des Arzneimittelversandes unter Einschaltung des Internets anwendbar sind. Die Strafbarkeit der deutschen Apotheker ergibt sich vorrangig aus dem Arzneimittelgesetz. § 95 Abs. 1 Nr. 4 AMG stellt den Verstoß gegen die Abgabepflicht und gegen die Verschreibungspflicht unter Strafe; § 96 Nr. 13 AMG bestraft den Verstoß gegen die Verschreibungspflicht. Welche der beiden Strafvorschriften im Einzelnen in Betracht kommt, bestimmt sich danach, ob der Apotheker als Befugter oder Unbefugter handelt. Unabhängig davon, kann auch eine Strafbarkeit gemäß § 95 Abs. 1 Nr. 1 AMG wegen Inverkehrbringens bedenklicher Arzneimittel gegeben sein, die dann in Tateinheit zu den vorgenannten Strafvorschriften steht. Die mögliche strafrechtliche Verantwortlichkeit der deutschen Apotheker ergibt sich ferner aus dem Apothekengesetz (§ 23 ApoG), dem Strafgesetzbuch (§§ 211 ff., 223 ff., 263, 132a Abs. 1 Nr. 2, 203, 204 StGB), dem Betäubungsmittelgesetz (§ 29 Abs. 1 Satz 1 Nr. 7 BtMG, der einen Verstoß gegen die Verschreibungspflicht bestraft und deshalb die Abgabe im Rahmen des Betriebs der Apotheke voraussetzt; alle anderen Fälle fallen unter § 29 Abs. 1 Satz 1 Nr. 1 BtMG) sowie aus dem Markengesetz (§§ 143, 143a, 144 MarkenG).

Die Komplexität des online Arzneimittelversandhandels zeigt sich aber vor allem in der Anwendbarkeit des deutschen Strafrechts auf den Versandhandel von außerhalb Deutschlands ins Inland. Apotheken sind grundsätzlich an das nationale Recht gebunden. Im europäischen und internationalen Vergleich zeigt sich, dass der Arzneimittelversandhandel entweder (teilweise mit Beschränkungen) zulässig ist, wobei diese Staaten unterschiedliche Regulierungssyteme verwenden, oder verboten. Vor diesem Hintergrund hat sich die Untersuchung mit der Frage beschäftigt, ob das Handeln der ausländischen Apotheker eine Strafbarkeit nach deutschem Recht begründen kann. Der unzulässige bzw. verbotene online Arzneimittelversandhandel ist kein typisches Internetdelikt. Der Internetauftritt ist grundsätzlich nicht entscheidend, sondern die Abgabe im Wege des Versandes. Ausgangspunkt für die Bestimmung des Geltungsbereichs des deutschen Rechts ist der jeweilige Deliktscharakter der Strafvorschrift. Mangels einer vergleichbaren Regelung wie § 6 Nr. 5 StGB für den Vertrieb von Betäubungsmitteln lässt sich der Strafschutz bei Arzneimitteln, die nicht zugleich Betäubungsmittel sind, nur durch das Territorialitätsprinzip begründen. Das Territorialitätsprinzip verlangt aber stets einen Anknüpfungspunkt, nämlich den Tathandlungs- oder Taterfolgsort. Schwierigkeiten ergeben sich vor allem bei den abstrakten Gefährdungsdelikten nach dem Arzneimittelgesetz, die keinen zum Tatbestand gehörenden Erfolg aufweisen. Sie beschränken die Anwendbarkeit des deutschen Strafrechts auf den Handlungsort. Im Hinblick auf die Strafbarkeit gemäß § 95 Abs. 1 Nr. 1 und Nr. 4 AMG waren die Tathandlungen zu erörtern. Die Tathandlungen erfassen nicht nur die Tätigkeit im Ausland, sondern das Handeln des ausländischen Apothekers reicht über die territorialen Grenzen hinaus. Denn das „Inverkehrbringen" und die „Abgabe an andere" verlangen die Besitzeinräumung im Sinne einer Übertragung der tatsächlichen Verfügungsgewalt, während es für das „Handeltreiben" auf die Beendigung ankommt. Das Verständnis und die Auslegung der jeweiligen Tatbestandsmerkmale bilden die Grundlage für die Strafrechtserstreckung. Eine Regelungslücke ist dann nicht zu befürchten, wenn es bei der gegenwärtigen Auffassung der die Handlung und den Erfolg umschreibenden Tatbestandsmerkmale bleibt. Allerdings mag man daran zweifeln, ob mit dem Territorialitätsprinzip letztlich eine effektive Strafverfolgung gewährleistet werden kann.

Da der Gesetzgeber für den grenzüberschreitenden Arzneimittelversandhandel innerhalb der EU und von außerhalb der EU unterschiedliche Anforderungen stellt, hat dies auch Auswirkungen auf die strafrechtliche Verantwortlichkeit der ausländischen Apotheker. Unterschiede werden vor allem bei der Beurteilung der strafrechtlichen Verantwortlichkeit nach § 95 Abs. 1 Nr. 4 AMG deutlich. Das deutsche Arzneimittelrecht sieht auch weiterhin ein Versandhandelsverbot für Arzneimittel von außerhalb der EU vor, mit der Folge, dass auch der Arzneimittelvertrieb unter Einschaltung des Internets nicht zulässig und gemäß § 95 Abs. 1 Nr. 4 i.V.m. §§ 43 Abs. 1, 73 Abs. 1 Satz1 Nr. 2 AMG strafbar ist. Für den EU-grenzüberschreitenden Versandhandel verlangt der Gesetzgeber dem deutschen Recht vergleichbare Versandhandelserfordernisse und Sicherheitsstandards. Werden diese Anforderungen nicht eingehalten, liegt ein Verstoß gegen § 73 Abs. 1 Satz 1 Nr. 1 AMG vor. Zwar verweisen die Strafvorschriften des Arzneimittelgesetzes nicht auf das in § 73 AMG normierte Verbringungsverbot, jedoch knüpft das Verbringungsverbot an das Versandhandelsverbot an. § 73 AMG ist die Folgeänderung zu der Änderung des § 43 Abs. 1 AMG. Für die Strafbarkeit der Apotheker im Ausland kommt es – wie bei der strafrechtlichen Verantwortlichkeit der deutschen Apotheker – darauf an, ob der Arzneimittelversand durch einen befugten oder einen unbefugten Apotheker erfolgt. Handlungen, die keinen Verstoß gegen die Versandhandelsbefugnis oder gegen die Verschreibungspflicht begründen, können strafrechtlich nicht geahndet werden. Denn über ihren Wortlaut hinaus können §§ 95, 96 AMG nicht angewandt werden, mit der Folge, dass ausländische Apotheker, die nicht in Deutschland zugelassene Arzneimittel abgeben, strafrechtlich nicht zur Verantwortung gezogen werden können.

Die Ausgestaltung des § 73 Abs. 1 Satz 1 Nr. 1a AMG geht so weit, dass die Befugnis zum Versand grundsätzlich auch von Apotheken im Ausland nach deutschem Recht erworben werden kann. Diesbezüglich hat der Gesetzgeber allerdings übersehen, dass es für den Erwerb der *reinen* Versandhandelserlaubnis nach deutschem Apothekenrecht an einer zuständigen Behörde fehlt, da die Erlaubniserteilung an den Betrieb einer Präsenzapotheke geknüpft ist (§§ 11a, 2 ApoG). Die EU-ausländischen Apotheker müssen deshalb in Deutschland eine Präsenzapotheke oder zumindest eine Filialapotheke betreiben. Nach §§ 1, 2, 7 ApoG wird die Erlaubnis nur einem approbierten Apotheker erteilt; mehrere Personen zusammen können eine Apotheke nur in der Rechtsform einer Gesellschaft bürgerlichen Rechts oder einer offenen Handelsgesellschaft betreiben (§ 8 ApoG).

Das – strafbewehrte – Verbot des Fremdbesitzes ist allerdings mit der Niederlassungsfreiheit nach Art. 43, 48 EG-Vertrag nicht vereinbar, denn eine Rechtfertigung aus Gründen des Allgemeininteresses nach Art. 46 Abs. 1 EG-Vertrag scheitert an der Unverhältnismäßigkeit des Fremdbesitzverbots. Dieses ist nicht erforderlich, um einen wirksamen Gesundheits- und Verbraucherschutz zu gewährleisten. Die Anwesenheit eines angestellten approbierten Apothekers in der Apotheke genügt, um den erforderlichen Schutz zu gewährleisten. Gesetzlich geregelte Sicherheits- und Qualitätsanforderungen sowie Kontrollmaßnahmen würden sich gegenüber einem vollständigen Verbot als milderes Mittel darstellen. Daraus folgt, dass aufgrund des Anwendungsvorranges des Gemeinschaftsrechts das Fremdbesitzverbot im Hinblick auf die Erteilung einer Erlaubnis zum Betrieb einer Apotheke bzw. Filialapotheke in Deutschland durch eine juristische Person, die nicht aus Apothekern besteht, nicht anwendbar ist. Der Gesetzgeber wird das deutsche Apothekenrecht daher gemeinschaftsrechtskonform umgestalten müssen. Um Wettbewerbsnachteile für deutsche Apotheker zu verhindern, sollte das Fremdbesitzverbot aufgehoben werden.

Welche Möglichkeiten zur Gewährleistung der ordnungsgemäßen Arzneimittelversorgung und zur Sicherung des Schutzes der öffentlichen Gesundheit bestehen, wurde bei der Beurteilung der Verhältnismäßigkeit deutlich.[785] Gesetzeslücken sind dann nicht zu befürchten, wenn man die Geltung der von den Apothekern zu beachtenden Vorschriften zum Betrieb einer Apotheke nach der Apothekenbetriebsordnung und dem Apothekengesetz auch weiterhin zugrunde legt und durch zusätzliche Regelungen erweitert. Mit der Lockerung des Mehrbesitzverbots hat der Gesetzgeber bereits angedeutet, dass das Leitbild des „Apothekers in seiner Apotheke" nicht mehr als starrer Grundsatz verstanden werden darf. Änderungen im Berufsbild sollten daher im Apothekenrecht berücksichtigt werden.

B. Gesetzgebungsvorschläge

Ausgehend von den dargestellten Ergebnissen werden Änderungen des Arzneimittelgesetzes, des Apothekengesetzes, der Apothekenbetriebsordnung und des Strafgesetzbuches empfohlen. Die Vorschläge beschränken sich auf das Verbringungsverbot, die Anwendbarkeit des deutschen Strafrechts und die Gestattung des Fremdbesitzes.

I. Vorschlag zur Änderung des Arzneimittelgesetzes

Der Änderungsvorschlag zum Arzneimittelgesetz bezieht sich auf die Vorschrift des § 95 AMG. Die bisherigen Regelungen bleiben insofern bestehen und werden nur ergänzt, soweit dies für die strafrechtliche Verantwortlichkeit im Hinblick auf die Verbringung von Arzneimittel im grenzüberschreitenden Bereich erforderlich ist.

---

[785] Um Wiederholungen zu vermeiden, sei auf die obigen Ausführungen verwiesen.

In das Gesetz sollte ein neuer § 95 Abs. 1 Nr. 4a AMG eingefügt werden, der folgenden Wortlaut erhalten soll:

§ 95 [Strafvorschriften]

(1) Mit Freiheitsstrafe bis zu drei Jahren oder mit Geldstrafe wird bestraft, wer

4a.

„entgegen § 73 Abs. 1 Satz 1 Nr. 1a AMG Arzneimittel in Verkehr bringt, die für den Geltungsbereich des Gesetzes nicht zugelassen oder nicht registriert sind."

Damit wird das Verbringungsverbot im EU-grenzüberschreitenden Bereich ausdrücklich unter Strafe gestellt. Auf diese Weise wird die Sicherheit im grenzüberschreitenden Verkehr mit Arzneimitteln gewährleistet.

II. Vorschlag zur Änderung des Strafgesetzbuches

Um eine effektivere Strafverfolgung im Hinblick auf den grenzüberschreitenden Arzneimittelversandhandel zu ermöglichen, ist ferner die Vorschrift des § 6 StGB anzupassen. Es sollte ein § 6 Nr. 5a StGB in folgender Fassung eingefügt werden:

„unbefugter Versand mit Arzneimitteln an den Endverbraucher, die zur Anwendung am oder im menschlichen Körper bestimmt sind, sofern ein Verstoß gegen das Arzneimittelrecht vorliegt;"

Mit dieser Regelung wird erreicht, dass der unzulässige internationale Arzneimittelversandhandel unter den Strafschutz des deutschen Rechts fällt, ohne dass es auf die Bestimmung des Handlungs- oder Erfolgsorts nach §§ 3, 9 StGB ankommt. Wie sich gezeigt hat, lässt sich der Tatort bei den als abstrakte Gefährdungsdelikte normierten §§ 95, 96 AMG nur über die Begriffe der tatbestandlichen Handlungen bestimmen. Die Vorschrift gestattet die Strafverfolgung nunmehr unabhängig vom Deliktscharakter. Der Erweiterung des § 6 StGB steht auch nicht entgegen, dass das Weltrechtsprinzip nur für international geschützte Rechtsgüter anerkannt ist. Mag die Ausgestaltung des Arzneimittelrechts auch in allen Staaten unterschiedlich sein, so folgt die Strafwürdigkeit doch aus dem mit dem Arzneimittelrecht verbundenen Schutzzweck – der Gewährleistung des Schutzes der öffentlichen Gesundheit.

III. Vorschläge zur Änderung des Apothekengesetzes

Um natürlichen sowie juristischen Personen aus der EU den Betrieb einer Apotheke zu ermöglichen, ist die Aufhebung des Fremdbesitzverbots erforderlich. Diesbezüglich sind die Vorschriften des Apothekengesetzes anzupassen.

Die Regelung des § 1 Abs. 3 ApoG sollte folgende Fassung erhalten:

> „Die Erlaubnis gilt nur für diejenige natürliche oder juristische Person, der sie erteilt ist, und für die in der Erlaubnisurkunde bezeichneten Räume."

Um den Fremdbesitz zu ermöglichen, ist vom Leitbild des „Apothekers in seiner Apotheke" abzurücken. Durch die Änderung des Wortlauts wird klar, dass nicht nur natürlichen, sondern auch juristischen Personen der Betrieb einer Apotheke gestattet werden kann.

Weiter wird vorgeschlagen, einen neuen § 2 Abs. 3a ApoG mit folgendem Wortlaut einzufügen:

„Einer nach deutschem Recht gegründeten juristischen Person ist auf Antrag die Erlaubnis zu erteilen, wenn sie

1. die Anstellung eines Apothekers, der die Voraussetzungen nach § 2 Abs. 1 Nr. 1 bis 4, 7 und 8 sowie Abs. 3 sowie die Verpflichtungen wie sie in der Apothekenbetriebsordnung für Apothekenleiter festgelegt sind, erfüllt und
2. die für den Betrieb der Apotheke vorgeschriebenen Räume nachweist.

Das Angestelltenverhältnis darf die berufliche Verantwortlichkeit und Entscheidungsfreiheit des angestellten Apothekers im Hinblick auf die ordnungsgemäße Arzneimittelversorgung nicht beeinträchtigen. Der Betreiber hat den angestellten Apotheker als Verantwortlichen schriftlich zu benennen. Soll die Person des angestellten Apothekers geändert werden, so ist dies der Behörde von dem Betreiber eine Woche vor der Änderung schriftlich mitzuteilen."

Durch die Einfügung wird sichergestellt, unter welchen Voraussetzungen einer juristischen Person die Erlaubnis zum Betrieb einer Apotheke erteilt werden darf. § 2 Abs. 3a Satz 2 bezweckt vor allem die Gewährleistung der ordnungsgemäßen Arzneimittelversorgung im Interesse des Schutzes der öffentlichen Gesundheit sowie des Verbraucherschutzes. Im Sinne dieser ordnungsgemäßen Arzneimittelversorgung und im Interesse des Schutzes der öffentlichen Gesundheit sowie des Verbraucherschutzes darf der angestellte Apotheker in der Ausübung des Berufes nicht eingeschränkt werden. Er muss jedoch alle rechtlichen Anforderungen und Pflichten in persönlicher Verantwortung erfüllen. Durch Satz 2 wird der angestellte Apotheker in der Leitung der Apotheke gestützt und die rechtswidrige Beeinflussung durch den Betreiber verhindert.

Des Weiteren sollte § 7 ApoG wie folgt zu ändern sein:

> „Die Erlaubnis verpflichtet zur persönlichen Leitung der Apotheke in eigener Verantwortung. Eine öffentliche Apotheke, die nicht von ihrem Betreiber geleitet wird, ist durch einen verantwortlichen Leiter zu führen. Im Falle des § 2 Abs. 3a und Abs. 4 obliegt dem vom Betreiber nach § 2 Abs. 3a Satz 3 und Abs. 5 Nr. 2 benannten Apotheker die Pflicht, die Leitung persönlich auszuüben; die Verpflichtungen des Betreibers bleiben unberührt. Die persönliche Leitung einer Krankenhausapotheke obliegt dem angestellten Apotheker."

Um die Leitung der Apotheke durch einen Angestellten zu ermöglichen, ist vom Erfordernis der persönlichen Leitung der Apotheke in eigener Verantwortung eine Ausnahme zu machen. Dies wird durch Satz 2 und 3 klargestellt und zugleich § 2 Abs. 3a ApoG konkretisiert.

Ferner sollte die Regelung des § 8 ApoG folgende Fassung erhalten:

> „Mehrere Personen zusammen können eine Apotheke in Form einer juristischen Person betreiben; in diesen Fällen bedarf die juristische Person der Erlaubnis. Beteiligungen an einer Apotheke in Form einer juristischen Person und Vereinbarungen, bei denen die Vergütung für dem Erlaubnisinhaber gewährte Darlehen oder sonst überlassene Vermögenswerte am Umsatz oder am Gewinn der Apotheke ausgerichtet ist, insbesondere auch am Umsatz oder Gewinn ausgerichtete Mietverträge, sind unzulässig. Im Falle eines Angestelltenverhältnisses sind Vereinbarungen zwischen dem Betreiber und dem angestellten Apotheker unzulässig, die geeignet sind, die ordnungsgemäße Arzneimittelversorgung und den Schutz der öffentlichen Gesundheit gefährden, insbesondere die gewinnorientierte Arzneimittelabgabe. Pachtverträge über Apotheken nach § 9, bei denen die Pacht vom Umsatz oder Gewinn abhängig ist, gelten nicht als Vereinbarungen im Sinne des Satzes 2. Die Sätze 1, 2 und 4 gelten für Apotheken nach § 2 Abs. 4 entsprechend."

Zunächst wird klargestellt, dass der Betrieb einer Apotheke durch mehrere Personen möglich ist. Insofern handelt es sich lediglich um eine Anpassung an §§ 1, 2 Abs. 3a ApoG. § 8 Satz 2 ApoG enthält ferner das Verbot der Beeinflussung durch den Betreiber, wodurch der Schutz der öffentlichen Gesundheit weiter erhöht wird. Im Übrigen sollte der bisherige Wortlaut beibehalten werden.

IV. Vorschlag zur Änderung der Apothekenbetriebsordnung

Zudem sind die Vorschriften der Apothekenbetriebsordnung anzupassen. Bei der Vorschrift des § 2 Abs. 1 ApoBetrO sollte eine neue Nr. 6 eingefügt werden, die folgende Fassung erhalten sollte:

> „bei einer durch eine juristische Person betriebenen Apotheke nach § 2 Abs. 3a des Gesetzes über das Apothekenwesen der vom Betreiber benannte angestellte Apotheker."

Ferner sollte § 2 Abs. 2 Satz 3 ApoBetrO durch einen entsprechenden Zusatz mit folgendem Wortlaut ergänzt werden:

> „Neben dem Apothekenleiter nach Absatz 1 Nr. 5 und Nr. 6 ist auch der Betreiber für die Erhaltung der zum Betreiben von Apotheken geltenden Vorschriften verantwortlich."

Diese Änderungen folgen aus den obigen Änderungsvorschlägen zum Apothekengesetz. Eine Ausdehnung der Apothekenleitung auf den angestellten Apotheker erscheint angebracht.

Literaturverzeichnis

Internet-Zitate werden in der Regel unter Angabe des *Uniform Resource Locator – URL* angegeben; Abweichendes gilt für die Recherchen bei *Westlaw* und *Lexis*. Es sei darauf hingewiesen, dass sich diese Fundstellen mittels der Suchfunktion beider Dienste ermitteln lassen. Angaben zur letzten Überprüfung der Adressen durch die Verfasserin sind den Fußnoten zu entnehmen. Bei aktueller Unauffindbarkeit der Online-Ressource sei auf die „Wayback-Suchmaschine" verwiesen, bei der bestimmte archivierte Webseiten abgerufen werden können, vgl. http://www.archive.org/.

Anders, Henning — Internetapotheke und private Krankenversicherung, Pharma Recht 2002, S. 39-43.

Arhold, Christoph — Arzneimittelhandel über das Internet, Neue Grenzen der Apothekenpflichtigkeit und alte Fragen zum Verbot der Öffentlichkeitswerbung nach dem „DocMorris-Urteil", K&R 2004, 140 des Europäischen Gerichtshofs zum freien Warenverkehr, K&R 2004, S. 126-135.

Arzneimittelkommission der deutschen Ärzteschaft (Hrsg.) — Meldung vom 08.08.2006, in: *Pharmazeutische Zeitung* [online] http://www.pharmazeutische-zeitung.de/index.php?id=1645&type=0.

Bartels, Karlheinz — Zur Geschichte der deutschen Apothekenbetriebserlaubnis [online] http://www.pharmazeutische-zeitung.de/pza/2000-36/titel.htm.

Beckemper, Katharina — Steuerhinterziehung als Verletzungsdelikt, NStZ 2002, S. 518-523.

Berliner Zeitung — Nachricht über Strafanzeige des Bundesverbandes Deutscher Apotheker gegen DocMorris vom 29.08.2002.

Berliner Zeitung DocMorris – Verband verklagt Internet-Apotheke, Nummer 201, Ausgabe vom 29.08.2002.

Blankenberg, Klaus Quo vadis Arzneimittelversorgung? Konsequenzen einer Legalisierung des Arzneimittelversandhandels, Pharma Recht 2001, S. 244-250.

Blasius, Helga/ Cranz, Hubertus Arzneimittel und Recht in Europa, Stuttgart 1998.

Blasius, Helga/ Müller-Römer, Dietrich/ Fischer, Jürgen Arzneimittel und Recht in Deutschland, Stuttgart 1988.

Breuer, Barbara Anwendbarkeit des deutschen Strafrechts auf exterritorial handelnde Internet-Benutzer, MMR 1998, S. 141-145.

Broglie, Maximilian G. in: *Ehlers, Alexander P.F./Broglie, Maximilian G.* (Hrsg.), Praxis des Arzthaftungsrechts, 3. Auflage, München 2005. (zitiert als: *Broglie* in: *Ehlers/Broglie*)

Bundesministerium für Gesundheit (Hrsg.) Apotheke. [online] http://www.die-gesundheit-form.de/solidarisch_versichern/geld_und_leistung/apotheke/index.html.

Bundestagsfraktion des Bündnis 90/Die Grünen (Hrsg.) „Reform des Apothekenrechts überfällig“ vom 28.09.2006, [online] http://www.gruene-bundestag.de/cms/bundestagsreden/dok/153/153159.htm.

Bundesvereinigung Deutscher Apothekerverbände (ABDA) (Hrsg.) E-Commerce und Versandhandel mit Arzneimitteln aus der Sicht der Apotheker, [online] http://www.abda.de/ABDA/artikel.html?ID=132.

Bundesvereinigung Deutscher Apothekerverbände (ABDA) (Hrsg.) Die Apotheke: Zahlen, Daten, Fakten 2001, Apothekenumsatz, [online] http://www.abda.de/ABDA/datenrechner.html.

Bundesvereinigung Deutscher Apotheker-verbände (ABDA) (Hrsg.) — Krankenkassen verstoßen gegen das Gesetz, [online] http://www.abda.de/ABDA/artikel.html?=749.

Bunjes, Johann/ Geist, Reinhold — Umsatzsteuergesetz, 8. völlig neubearbeitete Auflage, München 2005.
(zitiert als: *Name des Bearbeiters* in: *Bunjes/Geist*)

Calliess, Christian/ Ruffert, Matthias — EUV/EGV, Vertrag über die Europäische Union und Vertrag zur Gründung der Europäischen Gemeinschaft, 2., vollständig überarbeitete und aktualisierte Auflage, Neuwied 2002.
(zitiert als: *Name des Bearbeiters* in: *Callies/Ruffert*)

Cantrell, Melissa K. — The Taming of E-Health: Asserting U.S. Jurisdiction over Foreign and Domestic Websites, West Virginia Law Review (2001), [online] http://www.international.westlaw.com/.

Carlini, Joanna M. — Liability on the Internet: Prescription Drugs and the Virtual Pharmacy, Whittier Law Review (2000), [online] http://www.lexis.com/.

Chin, Tyler — When Physicians Say No to Chipro, Some People Turn to the Internet, Online Pharmacies Under the Fire for Prescribing Antibiotics for Worried Stockpillers, [online] http://www.ama-assn.org/sci-pubs/amanews/pick_01/prca0806.htm.

Collardin, Marcus — Straftaten im Internet, Fragen zum internationalen Strafrecht, CR 1995, S. 618-622.

CompuServe — Häufig gestellte Fragen und die Antworten zum Thema „Cookies“, [online] http://www.uni-muenster.de/WWW/SicherheitCookies.html.

Cornils, Karin — Der Begehungsort von Äußerungsdelikten im Internet, JZ 1999, S. 394-398.

ddp „Abrechnungsbetrug kostet Krankenkassen Milliarden" (29.05.2006), [online] http://aerzteblatt.de./v4/news/news.asp?p=abrechnungs betrug+kosten+Krankenkassen+Milliarden&src=suche &id=24344.

Derkens, Roland Strafrechtliche Verantwortung für in internationalen Computernetzen verbreitete Daten mit strafbarem Inhalt, NJW 1997, S. 1878-1885.

Der Spiegel „Kontrolle über jede Pille", Nr. 33/2005, S. 71.

Der Spiegel Anzeige, Nr. 30/2005, S. 7.

Der Spiegel „Apotheken – Schmu auf Kassenkosten", Nr. 39/2006, S. 89.

Der Spiegel „Apotheken – Preiskampf per Kette", Nr. 2/2007, S. 19.

Dettling, Heinz-Uwe Die internationale Anwendbarkeit des deutschen Arzneimittelrechts, PharmR 2003, S. 401- 408.

Deutsch, Erwin/ Lippert, Hans-Dieter Kommentar zum Arzneimittelgesetz (AMG), Berlin 2001.

Deutsche Hauptstelle für Suchtfragen e.V. (DHS) [online] http://www.dhs.de.

Deutsches Ärzteblatt (Hrsg.) Mitteilung vom 13.09.2006, DocMorris muss Apotheke in Saarbrücken vorerst schließen, [online] http://www.aerzteblatt.de/v4/news/news.asp?p=Doc Morris&src=suche&id=25645.

Eichler, Alexander Arzneimittel im Internet, K&R 2001, S. 144-149.

Eickhoff, Marion Spezialisierung von Dienstleistungen in Apotheken in: De profundis animi iuris periti: Festschrift für Johannes Pieck, hrsg. von den *Justiziaren der Landesapothekenkammern*, Frankfurt am Main/Eschborn 1996, S. 46-68.
(zitiert als: *Eickhoff* in: De profundis aninmi iuris periti: Festschrift für Johannes Pieck)

Ekey, Friedrich/ Klippel, Diethelm (Hrsg.) Heidelberger Kommentar zum Markenrecht, Stand: 1. August 2002, Heidelberg 2002.
(zitiert als: *Name des Bearbeiters* in: *Ekey/Klippel*)

Endriß, Rainer/ Malek, Klaus Betäubungsmittelstrafrecht, 2., völlig neubearbeitete Auflage, München 2000.
(zitiert als: *Endriß/Malek*)

Ernst, Stefan Arzneimittelverkauf im Internet, WPR 2001, S. 893-899.

Europäisches Verbraucherzentrum (EVZ) (Hrsg.) Sparen mit Risiken und Nebenwirkungen – Internet-Apotheken auf dem Vormarsch?, [online] http://www.evz.de/UNIQ116376832520336/doc696A.html.

Fezer, Karl-Heinz Markenrecht, Kommentar zum Markengesetz, 3. neu bearbeitete Auflage, München 2001.
(zitiert als: *Fezer*)

Fong, Ivan Statement for the Deputy Associate Attorney General Department of Justice Before the Subcommittee on Oversight and Investigations Committee on Commerce United States House of Representatives Concerning the Sale of Prescription Drugs over the Internet on 30 July 1999, [online] http://www.usdoj.gov/criminal/cybercrime/fong9907.htm.

Food and Drug Administration (FDA) (Hrsg.) Bying Medicine and Medical Products Online, Tips and Warning for Consumers, [online] http://www.fda.gov/oc/buyonline/default.htm.

Frankfurter Allgemeine Zeitung "Juristischer Sieg für Internet-Apotheke DocMorris" vom 19.03.2003, [online] http://www.faz.net.

Gaßner, Maximilian/ Reich-Malter, Miriam Europarechtliche Probleme des Arzneimittelhandels, PharmR 2004, S. 342-345.

Geidies, Michael Betrieb „wilder" Müllkippen durch Unterlassen?, NJW 1989, S. 821.

Geiger, Rudolf EUV/EGV, Vertrag über die Europäische Union und Vertrag zur Gründung der Europäischen Gemeinschaft, 4., neubearbeitete und erweiterte Auflage, München 2004.

Gelein, Kelly K. Are Online Consultations a Prescription for Trouble? The Uncharted Waters of Cybermedicine, Brooklyn Law Review (Spring 2000), [online] http://www.international.westlaw.com/.

Ghosh, Shubba Grey Market in Cyberspace, (1999) Journal of Intellectual Property Law [online] http://www.international.westlaw.com/.

Glaeske, Gerd Klauber, Jürgen/ Lankers, Christoph H.R./ Selke, Gisbert W. Gutachten im Auftrag des Bundesministeriums für Gesundheit und Soziale Sicherung (BMGS) – Kurzfassung vom 29.12.2003, „Stärkung des Wettbewerbs in der Arzneimittelversorgung zur Steigerung von Konsumentennutzen, Effizienz und Qualität", [online] http://wido.de/fileadmin/wido/downloads/pdf_arzneimittel/wido_arz_gut-bmgs-lg_0403.pdf.

Goldman, Janlori/ Hudson, Zoe Virtuelly Exposed: Privacy and E-Health; Privacy Concerns are Keeping Consumers From Reaping the full Benefit of Online Health Information, The People-to-People Health Foundation (2000), [online] http://www.lexis.com/.

Gomez, Yvette P. Beyond the Neighborhood Drugstore: U.S. Regulation of Online Prescription Drug Sales by Foreign Businesses, Rutgers Computer and Technology Law Journal (2002), [online] http://www.international.westlaw.com/.

Günter, Hans-Helmut in: *Ehlers, Alexander P.F./Broglie Maximilian G.* (Hrsg.), Praxis des Arzthaftungsrechts, 3. Auflage, München 2005.
(zitiert als: *Günter* in: *Ehlers/Broglie*)

Hanika, Heinrich Telemedizin – Handlungs- und Weiterentwicklungsbedarf, MedR 2001, 107-111.

Health on the Net Foundation (Hrsg.) HON Surveys, Evolution of Internet Use for Health Purposes – Feb/Mar 2001, [online]
http://www.hon.ch/Survey/FebMar2001/survey.html.

Health on the Net Foundation (Hrsg.) HON Survey, Raw Data for Survey May/June 2002, [online]
http://www.hon.ch/Survey/Spring2002/res.html.

Henkel, John Bying Drugs Online: It‘s Convenient and Private, but Beware of ‚Rouge Sites‘, Food and Drug Administration (FDA), Publication No. 01-3235 [online]
http://www.fda.gov/fdac/features/2000/100online.html.

Heyms, Sybille/ Preiß, Christiane Werbung online, Eine Betrachtung aus rechtlicher Sicht Electronic Commerce und Recht, Bd. 4, Berlin 2002.

Hilgendorf, Eric Die Neuen Medien und das Strafrecht, ZStW 113 (2001), S. 650-680.

Hilgendorf, Eric Überlegungen zur strafrechtlichen Interpretation des Ubiquitätsprinzips im Zeitalter des Internets,
NJW 1997, S. 1873-1877.

Hobert, Guido Datenschutz und Datensicherheit im Internet, Interdepenz und Korrelation von rechtlichen Grundlagen und technischen Möglichkeiten, Frankfurt am Main 1998.

Hoeren, Thomas Rechtsfragen im Internet, Ein Leitfaden für die Praxis, RWS-Skript 295, Köln.

Hoeren, Thomas Arzneimittel, Versand über das Internet/“Doc Morris I“, § 1 UWG 1/2001, S. 39-40.

Hoffmann, Heinrich Das Bundesgesetz über das Apothekenwesen, Deutsches Verwaltungsblatt 1960, S. 785, 789.

Horn, Eckhard Das „Inverkehrbringen" als Zentralbegriff des Nebenstrafrechts, NJW 1977, S. 2329-2336.

Hörnle, Tatjana Anmerkungen zur Entscheidung des BGH (Urteil vom 12.12.2000, Az.: 1 StR 184/00, NStZ 2001, S. 305-310.

Hügel, Herbert/ Fischer, Jürge/ Kohm, Baldur Pharmazeutische Gesetzeskunde, Textsammlung für Studium und Praxis, 32., überarbeitete und aktualisierte Auflage, Stuttgart 2001. (zitiert als: *Hügel/Fischer/Kohm*)

Jähnke, Burkhard/ Laufhütte Heinrich Wilhelm/ Odersky, Walter (Hrsg.) Strafgesetzbuch, Leipziger Kommentar, 11., neu bearbeitete Auflage, Erster Band, Einleitung §§ 1 bis 31, Berlin 2003. (zitiert: *Name des Bearbeiters* in: Leipziger Kommentar zum StGB)

Jescheck, Hans-Heinrich/ Weigand, Thomas Lehrbuch des Strafrechts AT, 5., völlig neu und erweiterte Auflage, Berlin 1996.

Jeßberger, Florian Anmerkung zum Urteil des BGH v. 12.12.2000, Az.: 1 StR 184/00, JR 2001, S. 429-435.

Joecks, Wolfgang Miebach, Klaus (Hrsg.) Münchner Kommentar zum Strafgesetzbuch, Band 1 §§ 1-51 StGB, München 2003. (zitiert als: *Name des Bearbeiters* in: Münchner Kommentar zum StGB)

Just, Christoph Arzneimittelversand, freier Warenverkehr/"Doc Morris II", § 1 UWG 2/2001, S. 41-42.

Kampf, Hans-Joachim Arzneimittel, Betäubungsmittel, Grundstoffe in: *Henke, Reginhard* (Hrsg.), Verbote und Beschränkungen bei Ein- und Ausfuhr, Berlin 2000. (zitiert als: *Kampf* in: *Henke*)

Kansas Attorney General Consumer Protection Tips, Buying Drugs Online – A Prescription for Disaster?, [online] http://www.accesskansas.org/hsag/contents/consumer/drugsonline.htm.

Kaster, Daniel Der Streit um Pillen, in: *Die Zeit*, Nr. 34, S. 9.

Kindhäuser, Urs/ Neumann, Ulfrid/ Paeffgen, Hans-Ulrich (Hrsg.) Strafgesetzbuch, Kommentar, Band 1, 2. Auflage, Baden-Baden 2005.
(zitiert als: *Name des Bearbeiters* in: *Kindhäuser/Neumann/Paeffgen*)

Klados, Charalabos Verwendung in Deutschland nicht zugelassener Arzneimittel, WRP 2001, S. 1058-1064.

Klein, Franz Abgabenordnung, Kommentar, 8.,völlig neubearbeitete Auflage, München 2003.
(zitiert als: *Klein*)

Kloepfer, Michael Informationsrecht, München 2002.

Kloesel, Arno Das Neue Arzneimittelrecht, NJW 1976, S. 1769-1773.

Kloesel, Arno/ Cyran, Walter Arzneimittelrecht, Kommentar, 3. Auflage mit 84. Ergänzungslieferung, Stand: 1. August 2002, Stuttgart 2003.
(zitiert als: *Kloesel/Cyran*)

Koch, Arnd Nationales Strafrecht und globale Internet-Kriminalität, Zur Reform des Strafanwendungsrechts bei Kommunikationsdelikten im Internet, GA 2002, S. 703-713.

Koch, Benjamin Eine erste Bewertung der Entscheidung „DocMorris" des EuGH, EuZW 2004, S. 50-51.

Koch, Karl/ Scholz, Rolf-Detlef (Hrsg.) Abgabenordnung, 5., völlig überarbeitete und erweitert te Auflage Köln, Berlin, Bonn, München 1996.
(zitiert als: *Name des Bearbeiters* in: *Koch/Scholz*)

Koenig, Christian Rechtliche Aspekte des Internet-Arzneimittelhandels, ApoR 2001, S. 32-37.

Koenig, Christian/ Engelmann, Christina E-Commerce mit Arzneimitteln im Europäischen Binnenmarkt und die Freiheit des Warenverkehrs, ZUM 2001, S. 19-27.

Koenig, Christian/ Engelmann, Christina Schutz von Reimporten durch die Freiheit des Warenverkehrs, EWS 2001, S. 405-411.

Koenig, Christian/ Engelmann, Christina/ Sander, Claude Parallelhandelsbeschränkungen im Arzneimittelbereich und die Freiheit des Warenverkehrs, GRUR Int. 2001, S. 919-927.

Koenig, Christian/ Müller, Eva-Maria/ Trafkowski, Armin Internet-Handel mit Arzneimitteln und Wettbewerb im EG-Binnenmarkt, EWS 2000, S. 97-105.

Köhler, Michael Strafrecht Allgemeiner Teil, Berlin 1997.

Kommission der Europäischen Gemeinschaft (Hrsg.) Pressemitteilung vom 28.08.2006, Reference: IP/06/858, „Vertragsverletzungsverfahren gegen Italien, Österreich und Spanien – Vorschriften für Apotheken sind unvereinbar mit dem Binnenmarkt, [online] http://europa.eu/rapid/pressReleasesAction.do?reference=IP/06/858&format=HTML&aged=0&language=DE&guiLanguage=en.

Kopp, Ferdinand/ Ramsauer, Ulrich (Hrsg.) Verwaltungsverfahrensgesetz, Kommentar, 9., völlig überarbeitete Auflage, München 2005. (zitiert als: *Name des Bearbeiters* in: *Kopp/Ramsauer*)

Körner, Harald Hans Betäubungsmittelgesetz, Arzneimittelgesetz, Kommentar, 5., neu bearbeitete Auflage, München 2001. (zitiert als: *Körner*)

Kotlorz, Tanja Kassen planen Geschäfte mit Internet-Apotheken in: *Die Welt*, [online] http://www.welt.de/daten/2001/04/19/0419mu248232.htx.

Krombacher-Bachern, Karen/ Fischer, Bablin/ Gesetzliche Krankenversicherung und Internet, Der Bezug von Arzneimitteln aus Internetapotheken, Die Sozialversicherung 2001, 253-256.

Kuner, Christopher — Internationale Zuständigkeitskonflikte im Internet, CR 1996, S. 453-458.

Kügel, Wilfried J. — Das Arzneimittelrecht nach der 10. AMG-Novelle, MedR 2001, S. 248-252.

Kwizda, Richard A. — Zulassungsverfahren für Humanarzneimittel in der Europäischen Union, Wien 1998.

Lackner, Karl/ Kühl, Kristian — Strafgesetzbuch, Kommentar, 25., neu bearbeitete Auflage, München 2004. (zitiert als: *Lackner/Kühl*)

Lander, Carola/ Winkler, Karl-Rudolf (Hrsg.) — Hügel/Junge/Lander/Winkler, Deutsches Betäubungsmittelrecht, Recht des Verkehrs mit Suchtstoffen und psychotropen Stoffen, Kommentar, 8. Auflage, Stand: 31. März 2002, Stuttgart. (zitiert als: *Hügel/Junge/Lander/Winkler*)

Landesbeauftrager für Datenschutz Bremen — Tipps für Bürger – Was sind Web-Bugs?, [online] http://www.datenschutz-bremen.de/tipps/verteidigung/spuren/cookies.html.

Lehner, Petra — Medikamente aus dem Netz, Der schutzlose Konsument, Arbeiterkammer Wien, Abteilung Konsumentenpolitik 18/1999, [online] http://www.apotheker.or.at/internet/oeak/NewsPresse_1_0_0a.nsf/ca4d14672a08756bc125697d004f8841/79ca1ba1d71d2d82c1256ad90056b1f8/$FILE/AK%20Internetversand.pdf

Lehner, Petra — Cybermedikamente, Erhebungsbericht: August 2001, [online] http://www.apotheker.or.at/internet/OEAK/NewsPress_1_0_0a.nsf/e02b9cd11265691ec1256a7d005209ee/a737f6fee80566e2c1256dbe001e36a1/$FILE/Cybermedikamente,%20AK-Studie.pdf.

Leupold, Andreas/ Bachmann, Peter/ Pelz, Christian — Russisches Roulette im Internet? Zulässigkeit von Glückspielen im Internet unter gewerbe- und strafrechtlichen Gesichtspunkten, MMR 2000, S. 648-655.

v. Lewinski, Kai — Schweigepflicht von Arzt und Apotheker, Datenschutzrecht und aufsichtsrechtliche Kontrolle, MedR 2004, S. 95-104.

Loza, Emile L. — FDA Regulation of Internet Pharmaceutical Communications: Strategies for Improvement, [online] http://www.international.westlaw.com/.

Mahlein, Irene/ Glökler, Christoph — Arzneimittelversand aus dem Europäischen Ausland: Welche der in Deutschland geltenden Anforderungen sind zu beachten?, [online] http://www.graefe-rechtsanwaelte.de/docs/arzneimittel Versand ausEUAusland.pdf.

Malz, Christina — Die Internet-Apotheke in Europa, Unter besonderer Berücksichtigung des deutschen und englischen Rechts, Europäische Hochschulschriften Bd./Vol. 3764, Frankfurt am Main 2003.

Mand, Elmar — E-Commerce mit Arzneimitteln, Auswirkungen des Herkunftslandprinzips auf das Internationale Wettbewerbsrecht, MMR 2003, S. 77-82.

Martens, Heiko — Pharmahandel: Sinne im Netz in: *Der Spiegel* 27/2005, S. 79.

Marwitz, Petra — Internetapotheken zwischen Gerichten und Gesetzgebern, MMR 2004, S. 218-222.

Marwitz, Petra — Heilmittel im Internet, MMR 1999, S. 83-87.

Meadows, Michelle — Imported Drugs Raise Safety Concerns, Food and Drug Administration Consumer Magazine, September-October 2002, [online] http://www.fda.gov/fdac/features/2002/502_import.html.

Meyer-Arndt, Lüder — Beihilfe durch neutrale Handlung, wistra 1989, S. 281-287.

Moos, Flemming Datenschutz im Internet in: *Kröger, Detlef/Gimmy, Marc A.* (Hrsg.), Handbuch zum Internet-Recht, Electronic Commerce, Informations-, Kommunikations- und Mediendienste, Springer Verlag, Berlin 2000.

Mößlang, Gerhard (Hrsg.) Sölch/Ringleb, Umsatzsteuergesetz, Kommentar, Stand 30. April 2005, München.
(zitiert als: *Name des Bearbeiters* in: *Sölch/Ringleb*)

Nauta, Walther Ausnahmen vom Erschöpfungsgrundsatz im Markenrecht, GRUR Int. 2004, S. 994-1002.

Oehler, Dietrich Anmerkung zum Beschluss des BGH v. 13.2.1994, Az.: 1 BGs 100/94, NStZ 1994 S. 485.

Office of Fair Trading (Hrsg.) The Control of Entry Regulations and Retail Pharmacy Service in the UK, The Regulations of Pharmacies Abroad, (Januar 2003, überarbeitet: März 2003), [online]
http://www.oft.gov.uk/Business/Market+studies/pharmacies.htm.

Oliver, Amy J. Internet Pharmacies: Regulation of a Growing Industry, Journal of Law (Spring 2000), [online]
http://international.westlaw.com/.

Orben, Steffen Rechtliche Verantwortung für Behandlungsfehler, Köln, Berlin, München 2004.

Pabel, Hermann-Josef Sind Verkehrsverbote nach dem Arzneimittelgesetz auch Anwendungsverbote für den behandelnden Arzt?, NJW 1989, S. 759-760.

Peterson, Eric M. Doctoring Prescriptions: Federal Barriers to Combating Prescription Drug, Fraud Against Online Pharmacies in Washington, Washington Law Review (2000), [online]
http://www.international.westlaw.com/.

Pharmig: Vereinigung Pharmazeutischer Unternehmen (Hrsg.) Arzneimittelmissbrauch, [online]
http://www.pharmig.or.at/pharmig/2001/CDRom/data/kapitel_2/umgang_mit_arzneimitteln.htm#missbrauch.

Platzer, Michael Approbation und Betriebserlaubnis – Zwei Berechtigungen zur Ausübung des Apothekerberufs in: De profundis animi iuris periti: Festschrift für Johannes Pieck, hrsg. von den *Justiziaren der Landesapothekenkam mern*, Frankfurt am Main/Eschborn 1996, S. 165-177. (zitiert als: *Platzer in*: De profundis animi iuris periti: Festschrift für Johannes Pieck)

Porter, Rebecca Internet Pharmacies: Who's minding the Store?, Trial (May 2000), [online] http://www.international.westlaw.com/.

Prutsch, Karin Die ärztliche Aufklärung, Handbuch für Ärzte, Juristen und Patienten, 2. Auflage, Wien 2004.

Rehmann, Wolfgang A. Arzneimittelgesetz (AMG), München 1999. (zitiert als: *Rehmann*)

Rogoll, Klaus Die Verletzung von Privatgeheimnissen (§ 230 StGB) – Aktuelle Probleme und ungelöste Fragen, NStZ 1983, S. 1-9.

Rolfes, Marcus Internetapotheken, Rechtliche Probleme der Heilmittelwerbung im Internet und die Zulässigkeit des E-Commerce mit Arzneimitteln, Information und Recht Band 47, hrsg. von: *Hoeren, Thomas/ Spindler, Gerald/ Holznagel, Bernd/Gounalakis, Geogios/ Burkert, Herbert/ Dreier, Thomas*, München 2003.

Rolfes, Marcus Die Zulässigkeit des E-Commerce mit Arzneimitteln, MMR 2003, S. 571-574.

Rothouse, Marla Online Pharmacies, A Summary on Activity Surrounding, National Conference of State Legislatures, [online] http://www.ncsl.org/statefed/health/olpharm.htm.

Rothstein, Nicole A. Protecting Privacy and Enabling Pharmaceutical Sales on the Internet: A Comparative Analysis of the United States and Canada, Federal Communications Law Journal (2001), [online] http://www.international.westlaw.com/.

Roxin, Claus — Strafrecht Allgemeiner Teil, Band II, Besondere Erscheinungsformen der Straftat, München 2003. (zitiert als: *Roxin*, Strafrecht Allgemeiner Teil)

Ruffert, Matthias — Internet-Apotheke und Dogmatik der Grundfreiheiten: Die Entscheidung DocMorris des EuGH, Jura 2005, S. 258-263.

Rüter, C.F./ Vogel, Theo — Ein Grenzfall: Die Bekämpfung der internationalen Drogenkriminalität im Spannungsfeld zwischen den Niederlanden und der Bundesrepublik Deutschland, JR 1983, S. 136-141.

Samson, Erich/ Wolz, Birgit — Bedenklichkeit von Arzneimitteln und Gebrauchsinformation, MedR 1988, S. 71-73.

Sander, Axel — Arzneimittelrecht, Kommentar für die juristische und pharmazeutische Praxis zum Arzneimittelgesetz mit Hinweisen zum Medizinprodukte- und zum Betäubungsmittelgesetz, Band. 1, 2 und 4, 40. Lieferung, Stand: Juni 2002. (zitiert als: *Sander*)

Satzger, Helmut — Die Anwendung des deutschen Strafrechts auf grenzüberschreitende Gefährdungsdelikte, NStZ 1998, S. 112- 117.

Schaar, Peter — Datenschutz im Internet – Die Grundlagen, München 2002.

Schauer, Bernd — Electronic Commerce in der EU, Wien 1999.

Schiwy, Peter — Deutsches Arzneimittelrecht, Arzneimittelgesetz, Sammlung des gesamten Arzneimittelrechts des Bundes und der Länder, Kommentar, Bd. I, Stand: 1. April 1993, München.

Schiwy, Peter — Arzneimittelgesetz – Gesetz über den Verkehr mit Arzneimitteln, Kommentar sowie Sammlung des gesamten Arzneimittel- und Apothekenrechts des Bundes und der Länder, Band. I, Stand: 1. Oktober 1997 / Stand: 1. September 1998, München.

Scholten, Hans Joseph — Das Erfordernis der Tatortstrafbarkeit in § 7 II Nr. 2 StGB, NStZ 1994, S. 266-271.

Scholz, Philip — Datenschutz beim Internet-Einkauf, in: *Rossnagel, Alexander* (Hrsg.), 1. Auflage, Baden-Baden 2003.

Schönke, Adolf/ Schröder, Horst (Hrsg.) — Strafgesetzbuch, Kommentar, 27., neu bearbeitete Auflage, München 2006. (zitiert als: *Name des Bearbeiters* in: *Schönke/Schröder)*

Schrader, Henning — Der Begriff „Vertrieb von Betäubungsmitteln" und das Bestimmtheitsgebot, NJW 1986, S. 2874-2876.

Schubert, Gernot — Zur Einführung: Arzneimittelrecht, JuS 1983, S. 748-752.

Schübel, Eva — Strafbarkeit des Betriebs einer Apothekenkette, NStZ 2003, S. 122-124.

v. Schultz, Detlef (Hrsg.) — Kommentar zum Markenrecht, Heidelberg 2002. (zitiert als: *Name des Bearbeiters* in: *von Schultz*)

Schweim, Harald G. — Arzneimittelfälschungen – Counterfeit Drugs, [online] http://bah-bonn.de/forum/veranstaltungen/ Schweim.pdf

Scott, Ronald L. — Cybermedicine and Virtual Pharmacies, West Virginia Law Review (Summer 2001), [online] http://www.international.westlaw.com/.

Siddiqi, Asaad — Welcome to the City of Bytes? An Assessment of the Traditional Methods Employed in the International Application of Jurisdiction over Internet-Activities – Including A Critique of Suggested Approaches (2001), New York International Law Review, [online] http://www.international.westlaw.com/.

Sieber, Ulrich — Strafrechtliche Verantwortlichkeit für den Datenverkehr in internationalen Computernetzen (1), JZ 1996, S. 429-442.

Sieber, Ulrich — Strafrechtliche Verantwortlichkeit für den Datenverkehr in internationalen Computernetzen (2), JZ 1996, S. 494-507.

Sieber, Ulrich — Internationales Strafrecht im Internet, Das Territorialitätsprinzip der §§ 3, 9 StGB im globalen Cyberspace, NJW 1999, S. 2065-2073.

Silverman, Ross D. — Regulating Medical Practice in the Cyber Age: Issues and Challenges for State Medical Boards, American Journal of Law and Medicine (2000), [online] http://www.international.westlaw.com/.

Simitis, Spiros (Hrsg.) — Kommentar zum Bundesdatenschutzgesetz, 5. völlig neu bearbeitete Auflage, Baden-Baden 2003. (zitiert als: *Name des Bearbeiters* in: *Simitis*)

Smalley, Ruth Ellen — Will a Lawsuit a Day Keep the Cyberdocs away? Modern Theories of Medical Malpractice applied to Cybermedicine, Richmond Journal of Law and Technology (Winter 2001), [online] http://international.westlaw.com/.

Steiner, Rolf — Die Begehung schlichter Tätigkeitsdelikte und Unterlassen, de lege lata et ferenda, MDR 1971, S. 260-262.

Stelken, Paul/ Bonk, Heinz Joachim/ Sachs, Michael — Verwaltungsverfahrensgesetz, Kommentar, 6., neu bearbeitete Auflage, München 2001. (zitiert als: *Name des Bearbeiters* in: *Stelken/Bonk/ Sachs)*

Stepanek, Marcia — Who's Prying Now?, Business Week, E.BIZ Special Report, [online] http://www.businessweek.com/2000/00_50b3711084.htm.

Stiftung Warentest (Hrsg.) — Versandapotheken – Jede zweite mangelhaft, Online-Test aus Gesundheit und Kosmetik vom 24.05.2005, [online] http://www.stiftung-warentest.de/online/gesundheit_kosmetik/test/1240633/1240633/1241489.html.

Stiftung Warentest (Hrsg.) Gütesiegel für Versandapotheken, Meldung aus Gesundheit und Kosmetik vom 12.04.2005, [online] http://www.stiftung-warentest.de/online/gesundheit_kosmetik/meldung/1252958/1252958.html.

Stiftung Warentest (Hrsg.) Beratung in Apotheken – Mehr schlecht als recht, Online Test aus Gesundheit und Kosmetik vom 26.02.2004, [online] http://www.stiftung-warentest.de/online/gesundheit_kosmetik/test/1160557/1160557/1162025.html.

Stiftung Warentest (Hrsg.) Gefälschte Arzneimittel – Fernost im Visier, Meldung aus Gesundheit und Kosmetik vom 22.01.2004, [online] http://www.stiftung-warentest.de/online/gesundheit_kosmetik/meldung/1154623/1154623.html.

Stiftung Warentest (Hrsg.) Versandapotheken – UN warnen vor Illegalen, Meldung aus Gesundheit und Kosmetik vom 28.04.2005, [online] http://www.stiftung-warentest.de/online/gesundheit_kosmetik/meldung/1254525/1254525.html.

Stix-Hackl, Christine Schlussanträge in der Rechtsache C-322/01, [online] http://curia.eu.int/jurisp/cgi-bin/gettext.pl?lang=de&num=7996988C19010322&doc=T&ouvert=T&seance=CONCL&where=().

Stovall, Carla J. Testimony Before the Health, Education, Labor & Pensions Committee Edrugs: Who Regulates Internet Pharmacies, [online] http://www.senate.gov/~labor/hearings/mar00hrg/032100wt/Stovall.htm.

Stratenwerth, Günther/ Kuhlen, Lothar Strafrecht Allgemeiner Teil I, 5., neu bearbeitete Auflage, Köln, Berlin, München 2004.

Streinz, Rudolf Das Verbot des Apothekenversandhandels mit Arzneimitteln, EuZW 2003, S. 37-44.

Streinz, Rudolf (Hrsg.) EUV/EGV, Vertrag über die Europäische Union und Vertrag zur Gründung der Europäischen Gemeinschaft, München 2003.
(zitiert als: *Name des Bearbeiters* in: *Streinz*)

Streinz, Rudolf/ Herrmann, Christoph Und wieder DocMorris: Das apothekenrechtliche Mehr- und Fremdbesitzverbot aus der Perspektive des Gemeinschaftsrechts, EuZW 2006, S. 455- 459.

Strömer, Tobias H. Online-Recht, Rechtsfragen im Internet, 2. aktualisierte und erweiterte Auflage, Heidelberg 1999.

Süßenberger, Christoph Das Rechtsgeschäft im Internet, Europäische Hochschulschriften, Bd./Vol. 3013, Frankfurt am Main.

Svitak, Linda S./ Goss, Peter J. Drug and Device Litigation in the 21st Century, William Mitchell Law Review (2000), [online] http://international.westlaw.com/.

Sweet, Mark Policing Online Pharmacies: Bioterrorism Meets the War on Drugs Duke Law & Technology Review (2001), [online] http://international.westlaw.com/.

Taupitz, Jochen Das apothekenrechtliche Verbot des "Fremd- und Mehrbesitzes" aus verfassungs- und europarechtlicher Sicht, Heidelberg 1998.

Terry, Nicolas P. Cyber-Malpractice: Legal Exposure for Cybermedicine, American Journal of Law and Medicine (1999), [online] http://international.westlaw.com/.

The White House, Office of the Press Secretary (Hrsg.) The Clinton Administration Unveils New Initiative to Protect Consumers Buying Prescription Drug Products Over the Internet, [online] http://clinton4.nara.gov/textonly/WH/New/html/19991229.html.

Tiedemann, Klaus Anmerkung zu BGH, Urt. v. 27.08.1974, Az.: 1 StR 10/74, JZ 1975, S. 183-187.

Tonner, Klaus/ Brieske, Cornelia Verbraucherschutz durch gesetzliche Kennzeichnungserfordernisse, BB 1996, S. 913-920.

Toth Rost, Kerry Policing the „Wild West" World of Internet Pharmacies, Food and Drug Law Journal (2000), [online] http://international.westlaw.com/.

Tröndle, Herbert/ Fischer, Thomas Strafgesetzbuch und Nebengesetze, Kommentar, 53. Auflage, München 2005.
(zitiert als: *Tröndle/Fischer*)

Tyler, Barbara J. Cyberdoctors: The virtual Housecall-The Actual Practice of Medicine on the Internet is here; is it a Telemedical Accident Waiting to Happen?, Indiana Law Review (1998), [online]
http://international.westlaw.com/.

Wang, Huang-Yu Drogenstraftaten und abstrakte Gefährdungsdelikte, Berlin 2003.

Weber, Klaus Betäubungsmittelgesetz, Kommentar, 2. Auflage, München 2003.
(zitiert als: *Weber*)

Weichert, Thilo Datenschutzstrafrecht – ein zahnloser Tiger?, NStZ 1999, S. 490-493.

Wiesener, Jan DocMorris und die Aufhebung des Versandhandelsverbots in Deutschland, GesR 2004, S. 43-46.

Wigge, Peter Arzneimittelversorgung durch niedergelassene Apotheker in der gesetzlichen Krankenversicherung, NSZ 1999, S. 584-589.

Williams, Barbara J. On-Line Prescription and Drug Sale: An Overview of Emerging Issues, Houston Journal of Health Law and Policy (2001), [online]
http://international.westlaw.com/.

Wohlleben, Marcus Beihilfe durch äußerlich neutrale Handlungen, München 1996.

Wood, James M/ Dorfman, Howard L. Dot.Com Medicine-Labeling on an Internet Age Food and Drug Law Journal (2001), [online]
http://international.westlaw.com/.

World Health Organisation (Hrsg.) Essential Drugs and Medicines Policy (Genf 1999) [online] http://www.who.int/medicines/library/qsm/who-edm-qsm-99-4/medicines-on-internet-guide.html.

World Health Organisation (Hrsg.) Counterfeit Medicines, Fact Sheet No. 275, Revised February 2006, [online] http://www.who.int/mediacentre/factsheets/fs275/en/.

World Health Organisation (Hrsg.) International Nonproprietary Name, [online] http://www.who.int/.

World Health Organisation (Hrsg.) Guidelines on the Use of International Nonproprietary Names (INNs) for pharmaceutical substances (1997), [online] http://whqlibdoc.who.int/hq/1997/WHO_Pharm_S_Nom_1570.pdf.

Yoo, Kristin Self-Prescribing Medication: Regulation Prescription Drug Sales on the Internet, John Marshall Journal of Computer and Information Law (Fall 2001), [online] http://international.westlaw.com/.

Zeman, Sara E. Regulation of Online Pharmacies: A Case for Cooperation Federalism, Annals of Health Law (2001), [online] http://www.international.westlaw.com/.

Ziller, Ruth Versandhandel mit Arzneimitteln, Pharma Recht 1999, S. 186-189.

Kolibri 360 GmbH
Ferdinand-Jühlke-Straße 7
99095 Erfurt, Deutschland
produktsicherheit@kolibri360.de

Druck:
CPI Druckdienstleistungen GmbH
im Auftrag der
Kolibri 360 GmbH
Ferdinand-Jühlke-Str. 7
99095 Erfurt